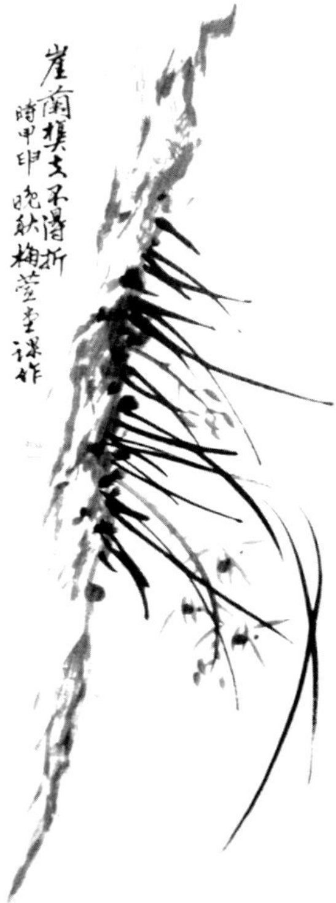

교양총서 1-9

인문학 산책

인문학의 위기, 심지어는 인문학의 죽음이라는 말까지 들리는 시대에 산다. 하지만, 대학가에 글쓰기 교재가 진지하게 만들어지고, 서점가엔 문학 관계 책이 끊임없이 나오는 것을 보면 세상이 쉽게 인문학의 손을 놓지는 않는가 보다. 정녕 누군가의 일침대로 인문학 전공자의 위기감과 인문학의 위기를 혼동 없이 구별해 줘야 할 필요가 있을는지도 모를 일이다. 어차피 평생에 하는 일이 인문학 관련의 공부라고 한다면, 인문학이 무엇인가에 대해 보다 확실한 답을 갖고 있는 편이 좋을 듯싶다. 이건 반드시 누가 꼭 물어 올 때를 대비하기 위해서라기보다는, 종사자 자신을 위해서 먼저 필요하리란 생각이다.

김 창 룡

한성대학교출판부

『인문학 산책』에 부쳐

'인문학의 위기', 심지어는 '인문학의 죽음'이라는 말까지 들리는 시대에 산다. 하지만, 대학가에 글쓰기 교재가 진지하게 만들어지고, 서점가엔 문학 관계 책이 끊임없이 나오는 것을 보면 세상이 쉽게 인문학의 손을 놓지는 않는가 보다. 정녕 누군가의 일침대로 인문학 전공자의 위기감과 인문학의 위기는 냉철하게 구별해 줘야 할 필요가 있을는지도 모를 일이다.

그리고, 어차피 평생에 하는 일이 인문학 관련의 공부라고 한다면, 인문학이 무엇인가에 대해 보다 확실한 답을 갖고 있는 편이 좋을 듯싶다. 이건 반드시 누가 꼭 물어 올 때를 대비하기 위해서라기보다는, 종사자 자신을 위해서 먼저 필요하리란 생각이다.

우선, 인문학이란 '인간다운 삶에 대한 탐구를 목적으로 하는 학문'으로 풀어 밝힘은 타당하고 적절하다. 참으로 괜찮은 답안이긴 한데, 그래도 이것만으로는 무엇 하나가 어쩐지 빈 듯한 구석이 있다. 왜냐하면 천문학이든, 지리학이든, 공학이든 농학이든, 예술이든 운동이든 인간이 인간답게 살기 위한 노력의 방편 아닌 것이 없기 때문이다. 그러니까 반드시 인문학뿐만 아니라, 사회과학, 자연과학, 예・체능학 어느 공부든지 막론하고 궁극의 목적은 다 인간적 삶의 질의 향상에 있음을 알겠다. 이 마당에 정의를 좀 더 구체화시킬 필요에 닿는다. 그래서 이렇게 정의해 두기로 하였다. 과학이거나 의학이 물질적 · 형이하적 탐구를 통해 인간적 삶의 질을 높이는데 그 목적이 있다면, 인문학은 정신적 · 형이상적 탐구를 통해 인간적 삶의 질을 높이는데 그 목적이 있다. 다르게 표현하되, 인간과 인류 문화를 다루는 정신과학으로 정의하기도 하지만, 보다 쉽게 말해 보라고 한다면 인문학은 '사람 생각의 흐름을 다루는 문학 · 역사 · 철학 중심의 공부'라고 대답해서 그다지 벗어나지 않으리라 한다. 결국 또다시 '문(文) · 사(史) · 철(哲)'이라는, 유서 깊은 용어와 만나게 된다. 한편, 보다 거시적인 측면에선 '법칙 정립'적인 성격을 띠는 자연과학 이외의, 이를테면 정치 · 경제 등을 포함하는 사회과학 분야까지도 인문과학의 범위 안에 아우르고자 하는 경향도 없지는 않다고 하니, 참으로 세상 모든 학문의 출발이자 기본이 되는 인문학의 잠재력은 생각보다 훨씬 큰 것임을 알겠다.

이번보다 책 제목을 가지고 노심한 적 있었을까? 장담은 어렵다. 매번 책을 새로 낼 때면 그 일이 가장 큰 고민이 됐다가도 세월 다시 흐르면 또 다시 목전에 당면한 것이 가장 부담스럽게 보이는 법이니까. 과연 이번에도 예외는 없었다. 주변에 물어 보았더니 아카데믹한 분위기에 무게를 두는 이들은 '인문학 산고(散藁)' 편을 선호하고, 일반의 보편성을 우선하는 이들 사이엔 '인문학 산책'이 낫다고 한다. 하지만 적어도, 아직 대학 사회에서조차 '산고'란 말이 별반 완숙된 어휘는 못되는 줄 알았다.

이 안의 내용들은 필자가 지난 1980년 박사과정 시절에 쓴 <창극의 위상을 위한 시론>에서부터 가장 최근 에세이 형식으로 기고한 <이백과 두보 사이에서>까지, 26년의 기간 안에 관심의 실마리를 그러쥐고 꿈지럭거려 본 글들이다. 거대한 인문학의 숲 속에서 마음이 가는 길을 따라 걸었으니, 그야말로 인문학 산책이란 표현이 제격이라 할 만하다. 혹은 장기간에 걸쳤다는 점에서는 인문학 여정(旅程)이랄 수 있을 테지만, 그 가운데는 정녕 인문학 에세이라고 이름붙일 만한 성격의 것도 포함되어 있다. 이는 어디까지나 나의 주관적 낭만에 따른 이름일 테요, 객관적 냉정으로 본다면 인문학 편린이라 함이 타당하겠다. 저기 저 바다에다 견주자면 인문학의 범주는 종횡무진하고 무변광대하니, 오대양처럼 드넓기만 하다. 이가없는 인문학의 바다를 생각한다면 여기서 다룬 것이 빙산의 일각은커녕 고작 창해의 일속에서 더 지나지 않을 것이다. 수박 겉핥기조차 못되는 글로 편린이란 말조차 쓰기 참으로 황송하지만, 일반적인 정서에 맞춰 그냥 산책의 이름을 감행하기로 하였다.

여기의 글 모음은 음악으로 치면 서곡이거나 즉흥곡 몇 편 쯤 되겠고, 미술에 비하자면 큰 테마의 대작(大作)이 아닌, 각양각색의 다채로운 소품(小品) 전시라 하겠다. 작아도 볼 만하고 들을 만한 감명 어린 작품들을 선망하는 심정으로, 책의 몇 줄 혹은 몇 글자나마 애오라지 읽는 이의 소용에 닿았으면 한다.

4반세기가 넘게 지나쳐버린 세월 뒤에 그래도 불녕(不佞)의 자취 촌분이나마 남길 수 있음을 다행으로 여기고자 한다. 하지만 일희일우(一喜一憂)란 말처럼 글 한 줄, 책 한 페이지마다 맞바꾸어진 시간과의 전별, 그리고 거기 따라진 회한이 깃들어 있다. 그 시간들 안에서 이루 바라보아 주지 못한 처노(妻孥)에게 무한한 사랑과 고마움의 눈빛을 보낸다.

2006년 4월 淸明日

夢碧山房에서

景游 金 昌 龍

목차

1부 장르 일반론

쉽게 풀이해 본 성리학

1. 머리말

쉽게 쓰기가 어찌 더 쉬우랴! 특히 어떤 종교나 사상이 담고 있는 내용이 깊은 것일수록 더욱 그럴 것이다. 유교의 철학인 성리학도 이에 예외는 아니리라. 그럼에도 불구하고, 성리학(性理學)의 전체 내용 중에서도 가장 빠뜨리지 못할 기초적 입론(立論)이란 것이 있으니, 그것을 할 수 있는 최대한의 평이한 문체로 옮겨 놓으려 애썼다.

2. 성리학의 출현

성리학도 유학(儒學)의 한 갈래이다. 유학은 유가(儒家)의 학문이라는 뜻으로 일찍이 공자(孔子, B.C. 551~479)와 맹자(孟子, B.C. 372~289)의 이전, 오랜 옛날 고대의 중국으로부터 발전해 내려온 생활의 가르침이다. 다만 그것을 체계화시켜 놓은 유교를 대표할 만한 유명한 책으로는 '사서삼경(四書三經)'이라 하여 『논어』·『맹자』·『대학』·『중용』의 '사서(四書)'와 『시경』·『서경』·『주역』의 '삼경(三經)'이 있는데, 큰 선비가 되려면 반드시 이 일곱 권의 책을 깊이 이해하지 않으면 안 되었다.

그리하여 공자와 맹자 이후로 오랜 세월이 흘러 당나라 때까지는 유학을 배우는 모든 선비들이 이 '사서삼경'을 비롯하여 유학에 관해 나온 모든 책들의 올바른 뜻을 해석해 내려고 온갖 노력을 기울였으니, 이러한 공부를 유학 중에서도 '훈고학(訓詁學)' 또는 '경학(經學)'이라고 부르게 되었다.

그러다가 송(宋)나라에 들어서면서부터 학자들의 관심이 우주 자연과 인간의 법칙 등에 대한 참된 모습을 밝혀내려는데 쏠렸는데, 이렇게 하늘의 도와 인간의 도에 대한 이치를 찾고자 하는 연구를 '성리학' 또는 '도학(道學)'이라고 한다. 또 성리학은 송나라 때 최고로 발전해 나갔던 것이라 하여 '송학(宋學)'이라고도 부른다. 그리고 이 시대에 나와서 이 방면에 좋은 업적을 남긴 대표적인 학자로는 주렴계(周濂溪, 1017~1073), 소강절(1011~1077), 장횡거(張橫渠, 1020~1077), 정명도(程明道, 1032~1085)와 정이천(程伊川, 1033~1107) 형제, 주자(朱子, 1130~1200) 등 여섯 분을 손꼽을 수 있겠다. 이 가운데 마지막에 나타난 주자는 먼저 나온 다섯 분의 생각을 종합하고 정리해서 나름대로 잘 완성시킨－이런 것을 '집대성(集大成)'이라 이른다－업적이 특히 컸다. 그래서 성리학이라는 말 대신 '주자학(朱子學)'이라고 말하는 수도 있다.

그러면 이제 성리학은 어떻게 이루어졌는지 알아보자.

성리학이 크게 발전했던 송나라 때보다 앞의 시대인 육조(六朝)시대와 수(隋)나라, 당(唐)나라 시절에는 불교와 도교에 대한 관심이 아주 높았다. 유학자들도 이 두 가지 종교에 대해 아는 것이 깊었는데, 이러한 지식이 도학[성리학]을 연구하는 학자들에게는 우주와 인간에 관한 이치를 찾아내는 일에 큰 이바지가 되었다.

그러므로 성리학은 전부터 중국에 있어 왔던 유교의 기본적인 생각과 불교 및 도교의 쓸만한 생각을 끌어들여서 종합시킨 '합성(合成)의 철학'인 것이다. 그런데 성리학이 제시하고 있는 기본적인 내용을 '성리학의 원리'라고 했을 때, 대체로 그것은 크게 두 가지로 구분이 가능하다.

3. 성리학의 원리

성리학에서는 수많은 사실에 대해서 깊이 있는 설명을 하고 있지만, 그 모든 것이 두 가지 대명제에서 벗어나지 않는다. 하나는 우주가 만물을 만들어내는 이치, 곧 '우주론(宇宙論)'이고 다른 하나는 우주에서 받은 성격을 그대로 받아 가지게 된 인간들의 마음에 대한 이치, 즉 '인성론(人性論)'이다.

그것이 어찌 성리학에 국한될 뿐이겠는가? 고금동서의 제반 철학이 추구하는 가장 궁극적인 문제의 핵심, 그것은 어느 경우에도 두 가지 사실의 바깥에 있지 않은 것이다. 그리고 다름없이 성리학에서도 먼저 해야 할 일은 우주 하늘에 대한 이치를 밝혀내는 일이다.

1) 우주에 대한 생각

우리가 잠깐 눈을 들어 인간 세상 너머에 펼쳐진 저 무한한 천체의 세계를 우러러 보았을 때 알 수 없는 우주의 신비에 대한 경이와 함께 품게 되는 커다란 의문이 있다. 저 우주는 어떻게 이루어진 것이며, 이 땅 위의 인간을 포함한 모든 만물을 낳게끔 한 근원적 존재가 과연 무엇일까? 이것은 우리 인류가 아주 오래 전부터 알고싶어 하는 가장 큰 궁금증이었다. 이 비밀을 알아보겠다는 의지로 말미암아 일찍부터 서양 뿐 아니라 동양의 중국에서도 현자와 철인들이 끊임없는 사색을 바쳐왔던 것이다.

앞서 말한 유교의 책 사서삼경 가운데 『주역(周易)』 또는 『역경(易經)』으로 불리우는 책 안의 '계사전(繫辭傳)'이라는 부분에는 우주가 어떻게 생겨났는가 하는 문제에 대해서 관심을 가지고 설명한 기록이 있다. 그리고 유학자들은 여기서 설명한 것을 바탕으로 하늘의 이치에 대한 생각에 그 깊이를 더하였다. 그래서 송나라 이전에도 어떤 사상가들은 이 『주역』으로부터 자아낸 자기들의 생각과 의견을 발표하기도 하였다. 그렇지만 앞서 얘기한 것처럼 우주의 법칙에 대해서 본격적으로 큰 관심을 나타내었던 이들은 송나라 학자들이었다.

그러한 가운데서도 이 분야에 대해 연구를 열심히 해서 처음 정식으로 발표한 학자가 있었는데, 그가 바로 주렴계이다. 주렴계 선생은 원래 이름이 주돈이(周敦頤)인데, 그의 스승들에게서 배워 받은 모든 생각들을 정리해서 처음으로 '태극도설(太極圖說)'이란 법칙을 내세운 인물이다. '태극도설'이란 태극[하늘]이 세상의 만물을 만들어내는 과정을 설명한 것이다. '태극'이란 말은 본래 주역에 나오는 말이니, 우리나라의 태극기도 이 주역에서 나온 생각을 바탕으로 만든 것이다. 아무튼 '태극도설'이 발표된 것은 송나라 성리학의 첫 시작을 알리는 크나큰 출발점이기도 하였다. 따라서 성리학을 바로 이해하고자 하면 무엇보다 이 태극에 대한 이해를 우선하지 않을 수 없게 된다.

그러면 이제 주렴계 선생이 이야기하는 태극이란 무엇인가? 이것은 쉽게 말하자면 하늘의 중심이며, 세상의 만물을 만들어내는 생성과 창조의 원리이다. 우주의 만물들이 나오는 샘터이며 뿌리와 같은 존재, 만물이 나오는 본원(本源)이다. 모습도 없고 소리도 없는 세상 만물의 창조주인 것이다. 기독교에서 하나님이 만물과 인간을 만들었다고 하는 것처럼, 주렴계는 태극이 있었기 때문에 인간과 만물이 생겨났다고 한다. 다시 말해서 세상의 모든 인간과 만물은 어느 것이든 막론하고 다 태극에서 쏟아져 나왔다고 설명한다. 이렇게 우주의 중심에 있는 오직 하나 뿐인 태극의 기운을 '태극일기(太極一氣)'라고 한다.

그런데 이 태극이 움직이는 기운으로 되면 '양(陽)'이라 하고, 양의 기운이 다해서 멈추는 기운으로 변하면 '음(陰)'이라고 부른다. 음의 기운이 다 하면 다시 양의 기운, 양의 기운이 다하면 다시 음의 기운, 이렇게 서로 기다리면서 움직인다.

그리하여 '음'과 '양'의 두 기운[에너지]이 서로 끝없이 교대로 바뀌면서 새로운 다섯 가지 성분이 생겨나게 된다. 그 다섯 가지란 '수(水) · 화(火) · 목(木) · 금(金) · 토(土)'인데, 성리학에서는 이 다섯 가지를 '오행(五行; 다섯 가지 돌아흐르는 성분)'이라고 부른다. 쉽게 말해서 우리 주변의 모든 사물들의 바탕이 되는 재료가 무엇인가 알고보면 모두 이 다섯 개의 성분인 오행 안에 들어가지 않은 것이 없다는 것이다. 그래서 이 다섯 가지 성분들이 서로 다르게 뭉쳐지면서 각기 다른 형태의 만물을 만들어 낸다는 것이다.

이처럼 하나의 태극이 두 개의 음양을 만들고, 두 개의 음양이 다섯 가지 흐름인 오행을 만들며, 다시 이 오행이 수많은 사물들을 만들어낸다는 순서로 되어 있다(태극 → 음양 → 오행 → 만물). 구태여 숫자로 표시한다면 일(一) → 이(二) → 오(五) → 만(萬)의 순서이다.

따라서 우리들 사람도 이러한 순서를 거쳐서 생겨나오게 되었다는 것이다. 그런데 왜 세상의 자연 만물 가운데서 인간이 제일 우수한 존재가 되었는가? 그 까닭에 대하여 주렴계 선생은 다음과 같이 설명을 한다.

"음과 양이 서로 바뀌면서 5행~만물로 나누어질 때 가장 우수한 성분도 생겨나고 아주 열등한 성분도 생겨나게 되는데, 그 중에서 가장 우수하고 좋은 성분을 받고 나타난 것이 사람이다. 그래서 사람은 모든 다른 만물들보다 위에 있어서 그것들을 다스릴 수 있는 능력이 있기 때문에 '만물의 영장'이라고 하는 것이다. 또한 인간은 태극의 맑은 기운을 가장 잘 받았기 때문에 그 본성은 아주 착한 것이다."

이것이 주렴계 선생이 주장한 '태극도설'이다. 이처럼 주렴계 선생은 태극도 하나의 기운 및 에너지로 보았다. 동시에, 이 태극의 기(운)는 음 · 양

두 가지의 기를 띠고 있어서 움직일 때는 양(기), 멈추면 음(기)로 각각 변한다고 했다. 소강절 선생도 그가 지은 『황극경세서(皇極經世書)』란 책에서 태극은 움직이는 기(운)와 멈춰 있는 기(운)의 중간에 있는 기운이라고 하였고, 장횡거 선생은 태극이란 말 대신에 '태허(太虛)'라는 말을 썼지만 그 생각은 모두 같은 것이니, 그들 모두 1기(태극)~2기(음양)~5기(수·화·목·금·토)~수만 가지의 기(만물)의 차례로 생각했던 것이다. 이처럼 우주의 만물은 오직 '기'에 의해서만 만들어진 것이라고 하는 주장을 '기일원론(氣一元論)'이라고 부르게 되었다.

한편, 정이천 선생은 형인 정명도 선생과 함께 '태극도설'의 주렴계 선생에게서 성리학을 배웠다. 그런데 그는 자기 스승하고는 좀 다른 생각을 갖게 되었다. 정이천 선생은, 만물을 만드는 에너지가 '기'인 것은 인정하였다. 하지만 이 '기' 에너지가 만물을 만들려면 그 전에 만물을 만들기 위한 어떤 법칙(원리)이 있지 않으면 안된다고 생각하였다. 예를 들어서, 물은 수소(H_2)라고 하는 에너지와 산소(O)라고 하는 에너지가 서로 합쳐져 만들어진다. 그러면 이것은 '산소와 수소는 합쳐질 수 있다' 혹은 '한 개의 산소와 두 개의 수소가 합치면 물이 된다'라고 하는 법칙이 먼저 존재해 있었기 때문에 물의 존재도 가능한 것에 비유해 볼 수 있다. 만약 '$H_2+O=H_2O$(물)'라고 하는 법칙이 없었더라면 물도 이 세상에 없었을 것이다. 그래서 정이천 선생은 우주와 사물에는 무언가를 만들어내는 법칙이 있다고 생각했고, 이 법칙을 '이(理)'라고 불렀다. 이렇게 그는 하늘이 만물을 만들 때는 '기(氣)'도 있는 것이고 '이(理)'도 있는 것이라고 정식으로 주장한 성리학자이다. 그리고 이러한 주장을 '이기이원론(理氣二元論)'이라고 부른다.

이 때부터 약 100년 뒤에 주자(1130~1200, 이름은 朱熹)란 분이 나타나서 정이천 선생의 '이기이원론'을 중심으로 성리학 전체에 대해서 보다 체계적으로 연구하였다. 그래서 성리학은 '이기철학(理氣哲學)', 또는 주자가 크게 발전시켰다 해서 '주자학(朱子學)'이라고도 부르는 것이어니와, 주자는 다음과 같이 설명했다.

"태극은 만물을 생겨나게 하는 '이치'이다. '원리'이다. 그렇기 때문에 에너지[기]처럼 움직이거나 멈추거나 하는 것이 아니다. 태극은 이치·원리·법칙을 뜻하는 '이(理)'인 것이다[태극=이]. 그리고 음양은 에너지를 뜻하는 '기'이다. 작용(作用)이다. 그런데 '기[에너지]'인 음양이 또 오행을 낳으므로 오행도 '기'이다. 다시 오행은 인간과 만물을 낳으므로 인간과 만물은 역시 '기'가 합쳐서 된 것이다. 이렇게 '기'가 순서대로 인간 및 만물 같은 온갖 사물들을 만들어내는 것은 '이'가 음양과 오행과 만물의 속에 깃들어 있기 때문이다. 그러므로 이 세상에 있는 모든 만물 및 우리 인간의 몸과 마음 속에는 '이'도 들어있고 '기'도 들어있다. 즉, '이'와 '기'는 언제든 떨어지지 않고 붙어 다니면서 각자의 원리와 작용을 따라 인간도 만물도 생성시킬 수 있다는 것이다."

2) 인간의 마음에 대한 생각

왜 지금까지 온 세상의 만물과 인간은 어떻게 생겨났느냐에 대한 문제를 다루어야 했는가? 그 답은 간단하고 명백하다. 바로 소우주인 '인간의 마음'에 대해서 잘 알아보기 위해, 그 앞의 단계로서 대우주의 진실을 먼저 알아야만 하였다. 이러한 이유로 성리학자들은 먼저 우주에 대한 사실을 이야기한 다음에는 반드시 인간의 마음에 대해서 설명한다. 제일로 중요한 것은 역시 우리들 마음의 본질을 잘 알아서 더욱 좋은 마음으로 닦는 것이기 때문이다.

그렇다면 우주 태극인 하늘이 만든 인간은 무엇으로 되어 있는가? 참으로 복잡다단하지만, 그 존재를 아주 크게 보면 두 가지로 나뉘어 있다. 그것은 곧 '마음[정신]'과 '몸[육체]'이다. '몸'에 관해서는 과학자나 의사가

연구하면 되지만, 성리학은 유교 중에서도 특히 인간의 '마음' 곧 그 정신과 성품에 대해서 깊은 연구를 하는 철학이다. 성리학에서 인간의 마음에 관해 연구한 내용을 '인성론(人性論)'이라고 한다.

첫 번째로 주렴계 선생은 이렇게 말했다.

"태극이 갖고 있는 모든 성분[기] 가운데에서 제일 좋은 성분[기]을 받아가지고 나오는 것이 사람이므로, 사람은 모든 만물 가운데 가장 뛰어나다. 또 태극 중에서 가장 깨끗한 성분[기]을 받았으니 그 마음도 원래는 맑고 깨끗하다. 그렇지만 사람이 자기 둘레에 있는 사물을 보면 자기도 모르게 욕심이 생긴다. 바로 이 욕심 때문에 깨끗하지 않은 마음도 나타나는 것이다."

그 다음으로 장횡거 선생의 '마음'에 대한 생각은 이러하였다.

> (1) '태허'(太虛; 태극과 같은 의미)의 한 기운은 아직 음의 기운과 양의 기운으로 들어가기 전의 기로서 극히 맑고 깨끗한 것이다.
>
> (2) 그러다가 음의 기[에너지]와 양의 기[에너지]가 여러 가지로 섞이면서 각각 다른 인간의 마음이 나타난다. 이때 그 섞인 에너지 성분의 비율에 따라 맑고 좋은 것에서부터 흐리고 좋지 않은 것까지 수많은 차이[이것을 만수(萬殊)라 칭하기도 한다]가 생겨난다.

재주가 있고 현명한 사람은 맑고 좋은 성분을 많이 받은 결과이고, 보통의 재주를 가진 사람은 맑고 흐린 형질이 서로 엇비슷하게 섞인 까닭에 그렇게 된 것이며, 재주가 모자라고 우둔한 사람은 흐린 성분이 더 많아진 결과이다. 이렇게 타고받은 형질에 따라 사람마다 현명한 재질과 어리석은 재질의 정도는 각기 다 다르지만, 다행스럽게도 누구한테든지 (2)에 있는 마음이 생겨날 때에는 반드시 (1)에 있는 '태허'의 맑고 깨끗한 기운이 밑바닥에 따라 스며들게 된다. 이 맑고 깨끗한 기운이 사람의 마음 속에 들어가면 착한 마음이 되는바, 따라서 사람의 원래 밑바닥에 있는 마음은 착한 것이다. 옛날에 맹자께서도 "사람의 본성은 착하다"라고 이르셨는데, 그것은 바로 사람마다 똑같이 가지고 있는 이 맨 아래 기초 층의 마음을 말한 것이다.

장횡거 선생은 잘난 사람이나 못난 사람이나 밑바탕에 본래 가지고 있는 이 마음을 천지의 성품, 곧 '천지지성(天地之性)'이라고 불렀다. 그리고 사람의 얼굴이 다 다른 것처럼 현명하고 어리석은 재주가 각기 다르게 나타난 성품을 기질의 성품, 곧 '기질지성(氣質之性)'이라고 불렀다. 이렇게 인간이 타고 난 성품에는 두 가지가 있다는 논리에 대해, 정이천 선생과 주자도 장횡거 선생과 똑같이 생각하였다. 다만 정이천 선생은 의리의 성품, 곧 '의리지성(義理之性)'과 '기질지성(氣質之性)'으로 이름을 붙였고, 주자는 본래의 성품, 곧 '본연지성(本然之性)'과 '기질지성(氣質之性)'이라고 이름을 붙였을 따름이다. 이렇게 세 사람이 이름은 조금 다르게 붙였지만 그 의미에선 동일하였다.

덧붙여서, 장횡거 선생은 인간의 마음이나 모든 것이 태허의 한 '기'에서 나왔기 때문에 인간의 마음을 이루고 있는 '천지지성'이나 '기질지성'은 모두 '기'라고 했다. 그러나 정이천 선생과 주자는 사람의 마음은 '이[원리]'와 '기[작용]'가 서로 도와서 이루어진 것이라고 판단했기 때문에 사람의 성품 속에도 '이'와 '기'가 반드시 있게 마련인 것으로 말했다.

한편, '의리지성'이거나 '본연지성'을 줄여 한 글자로 '성(性)'이라 한다. 이 '성'은 태극에서 이어받은 것이다. '태극=이'이기 때문에 '성(性)'은 즉 '이(理)'가 된다[성=이]. 이때 '성'과 '이'를 동시에 읽으면 '성리'가 되는데, 성리학이란 말은 여기에서 나온 것이다. 그런데 태극[이]은 가장 깨끗하고 순수한 이치이다. 그리고 '성'은 이것을 그대로 이어받은 것이기 때문에 본래의 성품[性]은 아주 훌륭한 본질만 들어있다는 논리를 펴보였다. 계속하여, 정이천 선생과 주자는 기질의 성품인 '기질지성'에 대하여 설명을 하였다.

> '기질지성'은 '기'에서 나왔다. 기는 '양'의 기와 '음'의 기가 모여서 된 것이다. 양의 기와 음의 기가 각각 다른 모양으로 섞이기 때문에 기질의 성품도 사람마다 각각 다르다. 이를테면, 아주 좋은 기질에서부터 아주 나쁜 기질까지 수많은 기질이 나타나게 된다. 좋은 기질을 타고 나오면 마음이 맑거나 현명한 사람이 되는 것이고, 별반 좋지 않은 기질을 타고 나오면 마음이 흐리거나 어리석은 사람이 되는 것이다. 마음이 맑으면 착한 생각을 하게 되고, 현명하면 올바르고 바른 판단을 하게 되어 훌륭한 인격이 될 수 있다.

이때, 좋은 기질이 고도에 도달한 자가 곧 성인(聖人)이다. 그러나 대부분의 사람들은 거기 못미처 어리석기 때문에 판단도 올바르지 않거나 늦게 깨닫게 되며, 마음이 흐리기 때문에 자기 주변의 사물과 대하게 되면 지나친 욕심도 생기는 것이어서, 자신도 모르게 바르지 않은 사람으로 되는 것이다. 순자(荀子)가 성(性)을 악(惡)이라고 본 것은 바로 이러한 2차적 결과의 현상을 보고 한 말이다. 그렇지만 사람에게는 태극한테서 받은 깨끗하고 착한 마음의 이치, 즉 '본래의 성품'이 있어서 수많은 기질 속에 골고루 들어가 있다. 그렇기 때문에, 아주 훌륭한 사람이나 아무리 나쁘게 되어버린 사람이나 마음의 밑바탕은 모두 착한 것이다. 맹자가 일찍이 "성(性)은 선(善)하다" 한 선언도 바로 이 밑바탕의 본질을 포착하여 한 말이었다.

그러면 이렇게 누구한테나 있는 착한 마음이란 대관절 어떤 마음들인가? 다름아닌 인(仁; 어진 마음) · 의(義; 떳떳한 마음) · 예(禮; 겸손한 마음) · 지(智; 옳고 그름을 가려내는 마음)의 네 가지 마음이다. 이것을 주자는 본래의 성품, 곧 '본연지성(本然之性)'이라고 말했다. 이미 밝혔던 것처럼 이 네 가지 본래의 성품은 수천 수만 가지의 다른 모양을 하고 있는 기질의 성품 속에 저절로 깃들어서 마음의 밑바탕에 깊이 자리를 잡는다. 하지만 이것이 아직은 움직이는 상태는 아니다. 그 상태를 '적연부동(寂然不動)'이라고 표현한다. 그러다가 우리가 어떤 것을 보거나 듣거나 할 때 그 대상에 대해 불쌍하게 느끼는 마음, 스스로 부끄럽게 느끼는 마음, 겸손하여 사양하는 마음, 일에 있어서 옳은 것과 그른 것을 가려내려고 하는 마음이 생기게 된다. 이 네 가지 마음은 깊이 감춰져 있는 착한 본래의 성품인 인·의·예·지—이것을 4덕(四德)이라 한다—가 발동되어 나타난 마음이다. 성리학에서는 이렇게 나타나 움직여진 마음의 단서를 '사단(四端)'이라 부르고, 사단은 '정(情)'이라고 한다. 그런데 이 사단의 정, 곧 '사단지정(四端之情)'은 원래는 좋은 것이어서 좋은 기질을 가진 사람은 불쌍하게 생각해야 될 때와 부끄럽게 생각해야 될 때 등을 잘 구별하는 힘이 있지만, 그다지 좋지 않은 기질을 가진 어리석은 사람은 사단의 정을 구별하는 힘이 부족하다.

또 정에는 이 '사단지정' 뿐만 아니라 '칠정(七情)'이라는 것이 있다. 복잡다단한 인간의 감정이 어찌 이 일곱 가지 뿐일까마는 큰 단위로 나누어서 말한 것이다. '칠정'이란 희(喜; 기쁨)·노(怒; 분노)·애(哀; 슬픔)·구(懼; 두려움)·애(愛; 사랑)·오(惡; 미움)·욕(欲; 욕구)의 일곱 가지 정(情)을 말하는데, '사단의 정'은 이 일곱 가지 정 속에 저절로 녹아들어 있다. 그런데, 앞에서 말한 것처럼 한번 사람의 형질로 태어나면 사람마다 각각 기질의 성품을 품어가지게 되고, 또 기질의 성품에는 착하고 맑은 기질에서부터 착하지 않고 탁한 기질까지 수많은 종류가 있다. 그 때문에 공자나 석가, 예수처럼 최상의 기질을 받고 태어난 사람의 마음엔 훌륭함이 많이 나타나는 것이고, 보통사람들은 좋은 기질과 좋지 않은 기질이 뒤섞여 있는 까닭에 어느 때는 훌륭하지 못한 마음조차 나타나기도 하는 것이다. 그러나 좋은 '기질지성'을 지닌 성인(聖人)의 마음 안에서는 기쁘고,

슬프고, 화나고 하는 등의 일곱 가지 정이 그때그때 지나치거나 모자람이 없는 적절한 수준으로 유지된다. 이런 조화로운 상태를 '중용(中庸)', 또는 '중화(中和)' · '중절(中節)'이라고 부른다. 그러나 보통사람들에게 나타나는 일곱 가지 감성들은 알맞게 나타나는 때도 있지만, 어떤 때는 기쁨과 슬픔, 사랑과 미움, 분노 등에 대한 감성이 적절한 조절 속에 조화를 이루지 못한 채 어긋날 경우가 많다. 이렇게 감정이 적절하게도 나타나고 부적절하게도 나타나는 이유는 음과 양이 사람의 기질을 만들 때 맑은 기질도 생기고 흐린 기질도 생기기 때문이라 했다. 이때 바로 이 흐린 기질로 말미암아 마음이 어둡게 가려지고, 마음이 가려지는 까닭에 착하지 않은 일도 하게 되는 것이다.

3) 마음을 닦는 법

그러면 어떻게 해야 이 어둡고 흐린 마음을 밝고 깨끗하게 만들 수 있는가? 곧, 어떻게 하면 더욱 좋은 기질로 변화토록 할 수 있을까? 이 질문에 대해 성리학자들은 대개 두 가지 방법을 가르치고 있다.

첫 번째는 흐트러짐 없는 마음을 꽉 다잡는 일이다. 자기의 마음을 흐트러지지 않게 모든 일에 조심하고, 흐린 기질로부터 생기는 지나친 욕심을 없애는 일이다. 이것은 다른 사물이나 자기의 일에 대해서 항상 경건한 태도를 지키려는 마음을 뜻한다. 경건한 마음과 조심스러운 마음이 없으면 지나친 욕심도 생기고, 마음과 행동이 제멋대로 되어 착하고 올바르게 되기 어렵다. 그리고 나서 항상 자기 안에서 일어나는 마음과 일으킨 행동에 대해서 조용히 반성하고 명상하는 습관도 길러야 한다. 이런 것을 오랫동안 하게 되면 사람마다 원래부터 가지고 있는 착한 '본연지성'으로 돌아갈 수 있는 힘이 커지게 된다. 즉 기질의 성품 속에 들어있는 흐리고 좋지 않은 마음을 차츰차츰 걸러내어 없애버리는 일이 가능해진다. 성리학에서는 이렇게 하는 것을 '거경(居敬)', 또는 '주경(主敬)' · '진성(盡性)'이라고 말한다.

두 번째는 인간과 사물의 이치에 대해서 열심히 공부하고 깊이 연구하는 일이다. 열심히 공부하고 깊이 연구하게 되면 여러 가지 이치에 대해서 깨닫게 되고, 깨닫는 것이 많아질수록 마음은 점점 밝아져서 현명하게 된다. 올바르고 현명한 판단은 흐린 기질을 맑고 착한 기질로 변화시키는 데 큰 도움을 주는데, 성리학에서는 이러한 공부와 연구를 '궁리(窮理)'라고 부른다.

이렇게 '거경'과 '궁리'를 오랫동안 하게 되면, 기질이 흐리고 어리석었던 사람도 나중에는 맑고 현명한 마음을 가진 인격자가 될 수 있다.

4. 맺음말

지금까지 성리학에 대한 배경의 약간과, 또 성리학이란 무엇인가에 대해서 대략적으로 생각해 보았다.

중국 송나라 때 시작된 성리학은 우리나라 고려시대 말기에 안향(安珦, 1243~1306)이란 유학자가 들여온 이래로, 이 때부터 고려와 조선의 유학에 종사하는 유수한 선비 학자들에 의해 어언 6~7백 년의 학문적 전통을 갖게 되었다. 고려 말에 포은(圃隱) 정몽주, 목은(牧隱) 이색과, 조선시대에는 양촌(陽村) 권근이 배턴을 이어받어서 화담(花潭) 서경덕에 연결되었다. 이후 한국 성리학의 우뚝한 두 산맥인 퇴계(退溪) 이황과 율곡(栗谷) 이이 선생을 필두로 고봉(高峯) 기대승, 우암(尤庵) 송시열, 남당(南塘) 한원진, 녹문(鹿門) 임성주, 노사(蘆沙) 기정진, 한주(寒州) 이진상 등 유수한 학자들이 등장하여 남상지인 중국의 성리학보다도 더욱 심도있게 발전시킨 업적을 낳았던 것이다. 또한, 이렇게 중국보다 발전한 성리학은 일본에도 영향을 주게 되었던 바, 그 곳의 학자들도 우리의 이퇴계 선생, 이율곡 선생이 끼쳐놓은 업적을 힘써 연구한다고 한다.

근대에 이르러 성리학 연구는 서구의 사상과 사조에 밀려서 그 전통의 맥락이 거의 끊어지다시피 되었다. 하지만 이것은 성리학이 근거없는 이론이었기 때문에 그리되었음이 결코 아니다. 마치 우리의 그림, 글씨거나 공예, 건축, 시조, 판소리 등 전통문화가 오늘날 퇴영된 것이 서양의 문화에 비해 우수하지 못해 밀려난 것이 아닌 이치와 다를 바가 없다. 이제, 전통의 새로운 발견과 계승이란 차원에서 동양 사상의 중심이자 우주와 인간에 관한 심오한 지혜와 원대한 사상이 넘치도록 담겨 있는 잃어버린 보물 성리학을 되찾아 그 놀라운 가치를 우리의 삶 속에 확보하는 일이 대단한 의미와 보람을 가져다 줄 것으로 확신한다.

조선시대의 『소학』 담론

1. 머리말

본래 '소학(小學)'이라는 말은 책 이름 이전에 중국 고대의 학제(學制)거나 학교 이름을 일컫는 것이었다. 곧, 유우씨(有虞氏), 하후씨(夏后氏) 및 은대(殷代)와 주대(周代)의 시절에 '대학(大學)'이란 것의 앞 단계 개념으로서, 지도층 어린 자제들의 교육의 첫 입문적 역할체로서, 이미 그 오래고 든든한 존재의 뿌리를 확보하여 있었다. 입학의 연령에 대해 『상서대전(尙書大傳)』에서는 13세, 『신서(新書)』에서는 9세라는 말도 있지만, 대개 8세 무렵이면 들어가서 예(禮)·악(樂)·사(射)·어(御)·서(書)·수(數)의 여섯 과목, 이른바 육예(六藝)를 몇 년에 걸쳐 배웠던 것으로 알려져 있다.[1] 다만, 그 햇수는 시대와 논자에 따라 다르다. 그리고 여기를 졸업하면 상위의 학제인 '대학'에 들어가게 된다.

한대(漢代)에 와서는 소학이 문자학(文字學)을 일컫는 의미로 쓰이기도 했다. 따라서 문자서(文字書) 및 훈고서(訓詁書), 운서(韻書) 등속이 모두 소학 류에 들어갔음이다.

이제 정작 우리가 인지하고 논위의 지표가 되는 바 송대(宋代) 주희(朱

---

1) 『대대례(大戴禮)』, 『백호통(白虎通)』, 『한서(漢書)』(藝文志 食貨志) 참조.

熹) 혹은 그 제자인 유징(劉澄)의 찬술이라고 하는 그 『소학(小學)』에 이르러서, 앞 시대의 학제 및 학교명·학문의 명칭이 아닌 하나의 책 이름으로 새로운 이미지를 굳히게 되었다. 이렇게 소학 개념의 역사적 다양한 전개를 볼 수가 있는 것이다. 그런데 12세기가 되어서나 생겨난 가장 나중의 개념이었음에도, 오히려 후세의 대중들에게는 이 서책 개념이 원래적인 학제·학교·학문의 개념보다 우선성 있게 인지되었다는 사실에서 일종의 아이러니가 느껴진다.

중국에서 이 책이 찬수된 이래 그 영향과 파급의 효과는 과연 적지 않았던 듯하다. 그것은 그 다음 명대(明代)에 진선(陳選)의 『소학집설(小學集說)』 6권과 『소학구두(小學句讀)』 6권, 정유(程愈)의 『소학집설(小學集說)』 6권, 청대(淸代)에 장백행(張伯行)의 『소학집해(小學集解)』 6권, 황징(黃澄)의 『소학집해(小學集解)』 6권, 고웅징(高熊徵)의 『소학분절(小學分節)』 2권, 장영수(蔣永修)의 『소학집해(小學集解)』 6권, 고유(高愈)의 『소학찬주(小學纂注)』 6권, 왕건상(王建常)의 『소학구두기(小學句讀記)』 6권 등, 많은 수의 주해서들을 통해 십분 짐작할 수 있다.

2. 조선 전기의 소학

이 땅에서 『소학』의 전습(傳習)은 어떻게 이루어졌던가.

헤아려 보건대, 『소학』은 고려의 멸망 약 200년 이상 앞서에 이미 저 중원(中原) 땅에서 빛을 보았던 것이고, 주자(朱子: 朱熹)와의 깊은 연관 속에 나온 것이니, 이 책이 반드시 고려 당년에 유입되지 않았다면 오히려 그것이 이상한 노릇일 것 같다. 『고려사(高麗史)』 등에서 그러한 기록을 찾기는 어려울 뿐이지만, 이 책 자체, 주자가 직접 관여돼 있는 서적인데 아무려면 주자 성리학(性理學)의 전파 과정에서 하필 이것만이 유독 일탈

되었다고 보기 곤란한 까닭이다.

기실, 이 서책의 수입 과정을 구체적으로 확인하기 어려운 상태였음에도, 벌써 조선조 초기 사대부들의 구두에 올려져 있었음이다. 우선 눈에 띄는 것으로, 조선 태종(太宗) 7년 3월 무진일 조에 권근(權近)이 왕 앞에 올린 상서가 있는바, 취지는 이러하였다.

> 『소학』이란 책이 인륜과 세도에 절실하기 이루 말할 나위 없음에도 오늘날 학자들이 익히지 않음은 크게 옳지 않나이다. 이제부터 경외(京外)의 교수관(敎授官)들은 반드시 생도들에게 『소학』을 우선 권하도록 한 연후에 다른 책 배우기를 허락해야 하고, 생원 시험에 응시하여 대학에 들어가고자 하는 이는 먼저 이 책의 실력을 따진 다음에 허락해야 하옵니다.[2)]

그러자 태종도 이를 승낙하였다는 것이다. 이렇듯 기록을 통해 볼때 선초에 벌써 단순한 전래(傳來)의 수준을 넘어 있음을 규지할 수 있다. 하지만 『소학』의 보급과 공부가 아직 원만한 정도에 미치지는 못하였음을 짐작할 만하다.

6년 뒤인 태종 13년 6월 정축일에 성균대사성(成均大司成)으로 있는 권우(權遇) 등이 다시 『소학』에 관련한 상서를 올리게 되는데, 시사하는 바가 적지 않다. 곧, 중국의 고제(古制)에 따라 사람이 세상에 태어난 후 8세가 되면 신분의 고하를 막론하고 소학의 법제에 들게 하고, 『소학』 책을 가르치는데, 매일 읽혀 보지 않고도 암송토록 할 것, 못하면 벌주고 할 수 있는 경우 그 등급을 책에 적어줄 것 등을 제안하고 있다.[3)] 여기에서 소학

2) 小學之書 切於人倫世道 爲甚大 今之學者 皆莫之習 甚不可也 自今京外教授官 須令生徒 先講此書 然後方許他書 其赴生員之試 欲入大學者 令成均正錄所 先考此書通否乃許.

3) 伏望 聖裁施行 吾道幸甚 令下議政府擬議 一依古制 人生八歲 王公以下至於庶人子弟皆入小學之法 自一品以下至於庶人子弟 皆入部學 始教小學之書 每日所讀 不通者行

연령 8세의 구체적인 명시가 특히 괄목할 만하다.

또한 이 때까지는 소학 교육의 의무화를 강조하는 단계에 머물렀지만, 시간이 흐르면서 『소학』이 초학자들의 필독서라는 인식이 더욱 강해져갔다. 뿐만 아니라, 과거시험에도 적용되어 선비들이 싫건 좋건 관계없이 반드시 다루어 읽지 않으면 안되게끔 되었다. 이같은 사정이 세종 11년 3월 무진일에 판윤사(判尹事) 허조(許稠)가 올린 다음과 같은 계(啓)를 통해서 역력하게 파악된다.

> "『효경(孝經)』과 『소학(小學)』은 모두 초학(初學)들에게 마땅히 우선적으로 읽혀야 할 책이옵니다. 그런데 『소학』은 과거 볼 때 강(講)하는 까닭에 유자들마다 어쩔 수 없이라도 읽게 되어있으나, 『효경』 같은 것은 세상의 초학들이 읽고 익히고를 하지 않으니, 청컨대 경연(經筵)에 내시고, 『효경』을 구해(句解)하시고 간행하사 초학들에게 가르치소서." 임금이, "그리하라!" 하시었다.[4]

초학자의 필독서 중에서도 『소학』이 『효경』 등에 비해 사뭇 우위를 누리고 있음을 쉽게 알 수 있다.

하지만, 『소학』이 과거시험의 필수 기본텍스트로 중시되었던 이면에는, 그것의 공부가 어느 결엔가는 상투화되고 요령주의로 흐르는 폐단마저도 없지 않았던가 싶다. 세종 18년 윤 6월 경인일에 올린 예조의 계(啓)가 그러한 사정을 잘 대변시켜 주고 있다.

> 소학이란 책을 가만 살펴보면, 유학(幼學)에서 비롯하여 종신토록 강습

罰 能誦能講者 論其高下 皆書于冊 其學漸進.

4) 孝經小學 皆初學所當先習之書也 而小學講於科擧之時 故儒者皆不得已而讀之 若孝經則世之初學不讀習 請出經筵 句解孝經 刊行以敎初學 上曰 然.

> 해야 할 그런 것이옵니다. … 그렇기 때문에 우리 본조의 부학(部學), 관과법(觀課法)에서도 여덟 살 이상 되면 모두 학당에 나아가도록 그들에게 소학을 가르치며 … 지금 사부학당(四部學堂)의 생도들은 이것을 돌보지 아니한 채 소학을 어린 아이의 공부로만 여기어 일찍이 강독하지 아니합니다. 매양 승보(升補)의 필요에 당해서만 임기응변으로 이를 섭렵하니, 그 진학의 기틀에 있어 제대로 융통한 이가 적사옵니다. 이제부터는 사부의 생도면 누구나 소학을 익히고 강구토록 하와 ….[5)]

『소학』 본연의 수신적(修身的) 의의를 살리자는 뜻을 볼 수 있고, 아울러 앞서 태종조 기사에서 명시되었던 소학 연령의 '8세'를 재삼 확인할 수 있다. 그렇거니와, 여기서 미루어 살필 수 있는 엄연한 또 한 가지 사실은 그것이 발탁・승진 때문에 하는 임기응변식 공부이든, 순수 도덕적 수양을 앞세운 공부이든 간에, 조선조 교육 풍토 안에 『소학』의 보편화가 이미 정착 단계에 놓여있었다는 점이었다. 또한, 적어도 세종 당시의 상황 안에서 『소학』은 문과의 경우 더 이를 나위없고, 무과의 별시(別試) 및 중시(重試)의 응시자들이 사서오경(四書五經) 및 『통감(通鑑)』・『무경(武經)』 등과 함께 외어 다루지 않으면 안될 책에 들어가 있을 정도였다.[6)]

문종 때는 왕명에 따라 『소학』의 인각(印刻)과 주자(鑄字)가 이루어졌으며,[7)] 이같은 절차로 만들어진 책은 간혹 관찰사의 계청(啓請)이 있을 때마다 중앙에서 몇 건씩 내려보내 주곤 했던 것인데,[8)] 그것의 비중이 사서

---

5) 竊觀小學之書 始於幼學 終身講習者也… 肆我本朝部學勸課之法 八歲以上皆赴學堂教以小學… 今四部學堂生徒 不此之顧 以小學爲童稚之學 曾不講讀 每當升補 臨時涉獵 其於進學之基 融貫者盖寡 自今 令四部生徒 皆習小學 專心講究….

6) 『세종실록』 권117 29년 정묘 8월 갑자일 조 참조.

7) 문종 즉위년 11월 경자일, 임금이 사정전(思政殿)에 나갔을 때, "近日始印小學 畢印此書則 卽皆還付鑄字所." 운운하였다.

8) 禮曹 據咸吉道觀察使啓本啓 請送四書及小學各三件于本道 從之.(『세종실록』 권11 4년 무인 2월 임진일 조)

(四書)에 비등한 정도였음을 실감나게 한다.

중종조야말로 『소학』에 대한 관심과 주의(注意)가 더욱 깊어진 시기라고 감언할 수 있겠다. 곧, 이 때 와서 잦은 소학 논의를 통해 소학에 대한 재인식과 적극적인 수용 의지가 이전의 어느 시대와도 비교할 수 없을 만큼 활발한 양상을 보였다. 중종 11년 정월, 우참찬(右參贊) 벼슬의 남곤(南袞)과 판윤(判尹) 윤순(尹珣)의 제언이 보인다. 그 내용은 『소학』이 큰 단위의 과거시험에서는 제외되고 동당(東堂)의 회강(會講) 같은 데서 무시되기 때문에 사친(事親)·경장(敬長)의 떳떳함과 사풍(士風) 확립이 어려워짐을 지적하면서 『소학』 진작의 필요성에 대해 거듭 강조하고 있다.[9] 이에 비추어 볼 때, 『소학』은 한갓 현실적으로 소과(小科) 합격의 수단으로서만 관심의 대상이 되었고, 소싯적에 하는 공부로서만 인식되어 있던 당시 분위기를 알아차리기 어렵지 않다.

역시 같은 해 11월에 왕이 아침 강연(講筵)에 납시었을 때, 참찬(參贊) 김안국(金安國)이 『소학』 장려의 필요성을 말하자, 지사(知事) 벼슬의 장순손(張順孫)이 응수하는 말 중에도 재미로운 풍속도 같은 것을 엿볼 수 있다.

> 요사이에 소학을 배우고자 하는 이를 경조부박한 무리들이 다투듯이 서로 비웃고 하는 까닭에 오히려 소학 공부한다는 사실을 감추고 강(講)하지 않으니 ….[10]

賜四書五經小學通鑑宋鑑各五件于江原道江陵府 觀察使安潤孫啓請故也.(『중종실록』 권10 5년 경오 정월 무인일 조)

9) 講訖 上命大臣等論難 右參贊南袞曰 … 我國科擧 只講四書三經 而不講小學 雖於生員進士會試講之 然徒爲文具 近者儒生 不學小學 而昧事親敬長之義 此豈儒者之道乎 … 判尹尹珣曰 講經 不講小學 故儒生 皆只讀初卷 不務精通 今後東堂會講 亦令講之 則士風庶乎變 而歸正矣.(정유일 조)

10) 近日間有欲學小學者 浮薄之輩 爭相非笑 故反諱而不講.

와 같은 재미로운 풍속도같은 것이 보이고 있다. 뒤미처 대사헌(大司憲) 김당(金璫)이 내세운 주장[11] 또한 위의 세종 18년에 올린 예조의 계(啓)며 중종시에 남곤 · 윤순 · 김안국 · 장순손 등이 내세웠던 취지들, 요컨대 미온적 소학 풍토에 대한 우려 내지 이 책 강학의 당위성, 나아가 적극 권장책에 관한 의론들과 일맥상통하는 바가 있었다. 정녕 중종 때야말로 위의 인물들이 말하듯 인륜 · 풍속 등의 문제가 보다 심각화되었던 것인가? 아니면 사실은 다른 시대와 별반 다를게 없는데, 그 당시 사대부들이 더욱 예민해져서 『소학』 등에 입각한 교화를 더욱 고집하였던 것인가? 어느 쪽이었든지 간에 중종 12년 6월 홍문관에 의해 풍속과 교화의 심각성이 다시 지적되는 가운데, 드디어 교화의 한 가지 방편으로 획기적인 건의 하나가 대두되기에 이르렀다. 다름 아닌 『소학』의 언역화(諺譯化) 사업이 그것이다.

> 근자에 도학은 밝지 않고 교화는 쇠퇴해져 규문(閨門)의 안은 함부로 무람없으며 뒤집혀 문란함이 무소부지니이다. 그 근본이 이렇거늘, 그 말을 가히 알 수 있을 것이옵니다. 부부 투패(妬悖)하고, 부자 반목하며, 형제 상잔(相殘)하는 일이 빈번하니, 풍속의 무너짐이 이 시대보다 더 심한 때는 없었던 바, 이는 대개 이유가 있음입니다. 성상께오서 심학(心學)에 침잠하시고 인륜에 힘쓰시와 이미 『속삼강행실(續三綱行實)』의 찬수를 명하시었고, 또한 『소학』의 인간(印刊)을 명하시어 중외(中外)에 널리 송포(頌布)하시고자 한 뜻은 아주 성대한 것이옵니다. 하오나, 삼강행실의 실린 바는 거의 다 변고와 간난의 계제에 부딪혔을 때의 특별하고 격월(激越)한

---

11) 지금은 어떠냐 하면 겨우 총각(總角)을 면하기만 하면 모두 시 · 부를 익힐망정 『소학』에다는 전일하여 힘을 쓰지 않는 바, 과거가 중하니 어느 겨를에 효제(孝悌)를 위해 마음을 다스리이까? [今則纔免總角 皆習詩賦 而專不用力於小學 以科擧爲重 何暇治心爲孝悌乎.]

> 행동일망정 일상의 행동거지에 떳떳이 행할 도는 아닌지라, 진실로 사람사람에게 권책(勸責)할 수 있는 것은 아니옵니다. 『소학』의 책은 이것이 일용에 간절하긴 하나 여항 서민이며 부인의 안목으로는 알지 못하는 것이라 읽고 읽히기에 어렵습니다. 바라옵건대, 뭇 책 가운데서 가장 절실한 것, 이를테면 『소학』·『열녀전』·『여계(女誡)』·『여칙(女則)』 류 같은 것들을 언문자로 번역하여 중외에 인송(印頌)토록 하와, 위로는 궁중 및 궁정 경사(卿士)의 가문으로부터 아래로는 위항(委巷)의 서민들에 이르기까지 두루 알려 강습토록 하면 온 나라가 모두 바르게 될 것입니다.[12)]

중종도 이 장계가 지당하다고 하여 해당 관청으로 하여금 시행토록 하였으니, 이것이 이른바 『번역소학(飜譯小學)』이란 것이다.

8월 계유일의 석강(夕講)에서 우의정 신용개(申用漑)는 『소학』이 다만 어린아이의 학(學)이 아니라 나이든 사람 역시 배워야 마땅한 것임을 말하였다.[13)] 9월 병술일의 주강(晝講)에서 조광조(趙光祖)가 다시 이를 극력 강조한 것이 보인다. 다름 아니라, 세종 조에는 소학의 도에 전적으로 마음을 썼던 까닭에 중외(中外)에 이를 송포했지만, 근래에는 사람들이 이것을 외지 않을 뿐 아니라 책 또한 끊어졌고 뜻있는 선비마저도 궁행하기를 꺼린다고 하였다.

이후에도 중종 12년 11월 정해일의 주강, 13년 4월 계사일의 석강 등 어전에서 소학 진흥에 대한 논의가 만만치않게 이루어지기도 했다.

---

12) 近者道學不明 教化陵夷 閨門之內 褻慢顚紊 無所不至 本既如是 其末可知 夫婦姑悖父子反目 兄弟相殘者 比比有之 風俗之壞 莫甚此時 蓋有由矣 聖上沈潛心學 懋厚人倫 既命撰續三綱行實 又命印小學 欲廣頒中外 意甚盛也 然三綱行實所載 率皆遭變故艱危之際 孤特激越之行 非日用動靜常行之道 固不可人人而責之 小學之書 迺切於日用 而閭巷庶民及婦人之目不知書者 難以讀習矣 乞於群書內 最切日用者 如小學如列女傳如女誡女則之類 譯以諺字 仍令印頒中外 俾上自宮掖 以及朝廷卿士之家 下達于委巷小民 無不周知 而講習之 使一國之家皆正.(신미일 조)

13) 且小學之書 非徒小學之學 至於老大 亦當學之.

그러나 중종 14년(1519) 조광조 · 김안국 · 김식(金湜) 등 신진사류가 남곤 · 심정(沈貞) · 홍경주(洪景舟) 등 훈구파에 의해서 불행을 당한 이른바 기묘사화(己卯士禍)를 계기로 『소학』은 하루아침에 금서(禁書)로 전락하고 만다. 조광조 등이 누구보다 앞장서 『소학』을 적극 강조하고 장려했었던 이유였을 터이니, 다음과 같은 일화는 그 때의 사정을 알려주는 좋은 일례가 된다.

> 기묘사화를 겪은 뒤에 집안 사람들이 『소학』과 『근사록』은 말하는 것조차 꺼려하고, 자제들 공부하는 것도 일체 허락하지 않았는데, 허엽(許曄)이 젊었을 때에 공(羅湜; 필자주)에게 가서 글을 배우면서 보니 헌 상자 속에 좀이 슬고 해진 『소학』 책 네 권이 있으므로 펴서 읽어보니 공부하는 사람으로서 이것을 몰라서는 안될 듯하여 공에게 가지고 가서 가르쳐 달라고 하였더니, 공이 놀라면서, "네가 어디서 이 귀신몽둥이(보면 잡혀간다는 뜻)를 가져왔느냐" 하더니 눈물을 흘렸다. 엽이 굳이 배우기를 청하자, 공은 칭찬하면서 드디어 『소학』과 『근사록』을 가르쳐 주었는데, 다른 사람에게는 알리지 말라고 당부하였다. (識小錄)[14]

그리하여 특히 17년 3월 신해일의 조강(朝講)에서는 어득강(魚得江)의 발언으로 그 무렵 인재의 결핍 원인이 출세를 위해 전적으로 『소학』에 지나치게 치중했던 결과에 있다는 특이한 지적마저 나왔다.[15] 물론, 이는 『소학』 책을 조광조 등과 지나치게 연관지어 미워한 소치로서 이해가 되고, 그것의 후유증조차 없지 않았던 듯 하였지만,[16] 역설적으로는 『소학』

---

14) 『국역연려실기술 Ⅲ』(고전국역총서 3), 민족문화추진회, 1977, p.109.
15) 今時人材之乏者 以其專意小學 以爲爵祿之謀.(『중종실록』 권44 17년 3월 신해일 조)
16) 영상 이준경이 논하기를 "남곤이… 중종조에 선인들을 시기하고 미워하여… 지금까지 소학(小學)이라는 글이 세상의 큰 금물이 되었고, 조금이라도 점잖게 걸으며 언론이 단정한 선비를 보면 반드시 기묘년의 여당이라 하기 때문에 선비들의 행실

이 성행했던 정도를 족히 짐작케 하는 국면이 있다. 중종 자신도 비록 조광조 일파의 엄격한 도학정신 일변도에 염증을 느낀 나머지 그들을 버렸던 것이지만, "소학은 비록 아이 때 읽히는 책이긴 하나 역시 좋은 책[小學雖爲兒時所習之書 然亦是好書]"[17]이라는 입장만은 버리지 않았다. 또한 그즈음 자주 일어나는, 자식이 아비를 살해하는 따위의 경악할 만한 패륜을 바로잡는 것은 소학 만한 것이 없으며, 조광조 일파의 잘못 때문에 이 책마저 같이 버려둠은 온당치 못하다는 생각을 계속해 왔다는 등,[18] 『소학』에 대한 본연의 입장을 마침내 견지하였다. 이처럼 한 때 정치적으로 연좌되는 풍파에도 불구하고, 소학 교육의 간절함에 대한 근본적 입지는 어느새 되살아났던 것이다.

명종이 즉위한 해 7월에 이언적(李彦迪)이 인간도의 요체는 '효제(孝悌)' 두 가지에 있고 효제의 집성은 『소학』 한 책에 온통 있는 것이니, 신분고하를 막론하고 단 하루도 빠뜨릴 수 없는 이 책의 언해를 서둘러 인출(印出)할 것과, 경연(經筵)에 진강(進講)토록 할 것을 청한 바, 이에 왕은 속히 인출토록 하였다.[19]

그 해 8월 기해일의 경연과 신축일의 조강, 11월 계해일의 주강 등을 통해 이언적을 비롯한 많은 지경연사(知經筵事) 곧, 경연의 담당자들에 의해 차례로 『소학』의 중대성이 크게 강조되고 있다. 특히, 영지경사(領知經事) 홍언필(洪彦弼)은 물뿌려 청소하고 응대하고 진퇴하는 것은 비록 그 일이 작은 듯하나 거기에 초학(初學)의 근본세움이 있으니, 나무에 비하면 뿌리가 단단한 연후에 가지와 잎이 성하고 물에다 비해 말한다면 그 원천이 깨끗한 연후에 지류가 맑아지는 것과 같은 이치라고 하였다.[20]

이 땅에 떨어지고 절의(節義)가 쓰러져 넘어졌습니다."(『국역연려실기술 Ⅲ』, 민족문화추진회, 1977, p.281)

17) 『중종실록』 권96 36년 11월 갑진일 조.

18) 『중종실록』 권100 38년 5월 경술일 조.

19) 『명종실록』 권1 즉위년 7월 신사일 조.

이 무렵의 『소학』 선양에 대한 논의는 아마도 중종 시절에 조광조파가 그렇게 했던 이후로는 모름지기 이때 이르러서 가장 성황을 이룬 듯 보인다. 그럴 수 있게 된 이유가 무엇이었던가? "인륜의 도는 『소학』 책보다 잘 갖추어진 것이 없는데도, 이즈음 유생들이 오히려 『소학』이란 책 있는 줄조차 모르니 그것의 학습과 성취를 기대할 수 없다"[21]고 말한 당시 실세였던 자전(慈殿), 곧 문정왕후의 입장이 있었다. 다시, 그렇게까지 되었던 계기에 대해 중종조 기묘사화 당시 조광조 등이 참화를 받은 원인이 『소학』에 있고, 따라서 『소학』은 화를 불러일으키는 책이라고 생각하면서부터 이것을 배우는 사람이 없게 되었다는 당시의 대사헌 송세형(宋世珩)과 영의정 심연원(沈連源)의 해명[22]도 접해볼 수 있다. 그리고 또다른 문정왕후의 발언,[23] 명종의 발언,[24] 유생 배익겸(裵益謙)의 발언[25] 등으로 그 무렵의 실정을 대개는 짐작해 봄직하다. 아무튼 기묘인(조광조의 무리)의 무너짐은 그 붕당이 과격하였던 소치일지언정 어찌 『소학』이 그렇게 하도록 시켰겠는가 하면서 유학(幼學)의 선비로 하여금 먼저 『소학』을 익히게 하라는 교령(敎令)이 예조를 통해 전해지면서,[26] 그것의 독서가 재기를 띠었음을 명종 6년 11월 병술(丙戌)일에 문정왕후에 답하는 심연원의 말[27]을 빌어서 규찰해 볼 수 있다.

---

20) 『명종실록』 권1 즉위년 8월 신축일 조.

21) 人倫之道 莫備於小學之書 …今之儒生 尙不知有小學之書.(『명종실록』 권12 6년 9월 갑진일 조)

22) 世珩曰 … 自己卯人被罪之後 儒生以爲小學之過 無有學之者矣 連源曰 己卯年枝附葉從之徒 過爲詭激之事 因以被罪 儒者遂以小學爲取禍之書 迄無學之者.(『명종실록』 권12 6년 9월 갑진일 조)

23) 自己卯之後 人以小學爲戒 專不讀之.(『명종실록』 권12 6년 11월 병술일 조)

24) 上曰 … 小學 幼學之本源 所當講究 而己卯年 因此爲詭異之行 故有其弊.(『명종실록』 권16 9년 3월 병진일 조)

25) 慶尙道山陰居儒生裵益謙上疏. 其略曰 … 故自此以後 此書不復行於世矣.(『명종실록』 권25 14년 12월 무술일 조)

26) 乃朋比過激之所致 是豈小學之使然 … 自今以後 其令幼學之士 先習小學.(『명종실록』 권12 6년 10월 병자일 조)

그러나 상당히 고전하였던 양하다. 명종 8년 10월 병신(丙申)일에 유학 서엄(徐崦)의 상소에도 『소학』을 세 가지 큰 교인지법(敎人之法)으로 강조하여 있고, 9년 3월 병진일의 조강(朝講) 때에 대사간 정유(鄭裕)의 말 가운데, "『소학』을 마치 사람 죽이는 독약과 같이 보고 있어 어려서도 이것을 익히지 않으니 장성하여서는 무슨 수로 정심(正心)·수신(修身)의 공부를 알겠나이까?"[28] 한 것, 10년 윤11월 임오일 왕의 전교에서도 "기묘사화 이후 사람들이 화근을 낳는 책이라 하여 버려두고 기꺼이 배우려들지 않아 지난번에 이미 권면할 것을 명했거니와, 근일에는 어찌되는 것인지 모르겠다"[29]는 등의 실정을 돌아볼 때 아직 소학 기피증이 완전히 가시지 않았음을 짐작할 수 있다.

선조 6년 11월 경진일에 경연관(經筵官) 심의겸(沈義謙)이 『소학』의 번역과 인령(印頒)에 대한 제안이 보인다.[30] 12월 병진일의 주강(晝講)에 역시 『가례(家禮)』와 『소학』에 관한 논의가 있던 중에 선조가, "중종조에 새긴 소학의 번역에도 잘못된 곳이 있다"[31]고 하는 등 그 언해(諺解)에까지도 관심이 환기되었다.

14년 12월 병진(丙辰)일에 종친과 2품 이상 고관에게 『소학』을 하사하는[32] 등 그 인식의 높아짐을 감지할 수 있었다. 그리고 과연, 18년(1585) 1월에 교정청(校正廳)이 설치되었다.[33] 지난날 경서(經書) 훈해(訓解)를 교

27) 近日有敎令 幼學之士讀之 甚合爲治之要.

28) 視小學如殺人之毒藥 少而不習小學 長何以知正心修身之學也.

29) 傳于政院曰 凡人之初學 莫切於小學 而己卯年以後 人皆畏怯 謂小學爲生禍之書 廢不肯學 至爲未便 故前者已令勸勉 而未知近日何以爲之也.(『명종실록』 권19 10년 윤11월 임오일 조)

30) 請令儒臣 詳議家禮 爲先行之 飜譯小學 亦隨後印頒 則庶爲成俗之效矣.

31) 宇顒啓曰 … 己卯年嘗飜譯小學 然譯小學較易 家禮極難商酌 且己卯人材亦多 今日恐未及也 不如姑勿爲之 … 上曰 己卯飜譯 亦有誤處 宇顒曰 誠然.

32) 小學 頒賜宗親二品上政府六曹堂上郎廳南武官專數 ….

33) 說校正廳 校正經書訓解 選諸儒爲官僚.(『선조수정실록』 권19 18년 정월 계유일 조)

정하는 과정에서 소학의 번역 또한 이전의 중종·명종본과는 다른 면모로서 새로이 시도되었던 것 같다. 그같은 언해 관련의 기사만큼 실록을 통해서는 잘 찾아보기 어렵지만, 지금 도산서원(陶山書院)에 간수되어 있고 선조 19년(1586) 간행되었다고 하는 『소학언해(小學諺解)』가 있어 그것을 잘 입증해 주고 있다. 이는 재래 중종·명종시대의 '번역소학(飜譯小學)'이 지나치게 의역에 흘렀다 하여 왕명에 따라 새로 번역한 것이라 한다. 책이름으로서 직접 '소학언해'라는 정식 명칭은 이때 처음 붙여졌던 것으로 사료된다.

실제로, 선조 27년 10월 무진일 조를 보면, 왕이 전하는 말에 따라 정원(政院)에 들이게 하던 서적들 중에 분명 '소학언해'라는 책명이 개별적·독자적 면모를 과시하고 있던 것이다.

3. 조선 후기의 소학

인조 때는 『소학』의 영간(頒刊)이 자주 이루어졌다.

왕 7년 11월 경자일에 교서관(校書館)에서 『소학』 200건을 인행(印行)하여 내외 여러 신하들에게 반도록 하였다.[34]

8년 9월 정축일, 예조의 계에 따라 역시 그즈음 비변사(備邊司)에서도 200건의 『소학』을 찍어냈음을 볼 수 있다.[35]

26년 10월 갑오일에 좌의정 이경석(李景奭)이 "동몽지학은 『소학』보다 더 절실한 것이 없는데 난을 겪은 이후 남아있는 것이 아주 적으니, 바라옵건대 간행하여 반포하소서"[36] 하자, 왕이 허락하였다는 기록도 있다.

---

34) 校書館印小學二百件 命頒賜內外諸臣.

35) 禮曹啓曰 備邊司印出小學二百件待外方擧子罷場後.

36) 童蒙之學 莫切於小學 而經亂以後 餘存甚少 請開刊頒布 上曰 可矣.

27년 4월 임인(壬寅)일에 2품 이상 및 가까이 모시는 신하들에게 『소학』 각 1부 씩의 하사를 명하였다.37) 5월 병인(丙寅)일에 교서관으로 하여금 『소학』을 찍어서 군신들에게 나눠주고, 예조로 하여금은 아이들에게 『소학』 진학의 풍토를 크게 진작시키도록 하였다.38)

현종 당시에도 종부사(宗簿寺)라는 곳에서 연소한 종가 출신의 학도들이 독서할 수 있는 자료에 대비하기 위함이라 하여 『소학』 및 그 언해본의 인간(印刊)을 청하였으며, 이를 들어준 기록이 보인다.39)

영조 11년 8월 임술일에 장령(掌令) 여광헌(呂光憲)이 영남 지역에 『소학』을 간행케 하여 유생들에게 할당시켜 권장토록 하자고 소청하였던 바, 수락되었다.40)

한편, 왕 20년은 『소학』을 위해 의미 있는 한 해였다고 볼 수 있으니, 이 해 정월에 『선정전훈의(宣政殿訓義)』를 찬(纂)하였던 일은 특기할 만한 일로 남는다. 왕이 옥당관(玉堂官)을 불러 자신의 심사를 밝힌 내용이 계묘(癸卯)일 조에 나타나 있어 주목을 요한다.

> 나는 『소학』 한 책을 열독(熱讀)하고 돈독히 좋아하여, 감히 그 도에 부끄럽지 않다고 자부한다. 다만 그 대문의 출처가 혹 상세치 않은 것이 있다. 까닭에 세종조에 『사정전훈의(思政殿訓義)』란 옛 자취를 따라 내 나름대로 문학지사와 더불어 문장을 좇고 주를 달아 『선정전훈의(宣政殿訓義)』라 이름하되… 동궁을 가르치는데 뿐 아니라 나의 만년에조차 쓰고자 함이니라.41)

---

37) 命賜二品以上及近侍小學各一部.

38) 又以育材化俗 莫善於小學 命校書館印進 頒賜羣臣 勖禮曹以教童蒙.

39) 『현종개수실록(顯宗改修實錄)』 권19 9년 8월 임신일 조.

40) 掌令呂光憲 疏請依中廟朝故事 命嶺南刊小學書 勸課儒生 從之.

41) 予於小學一書 熟玩而篤好之 非敢曰無愧於小學之道 而顧其志則如是耳 第其大文出處 或有未詳者 故欲遵世宗祖思政殿訓義故事 與文學之士 逐章懸註 命以宣政殿訓義

그리고 다음 달인 2월의 을축일 기사에는 교서관에 사서삼경과 『사략(史略)』, 『소학』 등의 책을 인출(印出)할 것을 명했다고 되어 있다.[42]

바로 나흘 뒤(기사일)의 주강에서는 왕이 소학을 훈의(訓義)[43]할 일로 옥당관을 보내어 세 유신(儒臣)에게 문의토록 했던 사실도 나타나 보이는[44] 등, 소학 풀이의 새로운 경계를 마련코자 노력했던 자취가 역력하였다. 그리하여 이 해 영조 20년 갑자년에 완성을 보았던 책이 『훈의소학(訓義小學)』[45]인가 한다.

이렇게 소학에 관심 많은 영조의 입장에서 세상에 소학 교육이 없다고 개탄하며 서울과 지방의 모든 동몽교관이며 교원(校院)·수령(守令) 등이 반드시 소학을 중시해야 할 것을 강조했음[46]은 너무도 당연한 귀추인 것이다.

역시 실록 안에서의 확인은 어려우나 같은 영조 20년(1774)이란 간기(刊紀)와 더불어 왕이 손수 번역하여 출판한 『어제소학언해(御製小學諺解)』 6권 5책이 남아 전한다.

그 뒤로도 영조는 그의 재위 기간에 자신의 편찬으로 된 많은 수의 책을 출판하였으니, 왕 21년의 『어제상훈(御製常訓)』, 같은 해의 『어제상훈언해(御製常訓諺解)』, 왕 25년의 『어제정훈(御製政訓)』, 왕 32년의 『어제훈서(御製訓書)』, 왕 40년의 『어제표의록(御製表義錄)』 등이 그것이다.

이 과정에서 왕 42년(1766)에는 『어제소학지남(御製小學指南)』의 출판

… 非但爲教誨東宮而已 予亦欲用於晩年也.

42) 乙丑 命校書館 印出四書三經史略小學等書.

43) 위에 든 『선정전훈의』에 대한 훈의를 지칭한 듯하다.

44) 時以小學訓義事 分遣玉堂官 問議于三儒臣.

45) 壬午內局入侍 命右副承旨任埈書 御製小學指南小識 仍命持入訓義小學 上曰 訓義是何年乎 埈曰 甲子年矣 上曰 予之五十一歲時矣.(『영조실록』 권107 42년 정월 임오일 조)

46) 世無小學之敎 乃至於此 豈不寒心 … 申飭京外 京則太學與四學童蒙敎官敎誨 必以小學爲重.(『영조실록』 권66 23년 8월 임술일 조)

을 보았다. 이 또한 영조가 직접 간여한 바, "『소학』을 강론할 때, 임금이 제사(題辭)와 내외편에 대해 훈의를 지어 유탁기(兪拓基) 등으로 하여금 교정 간행하게 한 책"[47]으로, 영조는 이 책을 두고 22년 전의 『훈의소학』을 떠올려 추억하기도 했다.[48]

그러나 이와 같은 여러 가지 의도와 노력에도 불구하고 그 무렵 중앙관들의 눈으로는 선비와 자제들이 전혀 『소학』 공부에 힘쓰는 바 없으며, 그 때문에 세상 돌아가는 풍속도 참 한심하다고만 느껴졌던 모양이다.

정조 20년 8월 신묘일에 교리(校理) 박재순(朴載淳)이 올린 장문의 상소는 당시 소학에 대한 독서 부재의 실상과 도덕적으로 무너져가는 현실의 개탄과 함께 이것의 정책적 장려를 극력 진정하고 있다.[49] 같은 해 11월 경신일의 대사간 김한동(金翰東)의 상소 중에도 당시의 속폐(俗弊)를 지적하면서 몽양(蒙養)과 예교(禮敎)의 선양을 위해 소학에 대한 법규를 조목에 따라 엄격히 세울 일을 주청하여 있다.[50] 바로 다음달인 12월(계미일)에 정조는 소학을 주해하는 사례들이 하나같지 못한 점을 지적하면서 본격적인 교정을 지시하는 교를 내렸는가 하면,[51] 또 그 다음달인 정조 21년 정월(무오일)에는 집의(執義) 이명연(李明淵)이 『소학』 책 유포에 대한 소를 올린 것이 보인다.[52] 뭇 어두운 자들을 깨닫게 하는 방도가 거기 있다는 뜻에서였다.

---

47) "어제소학지남(御製小學指南)", 『한국학대백과사전』, 을유문화사, 1972.

48) 앞의 주 45) 참조.

49) …彼童習之長學者 不循乎名義之正途 不志乎聖賢之法言 只以功利爲業 駔儈爲能 雖父子之間 無一分誠實之意 故駸駸然至於背君思而煽邦誣 遂有宰臣慷慨之章矣 臣每以爲小學之書 卽先朝之所表章 而聖明之所服膺者.

50) 凡此俗弊 皆由於蒙養之不端 禮敎之不行 朱子所以深致意於小學之敎 而橫渠敎人之以禮爲先 亦以是也夫小學之書 昔我先大王眷眷於培養之工 而惟是書爲先 今宜更飭有司立科條.

51) 敎曰 小學註解 義例不一 每欲淘洗 而並與印本稀罕 此盖不能修明之一端.

52) 小學書布 羣蒙畢覺 則沛乎煥乎 至矣盡矣.

정조는 일찍부터 박학(博學)·호문(好文)했던지라 3~4세에는 벌써 『소학』 전부를 모조리 외워 성취하였다 함[53]은 앞의 박재순의 상소 내용 가운데서 얼핏 시사됨이 있는 바였다. 그런데 과연 앞에 든 20년 12월(계미일)에 정조의 교지 안에서도 자신의 말로 9세 이전에 일백독(一百讀)을 밑돌지 않게 하였다[54] 하니, 그의 박학이 『소학』에서조차 예외되지는 않았음을 알만하다.

지금까지 언급해 온 한문본 및 언해본 소학류 이외에도, 최세진(崔世珍)이 중종의 적극적인 지원을 입어 중종 32년(1537) 간행을 보았다는 『소학편몽(小學便蒙)』, 이이(李珥)가 쓴 『소학집주(小學集註)』, 또 정약용(丁若鏞)이 이전 소학의 주를 보충하여 지은 『소학지언(小學枝言)』 등이 존재한다. 그리고 비록 일단은 조선조 마감의 해가 된다는 1894년을 넘어서긴 했으나 1895년(고종32)~1897년(광무1) 학부 편집국에서 개화기 초등교과서용으로 출간해 낸 국한문 혼용의 『소학』 같은 것도 이 땅에서 초학 명륜(初學明倫)의 대명사격인 소학 책 간행의 연면한 흐름 위에서 시대적인 면모를 나타내 보였던 것이다.

4. 맺음말

기묘사화 이후 한 때 주춤한 적도 없지는 않았던 모양이지만, 『소학』은 조선조 한 시대에 뿌리내렸던 학생생활 지침서요, 사대부의 수신서로서의

53) 臣每以爲小學之書 卽先朝之所表章 而聖明之所服膺者嘗伏聞 聖上寶齡 在三四歲時已盡成誦.(『정조실록』 권45 20년 8월 신묘일 조)

54) 昔在先朝惓惓於小學之敎 予於九歲以前 周而復始 五講是書 每次程式 不下百遍.(『정조실록』 권45 20년 계미일 조)

명분과 자격에서 너무도 확고하였다. '인생팔세입소학(人生八歲入小學)'은 조선조의 옛 선비 사대부면 소학과 연상하여 누구든 입버릇처럼 읽고 또 되뇌던 말이었다. 그러므로 『소학』을 평생의 좌우명이거나 생활 전범(典範)으로 끼고 살았다던 선비들의 이름들은 이 책의 본격 수용이 이루어진 조선조 한 시대만 하더라도 일일이 열거할 수 없을 만큼 많다. 그 가운데는 보다 특징 있는 일화도 들어있다.

고려말 성리학의 계통을 이은 조선 초엽의 김숙자(金叔滋, 1389~1456)는 사람 깨우치는 일을 『소학』으로 하여 힘쓰되, 그것의 근본을 함양한 뒤에라야 다른 책으로 넘어가기를 허락하였다고 한다. 『사우명행록(師友名行錄)』에 보면 그의 아들인 점필재(佔畢齋) 김종직(金宗直, 1431~1492) 또한 소학의 명인이었고, 그에게서 소학을 배운 한훤당(寒暄堂) 김굉필(金宏弼, 1454~1504)은 일찍이 손에서 『소학』 책을 놓아본 적이 없었다고 할 만큼 소학 전공자로서의 이름이 각별하였다. 『탁영자본집(濯纓子本集)』의 기록에 따르면, 함께 김종직의 문하에서 배운 김일손(金馹孫, 1464~1498)은 명나라 서울에서 정유(程愈)의 주석본 소학을 입수해다가 곧 인쇄에 부쳤다 하는 일도 있다. 모재(慕齋) 김안국(金安國, 1478~1543)이 경상도 관찰사로 재직시에 『소학』 한 책을 한 도(道) 전체의 향교 안에 진작시켰음이 『조선왕조실록(朝鮮王朝實錄)』에 나타나 있고, 관련해서 『병진기사록(丙辰己巳錄)』에도 보인다. 아울러 그가 각 고을 학도들 앞에 각기 다른 내용으로 소학 공부 권장의 시를 부치었던 사실은 그 당년에조차 벌써 생소치 않았던 일이었다고 한다. 김굉필에게 수학하여 김종직의 학통을 이은 정암(靜庵) 조광조(趙光祖, 1482~1519)가 중종조 사림파의 영수(領袖)로서 『소학』 공부의 중요성을 극구 강변하여 한 시대를 풍미했던 일은 이미 새삼스런 사실이 아니다. 죽천(竹泉) 이덕형(李德泂, 1566~1645)의 『죽창한화(竹窓閑話)』에 보면, 이덕형이 1593년(선조 26) 임진란 당시 진안(鎭安)에 피난해 있을 적에 만난 한 노인과의 대화가 있는데, 조선 중기 당시의 교육적 풍토의 일단을 엿보는 데 별 손색이 없다.

> "노인은 글자를 아시오?" 물었더니, 그는 말하기를, "어렸을 때에는 몹시 총명해서 하루에 『천자문(千字文)』을 모두 배웠지요. 그래서 남들은 기동(奇童)이라고 하였는데, 불행히도 남의 시기를 받아 관청에 고소를 당하여 일찍이 군역(軍役)에 들어갔기 때문에 그 뒤에는 겨우 『소학』, 『사략』 등의 책 만을 읽었을 뿐입니다."[55]

이 밖에도, 허조(許稠, 1369~1439), 박팽년(朴彭年, 1417~1456), 정여창(鄭汝, 1450~1504), 노수신(盧守愼, 1515~1590), 성혼(成渾, 1535~1598) 등이 모두 『소학』을 독신(篤信)하고 실천 궁행(躬行)하였던 명사(名士)로서의 기록을 남기고 있다.

55) 『국역대동야승 17』(고전국역총서 65), 민족문화추진회, 1982.1, pp.273~274.(問 翁識字否 曰 兒時甚聰 一日盡學千字 皆以爲奇童 不幸爲嫌人所訴 早定軍役 後乃學讀小學史略等書.)

『소학』의 현대적 수용

1.

오늘날을 사는 현대인으로서 동양 정신의 진수(眞髓)요 정화(精華)라 할 수 있는 『논어(論語)』·『맹자(孟子)』·『대학(大學)』·『중용(中庸)』의 이른바 사서(四書)며, 『시경(詩經)』·『서경(書經)』·『역경(易經)』의 소위 삼경(三經)을 읽은 이 얼마나 될까? 아니, 대중 전체를 들어 말하는 것은 일단 고사해 두고라도, 가장 책과의 연분이 두텁다고 할만한 대학사회 안에서 이것을 일독(一讀)이라도 해본 이 그 얼마나 될 것인가? 아니 또, 이 일곱 책 전체를 다 들어 말하는 것은 차치하고라도, 대관절 그 가운데 한 권이나마 제대로 독서해 본 학구(學究)가 그 몇이나 될는지에 대하여는 암만해도 의아로움만 앞설 따름이다.

왜 그렇게 되었는가 하면, 그 대답은 그다지 오래 생각해 보지 않아도 될 만큼 자명하다. 21세기 현대의 최첨단 과학하며 물질문명 시대에는 도대체 문학·역사·철학·도덕 등을 다루는 형이상학적 정신문화 분야가 별반 세상의 환영을 입을 리 없는 까닭이다. 형이상학적인 학문이라는 것은 그것을 탐구하는 이의 처지와 주관에 따라 이렇게 해석할 수 있고 저렇게도 이해 가능한 특성을 띠고 있다. 이를테면 천체에 떠 있는 같은 달을 보았을 때, 자연과학적인 차원에서는 그것을 천문학의 대상으로 인식하는 반면, 형이상의 인문학에서는 그 생각의 차원이 정신적인 범주 안에 머물러 있다. 그리고 이는 다시 그것을 대하는 사람의 개성 및 가치관에 따라 아래처럼 다르게 나갈 수가 있다.

知者見之謂之知 지자(知者)는 그것을 보고 지혜롭다 이르고
仁者見之謂之仁 인자(仁者)는 그것을 보고 어질다고 이른다.

하지만, 현 시대는 그러한 형이상적이고 사변적(思辨的)인 것보다는 보다 형이하적이며 가시적인 가치에 더욱 몰두되어 있는 듯싶다. 물질적인 가치 · 경제적인 가치 · 신체적인 가치 편에 잔뜩 관심이 집중되어 있으며, 경제적 특수층의 경우 관심이 보다 많은 재화(財貨)를 확보하는 데 있는 양하다. 일면, 자신을 중산층으로 생각한다는 70% 이상의 다중(多衆)은 그 관심이 레저나 스포츠를 즐기는 데 향하여 있고, 그 관심이 무병장수로 한 세상을 사는 일에 유의하여 있다. 그 관심이 생활의 편리를 도모한다는 주거 공간 및 자동차와 컴퓨터에 쏠려있고, 그 관심이 흥미 위주의 잡지나 영화 · 연극, 각자 취향의 오디오와 비디오, 음주나 가무 등에 모아지기도 한다. 그러한 일면, 마침내 그 관심이 어떤 여운 있는 문학 작품을 찾아 읽는다거나, 역사 지식을 넓혀본다거나, 철학적 삶의 명제를 나름으로 사색해 본다거나 하는 일에 대한 기대값을 확인하는 일이 왠지 두려운 일만 같아 보이는 세상처럼 되었다.

이러한 마당이니 오늘날의 대학생을 포함한 현대인에게는 경전이란 것이 그 얼마나 케케묵어 곰팡내 나는 도덕교과서만 같이 보이겠는가. 전봉건적(前封建的)인 낡고 따분한 유물로만 보이겠는가. 그리하여 오늘의 대학 내에는 그 별반 인기가 없는대로 좋은 전통의 계승을 의도하는 고전문학 · 역사학 · 철학 등은 혹 약간만큼의 존재적 터전을 유지하고 있을망정, 무슨 전통시대의 낡은 유산만 같은 동양의 경전을 따로 강론하는 자리야

찾아보기 극히 희한한 일처럼 된 것은 아닌가 생각한다. 혹 어떤 특정한 대학 내에 개설되어있는 한문학과 강좌 아니면 노장(老丈) 숙유(宿儒)들이 베푸는 소규모 사숙(私塾)의 외진 구석에서나 겨우 그 맥을 이어가는 정도가 되었다. 이는 비유하자면, 저 휘황찬란하게 환상처럼 점멸하는 네온사인 전광판의 한 구석에서 가물가물 흔들리는 등잔불과 같다고나 할런지.

이같이 말하는 저의는 작금의 초현대 문화와 문명에 대한 거부의 소리거나, 과거 전통 유교주의 시대로의 복귀를 외치는 그런 교주고슬(膠柱鼓瑟)의 마음에 있지 않다. 옛과 지금 사이에 배타적인 상극론(相克論)이 아닌 절충적인 상생론(相生論)을 강조하는 뜻이다. 보다 명확히 말하면, 현재와 과거에 대한 평가는 물질적 문명과 정신적 문화의 양면을 다 검토해야 마땅하다는 생각과 동시에, 현재가 과거보다 진보한 것은 물질문명이지만, 현재가 과거보다 퇴영한 것은 정신적 문화라는 것을 밝히고 싶은 뜻이다.

이제 분명한 진실의 명제 한 가지가 있다. 문명 발전의 그래프는 시간의 추이에 따라 끝없는 상승의 일변도 위에 그려지게 마련이지만, 문화 발전의 그래프는 어느 때는 상승, 또 어느 때는 하강으로 나타난다. 오늘날 첨단을 가는 과학 및 현대의학 수준을 어찌 1, 2백년 전의 그것과 나란히 견주어 비교할 수 있겠는가. 그는 고사하고 차라리 10, 20년 전과, 아니 아예 1, 2년 전과도 그 우열을 따져볼 나위가 없다.

그러나 오늘의 문화적 · 정신적 수준이 꼭 조선시대보다, 또는 신라시대보다 더 앞서 있는 것이라고 누가 감언(敢言)할 수 있겠는가. 반드시 현재가 과거보다 더 낫다고 한다면 아득히 흘러가버린 시대의 문예인 향가 · 판소리 등을 애써 연구할 필요가 없었을 것이다. 오늘의 도자기(陶瓷器) 문화가 옛보다 필경 진전한 것이라 한다면 그렇게 지나가버린 시대의 고려청자를 재현코자 노력할 나위가 없었을 터이다. 지금의 서화가 반드시 고서화보다 높은 수준 위에 있다고 한다면 200년 전 김정희(金正喜)의

<세한도(歲寒圖)>며 '추사 필법(秋史筆法)'을 대단한 것으로 높이 추대할 까닭이 없었을 터이다. 춘추시대에 공자가 자신보다 수 백년 앞의 시대에 주공(周公)이 이룩하였던 바의 찬란한 문화적 동경도 없었을 터이다. 중국 고대의 요(堯)·순(舜)·우(禹)·탕(湯) 시절의 성세(盛世)를 꿈꾸지도 않았을 터이다.

그렇긴 하지만, 그나마 문학과 예술의 세계는 어쩌면 그 진보와 퇴보의 기복이 그다지 격심하지 않을 수도 있다. 가장 그 기복이 우려되는 바는 역시 그 시대를 사는 사람들의 교양 및 의식적·도덕적 수준이라 할 것이다. 한 시대의 국민적 윤리, 대중적 도덕심이 언제든 역사의 진행과 더불어 예외 없는 상승을 지향해나갈 뿐이라면 그 얼마나 다행한 일일 것인가. 그러나 오늘 우리 시대를 사는 사람들을 보자. 그 정신적·도덕적 수준이 반드시 앞 시대, 또는 그 앞의 시대에 비해 우수하고 월등하다고 누구라 호언하고 장담할 수 있을 것인가. 그 어느 때 없이 잦은 매스컴의 개탄과 철부지 아이들을 훈계하듯 하는 그 계몽의 목소리들이 뜻하는 것, 그것은 다름 아니라 바로 이 시대의 도덕성 상실에 대한 여지없는 일침인 것이다. 60·70년대에는 상상조차 하기 어려웠던 오늘날의 경이로운 문명의 발달과 나란히, 과연 오늘의 국민적 의식수준을 60·70년대, 80년대에 비해 똑같은 진전을 보았던 것일까? 진전은 바라지도 않으니 차라리 일진(一進)도 일퇴(一退)도 없는 제자리 답보(踏步)였던들 나았을 것이다. 이 시대에 갈수록 포악해지는 흉악범죄란 무엇이고, 인신매매와 10대의 성범죄·마약범죄는 다 무엇인가. 분별 모르는 과소비와 신용불량, 쓰레기 무단 투기와 핵 폐기 문제는 무엇인가. 질서와 양보 정신의 외침은 다 무엇인가. 스승과 제자는 없고 선생과 학생만 남았다는 말은 무엇인가. 철없는 부모와 버릇없고 당돌한 아이들이 사방에 둘러 있고, 상대방의 틈을 타는 반말, 무례하고 거친 욕설, 부끄럼을 모르는 뻔뻔한 행동들……. 현대의 이러한 실상들이야말로 저 조선조 중종(中宗) 시절에 홍문관(弘文館)이 풍속의 심각

성을 우려해서 계(啓)로 알리었던 다음과 같은 정황과 비교해 한 치도 더 낫다고 할 게 없을 것이다.

> 근자에 도학은 밝지 않고 교화는 쇠퇴해져 규문(閨門)의 안이 함부로 무람없고 뒤집혀 문란한 것이 무소부지니이다. 그 근본이 이렇거늘, 그 말(末)을 가히 알 수 있을 것이옵니다. 부부 투패(妬悖)하고, 부자 반목하며, 형제 상잔(相殘)하는 일이 빈번하니, 풍속의 무너짐이 이 시대보다 더 심한 때는 없었던 바 ….[1)]

오히려 위의 말은 보다 엄격한 입장의 지배 관리의 눈에 비친 세상의 모습인지라 실제보다는 좀더 민감하게 받아들였을 수 있는 국면도 없지는 않겠다. 비록 그렇다고 해도 오늘날 벌어지고 있는 일에 대한 도덕성 회복의 문제야말로 양식(良識)있는 사람들 모두의 공감대 안에 심각하게 자리해 있는 것이다. 그렇기에 이 세상은 정말로 전에는 믿기지 않아 일소(一笑)에 붙였던 '세기말적 현상'을 연상케 하는 바가 많다. 정녕 도덕적 문화는 역사 흐름에 순차적으로 정비례 상승 운운은 한갓 허랑(虛浪)할 뿐만 아니라, 이제야말로 하강 일로에 놓인 시간대에 들어있다는 엄연한 사실 앞에 일점 의심할 여지가 없어졌다.

과연 이 시대, 바로 현시점이야말로 방향 상실의 인간성 및 도덕성 회복이 더없이 절실하게 요청되는, 바로 그 지점인 것이다.

---

1) 近者道學不明 敎化陵夷 閨門之內 褻慢顚紊 無所不至 本旣如是 其末可知 夫婦妬悖 父子反目 兄弟相殘者 比比有之 風俗之壞 莫甚此時 盖有由矣.(『중종실록』, 12년 6월 辛未日 조).

2.

필자는 적어도 어찌해야 상선책(上善策)이 되리라 하는 방안이 없지 않음을 믿고 있다.

공자는 주나라 말기의 혼란기, 그야말로 임금과 신하가 임금답지도 신하답지도 못하던[君不君 臣不臣], 부모와 자식이 부모답지도 자식답지도 못하던[父不父 子不子] 시대에 세상을 바로잡을 대안을 제시하였었다. 그것은 그로부터 5, 6 백년 전 주나라 초기의 주례법(周禮法)으로 돌아가야 한다는 내용으로, 간단히 말하면 복고주의(復古主義) 사상에 다름 아니었다. 비록 공자의 생전에 그 방안이 실패하였든 성공하였든 지에 불구하고, 공자의 사후에조차 그가 지시하였던 바의 삶의 계훈은 동아시아, 특히 중국과 한국의 오랜 역사 안에서 가장 큰 삶의 지남(指南)이 되었다. 공자 당년에는 제후들로부터 수용되지 않아 실패처럼 판정되었음에도 불구하고 그토록 오랫동안 믿고 받들어왔던 전통의 실상은 무엇을 말함인가? 이는 아마도 선인(先人)들에게 있어 공자의 생각 그대로를 따르는 방안이 최상의 대안이라고 생각하였음이 명백할 것이었다.

이런 사실을 미루어 본대도, 그것의 특정 시대적 성패 또는 득실 여부와 관계없이 일단은 어떤 방안이 제시되는 일은 필요할 것으로 보인다. 당시대에 안되면 뒷시대 언제라도 끼쳐 도울 수 있는 잠재적 가능성 때문이다. 그때 공자는 그가 살던 시대의 혼탁함에 대해 어떤 새로운 획기적인 방법을 새로이 고안 창작(創作)하여 해결하려 아니하고, 이미 그의 앞 시대에 기존해 있던 전통의 훌륭한 것을 거듭 부연 조술(祖述)하는 방식으로 인간성 회복을 도모하고자 했다. 다름아닌 공자가 말한 "술이부작(述而不作)"[2]의

---

2) 『논어』 제7 '술이(述而)' 편의 허두에 "이미 있던 것을 배워 조술(祖述)할 뿐 새로운 사실을 만들어 짓지는 않는다. 옛것을 믿고 좋아하는 이것을 은근히 우리 노팽(老彭)에 견주어 본다[述而不作 信而好古 竊比於我老彭]"고 하였다.

본래 취지인 것이다.

그러면 이제 우리가 21세기 초의 우리 시대, 우리 공간의 문제를 해결하고자 함에도 역시 모종 새로운 방안의 창출을 급작히 기대해 볼 길 있을 것인가? 막연한대로 이 시대적 혼란을 구원하고 제도할 수 있는 파천황적(破天荒的)인 신사상(新思想)이거나 종교의 출현 또는 신화의 개막같은 것을 앉아 고대하여 보겠다고 할 수만은 없으리라. 역시 과거 여러 천년 동안 뭇 인류 앞에 정신의 빛과 사표가 되었던 사유(思惟) 안에서 우선적인 해결을 구함이 온당할 것으로 믿는다.

우리 역사를 소구(遡求)하였을 때, 크게 그 연원과 사종(師宗)은 공·맹 유학의 훈도에서 찾을 수도 있겠고, 혹은 불교와 기독교의 교리 안에서 찾을 수도 있을 것이다. 아울러, 문화에 있어서의 획득형질의 중요성도 결코 무시할 수 없는 큰 부분으로 남는다고 했을 때, 서방의 기독교 문화가 이 땅에 들어와서 전격으로 수용된 지 한 세기 남짓이다. 인도 본산의 불교가 『삼국사기』 기록을 따라 4세기(A.D. 372)에 처음 들어왔다고 했을 때, 대략 1600년이 넘는 유구한 시간성을 확보하고 있다. 그렇기는 하나, 불행히도 가장 최근의 역사 조선조 500년 동안의 침체를 또한 못 본 체할 수 없을 것이었다. 더구나 위의 두 종교는 그 궁극의 관심사가 현실적·현재적 문제에 있기보다는 내세 구안(來世救安)의 가르침에 바탕을 두고 있다. 그런 까닭에, 구체성을 띤 인간중심적 행위 강령의 제시 측면에서 유교에 비해서는 상대적으로 덜 치밀하였음도 사실이었다.

유교 문화의 본격화 또한 『삼국사기』 기록에 의하자면 372년 고구려 소수림왕 대의 태학(太學)에서 비롯했다고 함이 타당하겠다. 그리하여 유학만큼은 불교가 국교로서 신앙되던 시기에조차 종교와는 별도의 현실적 수기(修己)·치인(治人)의 차원에서 꾸준히 수업(受業)되었던 것이다. 돌이켜보매 이는 단 한번의 배척과 탄압도 받음이 없는 채로 연장 1500~1600년 이상을 면면이 벋어 왔던 바 한민족에 뿌리 깊고 골수 깊은 문화적 바탕이었다. 문화에 있어서 획득형질이란 무시할 수 없는 큰 부분으로 남는다. 더욱이 그것이 유전되어진다고 했을 때, 이야말로 한국 민족의 역사성을 통해 문화적으로 가장 큰 유전자적 바탕이자 소질로 인정하지 아니할 수 없는 노릇인 것이다.

20세기 전후에 서양 세력의 침월(侵越) 이래 지금까지 적지않은 점지(漸漬)를 계속해 오면서 문명의 급속한 전환을 이룸과 동시에, 그 사이 전통 유학의 위상은 점차 퇴조를 보여왔다. 그런데 그 퇴조와 동시에 오늘날에 와서 정신적 황폐와 방향의 상실을 맞이하였던 일은 전혀 공교롭고 우연한 일이었을까. 그러나 암만해도 유교의 전적(典籍)을 되새기자 하는 일은 요즘 사람들의 세련된 눈매로 보자하면 웬지 케케묵어 고루해 보인다 해도, 정작 사람이 사람다운 자세를 취하면서 사는 일을 위해서라면 아무런 문제삼을 나위가 없는 것이다. 이렇게 고루하고 않고를 따질 겨를없이 진실 만을 존중하여 말하고자 하는 바에, 인간이 인간다운 순리로써 사는 요체(要諦)는 사서와 삼경으로 대변되는 유학의 가장 바람직한 경서들 안에 대부분 자리해 있었다고 하여 과언이 아니다.

그러한 가운데 옛 사람의 단계 안에서도 그보다 선행되었던 초학자의 생활지침 자료가 있었으니, 다름아닌 『소학』이 바로 그것이었다. 이 책은 세상에 출간되어 나온 시기로 보아 신라 · 고려의 교육 풍토에서는 혜택을 펴보일 수 없었으나, 적어도 조선조 한 시대에 걸쳐서는 학생의 길에 들어서는 이가 반드시 처음에 거치지 않아서는 안되는 이른바 '인생팔세입소학(人生八歲入小學)'의 필수 텍스트였다. 그러니 이제 옛 사람들 인성교육의 처음 빌미, 첫 단초(端初)부터 살펴보는 일이 참다운 순서가 될 것이다. 이 글이 유학의 다른 어떤 경전보다도 『소학』을 먼저 거론하는 소이도 여기에 있다.

3.

이렇듯 『소학』은 유학이 보다 정제(整齊)되어가는 시기에 생성된 소중한 수신 교과서(修身敎科書)임에 틀림이 없지만, 그러나 그 안에 들어있는 내용이 전적으로 오늘날 우리의 실정에 그 모양 그대로 부합되거나 합당화될 수 있음은 아니다. 다시 말해 봉건왕조 시대의 특수한 여건 안에서만 의미있는 것, 구체적으로는 유가의 최대 강령인 삼강(三綱)과 오륜(五倫)의 엄연하고 중대한 한 요인을 이루는 '군위신강(君爲臣綱)'이거나 '군신유의(君臣有義)'에 관련된 세부적 사항이라든지, 그때 당시 특유의 지나친 번문욕례(煩文縟禮)를 과연 이 시대에조차 그대로 수용할 이유는 나변에도 없다는 뜻이다. 오늘날 살아가는 실정과는 너무도 우원(迂遠)하여 별반 취할 필요가 없다 하는 이러한 것은 하필 『소학』에서 그럴 뿐 아니라, 사서오경의 갈피에서도 상당 부분 가려낼 수 있다. 우선 비근하게, 공자의 어록이자 유가의 가장 금과옥조(金科玉條)라 할 수 있는 『논어(論語)』 가운데서도 그같은 일례를 찾을 수가 있음이다.

> 顔淵問爲邦 子曰 行夏之時 乘殷之輅 服周之冕 樂則韶舞 放鄭聲 ….
> (衛靈公 10)
>
> 안연이 나라에 처하는 법을 물었다. 공자 가로되 하나라의 역법(曆法)을 사용하고 은나라의 수레를 타며, 주나라의 면류관을 쓰고 음악은 소무(韶舞)라야 하니 정나라의 음악을 금하며, ….

와 같은 것을 이 시대의 문화 방식으로 채택하라며 권장해 볼 길은 없을 것이다. 또는 제사에 관한 경우에도,

> 或問禘之說 子曰 不知 知其說者之於天下也 其如示諸斯乎 指其掌.
> (八佾 11)

어떤 이가 체(禘)에 관한 설명을 요청하였다. 공자 가로되, "알지 못하니이다. 그것을 천하에 밝혀서 말할 수 있는 이는 이것을 보듯 할 것이외다." 하며 자신의 손바닥을 가리켰다.

체(禘)는 군주가 선조(先祖)의 위패(位牌)를 묘당에 모셔두고 행하는 큰 제사이니, 종묘와 같은 뜻이리라 한다. 또, 이런 것도 해당될 터이다.

君子不以紺緅飾 紅紫不以爲褻服 當暑 袗絺綌 必表而出之 緇衣羔裘 ….
(鄕黨 6)

군자는 짙은 청색과 엷붉은 빛깔로 꾸미지 아니하고 홍색과 자색으로 평상옷을 삼지 아니한다. 날이 더우면 굵고 가는 갈포 홑옷을 반드시 겉에 두르고 나간다. 검정옷에는 검은 양피 내의를 입고 ….

이런 등이야 아무리 『논어』의 말이라도 우리가 취하여 명심해 둘 내용은 못될 것이다.

대개 『소학』의 체재는 내편(內篇)에 '입교(立敎)'·'명륜(明倫)'·'경신(敬身)'·'계고(稽古)' 등 합하여 네 편이 있고, 외편(外篇)에 '가언(嘉言)'·'선행(善行)'의 두 편이 있어, 도합 여섯 편으로 이루어져 있다. 처음 세 편은 교육론, 오륜, 바른 몸가짐 등에 관한 기본적 입론이고, 나머지 세 편은 앞의 세 편에 대한 입증담(立證譚), 곧 앞의 것을 예증하는 일화가 주종을 이룬다. 앞의 기본론은 『소학』 편찬자인 주자의 시대 이전에, 유가의 주요한 고전들, 이를테면 『예기(禮記)』·『논어(論語)』·『주례(周禮)』·『맹자(孟子)』·『열녀전(列女傳)』·『순자(荀子)』 등등에서 그 주제에 이바지가 되고 종요로운 내용들을 십분 끌어오고 있다. 그러나 이 가운데는 역시 위의 『논어』의 경우에서처럼 인류를 위해 초시대적인 금언(金言)이 될만한 내용들이 있는가 하면, 그렇지 아니하고 특정한 시대 안에서만 국한되는 메시지가 마저 없지 않으리라는 것은 미루어 짐작할 만하다.

이제, 『소학』을 순차로 읽으면서 그러한 것들을 짚어 보도록 한다.

제1 '입교(立敎)'편에서 찾아 본다. 『예기』의 한 편명인 내칙(內則) 가운데의 말에 "사내아이는 가죽띠를 띠게 하고, 계집아이는 실띠를 띠게 한다[男鞶革 女鞶絲]"거나, "일곱 살 된 남녀는 자리를 함께 하지 아니하고 음식을 함께 하지 않는다[七年男女 不同席 不共食]", "계집아이는 열 살 되면 집 밖에 나가지 않아야 하며[女子十年 不出]" 같은 것을 요즘 시대에 요구할 수는 없는 노릇이다.

제2 '명륜(明倫)'편에서 찾아 본다.

一. '명부자유친(明父子有親)' 가운데 "아직 성년이 되지 않은 남녀는 새벽 첫 닭이 울면 세수와 양치질하고, 머리 빗고, 검은 비단으로 머리털을 매고, 다발머리의 먼지를 털고, 머리털을 양쪽으로 묶어 뿔처럼 하며, 끈을 매고, 향료주머니 차고서 날샐 무렵 문안드리며[男女未冠笄者 鷄初鳴 咸盥漱 櫛縰 拂髦 總角 衿纓 皆佩容臭 時爽而朝]"라든가, "추워도 함부로 껴입지 아니하고 가려워도 함부로 긁지 않아야[寒不敢襲 癢不敢搔]" 한다든지, "아들이 제 처를 마음에 아주 들어하더라도 부모가 기뻐하지 않으시면 내보내야 하고, 아들이 제 처를 마땅치 않게 여긴다 해도 부모께서 이 며느리가 나를 잘 섬기는구나 하면 자식은 부부의 예를 행하여 평생토록 시들지 말아야 한다[子甚宜其妻 父母不說 出 子不宜其妻 父母曰 是善事我 子行夫婦之禮焉 沒身不衰]" 또 "의원이 3대를 이어온 바 아니어든 그의 약을 복용치 않는다[醫不三世 不服其藥]" 등은 모두 오늘의 실정에서 멀고 생경한 것이라 하지 않을 수 없다.

二. '명군신지의(明君臣之義)'야말로 이 완연히 봉건시대의 특수한 계층에 한정되어 현대의 인생훈과는 가장 동떨어진 것이 아닐 수 없겠다. 그러나 그 단적인 것만을 든다면, "『곡례(曲禮)』에 이르되 임금 앞에서 과일을 하사 받았을 때에 만일 과일에 씨가 있거든 그것을 몸 안에 간직한다〔曲禮曰 賜果於君前 其有核者 懷其核〕", 혹은 공자께서는 "병들었을 때 임금이 문안하여 와서 보시면 머리를 동쪽에 두고 조복을 입고 큰 띠를 걸치셨다〔疾 君視之 東首 加朝服拖紳〕"고 한 『논어』의 말 등은 모두 이 시대에는 아무런 의의도 갖지 못한다.

三. '명부부지별(明夫婦之別)'에 보면, "『곡례』에 이르되 남녀가 중매의 거행이 없으면 서로 이름을 알아서는 아니되며, 폐백을 받은 경우가 아니면 서로 사귀거나 친하지 아니한다. 까닭에 혼인의 일월(日月)을 써서 임금께 고하고 목욕재계로 귀신에 고하며〔曲禮曰 男女非有行媒 不相知名 非受幣 不交不親 故日月以告君 齋戒以告鬼神〕" 한 것이 그러하고, "혼례에 축하를 않는 것은 사람의 세대가 교체되는 일인 까닭이다〔婚禮不賀 人之序也〕"와, 『곡례』의 말로 "과부의 아들로서 뛰어남을 나타내는 것이 없으면 더불어 벗으로 삼지 않는다〔寡婦之子 非有見焉 弗與爲友〕" 등을 이 시대의 젊은이들에 권장해 볼 도리는 없을 것이다. 특히 이 안에 있는 말, "아내를 맞을 때는 같은 성씨를 택하지 않는다〔取妻 不取同姓〕" 같은 훈교는 현대에 이르러서 상당한 논란과 물의에 오르게까지 되었으니, 어떤 일에 대한 정당성 판정에 대한 금석지감(今昔之感)이 이와 같은 것이다.

四. '명장유지서(明長幼之序)'에서도, "군자의 앞에 모시고 앉았을 때 군자가 다른 화제의 실마리를 고쳐 물으면 일어서서 대답한다〔侍坐於君子 君子問更端 則起而對〕"라든지, "군자 신분의 늙은 노인은 걸어다니지 않게끔 해드리며, 서인 신분의 늙은이는 맨밥을 먹지 않게끔 해드린다〔君子耆老 不徒行 庶人耆老 不徒食〕" 운운도 별반의 의미없는 구분일 뿐이다.

五. '명붕우지교(明朋友之交)'에 있는 내용 가운데, "주인이 문 안에 들어가면 오른쪽, 손님은 들어가 왼쪽에 서고, 주인은 동쪽 계단으로 향하고

객은 서쪽 계단으로 향한다. 객이 만일 낮은 지위일 것 같으면 주인이 딛던 동쪽 계단으로 가되, 주인이 굳이 사양한 연후에 객이 다시금 서쪽 계단으로 나아갈 수 있다[主人入門而右 客入門而左 主人就東階 客就西階 客若降等則就主人之階 主人固辭然後 客復就西階]"와 같은 구시대 접빈(接賓)의 관습은 오늘날엔 그저 생뚱맞기만 하다. 혹은 "주인이 묻지 않거든 객이 먼저 말을 걸지 않는다[主人不問 客不先擧]"와 같은 투의 가르침이야 주객 간에도 예절을 갖춰야 한다는 의미 만을 수용할 뿐, 적어도 그 형식의 구체성에 관한 한 오늘날에 아무런 당위성이 없을 것이다.

제3 '경신(敬身)'편에서 찾아 본다. 바른 몸가짐에 관한 계훈이 격세지감을 느끼도록 하는 곳을 찾기가 쉽지는 않다. 그럼에도 굳이 가리고자 하면 다음과 같다.

二. '명위의지칙(明威儀之則)' 중에, "잠자리에서는 엎드리지 말아야 하고, 머리카락은 잘 여미어서 늘어뜨리지 말아야 하며, 갓은 벗지 말아야 하고[寢毋伏 斂髮毋髢 冠毋免]"라든지, "공자는 식사 때에 말 아니하시고, 잠자리에서 말 아니하시었다[孔子食不語 寢不言]" 같은 것은 특별히 마음에 새기고 수칙해야 할 사항은 아니다.

三. '명의복지제(明衣服之制)'는 옛 중국에서 법도에 맞는 의복 착용의 예를 들고 있는데, 의복은 예법에 맞춰 입어야 한다는 지시적 의미 이상의 구체적 사안은 아무런 취할 바가 없을 터이다. 이를테면 "상복(喪服)을 벗은 다음에는 모든 패옥을 몸에 찬다[去喪 無所不佩]"라든지, "공자는 검정 양피 갖옷과 검정 갓 차림으로 문상하지 않았다[孔子羔裘玄冠 不以弔]", "『예기』에 이르되 어린 아이는 갖옷도 비단도 착용해선 안되며, 신발에 장식코를 달아서는 안된다[禮記曰 童子不裘不帛 不屨絇]" 등이야 오늘날의 실정과 소용에 전혀 닿지 않는 메시지들일 뿐이다.

四. '명음식지절(明飮食之節)'에, "손윗사람을 모시고 음식을 먹을 때는 자신이 먼저 시작하고 끝내기는 나중한다[侍食於君子 則先飯而後已]"라는 『소의(少儀)』의 인용이라든가, 『논어』에 수록된 바 공자의 식성에 관해 서술한 가운데 "회는 가는 것을 싫어하지 않으셨다[膾不厭細]"거나, "제철의 것이 아니면 드시지 않았고[不時不食]", "자른 것이 바르지 않으면 드시지 않았고[割不正 不食]", "사가지고 온 술과 시장에서 파는 육포를 드시지 않았고[沽酒市脯 不食]" 따위는 역시 명심하고 지켜야 할 사항은 못되는 것이다.

이렇게 그 표면적 지침 만으로는 한중 사이에 다소의 문화적 차이와 고금 간에 격차감을 유발하는 부분이 심심치 않게 나타나는 것이지만, 이것들 전부가 쓰지 못해 버려야 할 교훈들임을 의미하는 것은 아니다. 그 중의 몇몇 가지는 정녕 죽은 교훈됨을 면할 도리가 없겠으나, 어떤 부분은 대개 다시 한번 제대로의 숙성과 발효 여하에 따라 쓸모있는 교훈으로 재생 가능한 것도 있다. 요컨대, 그 같은 언어들의 이면에 흐르고 있는 교육과 인륜과 처신의 올바름을 추구하려는 정신과 노력을 엿보고 배우는 일로써 의미 없지 않을 것이란 뜻이다. 그렇다면 결국 아무 것도 버릴 글은 없다. 따라서 마침내 놓칠 수 없고 궁극적으로 챙겨야 할 것은 그것들 문자의 대의(大義), 곧 표출되어진 언어의 안쪽에 담겨져 있는 바른생활 추구의 정신이 될 것이다.

4.

이처럼 시대가 흘러가면 전혀 고루해 보이는 것에서조차 한가닥 진실 발견의 여지가 있는 법이다. 하물며 『소학』에 실려 있는 거개의 내용은 옛날과 지금을 따져서 가려볼 겨를 없이 그대로 시간을 초월하는 진리의 금언 아닌 것이 없다. 그야말로 주희(朱熹, 1130~1200)가 <소학서제(小學書

題)>에서 피력하였던 다음과 같은 말은 21세기 현대에 이르러서 다시금 살아 숨쉬는 언어로 훌쩍 다가선다.

> 今其全書 雖不可見 而雜出於傳記者亦多 讀者往往 直以古今異宜 而莫之行 殊不知其無古今之異者 固未始不可行也.
>
> 지금 그 옛날에 쓰던 전체의 글을 비록 볼 수는 없으나, 전기(傳記)에 섞여 나온 것 또한 많다. 그렇건만 이를 읽는 이들이 종종 단순히 옛것의 마땅한 바와 지금것의 마땅한 바가 다르다는 이유로 행하지 않는다. 그러나, 옛날과 지금의 사이에 다를 게 없는 일에 관한 한 의당 근본적으로 실행하지 않을 수 없다는 사실에 대해서는 유난히 알지 못하는 것이다.

아마도 벌써 주희의 시대에도 그랬었던가 보다. 고대 중국에 있어 학제(學制)의 명칭이자 학교 기관을 지칭하기도 했던 소학과 대학에서 배우던 교과서를 놓고서도 시대 감각과 맞지 않는다며 외면하던 풍조가 11세기 주자 시대에도 다름없이 미만(彌滿)해 있었음을 실감할 수 있다. 아울러, 알 수 있게 된 사실은 주자 같은 석학(碩學)도 특정 시대에만 통용되는 어색한 문화 양상에 일정한 문제의식을 갖고 있었다는 것, 그리고 차이가 없는 일에 대해서는 그 답을 과거 안에서 구하고자 했다는 것이다.[3] 요컨대, 그 믿음과 기대가 과거 전통적 인성교육 쪽에 전적으로 쏠려 있고 의존해 있었다. 바로 그 같은 일이 주자 이후 또다시 일천 년 이상 흘러가버린 이 시대에조차 그 때와 똑같은 상황 속에서 당시의 주자가 택했던 방법 그대로를 다시 한번 따를 수밖에 없는 지남(指南)이 될줄 어찌 알았으랴. 골수에 사무치는 예언적 계시와도 같은 것이 될줄 몰랐으니, 역사의 쳇바퀴와 같은 것을 다시 한번 느끼게도 하는 국면이 있다.

---

3) 그러나 앞 장에서 언명했듯이 특정 시대의 법제(法制)나 인식 등, 시대가 지나가 버리면 고루해 보이는 부분에서도 진실 발견의 여지가 아주 없지는 않은 것이다.

그러면 주자가 그 앞시대의 귀감을 대안으로 여겼던 것처럼, 이 시대의 우리는 주자가 당시 시점에서 자못 수집한 바〔今頗蒐輯〕의 감계(鑑誡)인 『소학』을 놓고서 "옛날과 지금의 사이에 다를 게 없는 일에 관한 한" 어떻게든 추려 챙겨야만 한다. 이른바 아무리 강조해도 지나침이 없는 교훈, 시대 초월의 가르침을 뜻하는 말이다.

앞에 들었던 <소학서제>의 첫머리는 『소학』과 연상하여 옛날부터 가장 회자되어 왔던 명구(名句)이었다.

> 古者小學 敎人以灑掃應對進退之節 愛親敬長隆師親友之道.
>
> 옛날에 소학에서는 사람들에게 청소하고 응대하고 처신하는 예절과, 부모 사랑하고 어른 공경하고 스승 대접하고 벗과 친하는 도리에 관해 가르쳤다.

이는 동시에, 『소학』 전체 내용의 핵심적 요체라 해도 과언이 아니었다. 부언하여, 윗 인용문에서의 '소학'은 책 이름이 아니고 고대의 학교명을 뜻하는 것이지만, 주자 이후로는 책 이름으로 인식되기 시작하여 오늘에 이르렀던 것이니, 이 책이 소학 생활의 지침서로서의 막대한 비중을 차지하면서 영향 끼친 정도를 재삼 실감해 볼 수 있는 것이다.

무릇 『소학』이란 책은 내편 안에 '입교'·'명륜'·'경신'·'계고' 등 네 편, 외편 안에 '가언'·'선행' 등 두 편, 합하여 여섯 편이 상당한 부피를 이루고 있다. 하지만, 이 책에 들어있는 내용의 전부가 어느 시대에든 통용될 수 있는 것은 아니다. 곧, 어느 시대에는 당연하였지만 또 다른 시대에는 실정에 잘 맞지 않는 내용이 상당수 있다는 뜻이니, 그 같은 부분들에 관한한 과감히 걸러내어야 마땅할 것이다. 대신, 고금의 벽을 넘어 백대의 전범(典範)이 될만한 주옥같은 가르침만을 가려 추린다 해도 여기에선 그것을 다 수록해 볼 겨를이 없다. 그럴 뿐 아니라, 전체 내용의 가장 핵심적 요추(要樞)라 할 수 있는 내편 가운데 처음 부분, 즉 제1편 '입교'와 제2편 '명륜'에 관해 제대로 개관해보는 일조차 유여치 못하다. 그렇거니와, 애오라지 필자 나름으로 그것 중의 가장 정채로우며 요긴·절실하다고 사료되는 부분을 엄밀히 여과·정선하고 새겨 음미해보는 일로써 그 현대적 의의를 살려 보이고자 한다.

▶제1편 '입교'에서

> 孟子曰 人之有道也 飽食煖衣 逸居而無教 則近於禽獸.
>
> 『맹자』에 이르기를, 사람에겐 해야만 할 떳떳한 도리가 있는 것인데, 배불리 먹고 따뜻이 입고 편안히 지내면서 교육이 없다면 그야말로 금수에 가까운 것이다.

과연 그러하다. 이 말은 이 시대의 소위 중산층을 자처하는 인사들에게 적용시킨다 해도 별반 어긋나 보이지 않는다. 요즈음 시대는 대부분이 칼로리 과다로 비만을 걱정하고, 값비싼 명품의 착용을 자랑하며, 편한 일이 아니면 차라리 쉴망정 힘든 일은 못하겠다는 식의 풍토가 만연하고 있으니, 맹자의 이 가르침이야말로 신변적 욕구만을 일변도로 추구하는 이 시대 한심사에조차 통하는 중대한 경종이 아닐 수 없다. 바로 이 말의 뒤에는 이를 걱정한 순 임금이 설(契)에게 널리 교화하도록 명했다는 유명한 오륜이 소개되거니와, 여기서는 생략한다.

> 弟子職曰 先生施教 弟子是則 溫恭自虛 所受是極.
>
> 『제자직』에 이르기를, 선생이 가르침을 베푸시어든 제자된 사람은 이를 본받아 온화하고 공손한 태도로 스스로를 겸허히 하여 가르쳐 받은 바를 극진히 한다.

인륜 상도(常道)가 무너졌다는 이 시대에조차 아직은 스승의 가르침에 대해 '온공(溫恭)으로 시칙(是則)'하는 제자가 완전히 사라졌음은 아닐 것이다. 대개 수준이 높은 학문의 세계거나 장인정신(匠人精神)을 존중하는 예술 계통이 그나마 사제의식(師弟意識)을 가까스로 보존시키고 있는 최후의 보루처럼 보이니, 그 세계에선 제법 제자가 진정으로 선생을 공경하고 어렵게 생각하여 감히 선생 앞에 저촉하지 못하는 여풍(餘風)이 남아있는 듯도 싶다. 이러한 특수한 국면 이외, 오늘날 일반적인 학교사회에서 학생이 선생에 대한 이같은 공경의 논리는 거의 다 사라졌다고 보아도 지나침이 없을 것이다. 고금 간에 시대가 달라졌으니 지금 시대에는 과거의 맹목적 우선공경주의보다는, 그 선생의 인격과 지식의 척도에 따라 승순(承順)할 수 있지만 못할 수도 있다는 합리주의 사고를 굳이 배제하지 않는다. 동시에 또한 진정 선생답지 못한 선생들이 과거 어느 시대보다 많은 것도 중대한 이유라고 하는 주장을 그대로 수용한다고 해도, 문제는 다시금 옥석(玉石)을 가릴 줄 아는 변별력에 있다. 공경 받을 자격이 없는 선생만이 공경 받지 못하는 데 한정되지 않고, 그같은 공경 부재가 전체성의 차원으로 만연되어 있는 풍조를 지적함이다. 그리하여, 타일러야 시늉조차 않으며 그나마 잘못 타일렀다가는 도리어 봉욕을 당하기 쉬워 타이를 사람조차 찾아보기 어려운 세상처럼 되었다.

이렇듯 사회적으로도 아랫 세대가 하도 무례(無禮)·앙롱(仰弄)하여 소위 '어른이 없는 사회'로도 일컫는 지금, 무질서가 만성화된 지금 시대야말로, 이제는 그 옛날 서당의 생도가 훈장님 앞에 가졌던 그 태도 같은 것이 방법론으로서 절실히 요구되는 그러한 때일는지 모른다. 즉, 선생에 대한 제자의 '선 비판(先批判)' 논리보다는 일단의 '선 공경(先恭敬)' 자세 쪽이 보다 문제 해결에 도움을 끼칠 수 있으리란 의미이다.

『소학』이 『논어』에서 가져온 공자의 다음과 같은 말은 유명도하려니와, 이 시대의 배우는 이에게 가장 간절한 행동 강령이 될 터이다.

孔子曰 弟子入則孝 出則弟 謹而信 汎愛衆 而親仁 行有餘力 則以學文.

공자가 말씀하기를, 배우는 이는 집에 들어와서는 효도를 하고, 밖에 나가서는 윗사람을 공경하며, 삼가고 미더워야 하며, 많은 사람들을 널리 사랑하되 어진 이와 가까이 해야하니, 그렇게 실행하고서 남는 힘으로 글을 배우는 것이다.

남의 앞에 배우는 사람은 학문에 우선해야 할 일이 도덕적 성실에 있음을 강조한 이것은, 소학 교육에 있어 '쇄소응대진퇴지절(灑掃應對進退之節)'을 앞자리에 내세운 주자 서문의 지침과 함께 그 취지에서 하등 다를 바가 없는 것이다.

▶제2편 '明倫'에서

이는 다름아닌 오륜을 밝히는 편장(篇章)으로, 부(父)와 자(子), 군(君)과 신(臣), 부(夫)와 부(婦), 장(長)과 유(幼), 붕(朋)과 우(友) 관계 안에서의 마땅한 도리를 지시하고 있다.

一. 명부자유친(明父子有親)

오륜 가운데 첫머리는 단연 부자윤리이다. 수위(首位)의, 으뜸가는 강령인즉, 자식이 어버이를 섬김은 인류에 영원하고 떳떳한 도리일 뿐이다.

그러나 양풍(良風)이 보다 잘 나타났던 시대가 있었는가 하면, 보다 퇴조했던 시대도 없지는 않았다. 요즘 시대는 어떠한가 하면 모름지기 이 뜻이 사뭇 약화되었거나 또는 거의 마비의 지경에 다다른 듯한 느낌마저 없지 않다.

이제 구구한 사설은 버리고 그 가장 간절한 대목 만을 가려 이에 나란히 열거하는 일로써 사친(事親) 도리의 제요(提要)로 삼고자 한다.

曲禮曰 凡爲人子之禮 冬溫而夏凊 昏定而晨省 出必告 反必面.

『곡례』에 이르기를, 무릇 자식된 사람의 도리란 겨울에는 따뜻이, 여름에는 서늘하게 해드리며, 어두워서 잘 때 되면 자리를 살펴보아 드리고, 새벽되면 문안을 살핀다. 나갈 때엔 반드시 가는 곳을 알려드리고, 돌아와서는 반드시 얼굴을 보여 뵙도록 한다.

禮記曰 孝子之有深愛者 必有和氣 有和氣者 必有愉色 有愉色者 必有婉容 孝子如執玉 如奉盈 洞洞屬屬然 如弗勝 如將失之 嚴威儼恪 非所以事親也.

『예기』에 이르기를, 효자로서 부모를 깊이 사랑하는 이는 반드시 화기(和氣)를 띤다. 화기를 띤 이는 반드시 기쁜 낯빛을 하고, 기쁜 낯빛을 하는 이는 반드시 상냥한 얼굴을 하고 있다. 효자는 마치 옥을 쥐고 있는 듯, 가득 차 있는 그릇을 받든 듯, 정성스럽고 조심스레 이기지 못하는 것 같이, 무엇을 잃어버린 것처럼 하니, 위의(威儀)를 엄하게 갖추면서 의젓한 양 하는 것은 부모를 섬기는 법이 아니다.

曲禮曰 父母存 不許友以死.

『곡례』에 이르기를, 부모가 생존해 계시어든 친구와 목숨을 걸어 약속하지 않는다.

禮記曰 父命呼 唯而不諾 手執業則投之 食在口則吐之 走而不趨.

『예기』에 이르기를, 아버지가 부르시면 빨리 대답하지 느리게 대답하지 않는다. 손에 일을 붙들고 있었으면 놓아두고, 음식이 입에 있었으면 뱉어내고 달려가야지 종종걸음으로 가지 않는다.

曾子曰 父母愛之 喜而弗忘 父母惡之 懼而無怨 父母有過 諫而不逆.

증자가 말씀하기를, 부모가 사랑해 주시면 기뻐하여 잊지 아니하고, 부모가 미워하시면 두려워할 뿐 원망함이 없도록 한다. 부모에게 잘못이 있으면 간곡히 진언하되 맞서 거스르지 않는다.

祭義曰 霜露旣降 君子履之 必有悽愴之心 非其寒之謂也 春雨露旣濡 君子履之 必有怵惕之心 如將見之.

『제의』에 이르기를, 서리 이슬 내리니 군자가 밟는도다. 필경 처량코도 비창한 마음 이는 것은 날씨 추워 그러한 것 아니어다. 봄비 이슬 적시우매 군자가 밟는도다. 필경 놀라고 슬픈 마음 이는 것은 부모님 그 모습 뵈는듯 함이어니.

孔子謂曾子曰 身體髮膚 受之父母 不敢毁傷 孝之始也 立身行道 揚名於後世 以顯父母 孝之終也.

공자가 증자에게 말씀하기를, 내 몸의 모든 것은 부모에게서 받은 것이니 함부로 훼상치 않음이 효도의 시작이다. 자신의 몸을 세워 도를 행하고 후세에 이름을 떨치어 부모의 영예를 드러나게 함이 효도의 마무리이다.

不愛其親 而愛他人者 謂之悖德 不敬其親 而敬他人者 謂之悖禮.

자신의 어버이를 사랑 아니한 채 다른 사람 사랑하는 그것을 일컬어 패덕(悖德)이라 하고, 자신의 어버이를 공경치 아니한 채 다른 사람 공경하는 그것을 일컬어 패례(悖禮)라고 하는 것이다.

孟子曰 世俗所謂不孝者五 惰其四肢 不顧父母之養 一不孝也 博奕好飮酒 不顧父母之養 二不孝也 好貨財私妻子 不顧父母之養 三不孝也 從耳目之欲 以爲父母戮 四不孝也 好勇鬪狠 以危父母 五不孝也.

맹자가 말씀하기를, 세간에서 소위 불효라 하는 것이 다섯 있다. 제 사지(四肢)를 게을리하여 부모 봉양을 돌보지 않음이 첫 번째 불효이다. 바둑 장기나 음주를 좋아하여 부모 봉양을 돌보지 않음이 두 번째 불효이다. 돈과 재물을 좋아하고 처자식을 귀애(貴愛)하느라 부모 봉양을 돌보지 않음이 세 번째 불효이다. 이목의 관능적 욕구를 좇아 부모를 욕되게 함이 네 번째 불효이다. 용맹을 좋아하고 사나운 싸움질이나 하여 부모를 불안케 함이 다섯 번째 불효이다.

이 시대의 실정과 견준대도 구절구절마다 절실히 요긴하지 않음이 없는 백세(百世)의 수훈(垂訓)이요 인간 삶의 영원한 지침(指針)이 아닐 수 없다.

二. 명군신지의(明君臣之義)

이는 봉건주의 시대에서 현대로 넘어오는 사이에 그의 관계적 사라짐으로 인해 별 의미없는 것이 되었기로 이에 생략한다.

三. 명부부지별(明夫婦之別)

명륜편 중 60장부터 68장까지는 남녀 혼인의 정당한 절차(60~64장) 및 결혼한 이후의 부부가 각각 지켜야 할 규범에 대해 말한 것이다.

그런데 그 문면에 나타난 부부상은 오늘날 우리 시대에 우리가 보고 있는 그것과 너무도 상이하다. 과연 어느 쪽이 보다 바람직하다고 판정짓기는 어렵되, 우선은 전통적 혼인 방식이 가부장의 이성과 판단에 치중되어 있고, 혼인 당사자인 두 사람의 감성은 상당히 무시되었던지라, 타협과 화합의 총체성이란 면에서 일정한 한계를 안고 있었다는 문제가 있다. 하지만 적어도 부모의 이성(理性)에 입각한 개여(介與)가 혼인에 있어서 배우자에 대한 판단 폭을 넓혀주는 고문(顧問) 역할을 다할 수 있다는 사실만큼은 결코 경홀히 할 수 없는 중요한 의미로 남게 되는 것이다.

한편, 결혼에 있어 자식의 인격적 판단이 존중되는 요즘 시대의 당사자 선택에 따른 부부 결연의 모습을 보면, 『소학』이 제시하고 있는 부부상과는 비교할 수 없으리만치 자유롭고 분방하다 할 것이다. 그렇지만, 이같은 제약에서의 벗어남이 그대로 장점이 되는 이면에는, 오히려 그 제약 없다고 하는 그것이 그대로 취약점으로 작용하는 현상을 놓칠 수 없다. 부부 사이에 허물 없고 격의(隔意) 없다는 이유로 지나치리만큼 분별마저 잃은 나머지 야기되는 갖가지 바람직하지 못한 일을 지적함인데, 그것의 극단적인 형태가 오늘날 하나의 심각한 사회문제로까지 부상되어진 이혼률의 급증이라 할 것이다. 이는 오늘날 자유결혼이 갖는 문제점으로 남는 부분이기도 하다. 곧 서로 간에 좋아한다는 감정 하나 믿고 결혼하며, 그 감정 한 가지면 둘 사이에 서로 다른 아무런 경계도 분한(分限)도 필요치 않다는 식으로 과신하다가, 어느 때 서로 간의 자아가 제각기 따로 강조되는 순간에 갈등의 야기를 보게 되는 것이다. 이러한 갈등이 점진적으로 확대되면 알력이 일어나고, 그것이 더 지나치면 이혼과 같은 파국적 국면으로 가는 것이겠다. 그러나 이렇게 갈 수밖에 없는 이유의 궁극성은 모름지기 부부간 맹목적 감성적인 관계 뿐 아니라, 상호간의 인격과 개성의 배려같은 이성적인 관계 면을 마저 존중하지 않은 사실에서 찾을 수 있을 것으로 사유된다.

반면, 전통적 부부상은 생활 속의 분별과 내외로 인해 내외가 다소 다양한 감성의 표현과 친근미가 부족된 느낌을 어쩔 수 없다고 하나, 양자가 심각한 갈등 및 알력의 상태로까지 치닫지는 않았던 장점은 있었다 할 것이다. 이는 다름 아니라 서로 간에 일정한 정도 분별을 유지하는 그 철저한 이성적 생활 패턴에서 말미암은 덕분도 없지 않은 것이다.

따라서 이 '명부부지별'의 이를테면 65장 중에, "집에 안팎의 구별이 있어 남자는 밖에, 여자는 안에 거처하여 출입을 자제한다"는 것 등은 이제 낡은 시대의 관습으로 돌린다 해도, "전안(奠雁)의 예를 행할 때 마주보는 것은 공경하여 부부간 분별을 드러냄이다〔執摯以相見 敬章別也〕"라든지, "예는 부부간 삼가는데서 비롯한다〔禮始於謹夫婦〕" 같은 내용에는 음미해 볼만한 뜻이 없지 않다. "남자는 안의 일을 말하지 않으며 여자는 밖의 일을 말하지 않는다〔男不言內 女不言外〕" 또한 꼭 글자 그대로의 원칙 고수론적인 뜻으로만 수용해야 할까? 다시 말해 "남녀의 직책과 일의 범위가 정하여 있어서 서로 침범하지 않는다는 뜻"[4]이라 할 때는 오늘날 부부간도 서로의 개성에 따른 일의 영역과 프라이버시를 인정하고 존중하는 일이 중요함을 새길 수 있음이다. 더 적극적으로는 단지 간섭하지 않는다는 뜻 이상의, 상대방의 일에 대한 긍정적이고 호의적인 태도로서 이해함이 온당할 것이다.

한편, 이 부부장 안에는 저명한 이른바 '삼종지도(三從之道)'가 보인다.

在家從父　친정에선 아버지를 따르고
適人從夫　시집가서는 지아비를 따르고
夫死從子　지아비 죽으면 아들을 따른다.

봉건 시대의 남성본위적 개념이다. 특히 너무도 유명하니, 이른바 '칠거지악(七去之惡)'의 계훈도 이 책 안의 가르침이다.

婦有七去　지어미에겐 일곱 가지 버림당할 사유가 있다.
不順父母去　부모에게 순종 아니하면 버림 당하고
無子去　자식을 낳지 못하면 버림 당하고
淫去　음란하면 버림 당하고
妬去　질투하면 버림 당하고

4) 남만성, 『역주소학(譯註小學)』, 보진재, 1973, p.85.

有惡疾去	나쁜 병이 있으면 버림 당하고
多言去	말이 많으면 버림 당하고
竊盜去	도둑질하면 버림 당한다.

역시 현대적 삶 안에서 거의 수용의 의의를 갖지 못할 뿐 아니라, 오히려 조소와 비난의 대상, 가혹한 악습의 대명사인양 되고 말았다.

그러나 바로 그것의 다음에 이어지는 바, 보낼 수 없는 세 가지 경우도 있으니, 곧 '삼불거(三不去)'를 함께 기억하는 사람은 많지 않은 듯싶다.

有三不去	보낼 수 없는 것이 세 가지 있다.
有所取 無所歸 不去	본래 있었으나 돌아갈 친정 없으면 보낼 수 없고
與更三年喪 不去	더불어 시부모 삼년상을 지냈으면 보낼 수 없고
有貧賤後富貴 不去	빈천이었으나 그녀 온 뒤 부귀이면 보낼 수 없다

『소학』이 제시하는 바가 분명 형태상으로 보아도 남성의 지배적 논리와 여성의 순종적 논리에 입각해 있기에, 이 점 현대에 비판과 탄핵을 면치 못하는 것이 엄연한 사실이다. 비단 이 부부 사이 윤리 관계 뿐 아니라 부자·군신·장유의 윤리가 서로 간에 호혜(互惠)의 논리를 주장한 부분은 약한 대신, 거의 한 쪽이 다른 한 편에 대한 일방적 시혜(施惠)와 순종의 논리에 치우쳐 보이는 것 자체가 우선 부인하기 어려운 사실이다.

하지만 그렇게 봉건제도의 권위주의적 낡은 산물로만 논척(論斥)해 버리는 한편으론, 대관절 지나간 시대의 인문사회가 어떻게 하여 그렇게 장구한 시간동안 변함없이 『소학』의 지표에 따른 윤리적 설정을 취택하게 되었던 것인지 궁금하다. 다시 말해 그것을 가장 바람직하고 온당한 방식이라 생각하였던 필연성이 어디에 있었던 것인지 되짚어 사유토록 하는 국면이 있다. 생각해 보면, 갈등과 알력이란 서로 사이에 양보의 분위기가 없을 때 일어나기 쉬운 것이다. 그리하여 일단 다른 것은 다 고사하고라도 어떤 소속의 안정과 평화를 기약할 수 있는 가장 우선적이고 확실한 방법이 있다고 한다면 한 쪽이 다른 한 쪽에 지고 순응함이 최선이라는 판단에서 택해진 방책이었을는지 모른다.

그러나 이러한 상하의 계통적 질서 방식 안에서 자칫 과도히 남발·자행될지도 모를 전횡을 우려하여 그것을 견제하고자 신경쓴 자취도 보인다. 말하자면, 위에 든 '삼불거'도 일종의 냉정한 견제이다. 또는 뒷부분 제2 명륜편의 '통론(通論)' 안에 안자(晏子)의 가르침으로서 권장되어왔던 다음 같은 내용을 보자.

> 君令而不違 臣共而不貳 父慈而教 子孝而箴 兄愛而友 弟敬而順 夫和而義 妻柔而正 姑慈而從 婦聽而婉 禮之善物也.
>
> 임금은 명하되 사리에 어긋나지 않아야 하고, 신하는 그 뜻에 가지런히 하여 두 마음이 없어야 한다. 아버지는 자애와 더불어 가르쳐야 하고, 아들은 효도와 더불어 충간(忠諫)해야 한다. 형은 아우를 사랑하여 돌보고, 아우는 형을 공경하여 따른다. 남편은 화열(和悅)하되 떳떳하게 하고, 아내는 유순하되 올바르게 한다. 시어머니는 며느리를 자애로 들어주고, 며느리는 시어머니를 청종(聽從)하여 상냥하게 함이 예의 훌륭한 표본이다.

이와 같은 것은 오히려 관계의 일방성에 대한 지양(止揚)임과 동시에 관계의 호혜성에 대한 보정(補正)을 위한 좋은 일례가 된다 할 것이다. 또한, 사실은 이런 면도 아주 도외시할 수는 없겠다. 곧, 비록 외형상으로는 조정에선 임금이, 가정에선 남편이 매사를 결정하는 형태를 취하기는 하였지만, 기실 중요한 사안의 결정이 군(君)·부(夫)의 독단보다는 군신간·부부간의 숙의(熟議)에 따라 이루어졌음과 또 실제로 그러한 절차가 이성 있는 태도임으로 인식되었던 내면적 실상 같은 것이다.

四. 명장유지서(明長幼之序)

일반사회에서 나이 적은 이가 향당(鄕黨)의 연장자거나 가르침을 베푸는 선생에 대하는 예절 법도를 말한 것이다.

하지만 그 내용들이 쉽게 봉건시대의 진부한 잔재로만 돌릴 일들이 아니다. 변하지 않는 인정의 소재를 파악한 것인지라, '경장(敬長)'의 새로운 구호로 재천명되는 이 시대야말로 절실한 귀감으로 삼을만한 메시지가 대부분이다.

徐行後長者 謂之弟 疾行先長者 謂之不弟.

천천히 어른의 뒤에 가는 것을 공손하다고 하고, 빠른 걸음으로 어른보다 앞서 가는 것을 공손치 못하다고 한다.

從於先生 不越路而與人言 遭先生於道 趨而進 正立拱手 先生與之言則對 不與之言則趨而退.

선생 뒤에 따를 때엔 길을 앞질러 다른 사람과 말을 나누지 않는다. 길에서 선생을 만났을 때엔 빠른 걸음으로 종종 나아가 바로 서서 손을 공손히 맞잡고 인사드린다. 선생이 함께 얘기코자 하시면 대답을 드리고, 말씀이 없으시면 빠른 걸음으로 물러나온다.

先生書策琴瑟 在前 坐而遷之 戒勿越.

선생의 책이나 거문고, 비파 같은 것이 자기 앞에 놓여 있으면 꿇어 앉은 자세로 그것을 옮겨놓고 조심하여 넘어가는 일이 없도록 한다.

坐必安 執爾顔 長者不及 毋儳言 正爾容 聽必恭 毋剿說 毋雷同.

앉는 것은 반드시 안정감 있게, 얼굴빛은 긴장을 지킨다. 어른의 말씀이 채 다 끝나지 않았을 때 말을 가로채지 않는다. 얼굴빛을 바르게 하고 공순(恭順)히 들어야 한다. 남의 설(說)을 표절하지 아니하며, 남의 말에 무조건 따르지 않는다.

侍坐於先生 先生問焉 終則對 請業則起 請益則起.

선생을 모시고 앉았을 때에 선생이 물어오시면 그 말씀이 끝난 뒤에 대답을 드린다. 수업을 청할 때에는 일어서며, 더욱 설명해 주실 것을 청할 때에도 일어선다.

수업 받는 이의 올바른 자세에 대해 말한 것이다. 이렇듯 그 태도가 진지하고 엄정해야 함을 강조하는 뜻이지만, 원하는 바가 경직 자체에 있는 것은 아닐 것이다. 정숙한 가운데 선생의 자애로움이 절로 나타나고, 학생은 공손함을 잃지 않는 가운데 화기(和氣)로움이 기약될 수 있는 이것이야말로 수업의 소망스런 형태가 아닐까.

五. 명붕우지교(明朋友之交)

벗과 사귀는 요령을 담은 것이다.

친구와의 교제는 가장 쉽고 편한 듯싶어도 그 우정을 돈독히 오래도록 유지하기는 고래(古來)로 쉽지 않은 일이었던가 보다. 그러기에 일찍 순임금이 교시(敎示)토록 했다는 오륜 가운데 필경 붕우유신(朋友有信) 한 조항이 굳이 포함되어 있었던가 한다. 제(齊)나라 관중(管仲)과 포숙(鮑叔)의 사귐이 불멸의 고사(故事)로 전승되었으며, 또 당의 시인 두보(杜甫)도 이 관포지교(管鮑之交)를 부러워하며 자기 시대 사귐의 경박함을 <빈교행(貧交行)>[5] 한 작품에 실어 읊지 않았던가.

---

5) 이는 당의 천보(天寶) 11년(751) 그의 40세 때 장안(長安)에서 지었다는 것으로, 이 칠언고시(七言古詩) 한 편의 내용은 이러하였다.
翻手作雲覆手雨　　손바닥 뒤집어서 비구름을 만들 듯

붕우도(朋友道)는 다시 송대의 『소학』에 이르러서도 여전히 중요한 가르침의 대상이 아닐 수 없었으니, 긴절(緊切)한 것 몇몇 만 뽑아 보이도록 한다.

> 孔子曰 朋友切切偲偲.
>
> 공자가 말씀하기를, 붕우 사이는 선한 길에 힘쓸 수 있도록 서로 간절히 충고하고 격려해야 한다.

이는 책선(責善)을 말한 것이다. 책선이란 착한 일, 곧 인격 함양 및 삶의 지혜 또는 지식과 같은 건전하고 창조적인 일을 서로 권하는 행위이다. 맹자도 책선은 벗 사이의 의당한 도리[責善 朋友之道也]라고 하였던 바 있다. 그리하여 친구가 있다 해도 이러한 덕성에 도움이 되지 않는다면 참된 친구 관계에 들 수 없다는 말이다. 즉, 벗 상대방이 그릇된 길로 가는데도 못 본 척 아무 충고도 하지 않는다면 궁극에 그 친구를 위하는 충정이 없기 때문인 것으로 생각했음직하다.

이처럼 충언하여 옳은 방향으로 이끌어 유도함이 너무나도 마땅할 일이지만, 그러나 그것도 지나치면 무리를 빚는 법이다. 진지하게 노력하는 가운데에 정녕 통할 수 없겠다 싶을 그 때는 중지하여 감정적인 손상에까지 이르는 일 없도록 하는 요령을 밝히고 있다.

> 子貢問友 孔子曰 忠告而善道之 不可則止 毋自辱焉.
>
> 자공이 친구 사귀는 법에 대해 물으니 공자가 말씀하기를, 충심으로 말하여 좋은 방향으로 끌어가되, 그래도 이룰 수 없을 것 같으면 그만 둘지

紛紛輕薄何須數	갈팡질팡 경박함 어찌 그리 잦은가
君不見管鮑貧時交	그대 보지 못하였나, 저 관중과 포숙의 가난시절 사귐을
此道今人棄如土	이 미덕을 지금 사람은 흙먼지 떨어내듯 하는구나.

니, 소외를 당해 자신을 욕되게 하는 일이 없도록 하라.

이어서, 다음의 '손익자(損益者) 삼우론(三友論)'은 반드시 원칙 고수 조항이라기보다는, 오늘날의 교우(交友)의 요령을 위해서도 일차적인 지침으로 될 만하다.

> 益者三友 損者三友 友直友諒友多聞 益矣 友便辟友善柔友便佞 損矣.
> 유익한 세 가지 벗과 해로운 세 가지 벗이 있다. 꾸밈없이 정직한 벗, 스스로 성실한 벗, 견문이 많은 벗은 유익하다. 겉치레만 익숙한 벗, 남의 기분만 살피는 벗, 견문 없이 말재주만 있는 벗은 손해롭다.

공자의 이와 같은 가르침과 더불어, 맹자의 다음과 같은 조언 역시 고금을 초월해서 새겨 음미할 뜻이 넉넉한 교우도(交友道)의 가치있는 약석(藥石)이 되리라 한다.

> 孟子曰 不挾長 不挾貴 不挾兄弟而友 友也者 友其德也 不可以有挾也.
> 맹자가 말씀하기를, 벗과의 사귐에는 나이 많음을 내세우지 말아야 하며, 자기의 지체가 높음을 내세우지 말아야 하며, 자기 형제가 있다는 것을 내세우지 말아야 하니, 벗과 사귄다는 것은 서로 인격을 사귀는 것이기에, 그렇게 믿고 내세우는 일이 있어서는 아니될 일이다.

이제, '명륜' 편 맨 나중의 통론(通論) 안에서는 각별히 두 가지 만을 뽑아 소개하기로 한다. 다름 아니라, 여기에 담긴 내용이야말로 인생유전의 철학과 인정세태의 기미를 여실히 포착하였기에 그 의미가 참으로 심장하니, 또한 평생의 수훈(垂訓)으로 새길만한 까닭이다.

曾子曰 親戚不說 不敢外交 近者不親 不敢求遠 小者不審 不敢言大 故人之生也 百歲之中 有疾病焉 有老幼焉 故君子思其不可復者而先施焉 親戚旣沒 雖欲孝 誰爲孝 年旣耆艾 雖欲悌 誰爲悌 故孝有不及 悌有不時 其此之謂歟.

증자가 말씀하기를, 부모를 기쁘게 하지 못하고서 감히 다른 사람과 사귀지 않고, 가까운 이와 친하지 못하고서 감히 먼 관계 사람을 찾지 아니하며, 작은 일에 세심치 못하고서 감히 큰 일을 말하지 아니한다. 본래 사람이 세상에 나서 일백 년을 산다고 하는 가운데도 그 안에는 질병에 시달리는 때가 있고, 역할을 다 하기 어려운 노년기와 유년기도 있는 것이다. 그런 까닭에 군자는 한 번 지나면 다시 돌아갈 길 없는 일을 생각해서 우선 최선을 다 베푸는 것이니, 어버이 돌아가시고 나면 비록 효도코자 하나 누굴 위해 효도하며, 나이 이미 오륙십 저물면 공경해 보이고자 하나 누굴 위해 공경하리. 자고로 "효도는 손 닿지 못함이 있고 공경에는 때의 놓침이 있다"고 했으니 이를 두고서 하는 말이 아니겠는가.

官怠於宦成 病加於小愈 禍生於懈怠 孝衰於妻子 察此四者 愼終如始 詩曰 靡不有初 鮮克有終.

직무는 벼슬이 성취되었을 때 게을러지는 것이요, 병은 조금 낫다 싶을 때에 덧치는 것이다. 불행은 게을러 나태함에서 생기고, 효는 처자로 말미암아 시들게 된다. 이 네 가지를 살펴서 삼가 그 끝을 시작과 같게 해야만 하나니, 『시경』에도 "처음이 갖춰지지 않음은 없어도, 용케 끝마무리가 갖춰지기는 드문 것이다" 하였던 것이다.

5.

여기서는 『소학』 책의 전부를 다 텍스트로 삼는 대신, 내편 중의 제1편

'입교'와 제2편의 '명륜' 만을 검토의 대상으로 하였다. 나머지는 이의 더 상세한 부연이거나, 그 실례가 될만한 담총(譚叢), 곧 여러 가지 이야기 모음이다. 이에 지면상 할애할 수 밖에 없는 이유와 함께, 사실은 입교·명륜의 두 편으로써 『소학』의 가장 골격과 중추를 이루는 핵심적 개념은 애오라지 밝혀졌으리라는 믿음이다.

이제 돌이켜보매, 『소학』의 계훈은 그 중간에 다소의 시련에도 불구하고 조선시대 말까지 인륜학습서로서의 그 의연한 모습을 잘 유지하고 지켜왔다. 그러나 급작스런 외세 문명의 범침으로 말미암아 주자 이래 700년 이어져 내려오던 그것의 문화는 하루아침에 당하(堂下)로 내쳐짐을 당했다. 물질적 문명의 우세가 정신적 문화까지 좌우하는 결과가 되었음이니, 말하자면 그 문명의 대결이 문화의 우열까지 판가름하는 결과를 가져온 셈이 되었던 것이다. 서양의 문화가 기존의 전통문화를 덩달아 몰아내 버린 지 어느덧 일백 년이 넘어선 현대[6]에 우연이든 필연이든 남게 된 것은 역시 정신의 피폐가 아닐 수 없다. 이러한 마당에 우리가 선택할 수 있는 방법은, 적어도 지난 수백수천 년 동안 이같은 정신적 황폐를 야기시키지는 않았던 전통적 인간 교육으로의 반본(反本)과 회귀(回歸)인 것이다.

그러한 돌이킴의 제 일보가 『소학』에 있음이고, 이제 정작 돌아보매 이 책 거반의 내용이 교시하고 전달하여 있는 메시지는 과연 시대를 초월하는 메시지들이었다. 동시에, 그것은 이 시대의 세기말적 무질서와 혼돈을 건져 구할 수 있는 요결(要訣)을 지닌 내용들이었다.

다만 문제는 금후의 시대가 정신의 환원을 위해 과연 『소학』이며 사서삼경 쪽의 교육에 점진적이나마 선회할는지에 대한 가능성 여부에 있다. 하지만, 적어도 이 시대 사람들의 의지가 복고적 교육 방식을 통하든지, 또는 역사의 예정론적 주기가 다행히 스스로 건전을 회복하는 방향으로

---

6) 그 기준을 상식적 편의상 1894년의 갑오경장(甲午更張)으로 잡고서 산출한 결과임.

돌아서든지 간에, 한 가지 크게 예감되는 국면이 있다. 그것은 적어도 이 시대의 도덕적 흔들림이 불식되고 안정으로 돌아서게 될 때의 그 소망스런 양상이 『소학』에서 제시하고 있는 인간 관계 삶의 모습과 견주어 그다지 어색하거나 낯설지는 않으리라는 것이다.

'기(記)' 장르의 소설적 경계

1. 머리말

이 땅에서 '소설(小說)'이란 것이 20세기 이후에나 신설 · 고정된 양식이었다. 고전소설이란 것도 현대에 와서나 인정을 얻은 장르이다. 그렇듯 이 시대에 새롭게 한 장르가 설정되었다고 한다면, 그것은 그렇게 될만한 어떤 시대적 요청과 필연성에 따른 결과일 터이다. 더 나아가 우리가 오늘날에 이르러 어떤 작품들을 소위 '고전소설'이라는 장르 범위에 포함시키고 말고 하는데는 필경 그같이 판단하고 식별하는데 필요한 어떤 기준과 조건들이 있을 것이다. 이를테면 <이생규장전(李生窺墻傳)> · <만복사저포기(萬福寺樗蒲記)> · <홍길동전(洪吉童傳)> · <구운몽(九雲夢)> · <양반전(兩班傳)> · <춘향전(春香傳)> 등을 고전소설의 범주에 포함시키는 것은 이 작품들이 그 기준과 조건에 잘 부합되어 합격 판정을 받았음을 뜻한다.

그런데 오늘날 이른바 '소설'이라는 범주에 포함되는 작품들을 유심히 살펴보면 그 붙여진 제목의 명칭만 가지고서 결정해 볼 나위는 없는 듯하다. 우선 '~傳'이라 하면 그 일반적 관념이 곧장 '소설'로 간주될 법한데도, 무슨 <백이열전(伯夷列傳)> · <정씨가전(鄭氏家傳)> · <백운거사전(白雲居士傳)> 등을 소설로 다루지는 않는 것을 보면 단지 작품 제목만으로 소설의 여부를 정할 수는 없는 노릇임을 알 수 있다. 그렇다고 해서 소설이 꼭 '~傳' 자 나 '~記' 자 같은 특정 문체명 안에서만 존재하는 것도 아니다. 적어도 현전하는 김시습(金時習)의 『금오신화(金鰲新話)』 다섯 편만 놓고 본다고 해도,

記 : 萬福寺樗蒲記・醉遊浮碧亭記

傳 : 李生窺墻傳

志 : 南炎浮洲志

錄 : 龍宮赴宴錄

~기(記), ~전(傳), ~지(志), ~록(錄) 등 꽤 다양한 문체 명칭 안에 들어 있음을 알 수 있다. 특히 이 중에는 '~기(記)' 자 표제가 둘씩이나 나타나 있다.

이제 시야를 넓혀 '~記' 자 표제를 띠고서 오늘날 고전소설 범위에 들어가 있는 것을 찾아 본다. 우선 한문 류로 김시습의 <만복사저포기>와 <취유부벽정기> 외에, 남효온(南孝溫)의 <수향기(睡鄕記)>, 심의(沈義)의 <대관재기몽(大觀齋記夢)>,[1] 유몽인(柳夢寅)의 <풍악기우기(楓嶽奇遇記)>, 안정복(安鼎福)의 <홍생원유기(洪生遠遊記)>, 임영(林泳)의 <의승기(義勝記)> 등을 들 수 있다. 한글 류로는 잘 알려진 것만 인거해도 <삼설기(三說記)>, <금향정기(錦香亭記)>, <장한절효기(張韓節孝記)>, <육미당기(六美堂記)>, <일락정기(一樂亭記)>, <사씨남정기(謝氏南征記)> 등 상당수를 나타내고 있다.

대개, '기(記)'가 본시 한문 문체상의 한 명칭이라고 한다면, 대체 그것

1) 이 경우는 '꿈의 기록'이라는 뜻의 '몽기(夢記)'라는 표현 대신, 어운상(語韻上)의 부드러움을 따라 도치시킨 것으로 보이고, 따라 그것은 문체의 분류상 '몽(夢)' 아닌 '기(記)' 갈래에 포함되어짐이 당연할 것이다.

은 문학적으로 어떠한 속성을 가지고 있는 것인가? 또한 그 가운데 어떠한 기(記)라야 능히 소설의 경계에 들 수 있다고 할 것인지에 대해 생각해 보고자 한다.

2. 기(記) 문체의 전개와 소설적 접근

기(記)는 본래가 '기록하다', '기억하다'의 뜻이다. 그러니까 이 두 의미를 합하면 '기록을 통해서 뒷날 기억한다'와 같은 해석이 가능하다. 또는, '훗날 기억하기 위해 기록한다'로 풀어도 무방하다. 그런 의미에서 『금석례(金石例)』에서 정의한 바,

> 記者 紀事之文也.
> 기란 사실을 기록하는 글이다.

이것이 가장 원초적인 설명이라고 할 수 있겠다.

서산(西山)이란 이의 다음과 같은 설명 또한 기에 관한 고전적 정의처럼 되어왔다.

> 西山曰 記以善敍事爲主 禹貢顧命 乃記之祖 後人作記 未免雜以議論.
> 서산이 이르기를, 기는 서사(敍事) 잘하는 것을 으뜸으로 한다. 우공(禹貢)의 <고명(顧命)>은 바로 기(記)의 원조이다. 뒷사람들이 기(記)를 지을 때에는 의론을 섞어놓은 일을 면치 못하였다.

서산은 『서산문집(西山文集)』의 저자인 송나라 진덕수(眞德秀)를 이름하는 듯싶다. 이 책은 전체 55권으로 되어 있는데, 그 가운데 3권에 걸친

기비(記碑) 관련의 내용이 들어 있다.

15세기 명나라 때의 문필가 오눌(吳訥)이 기(記)에 관해 다룬 설명을 보면 이러하다.

> 竊嘗考之 記之名 始於學記等篇 記之文 文選弗載 後之作者 固以韓退之畫記 柳子厚遊山諸記爲體之正 然觀韓之? 亦微載議論於中 至柳之記新堂 鐵爐步 則議論之辭多矣 迨至歐蘇而後 始專有以議論爲記者 宜乎后山諸老以是爲言也.2)
>
> 가만히 음미해 살펴보면 기의 이름은 <대기(戴記)>와 <학기(學記)> 같은 편에서 비롯했던 것이다. 기의 글을 문선에서는 싣지 아니했다. 뒤의 작자들은 굳건히 한퇴지의 <화기(畵記)>거나 유자후의 <유산제기(遊山諸記)>를 정체(正體)로 삼는다. 하지만, 한퇴지의 <연희정기(燕喜亭記)> 역시 그 안에 약간은 의론이 실려 있다. 유자후의 <신당기(新堂記)>거나 <철로보기(鐵爐步記)>에는 의론의 내용이 많다. 구양수와 소동파 이후에야 비로소 전적으로 의론만 가지고 기를 쓰는 것이 생겨났다. 그러니 후산(后山) 여러 노인들이 이걸 보고 그렇게 말한 것은 의당하다 할 것이다.

아마도 기 장르에 관한 논의로는 가장 상세하고 체계 있는 최초의 글이 아닐까 생각된다.

16세기 명나라 때의 문필가인 서사증(徐師曾)은 그의 『문체명변(文體明辯)』의 안에다 '기(記)'에 관한 기본적 개념과 연혁, 속성에 따른 분류를 총체적으로 시도하여 놓았는데, 우선 '기(記)'의 개념 및 연혁에 대해 이렇게 설명하였다.

> 按金石例云 記者紀事之文也 禹貢顧命 乃記之祖 而記之名 則昉於戴記學

2) 오눌, 『문장변체(文章辨體)』, '記' 참조.

> 記諸篇 厥後揚雄作蜀記 而文選不列其類 劉勰不著其說 則知漢魏以前 作者尙少 其盛自唐始也.[3]
>
> 『금석례(金石例)』에 보면 기(記)란 일을 새기는 문장이라 했다. 우공(禹貢)의 <고명(顧命)>은 바로 기(記)의 원조이다. 그리고 기(記)의 명칭은 <대기(戴記)>·<학기(學記)>의 여러 편에서 비롯하였다. 그 후 양웅(揚雄)이 <촉기(蜀記)>를 지었으나 『문선(文選)』이 그 갈래에 대해 열거하지 아니했고, 유협(劉勰)은 거기 관한 설명을 보이지 아니했으니, 한·위의 이전에는 작자가 아직 드물었음을 알 수 있다. 그 융성은 당나라 초기로부터였다.

실제로 서씨의 『문체명변』에 수록되어진 작품들 가운데 가장 이른 시기의 작자는 당대의 한유(韓愈, 768~824)와 유종원(柳宗元, 773~819)이다. 한유의 것으로는 <신수등왕각기(新修滕王閣記)>를 포함한 6편, 유종원의 <관역사벽기(館驛使壁記)>를 포함한 20편이 실리어 있다.

연속하여 서사증은 그 내용적 속성에 따른 '기(記)'의 분류 방식을 이렇게 제시하였다.

> 其文以敍事爲主 後人不知其體 顧以議論雜之 故陳師道云 韓退之作記 記其事耳 今之記 乃論也 蓋亦有感於此矣 然觀燕喜亭記 已涉議論 而歐蘇以下議論寖多則記體之變 豈一朝一夕之故哉.[4]
>
> 그 문장은 서사를 위주로 하는 것이지만, 뒷사람들이 그 체(體)를 알지 못한 채 오히려 의론(議論)을 섞게 되었다. 그런 까닭에 진사도는 말하기를, "한퇴지[韓愈; 필자주]가 기(記)를 지었을 때는 사실만을 기록했을 뿐이지만, 오늘날의 기(記)는 그 자체 논(論)이라 할 것이다."고 했다. 대개

---

3) 서사증, 『문체명변(文體明辯)』, 권49 記 1.
4) 서사증, 위와 같음.

> 여기서도 느껴지는 바는 있으나 한유의 <연희정기(燕喜亭記)>를 본대도 이미 의론의 과정은 있었고, 구양수(歐陽修)와 소식(蘇軾) 이하로 의논의 내용이 점점 많아졌던 것인즉 '기(記)' 문체의 변화가 어찌 일조일석 간의 일이겠는가?

곧, 객관적 서사 단위의 기(記)와 주관적 의론 단위의 기(記), 두 가지로 나눠보았던 것인데, 앞의 것을 기(記)의 정통적 바른 체(體) 곧 정체(正體)로 간주하였다.

뒤이어 그는 '기(記)' 체의 3품 분류에 대해 언급하였다.

> 故今採錄諸記 而以三品別之 如碑文之例 欲使學者 得有所考 而去取焉 庶乎不失其本意矣.[5)]
>
> 까닭에 이제 모든 기(記)를 채록해다가 3품으로 나눔에 있어 비문(碑文)의 예와 같이 하고자 하니, 학자로 하여금 참고하는 바가 있었으면 한다. 아울러 이같은 방식을 취사선택함에 그 본래의 의미를 놓치지 않았으면 한다.

여기서 "如碑文之例(비문의 예와 같이 한다)"는 것은 다름 아니라 바로 이 앞의 권49 '비문(碑文)' 체의 분류에 있어 그가 '정체(正體)'를 기본으로 하여 '변체(變體)'·'변이불실기정(變而不失其正)' 및 '별체(別體)' 등으로 분류한 사실을 말한다. 그는 비문체 서두 총론에서 그 분류의 근거에 대해 이렇게 설명해 보인 바 있다.

> 碑之體主於敍事 其後漸以議論雜之 則非矣 故今取諸大家之文 而以三品

5) 서사증, 위와 같음.

列之 其主於敍事者曰正體 主於議論者曰變體 敍事而參之以議論者曰 變而不失其正 至於託物寓意之文 則又以別體列焉.6)

비(碑)의 체(體)는 서사에 위주했거니와, 그 뒤에 점점 의론을 섞게 되었으나 이는 정통은 아닌 것이다. 까닭에 이제 모든 대가들의 글을 취해다가 3품으로 열거할지니, 서사에 위주한 것을 정체(正體)라 하고, 의론을 위주로 한 것을 변체(變體)라 하고, 서사이면서 의론을 가담한 것은 변체이나 그 정체를 잃지 않은 것이라 하였다. 탁물(託物) 우의(寓意)의 글에 연결돼 닿으면 다시금 별체(別體)에다 넣었다.

따라서 여기 권49에서 권51에 걸친 '기(記)' 체의 분류 및 작품 예시에 있어서도 다름없이 정체(正體)·변체(變體)·변이불실기정(變而不失其正)의 3품 및, 다시 정체(正體)·변체(變體)·별체(別體)의 3체로 분류해 놓고 있음을 보게 된다.

이 마당에 각별히 서사증이 자기 나름대로 '기(記)' 중의 별체라고 설정해 놓은 근거 기준이 흥미롭다. 다름 아닌,

又有託物以寓意者(如王績醉鄕記 是也) 有首之以序而以韻語爲記者(如韓愈汴州東西水門記 是也) 有篇末系以詩歌者(如范仲淹桐盧嚴先生祠堂記之類 是也) 皆爲別體.7)

또한 다른 사물에 의탁하여 자신의 생각을 부치는 것[왕적의 <취향기(醉鄕記)>가 해당된다.]과, 서(序)로써 첫머리를 삼고 운자(韻字)로써 기(記)하는 것[한유의 <변주동서수문기(汴州東西水門記)>가 해당된다.]과, 작품 끝을 시가로써 연결지어 놓은 것[범중엄의 <동로엄선생사당기(桐盧嚴先生祠堂記)> 류가 해당된다.]은 모두 별체(別體)이다.

---

6) 서사중, 『문체명변』 권49 碑文.
7) 서사중, 『문체명변』 권49 記1.

이 가운데 특히 첫 번째로 든 "託物以寓意者" 개념에 부합하는 '~記' 작품이야말로 오늘날 소위 소설로 간주되고 있는 작품과는 가장 직접적인 유대와 연계를 지어볼 만하다고 이르겠다. 다름 아닌, 서씨가 그것의 본보기로서 예시한 왕적의 <취향기(醉鄕記)>야말로 오늘날 소위 한문소설이란 이름과 범위 안에서 취급되고 있는 양상을 보는 것이다.

한편으로, 근대의 평론가 설봉창(薛鳳昌)은 그의 저서 『문체론(文體論)』에서 기(記) 문체를 1) 기(記), 2) 서사(書事), 3) 서(序), 4) 기(紀), 5) 제(題) 등 다섯 가지의 표제로 구분하여 조술(條述)을 가한 바 있다.[8] 개략을 인용해 보이면 이러하다.

> 1) 기(記) : 『서경』의 고명(顧命), 『예기』의 소의(少儀)와 내칙(內則) 등은 비록 기라는 이름을 띠고 있지는 않으나, 기실에 있어서는 기의 체이다. 의례편의 뒤에 필경 기라는 것이 생겨나니, 이것이야말로 기 체의 원초인 것이다. 위진 시대에 이르러 비로소 작자가 많아졌고, 당송 시대 이하로는 이름난 작품이 적지 않았다. 앞의 사람이 이미 쓴 기(記)를 위해 쓴 것은 후기(後記)이니, 마치 서(序)에 후서(後序) 있음과 같은 이치이다.
>
> 2) 서사(書事) : 이는 임금남(林琴南)이 이른바 "자잘하여 정격의 전〔正傳〕에 들어갈 수 없는 것"에 해당한다. 처음부터 끝까지 곧장 한 가지 사항만을 기록한 것이다. 이것이 정체(正體)이고, 만일 중간에 다른 일을 쓰거나 의론의 내용을 포함한다면 이는 변체(變體)가 된다. 유문(遺文)과 일사(軼事)는 전(傳) 장르에 의존되는 것이 상당수이다.
>
> 3) 서(序) : 이는 비록 그 이름이 서(序)로 되어있지만 서발(序跋)이거나 증서(贈序)의 체와는 다르다. 왕우군(王右軍)의 <난정서(蘭亭序)>나 자안(子安)의 <등왕각서(滕王閣序)>, 유주(柳州)의 <서음(序飮)>, <서기(序

8) 설봉창, 『문체론』, 제3장 '文體的分別'의 제10절 '雜記體' 참조.

棋)> 등이 모두 이 부류이다.

4) 기(紀) : 역사의 분야에는 본기(本紀), 세기(世紀), 외기(外紀) 등속이 있는 바, 기(紀) 문체의 큰 단위가 된다. 만일 기껏해서 여염의 사소한 일거리를 기록했다면 그 버금가는 내용이 될 것이요, 어떤 지역의 재변이나 도적의 화란 같은 경우 시종과 본말이 그 자체로 수미(首尾)를 이루면 그 또한 기(紀)로 표제할 수 있으니, 실상은 서사(書事) 체와 같은 부류이다.

5) 제(題) : 서발(序跋) 류의 제(題)와 비슷한 것이다. 다만 서발류는 옛 서적을 고증 내지 바로 고치는 것이고, 이것은 벽(壁) 위에 쓰고 베끼는 경우가 많다.

위의 인용문에서 각별히 1), 2)가 주목된다. 1)은 기(記)의 보편적인 개념에 해당하는 것이고, 2)는 곧 오늘날의 소설 개념에 통하는 부분인 것이다. 특히 2) 서사(書事)라는 표현은 설봉창이 직접 언급한 바, 임금남의 다음과 같은 설명을 대거 수용한 것으로 보인다. 이는 기(記) 문체의 소설 문학과의 연관성을 위해서도 아주 괄목해 볼만한 대목이 아닐 수 없다.

至於瑣細不入正傳者 如望溪書逆旅小子 袁子才書馬僧之類 事固類乎小說 又非記之正格 故稱之曰書.

자잘하여 정격의 전[正傳]에 들지 못하는 데 해당하는 것으로 망계(望溪)가 쓴 역려소자(逆旅小子), 원자재(袁子才)가 쓴 마승(馬僧) 같은 종류는 그 내용이 확실히 소설류에 드는 것이다. 또한 기(記)의 정격이 아니기에 서(書)라 칭한다.

여기서 직접 소설이라는 표현을 볼 수 있는 것이지만, 임금남이 '書'라고 부른 것에 대해 설봉창은 '事'라는 글자 하나를 추가시켜 '書事'라는 용어를 사용했음이 분명하다. 동시에 서사증이 이른바 별체(別體) 가운데 첫 번째인 "託物以寓意者"에 해당된다 할 것이다.

이는 일종의 문학적 패러다임이라고 하여 과언이 아닐 듯싶다. 이같은 패러다임 변환들은 마치 저 '전(傳)' 문학의 발전 과정에서 초기의 전(傳奇)이 드디어는 전기(傳奇), 곧 중세 소설의 단계로까지 그 의미상의 확대를 이루는 것과 같은 이치라고 할 것이다. 곧, 비록 서사증의 전 4대 분류에까지 끼지는 못했지만,[9] 마침내 당대 전기 문학의 표제로까지 이어지는 양상을 우리는 보아온 바 있다. <남가태수전(南柯太守傳)>, <이왜전(李娃傳)>, <곽소옥전(霍小玉傳)> 등등…. 그리하여 곽잠일(郭箴一) 같은 이는 전(傳)의 발달 과정상 이들을 '별전(別傳)'이라는 이름으로 책정시킨 일도 없지 않았다.[10] 나아가, 별전이 이른바 전기소설(傳奇小說)이라고 하면서 이를 하위 분류하되 신괴(神怪), 연애(戀愛), 호협(豪俠)의 3가지로 세분하였다.

그렇듯이 이 '기(記)'의 장르 안에 있으면서 오늘날 전기(傳奇)로 인정받고 있는 모습들을 다음과 같은 작품들에서 볼 수 있다.

고경기(古鏡記)
침중기(枕中記)
이혼기(離魂記)
진몽기(秦夢記)
회진기(會眞記)
명주기(明珠記)
홍불기(紅拂記)

---

9) 김창룡, 『가전문학의 이론』, 박이정, 2001, p.281.

10) 곽잠일, 『중국소설사』(대만 상무인서관, 민국 70년), p.85 참조. 이에서 그는 별전을 "關於一人一事的逸事奇聞"으로 설명하였다. 그리고 이것이 당대 소설의 정화[唐人小說的精華]라 하였다.

그런데 서사증은 전 문체의 분류에서도 별전을 따로 언급하지 않았던 것처럼, 지금 이 기의 장르를 설명하는 단계에서도 <고경기>나 <침중기> 등에 대한 언급을 가하지 않았다. 그 이유는 아마도 위의 전 문체에서 별전 개념의 작품들의 존재를 알고서도 짐짓 다루려 하지 않았던 이유와 같은 수준에서 이해가 가능할 듯싶다. 곧, 속문학(俗文學)을 사양하고 점잖은 아문학(雅文學) 만을 대상으로 삼은 서사증에게는 기 문체 변환의 가장 멀리 나아간 형태를 <취향기> 정도에서 절충시켰을 것으로 판단된다.

그러면 이제, 서사증이 "託物以寓意者"의 대표격으로 든 왕적의 <취향기>에 대해 살펴 볼 필요 앞에 선다. 더욱이 중국뿐 아니라 우리나라에서도 이를 의식한 조선조 지광한의 <취향지(醉鄕志)> 한 편이 있기에 이 작품에 대한 고찰의 필연성이 가일층 제고된다. 동시에, 송 시대 소동파가 남긴 기(記) 한 작품을 이 마당에 함께 다뤄 보고자 한다. 이 경우 역시 중국만 아니라 우리나라에서 이를 본딴 조선조 남효온의 동명의 기(記) 작품이 존재하는 까닭에 그 살핌의 의의가 더욱 크다 할 것이다.

<취향기>는 당나라 문인 왕적(王績, ?~644)이 지은 것이다.

왕적의 자(字)는 무공(無功), 호는 동고자(東皐子)로, 왕통(王通)의 아우이다. 수나라 대업(大業) 연간에 효제(孝悌) 및 청렴결백으로 비서성(秘書省) 정자(正字)의 벼슬을 제수 받았다. 하지만 술을 좋아해서 일을 담당하지 않았고, 난세를 타서 고향에 돌아가 버렸다. 당나라 무덕(武德) 초기에는 하루 석 되의 술을 받을 수 있다는 대조문하성(待詔門下省)에 근무하면서 좋아하였다. 그 무렵에 시중(侍中) 벼슬하던 진숙달(陳叔達)이 듣고서 매일 술 한 말을 지급했다 하여 그 시절 '두주학사(斗酒學士)'로 일컬어졌다. 정관(貞觀) 초에 병으로 관직을 그만두었는데, 당시 태락서사(太樂署史) 초혁(焦革)의 집안이 술을 잘 빚으매, 그 집에 벼슬을 구하여 승(丞)이 되었다. 초혁이 죽자 벼슬을 버리고 떠났다고 한다. 지은 작품으로는 <취

향기>를 비롯하여, <오두선생전(五斗先生傳)>·<무심자전(無心子傳)>이 있고, 다른 저술은 그의 책 『동고자집(東皐子集)』에 모아져 있다. 『당서(唐書)』 열전 권196, 그리고 『구당서(舊唐書)』 열전 권192에 그에 관한 이야기가 보다 상세히 나타나 있다.

취향(醉鄕)이란 취중의 경계(境界)를 뜻한다. 『당서』의 <왕적전(王績傳)>에 보면, 이 작품이 위진·남북조 시대 유령(劉伶)의 <주덕송(酒德頌)>을 이어받은 것이라 적고 있다.

또한 당나라 말의 산문학 대가인 한유(韓愈)가 지은 <송왕수재서(送王秀才序)>에도 이 작품에 대한 언급이 있다.

> 吾少時讀醉鄕記 私怪隱居者無所累於世 而猶有是言 竊有疑焉 豈誠旨於味邪.
>
> 내가 어렸을 적에 <취향기>를 읽고, 은거하는 이가 세상에 매이지 않는다 하면서도 오히려 이같은 말을 남긴 데 대해 남몰래 이상히 여겼다. 어찌 진실로 은거의 의미에 대한 진실한 취지이겠는가?

뿐만 아니라, 송나라 손광헌(孫光憲)이 지은 『북몽쇄언(北夢瑣言)』(20권)이란 곳에서도 이에 대한 짤막한 피력이 있다.

> 唐東皐子王績字無功 有杜康廟碑醉鄕記 備言酒德.
>
> 당나라의 동고자인 왕적은 자가 무공(無功)인데, <두강묘비(杜康廟碑)>와 <취향기>는 술의 덕에 대해 넉근히 표현한 것이다.

<취향기>는 이 작품은 우리나라 조선시대 지광한(池光翰, 1695~1756)의 <취향지(醉鄕志)>에 직접적인 영향을 주었다. 제목조차 거의 그대로를 답습하였으니, 그 자극 받은 정도의 심대함을 짐작하고도 남음이 있다.

이 작품과 더불어 기(記)의 또 한 가지 명편으로 소동파의 <수향기(睡鄕記)>를 빼놓기가 어렵다. <수향기>는 송나라의 문장가인 소식(蘇軾, 1036~1101)이 지은 것이다.

소식은 호(號)가 동파(東坡)이고, 자(字)는 자첨(子瞻)이다. 신종(神宗)조에 왕안석(王安石)과 정치적으로 대립하여 풍파를 겪었다. 원우(元祐) 연간에는 영남의 경주(瓊州)에까지 귀양갔다가 용서를 받고 돌아와 상주(常州)에서 생을 마치었다. 당송팔대가(唐宋八大家)의 한 사람으로, 중국문학사에 그 이름이 높다.

<수향기>는 잠든 뒤의 세계를 형상화한 단편의 문조(文藻)이다. 관련하여 그의 문집 안에 들어 있는 다음 두 편의 시가 이 산문을 이해하는 데 있어서도 일정한 의미를 보태리라 한다. 우선, 그의 <적거삼적오창좌수(謫居三適午窓坐睡)>를 본다.

謫居三適午窓坐睡

蒲團盤兩膝　양 무릎은 부들자리에 대고
竹几閣雙肘　두 팔꿈치는 죽부인에 의지하네.
此間道路熟　이러는 사이 길이 열려서
徑到無何有　곧바로 무하유향(無何有鄕)에 다다랐네.
身心兩不見　내 몸과 마음이 한꺼번에 사라진 채
息息安且久　아늑히 편안하고 느긋해진다.
睡蛇本亦無　꿈길이야 본래 존재가 없으니
何用鉤與手　손이며 도구 따위 쓸 일도 없다네.
神凝疑夜禪　정신은 한밤중 참선에 빠진 듯 하고
體適劇卯酒　육신은 몽롱히 취한 양 하네.
我生有定數　나의 삶엔 정해진 운수가 있거늘

祿盡空餘壽　녹봉이 다하매 남은 생애 공허하기만 해.
枯楊不飛花　마른 버드나무엔 꽃잎 날리지 않고
膏澤回衰朽　기름진 연못은 어느덧 메말라져 있네.
謂我此爲覺　이것이 생시일까 생각해 보지만
物至了不受　내 앞의 사물이 만져지지를 않아.
謂我今方夢　꿈일까도 생각해 보지만
此心初不垢　내 마음이 애당초 흐려진 적 없어.
非夢亦非覺　꿈인지 생시인지
請問希夷叟.　희이(希夷) 노인에게 물어봐야겠네.

또한, 그의 <주침(晝寢)>을 소개하여 둔다.

晝 寢

食罷茶甌未要深　음식 후에 찻그릇 찾을 필요 없어
淸風一榻抵千金　평상에 부는 맑은 바람은 천금의 값이로세.
腹播鼻息庭花落　배부른 숨쉴 제 뜨락의 꽃은 날리는데
還盡平生未足心.　문득 평생의 불만이 한꺼번에 사라지누나.

소동파의 <수향기>는 앞서 <취향기>에 비해 그 들리는 바가 약하고 덜 언급된 것처럼 보이지만, 역시 소동파가 갖는 지명도 때문인지 우리 조선시대 문단에는 그 독서적 파급 효과를 엿볼 만한 작은 단서들이 존재한다.

이를테면 세조 때 동봉 김시습(金時習, 1435~1493)의 <서민(敍悶)> 여섯 수 가운데 첫 번째 것을 보자.

心與事相反　마음과 현실이 서로 어긋날 땐

除詩無以娛　시를 빼놓곤 달랠 길 없어.
醉鄕如瞬息　취향은 순식간만 같고
睡味只須臾.　잠자는 맛도 그저 한순간이니.

여기에 구사되어 있는 '취향(醉鄕)'과 '수미(睡味)' 등의 표현도 한갓 예사롭게 보이지만은 않는다.

한편 김시습과 동시대 시인으로서, 똑같이 생육신의 행적을 남긴 추강 남효온(南孝溫, 1454~1492)의 대표작 가운데 한 작품으로 꼽을 만한 <포단춘수(蒲團春睡)> 또한 다름 아닌, 위에 든 소동파의 <적거삼적오창좌수>를 의식하고 쓴 느낌이 강렬한 작품이다.

繁陰漠漠柳絲斜　우거진 그늘 어둑한 속에 버들가지는 비껴있네
花壓欄干耀日華　난간을 덮고 있는 꽃은 햇빛에 찬란하다.
有才不展不如睡　재주를 펴지 못할 때엔 잠 만한 것이 없어
蘧蘧化蝶尋春花　문득 나비로 화하여 봄꽃을 찾아가자.
冷然喪我隨飄風　시원스레 스스로를 잊고 회오리바람 따라서
手摩列缺起鴻濛　손으로 번개 어루어 대자연의 원기를 일으킨다.
堪笑少年習氣在　어린애 버릇 같다면 어떠리 그야 우습든 말든
歸途就見姬周公.　가는 길에 주공(周公)이나 뵈러 갈까 봐.

현세적 울분을 봄잠[春睡]으로 달래고자 하던 추강의 의취는 하오의 창가에 앉아 자는 잠 속에서 청정심을 찾고, 낮잠[晝寢] 안에서 평생의 불만이 풀리는 듯하다던 소동파의 경우와 그 의맥이 서로 통함을 느낀다. 이렇듯 두 사람 사이의 문학적 인연이 예사로워 보이지 않았더니, 소동파의 <수향기>를 그 제목까지 고스란히 살려서 쓴 남효온의 동명 <수향기>가 존재함으로 하여, 이 안에서 그 결정적인 관계를 파악하기에 이른

다. 한·중 <취향기>와 <수향기>는 과거 한·중 두 나라의 문학이 얼마나 밀접하였는지를 가장 힘있게 증명해 줄만한 표본적인 사례로 볼만하였다.

그러면 이제, 우리 조선조의 기(記) 문학 가운데 우의성을 갖춘 작품으로 위에서는 <수향기>를 들었지만, 이외에도 <만복사저포기(萬福寺樗蒲記)>·<취유부벽정기(醉遊浮碧亭記)>·<풍악기우기(楓嶽奇遇記)>·<의승기(義勝記)> 등이 모두 여기 '託物以寓意者'에 해당되는 전형적인 작품 예라 할 것이다.

3. 맺음말

기(記) 문학의 진행은 이 장르 생성의 초기에는 글자 뜻 그대로의, 기록하고 기억하기 위한 이른바 순수 '記', 혹은 정체(正體)로서의 '記' 차원에 머물렀던 것이었다. 하지만 시대의 점진과 추이에 따라서 그 기능에 변양이 이루어졌다. 서사증의 이른바 '託物 寓意'거나 설봉창의 이른바 '書事' 같은 파격적 형태의 등장을 본 것이니, 다름 아닌 소설 장르와 연결의 맥락이 닿는 처음 순간이라 할 수 있다.

그런데 이는 한낱 기(記) 장르에 국한된 현상 만은 아니었다. 비문(碑文)의 전개적 양상에서도 유사성이 엿보이고, 특히 전(傳) 장르의 진행 경위와는 아주 흡사한 양상을 나타내는 바 되었다. 즉, 서사증이 분류한 바의 열전 및 가전(家傳)과 같은 초창기의 전에는 오직 사실적인 메시지만으로 전일했던 양상이, 시간의 흐름에 따라서 점차 '託物 寓意'에 입각한 탁전(托傳)의 출현을 보게 되고, 더 나아가서는 가전(假傳)과 같은 허구적인 형태의 전(傳)까지 등장을 보았던 그 실상과 다를 바가 없었다. 뿐만 아니라, 더 나중에 곽잠일의 별전(別傳) 개념에 오면 완연히 오늘날 말하는 소설 개념과 맞닿게 되는 것이다.

이처럼 전이나 비문 같은 데에서도 같은 양상이 발견되었다는 데에서 한갓 우연이 아닌 그 어떤 필연성의 내재를 예감할 만하다. 그 필연성은 기사적 문필에서 문학적 문필로의 변환, 환언하면 사실적 차원에서 허구적 차원으로의 확대를 의미하기도 한다. 서사증은 전자가 후자로 들어서게 되는 첫 빌미를 당 시대 왕적의 <취향기(醉鄕記)>에다 두었거니와, 사실은 위진 시대 도연명의 <도화원기(桃花源記)> 같은 것이 또한 그와 별반 다를 바 없는 탁물 우의성을 띠고 있었다고 볼 것이다.

그러한 기(記)는 당나라 소설 초기작으로서 언거되고 있는 <고경기(古鏡記)> · <침중기(枕中記)> · <이혼기(離魂記)> · <진몽기(秦夢記)> · <회진기(會眞記)> · <명주기(明珠記)> · <홍불기(紅拂記)> 같은 작품을 통해서 보다 든든한 소설 문학으로 접맥되어 갔고, 더 나중에 한국 최초의 소설 개념인 김시습의 <만복사저포기(萬福寺樗蒲記)>거나 <취유부벽정기(醉遊浮碧亭記)>, 이후에 임영의 <의승기(義勝記)> 등과 같은 허구적 기(記)에 이르면 기(記) 장르의 문학적 변용이 절정에 달하는 감이 있다.

초창기 순수 문필의 역할만을 담당했던 기(記) 장르가 그 오랜 변화와 수용의 과정 뒤에 명백히 고전 소설의 경계 안으로 들어서게 된 색다른 모습을 보게 되는 것이다.

소설과 가전에 대한 옛 한중의 인식

1. 머리말

무릇 '허구'라는 말은 묘한 구석이 있는 어휘이다. 이를테면, 그것이 정치의 분야에 들어가면 이것은 지극히 부정적인 의미일 수밖에 없으나, 문득 문학의 범주에 들어섰을 때 그 의미는 새롭게 빛을 발하게 된다. 허구야말로 바로 문학의 원천이자 생명인 까닭이다. 역언하여 문학에서 허구의 힘을 거세시킨다면 문학의 설 자리도 사라질 일이 자명하다. 산문의 대표격인 소설에서야 허구의 절대성은 더 이를 나위도 없겠거니와, 운문의 대표격이라 할 수 있는 시의 경우에조차 허구적 상상력 또는 상상적 허구력에 의해 가꾸어진다. 곧, 언뜻 보아 허구와 무관한 듯싶은 시조차도 광의적인 허구의 개념 안에 들어있어 이에 예외이지 않다.

그러나 이렇듯 허구가 그 진면모를 발휘하고, 문학하는 이들로부터 절대적인 신봉을 받은 것은 바로 20세기 들어선 근·현대에 들어서나 가능했던 일이다. 오히려 19세기까지의 봉건주의 시간대 안에서의 허구는 어떤 의미에선 '날조', 또는 '조작'이란 개념으로 연통되어 그만 난처한 천덕꾸러기거나 이단아 신세를 면치 못하였음도 사실이다. 사실과 진실의 가치만을 강조하는 유교의 가르침 안에서는, 허구는 참에 대한 거짓이요, 사실에 대한 허위일 뿐이며, 그와 같은 왜곡과 혼란으로 말미암아 진실과 도덕의 가치를 훼손시키는 독소일 따름이었기 때문이다.

그렇다면 허구란 것이 이렇듯 부정적이었다고 했을 때, 그것은 한·중 두 나라 사이에 그 인식의 정도가 동일하게 나타난 것이었을까? 또한, 옛 소설과 가전 문학이 똑같이 허구를 토대로 이룩된 장르였음에, 문학의 흐름 상에서 그 두 장르가 나란히 똑같은 대접을 받고 진행되었던 것일까?

이제 다루려는 글은 이러한 문제에 관심의 초점이 맞추어져 있다.

2. 소설에 대한 인식

옛 서사문학의 대표격인 설화와 소설을 운위할 때, 중국을 모르는 체하고 단독으로 그 연구를 진행할 수는 천만 없는 노릇이다.

보다 많은 수의 전설과 신화, 민담 등은 일찌감치 설화 대중에 의해 주도되어 왔던 것이요, 그 나라 고유한 특성을 따라 각기 전개되어 나갔기에 한중 비교문화적인 관계를 강력히 주장해 보기 어려운 국면이 없지 않다. 그럼에도, 설화 중에서도 문헌에 기록되어 남아 전하는 상당수의 전설에서 중국 설화와의 긴밀한 유대와 영향 관계가 발견되고 있다.[1)]

한편, 소설 문학은 조선 세조조 김시습의 『금오신화』를 시작과 남상으로 보고 있는 일반론이 꾸준하게 도전받고 있는 실상에도 불구하고, 이 작품을 명대 구우의 <전등신화>와 분리시켜 그 단독으로만 논급하지는 않는다. 또 그랬다가는 정저와(井底蛙) 신세를 면할 수가 없을 것이다. 조선조 소설사의 큰 산맥으로 광해조 무렵에 나타난 <홍길동전> 또한 최초의 한글소설이란 위상을 위협받고 있는 실정과는 별도로, 중국 명대의 <수호지>거나 <서유기>, 『전등신화』 등과 단절시켜 언급할 도리는 없는

1) 손진태, 『한국민족설화의 연구』(을유문화사, 1979) 제2편 참조.

것이다.

그러나 이 같은 한중 사이 긴밀한 흐름의 관계가 언제까지나 그 모양 그대로 지속되지는 못하였다. 다름 아니라, 일반적으로 조선 후기라고 책정되는 임병양란 이후의 옛소설 양상은 더 이상 중국 소설을 모델삼거나 의식하려들지 않았다. 중국 소설이 갖고 있는 표제나 소재, 또는 주제의 상당 부분, 혹은 일부분이라도 취용해 오던 경향으로부터 서서히 자유로워지는 현상을 못내 둔과하기 어렵다. 숙종조에 김만중의 환몽소설인 <구운몽> 같은 경우 벌써 중국의 몽자류(夢字類) 작품인 <홍루몽>보다 앞선 걸음을 보이고 있고, 조금 더 나중인 정조 때 박지원의 이른바 연암의 단편소설이나, 바로 그 무렵에 대중예술의 꽃을 피운 바 지금까지 민족 최고의 고전소설로 연상되는 <춘향전>에 이르면 더 이상 중국소설과의 관련성을 말하기가 지난해진다.[2] 말하자면 중국의 영향권에서 멀어지면서, 독자성을 찾아가는 이같은 진행이야말로 한국 고소설의 핵실(覈實) 한 특징으로 보아도 무방한 것이다.

물론, 이상은 한국 고소설의 거대 봉우리와도 같은 작품 종종을 일례로 든 것이기는 해도, 이미 그 시대 안에서 대표성을 띤 소설들에서는 이 같은 독창의 발걸음을 걷고 있었다는 사실로서 중요한 의미가 된다. 요컨대, '영향적 허구'에서 '독창적 허구'로의 새로운 전이－이를 '고소설의 영향과 독창'이란 말로 대신해도 무방하다－를 통한 허구 문학의 새 지평이 열린 셈이다.

이와 같은 장족의 발전에도 불구하고, 고전소설 시대가 끝나는 마지막 시점까지 마침내 불변하지 않았던 바, 이 장르에 대한 불문률적 사고방식

2) 연암 소설을 비교문학적으로 다룬 사례는 지금껏 찾아보기 어렵다. <춘향전>의 경우도 중국 당나라 때의 소설인 <앵앵전(鶯鶯傳)>이나, 청대의 희곡인 <서상기(西廂記)> 등과 관련지어 그 영향 수수 관계를 시도한 논문 몇이 있었으나, 이렇다 할 반향을 얻지 못해 별다른 성과 없이 매듭지어진 셈이 되었다.

같은 것이 하나 있었다.

그것을 '고인(古人)들의 소설관'이라 불러도 무방하겠지만, 아무튼 이는 다분히 부정적인 분위기가 압권을 형성하고 있었다. 물론, 지극히 일부분의 지식인에 의해서 소설 유용론(有用論) 또는 효용론(效用論)에 대한 표출이 아주 없었던 것은 아니다. 하지만, 그것은 정작 <구운몽>의 작자 김만중이나, 단편소설의 작자인 연암 박지원, <천군연의>의 저자 정태제(鄭泰齊), 혹은 <삼한습유>의 작가 김소행(金紹行), <육미당기(六美堂記)>의 서유영(徐有英)과, <일락정기(一樂亭記)>의 만와옹(晩窩翁) 등, 손수 창작적 행위에 들어갔던 이들이 중심이 되어 있다. 그리고 손수 창작에 가담하지는 않았지만 허구의 긍정적인 기능에 관해 언급한 김수동(金壽童), 김인후(金麟厚)[3] 및 김춘택(金春澤), 이양오(李養吾),[4] 홍석주(洪奭周), 김매순(金邁淳)[5] 등 지식인 일각에서의 지지도 엿볼 수 있다.

그 중에서도 김만중이 <삼국지연의>를 빌미삼아 소설의 위력을 말한 다음과 같은 예시는 오늘날 안목에서조차 참으로 참신하고 적실한 소설 효용론이 아닐 수 없겠다.

> 東坡志林曰 … 至說三國事 聞劉玄德敗 嚬蹙有出涕者 聞曹操敗 朗喜唱快 此其羅氏演義之權輿乎 今以陳壽史傳 溫公通鑑 聚衆講說 人未必有出涕者 此通俗小說之所以作也.[6]
>
> 동파지림(東坡志林)에 말하기를, … 삼국의 이야기를 들려주는데 이르러 유현덕이 패하였다는 이야기를 들으면 얼굴을 찡그리고 눈물을 흘리며,

3) 오춘택, 「조선 전기의 소설 의식」(『어문론집』 23), pp.556~558 참조.
오춘택, 「유학자의 소설비평」, 『고전소설연구』(황패강교수정년퇴임기념논총 2, 1993. 4), pp.145~146 참조.

4) 최운식, 『한국고소설연구』(보고사, 1997), pp.57~67 참조.

5) 장효현, 「조선 후기의 소설론」(『어문론집』 23), pp.588~594 참조.

6) 김만중, 『서포만필(西浦漫筆)』, 통문관, 1974, pp.650~651.

조조가 패하였다는 이야기를 들으면 기뻐서 소리쳤다고 한다. 이것이 바로 나관중의 <삼국지연의>가 지니고 있는 힘이다. 만약 진수의 『삼국지』나 사마온공의 『자치통감』으로 무리를 모아놓고 강설하여도 눈물을 흘리는 사람은 없을 것이다. 이것이 통속소설을 짓는 이유이다.

절충론적인 견해로 간주할 만한 경우 또한 없지 않았다. 이를테면, 소설 <천군연의(天君演義)>의 작가 정태제(鄭泰齊)가 작품 서문으로 쓴 <천군연의서(天君演義序)> 안에서의 피력은 사뭇 의외롭다.

近來小說雜記 行於世者固多 … 非鬼神怪誕之說 則皆男女期會之事 其不及諸史遠矣.

요사이 소설 잡기가 세상에 돌아다니는 일이 참으로 많은데 … 귀신의 괴상하고 황탄한 이야기 아니면 전적으로 남녀가 만나는 내용들인지라 제반 역사와는 멀기만 하다.

스스로가 한 작품의 소설을 세상에 내놓으면서 이같은 말을 하는 것을 보면, 어쩌면 그는 모든 소설을 다 반대한 것은 아니고, 특별히 '괴탄' 및 '남녀간 만남'의 성격이 농후한 소설들을 우려했던 소치로 이해될 수 있을 성싶다.

김춘택(金春澤)의 다음과 같은 발언도 소설의 부분 수용에 관련하여 좋은 사례가 될 법하다.

稗官小說 非荒誕卽浮靡 其可以敎民彛 裨世教者 唯南征記乎.[7]

패관소설은 거칠고 허황되지 않으면 들떠 가볍고 화려한데, 그 중 백성

7) 김춘택, 『북헌집(北軒集)』 소재 '북헌잡설(北軒雜說)'.

> 의 도리를 돈독히 하고 세상을 가르치는 데 도움을 줄 수 있는 것은 오직 <사씨남정기(謝氏南征記)> 뿐이다.

다름 아니라 그 역시도 허구가 끼치는 반역사적인 폐단은 경계하였지만, 그와 무관하게 뛰어난 작품이 지니는 간접 체험의 효용에 대해서는 인정하는 쪽의 관념을 갖고 있던 인물이라는 여운을 남기고 있다.

그리하여 조선조에 전개된 지식인들의 소설관은 대략 소설 부정론, 소설 긍정론, 절충론 등으로 요약 가능한 것이지만, 그럼에도 긍정론이거나 절충론이 사회 전반적인 반향을 불러 모으지는 못하였다. 그것은 아주 소수의 영향력 없는 외침일 따름이었다.

그 나머지, 조선조 사대부의 대부분은 소설을 짓거나 읽는 행위에 대해 단연코 '사갈시(蛇蝎視)' 혹은 '이단시'했던 것이니, 조선 전기의 지정 남곤, 퇴계 이황이거나 고봉 기대승, 후기의 택당 이식, 어우 유몽인, 소재 이이명, 성호 이익, 청장관 이덕무 등에서 차디찬 비난과 비판의 언어들이 나타난다. 그 가운데 대표적인 사례 몇 개만 원용하면 이러하다.

중종 때 채수(蔡壽)가 <설공찬전(薛公贊傳)>을 지은 데 대해 그 물의가 상당하였으니, 그것은 당시 사헌부의 계(啓)에 올린 다음과 같은 말로 그 심상치 않았던 분위기를 십분 짐작해 볼 길 있다.

> 蔡壽作薛公贊傳 其事輪回禍福之說 甚爲妖妄 中外惑信 或飜以文字 或譯以諺語 傳播惑衆.[8)]
>
> 채수가 지은 <설공찬전>은 그 이야기가 모두 윤회 화복지설로 매우 요망한 것입니다. 조야에서 현혹되어 믿으니, 어떤 자는 한자로 베끼고 어떤 자는 한글로 번역하여 퍼뜨리면서 대중을 미혹시키나이다.

---

8) 『조선왕조실록』 중종 6년 9월 기유(己酉) 조.

불교 주제의 요망한 허구적 내용이 유가의 개념과 크게 저촉된 경우이다.

퇴계가 일찍이 매월당 김시습의 인물평에 대해 질문하던 제자 허봉에게 준 답변은 냉정한 것이었다.

> 梅月別是一種異人 近於索隱行怪之徒 … 觀其與柳襄陽書 金鰲新話之類 恐不可太似高見遠識許之也.[9]
>
> 매월은 별스런 일종의 이인으로서, 색은행괴(索隱行怪)하는 무리에 가깝지. … 그가 유양양(柳襄陽)에게 보낸 글이거나, 『금오신화』 같은 것을 보면 높고 멀리 내다보는 식견이라고 인정하기 어려울 듯싶네.

그 비판의 근거가 대개 '유가적 내용으로부터의 일탈'에서 찾을 수 있겠다.

고봉 기대승이 <삼국지연의>를 본보기로 선조 임금 앞에 올린 상소는 소설 읽기의 폐해를 가장 극명하게 비판하고 있다.

> 頃日 張弼武引見時 傳敎內 張飛一聲走萬軍之語 未見正史 聞在三國志衍義云 此書出來未久 小臣未見之 而或因朋輩間聞之 則甚多荒誕 … 臣後見其冊 定是無賴者 裒集雜言 如成古談 非但雜駁無益 甚害義理 … 非但此書 如楚漢衍義等書 如此類不一 無非害理之甚者也 詩文詞華 尙且不關 況剪燈新話太平廣記等書 皆足以誤人心志者乎.[10]
>
> 지난번 장필무를 불러 보셨을 적에 안에 전교하시기를 '장비 한 소리에 만군을 쫓았다.'는 말은 정사(正史)에선 본 일이 없고 <삼국지연의>에서 들었는데, 이 책은 나온 지 오래지 않아 소신이 아직 보지 못하였으나, 어쩌다 붕우들 사이에서 들은 바엔 황탄함이 심각하다고 합니다. … 신이 나중 가서 그 책을 보았는데 정말 무뢰배가 잡스런 말들을 거두어 모아 가지

9) 이황, <답허미숙문목(答許美叔問目)>, 『퇴계집』 2, 민족문화추진회, 1989.
10) 『조선왕조실록』 선조 2년 6월 임진(壬辰) 조.

고 고담 형태를 이룬 것이나이다. 단지 잡박 무익할 뿐만 아니라, 심히 의리를 해하는 것입니다. … 비단 이 책만 아니라 <초한연의> 등의 책처럼 이같은 따위가 한 가지 만이 아니니, 도리를 해하는 정도가 심하지 않은 것이 없나이다. 시문이나 사화(詞華)도 오히려 그런 일에 관련돼 있지 않거늘, 하물며 『전등신화』, 『태평광기』 등의 책은 하나같이 사람의 심지(心志)를 그르치기에 충분한 것들이나이다.

이밖에도 <삼국지연의>에 관련한 조선조 문사들의 품평은 거의 냉소와 비난이 어린 것이었다.[11]

기이한 것은 <홍길동전>의 작가로 알려진 허균조차도 <삼국지연의>의 작가 나관중을 저주했을 뿐만 아니라, 나아가 부단히 열독하여 <홍길동전>을 쓸 때 본받았다고 하는 <수호전>에까지 혹평을 가했던 일이 있었다는 사실이다.

余得戲家說數十種 … 滸則姦騙機巧 皆不足訓 而著於一人手 宜羅氏之三世也.[12]

내가 희가(戲家)의 소설 수십 종을 읽어 보니 … <수호전>은 얄팍한 속임수에 기교를 부렸다. 이것들은 모두 독자를 교훈하기에 부족한 것들인데 한 사람의 솜씨로 지어졌으니, 나관중의 자손이 3대를 농아의 신세로 살아

---

11) 이를테면, 성호 이익의 『성호사설(星湖僿說)』에서, "三國衍義…印出廣布 家戶誦讀 試場之中 前後相續 不知愧恥 亦可以觀世變矣." 한 것 등이 좋은 일례이다.
또, 택당 이식은 『택당집(澤堂集)』 별집 15 잡저에서, "如陳壽三國志 馬班之亞也 而爲演義所掩 人不復觀 今歷代各有演義 至於皇朝 開國聖典 亦用誕說敷衍 宜自國家痛禁之 如秦代之焚書可也."
이 밖에, "世傳 作三國演義者 病啼而死去 誠不無此理 其語諸葛以怪神者 亦足受此罪矣."(『소재집(疎齋集)』 권12).

12) 이는 허균, 『성소부부고(惺所覆瓿藁)』 권13 문부(文部) 10, 제발(題跋) 중의 <서유록발(西遊錄跋)> 출전임.

간 것은 당연한 일이다.

청장관 이덕무가 <사소절(士小節)>에서 언급한 다음의 말은 이미 잘 주지되어진 것이다.

> 演義小說 作姦誨淫 不可接目 切禁子弟 勿使看之 或有對人 娓娓誦說 勸人讀之者 惜乎 人之無識 胡至於此乎.[13)]
>
> 연의소설은 속임수를 지어내고 음란한 것을 가르치니 눈에 가까이해서는 아니 된다. 자제들에게 일체 금지시켜서 보지 못하도록 해야 한다. 어떤 이는 다른 사람 상대로 끊임없이 외듯이 되풀이하면서 읽으라고 권하니, 안타깝구나! 사람들의 양식 없음이 어찌 이 지경에 이르렀는가.

다산 정약용도 소설이 배격해야 마땅한 대상으로 주장한 한 사람이었다.

> 稗家小品之弊 … 淫詞醜話 駘蕩人之心靈 邪情魅迹 迷惑人之智識 荒誕怪詭之談 騁人之驕氣 靡曼破碎之章 以消人之壯氣.[14)]
>
> 패가소품(稗家小品)의 폐해는 … 음란하고 추한 어조가 사람의 정신을 방탕하게 하고 사악한 감정과 요사스런 행적이 사람의 지혜를 미혹에 빠뜨린다. 황탄하고 괴이한 이야기가 사람의 교만심을 부추기고, 늘어지고 자잘한 문장들은 사람의 기개를 무력하게 만든다.

소설 부정론은 그 의미상 크게 두 가지로 요약해 볼 수 있다. 하나는 그것이 역사 관련의 '지식'에 혼란을 야기한다는 데 이유를 두고 있고, 다른 하나는 참다운 '인성'에 폐해를 가져온다는 데에 근거를 둔다고 할 만하

---

13) 『청장관전서(靑莊館全書)』 권27~권29, 사소절(士小節) 제3 사전(士典) 3 교습(敎習).
14) 『여유당전서(與猶堂全書)』 1집 문 권8 37.

다. 이를 반지식적 · 반인성적이란 말로 대신해도 무방할 것이고, 또는 반역사적, 반윤리적이라 써도 가능할 것이다.

우선 '반역사적', '반지식적'이라 함은 오늘날의 역사소설에 해당하는 연의(演義) 류의 반란을 의미한다. 이를테면 사마천의 『사기』거나 반고의 『한서』, 범엽의 『후한서』, 진수의 『삼국지』로 표상되는 중국의 역사적 기록은 그 무게가 경전 다음가는 금과옥조의 글인데, 후대에 이를 멋대로 조작한 <삼국지연의>를 위시하여 모든 연의소설들은 이에 정면으로 위배된다는 사실에 기초한다.

둘째로 '반윤리적', '반인성적'이라 함은 유교라는 절대 명제 아래서 지켜야 할 봉건주의 도덕률을 흔드는 생각과 언행을 의미한다. 이를테면 <이생규장전>의 남주인공 이생이 부모 몰래 최낭자의 집 담장을 타고 들어가 정을 통한다든지, <홍길동전>의 홍길동이 왕권에 정면 대항하는 행위처럼, 삼강과 오륜으로 표상되는 유가의 규범을 무시하는 내용이 비일비재하다는 데에 문제를 두고 있다.

그런데, 반지식적이며 반인성적인 내용들 사이에 공통 인자가 있다면 그것은 허구 한 가지로 요약이 가능하다. 다시 말해, 정통 유학자의 눈으로 볼 때에 소설은 한갓 거짓의 언어로 만들어진 부질없는 산물일 따름이었다. 허구는 다름 아닌 거짓 꾸미기 및 날조란 말과 동격의 의미로 인식했을 것이기 때문이다. 문학의 이론을 가르치고 배우는 오늘날의 가치 기준에서 보면 정말로 어이없는 반문학적인 판단에 지나지 않을 뿐이지만, 그 시대의 가치관 안에서는 그러한 주장은 어쩌면 지극히 당연한 판단이요, 충분한 명분을 지닐 수 있는 사안이었다.

대관절, 전통 유학자들의 이처럼 확고한 주장의 근거는 어디에 있는 것일까? 그것은 원초적으로 거슬러 올라가서 유가 대성인 공자의 어록을 담은 『논어』 가운데 대개 다음과 같은 훈교에서 그 가능성의 단서가 찾아질 법하다.

◇ 子不語怪力亂神. (述而, 20)
공자께서는 괴이한 것과 사나운 완력, 미혹한 일과 귀신에 관련된 말씀을 하지 않으셨다.

◇ 季路問 事鬼神 子曰 未能事人 焉能事鬼 敢問死 曰 不知生 焉知死. (先進, 11)
계로가 귀신 섬김에 대해 물었다. 공자 말씀하기를, "산 사람도 능히 섬기지 못하거늘 어찌 귀신을 섬기리오." "그렇다면 죽음이란 무엇입니까?" 공자께서 이르시기를, "아직 삶도 알지 못하겠거늘, 어찌 죽음을 알리오?" 하였다.

춘추전국 시대에 다채로운 사상적 자유의 마당이었던 제자백가가 한 시대를 장식하였지만, 뒷시대의 문화사는 이러한 사상의 확대를 지양하는 대신에, 한 가지 사유 체계로의 집약을 선택하였다. 곧, 공맹이 주창한 유가의 가르침 이외의 공부는 모두 이단으로 간주하는 학문적인 전통을 고수하였고, 이로 말미암아 현실적이고 실제적인 것 이외의 낭만적이고 상상적인 세계와는 일정한 거리를 유지하게 되었던 것이다.

> 그러나 유가인 공자는 절대로 괴상하고 사납고 문란하고, 귀신에 관한 이야기를 입에 올리지 않았으므로, 그들 유학자들이 쓴 책에는 신화 같은 것을 찾아낼 수가 없었다. 더욱이 유교의 세력이 가장 컸던 한대(漢代)에 허다한 옛날의 신화나 전설이 유학자들에 의해 말살되고 버림을 받게 되었던 것이다. 따라서 중국소설은 일찍 발달되지 못했던 것이다.[15)]

그럼에도 불구하고, 일찍 춘추전국 시절에 보였던 사고의 다양화는 위

15) 호운익(胡雲翼), 『중국문학사』, 장기근 역, 대한교과서주식회사, 1974, p.129.

진남북조의 지괴담을 초석으로 6세기 당나라 무렵에 다시 그 면모를 과시하게 된다. 어느새 진실(faith)과 사실(truth)만을 추구하는 유가 개념에서 벗어나, 허구를 기반으로 삼은 소설의 출현을 보인 것이다.

그러나, 한국의 경우는 어떠한가? 여전히 한국 고전소설의 기원을 15세기 『금오신화』로 본다고 했을 때, 무릇 900년 정도의 차이가 난다. 그나마 15세기에 『금오신화』가 나왔다고 해서 이것이 이후 한국 소설의 지속적인 발판 구실을 한 것도 아니었다. 그것은 지극히 개인적 울분 해소의 차원에 그쳐 더 이상 벋어나가지 못하였다. 이후 이 작품은 이 땅에서 일실되다시피 하였고, 엉뚱하게도 20세기 초 일본에서 되찾을 수 있었을 정도였다.

정체성은 조선 전기까지 이어졌다. 그리하여 임병양란 이전까지 고작 <원생몽유록>·<대관재기몽>·<수성지> 등, 가물에 콩 나듯이 겨우 손가락에 꼽을 정도의 극소수에 지나지 않았으니, 정녕 전쟁 이후에나 제대로의 궤도에 들어섰다고 말할 수 있을 것이다. 하지만, 그렇다고 해서 이것이 지식인 사회에서 용납을 받게 된 것도 아니고, 여전히 소극적이고 음성적인 분위기 안에서 겨우 유지될 수 있을 따름이었다.

한편, 중국의 경우에는 비록 이것이 정통의 아문학(雅文學), 혹은 순정문학(醇正文學)의 대열에 끼지는 못하였고, 속문학(俗文學)의 차원에서 별도의 진행을 보였던 것이지만,[16] 적어도 심각한 논란의 대상은 아니었다.

한국이 유가의 가르침을 보다 심각하게 받아들여 차라리 경직성마저 띠었던 반면, 중국은 융통성을 가지고 탄력 있게 다루었던 사실 안에서 두 나라 사이의 소설 인식에 관한 차이가 틈지된다.

16) 명대의 평론가인 서사증의 『문체명변』에서는 전(傳)을 열전·가전·탁전·가전의 4종으로 분류하고 있는 가운데, 엄청난 물량의 전기소설(傳奇小說)은 그 존재조차 전혀 알지 못하는 양, 그 분류에서 포함시키지 않고 도외시하였다. 이에 아문학(雅文學)과 속문학(俗文學) 사이 구분의 잣대를 가늠해 볼 수 있다. 후대의 곽잠일(郭箴一)은 이러한 전기소설들을 별전(別傳)이라는 카테고리 안에 넣고 있다.

3. 가전 문학에 대한 인식

앞에서, 전기소설은 외적 영향에서 내적 독창으로 가는 전이의 과정이 있음을 밝혔거니와, 전기소설과 더불어 허구적 산문의 또 한 가지 형태였던 가전(假傳)의 경우에는 전 과정을 통해 별반 이러한 전이를 겪지 않았다. 가전이야말로 과거의 어느 다른 장르보다도 특히 중국과 상호 긴밀한 맥락 속에서 공유해 오던 장르였고, 따라서 그 밀접도에서 전기소설의 경우에 비해 더 철저했기 때문이라고 말할 수 있다. 그런 만큼, 이에 한중 가전의 개별 단위 및 전체 단위로서의 비교문학적인 검토가 큰 비중으로 요망된다고 하겠다.

그런데, 한국에서의 이 장르에 대한 인식은 앞서 전기소설과는 달리 그 발생에서 소멸까지 아주 평화로운 흐름을 보였던 점이 특기할 만하다. 당연히 이 장르의 원산지인 중국에서도 자못 평탄한 분위기로 진행을 나타내었다.

동방의 가전사를 돌이켜 보건대, 저 중국의 이른바 중당기(中唐期)에 첫 남상(濫觴)으로서, 동방가전사상 꺼지지 않는 이름으로 남은 불후의 명품은 <모영전(毛穎傳)>이었다. 가전사에 있어 최대의 반향(反響)과 영향을 불러일으켰던 한유(韓愈, 768~824)의 이 작품에 대해 다시 어떠한 수식어로써 이것이 지닌 의미를 곡진히 할 수 있을는지 망연한 바 없지 않다.

이렇듯 뒷시대 한·중의 문학사에 여러 백년 두고 지울 수 없는 의미로 남았을 뿐이었지만, 뜻밖에 아이러니하게도 이 장르 발생 초창기의 중국에서는 그 시작의 단계가 아주 조용하기만 했던 것은 아니었다. 벌써 적지 않은 요단(鬧端)을 안고 출발을 했던 엄연한 진실이 있다.

사실 한유가 일개 사물을 사람인 양 살려다가 이런저런 사설을 끌어낸 것과 같은 시도는 중국 산문학 사상 미증유의 첫 파격적인 기획임에는 틀림없었다. 그리고 과연 한유와는 동시대 문인이었던 장적(張籍)이 한유가

지은 어떤 형태 글에 대해 부정론적인 성조(聲調)를 진즉에 나타낸 바 있었음이다. 한유에게 보낸 서한을 통하였으니, 대개 장적의 한유 글 비판의 근거는 문장의 희필적 유오성(遊娛性)으로 요약하여 크게 벗어나지는 않는 듯싶었다.

그는 한유의 작문 행위가 군자의 수신(修身)과 덕성 함양에 전혀 도움이 안 되는 노름과 다를 바 없어 실없는 이야기 따위에 불과하니, 그만둘 것을 충언(忠言)하였던 것이다.

> 比見執事多尙駁雜無實之說 使人陳於前以爲歡 此有以累於令德 …且執事言論文章不謬於古人 今所爲或有不出於世之守常者 竊未爲得也 願執事絶博塞之好 棄無實之談 弘廣以接天下士 嗣孟軻揚雄之作 辨揚墨老釋之說 使聖人之道 復見於唐 豈不尙哉.[17]
>
> 요사이 집사(執事)〔한유를 일컬음; 필자주〕께서 상당히 잡박하고 무실(無實)한 설을 높히어, 사람들로 하여금 앞에 늘어세우고 즐겁게 해주는 것을 보는데, 이는 훌륭한 덕에 누가 되는 것입니다. … 또한 집사의 언론과 문장은 옛사람에 어긋나지 않는데, 지금 하시는 바는 혹 세상의 상도(常道)를 지키는 이보다 나을 게 없어 어딘지 온당치 못하는바 되지요. 바라건대 집사께서는 놀이 취미를 끊고 실없는 이야기를 버리시와, 널리 천하의 선비들과 접하여 맹가(孟軻)·양웅(揚雄)의 작품들을 잇고, 양주(楊朱)·묵적(墨翟)·노자(老子)·석가(釋迦)의 설을 가려내어 성인의 도가 다시금 당(唐)에 드러날 수 있도록 한다면 그 어찌 갸륵한 일이 아니겠습니까?

두 사람 사이의 친분 관계[18]에서 볼 때 이 글의 취지가 비난이 아닌, 충

17) 『한창려집(韓昌黎集)』 2책 14권의 <답장적서(答張籍書)> 제목 아래의 주기(註記).
18) 『한창려집』에는 장적과의 교계(交契)가 도타운 것이었음을 알려 주는 상당한 작품들이 보인다. 제1책 제5권 <조장적(調張籍)>·<병중증장십팔(病中贈張十八)>, 제7

정어린 권고를 함에 있었던 것이지만, 일단은 장적이 한유의 어떠한 문장 태도에 대해 실없는 담설(談說) 정도, 다시 말해 이단적인 창작 행위 쯤으로 간주했음을 명백히 시사하고 있다.

사실은 이단을 끊고 유가(儒家)의 문장에 빛을 내보라는 이 충고는 노(老)·불(佛) 이단에 대해 누구보다도 배타적이기로 유명했던 한유[19]에게는 별 의미 없는 설득으로 보였을 터이다.

그리하여 남에게 오해를 받는 수가 있을망정 자신은 어디까지나 성인지도(聖人之道)의 기본 궤적(軌跡)을 따르고자 힘쓰는 일면, 노(老)·석(釋) 같은 이단을 배척하는 자기의 굳건한 의지를 재삼 못 박고 있으며, 나아가 무실(無實)·잡박(雜駁)한 설과 박새(博塞)의 충고에 대하여도 따를 수 없음을 차분히 응수하고 있다.[20] 자신의 하는 일이 유가의 도(道)와는 전혀 아무런 상충 없어 무방한 것임을 스스로 자허(自許)하고 있다.

이들 사이 왕래된 두 번째 서신의 주지(主旨)는, 장적 쪽에서 이단자들을 깨우쳐 억제하게끔 하는 명저(名著)를 내보라는 권유에 대해, 한유는

권의 <만기장십팔조교(晩寄張十八助敎)>·<여장십팔동효완보병일일복일석(與張十八同效阮步兵一日復一夕)>과, 2책 9권의 <영설증장적(詠雪贈張籍)>, 10권의 <하장십팔비서득배사공마(賀張十八祕書得裴司空馬)>·<우중기장박사적후주부희(雨中寄張博士籍侯主簿喜)>, 14권의 <답장적서(答張籍書)>·<중답장적서(重答張籍書)>, 16권의 <대장적여이절동서(代張籍與李浙東書)> 등이 그것이다.

19) 그의 잘 알려진 <논불골표(論佛骨表)>(제5책 제39권 表狀)가 그 대표적 일례라 할 것이다. <답장적서(答張籍書)> 가운데도, "僕自得聖人之道而誦之 排前二家 有年矣."(저는 성인의 도를 배워서 외고, 앞에 든 二家(釋·老; 필자주)를 배격해온 지 여러 해입니다.) 한유의 제자 겸 사위로서 『한창려집(韓昌黎集)』을 펴내기도 했던 이한(李漢)의 <창려문집서(昌黎文集序)>에 역시 한유의 "酷排釋氏"를 강조했다.

20) 吾子又譏吾與人人爲無實駁雜之說 此吾所以爲戲耳 比之酒色 不有間乎 吾子譏之 似同浴而譏裸裎也 若商論不能下氣 或以有之 當更思而悔之耳 博塞之譏 敢不承敎. 〔그대는 또한 내가 사람들에게 실없고 잡박한 얘기나 제공한다고 나무랐는데, 이것은 나의 희사(戲事)일 뿐, 주색과 비해 다를 바가 있겠습니까? 그대가 이걸 나무람은 마치 함께 목욕하고 나서 알몸임을 꼬집는 거나 같습니다. 다른 사람들과 논의함에 심기를 가라앉히지 못한다 하셨음에 혹 그 같은 일이 있다면 의당 다시 생각해서 반성할 따름이겠지만, 놀이에 대한 충고만큼 감히 그 훈교를 받들지 못하겠군요.〕

자신의 능력 바깥일로 돌려 사양을 보이는 내용이다.

그러한 속에서도 역시 잡박과 무실에 대한 처음 생각을 접어 두지는 않고 있으니, 장적의 다음 언급에서 역력히 나타나 보이는 바이다.

> 君子發言擧足 不遠於理 未嘗聞以駁雜無實之說爲戱也 … 或以爲中不失正 將以苟悅於衆 足戱人也 是玩人也 非示人以義之道也.
>
> 군자의 발언과 거동은 이(理)에서 멀지 않습니다. 일찍이 박잡 무실(駁雜無實)한 말로 즐거움을 삼는다는 얘기는 들어보지 못하였습니다. … 혹 중정(中正)을 잃은 그것으로 장차 대중에게 구차한 환영을 입는다면 이는 희인(戱人)이요 완인(玩人)이니, 사람들에게 올바른 도를 제시하는 일이 아닌 것입니다.

이에 대해 한유의 제2 답신인 <중답장적서(重答張籍書)> 가운데서는 오히려 장적의 무실·잡박의 비판에 맞서 더욱 적극적으로 논박 대응하는 구절이 있어 주목을 끈다.[21)]

고문운동가(古文運動家)로서 문장이 도를 밝히는 도구라는 신념이 강했던 나머지 글이란 도(道)에 연결된 그릇이라고 하는 이른바 "문자관도지기(文者貫道之器)"의 원천[22)]이자 송대에 이른바 '문이재도(文以載道)'의 원조격[23)]인 한유에게 있어 위와 같은 내용은 그의 문학관의 색다른 일면

---

21) 駁雜之譏 前書盡之 吾子復之 昔者夫子猶有所戱 詩不云乎 善戱謔兮 不爲虐兮 記曰 張而不弛 文武不能也 惡害於道哉 吾子其未之思乎. [잡박하다는 비평에 대하여는 앞의 편지에서 다 말씀드렸으니 그대께서 되읽어 보시지요. 옛날 공자께서도 오히려 농담하신 바가 있고, 『시경』에서도 "농담과 해학을 잘하되 지나침이 없네."라 하지 않던가요. 『예기』에도 가로되, "팽팽히 당기기만 하고 느슨히 풀지 않는 것은 문왕(文王)·무왕(武王)도 하지 않으셨다." 하였으니, 어찌 도(道)에 해(害)가 되리이까? 그대가 거기까지 미처 생각지 못하셨나 보군요.]

22) "文者貫道之器"는 한유의 제자이자 사위인 이한(李漢)의 전게 <창려문집서(昌黎文集序)> 맨 허두의 글이다.

을 엿보게도 하거니와, 도대체 이 두 사람 사이에 논란거리가 되었던 그 "박잡무실지설(駁雜無實之說)"이란 구체적으로 한유의 어떠한 창작 근거를 놓고서 그리 일컬었음인가. 크게 궁금한 문제가 아닐 수 없으나, 두 사람 사이 주고받은 서한 글 가운데는 단 한차례도 어떻다 할 구체적인 작품명이 나타나지 않아 더욱 묘연키만 하다.

그 같은 중에 다만, 『한창려집(韓昌黎集)』 제4책 권36 '잡문'에 들어있는 <모영전> 제목 아래의 주기(注記)에는 이것의 영문을 알려주는 모처럼의 낭보(朗報)가 있었다.

> 公作此傳當時 有非之者 張籍書所謂戱謔之言 謂亦指此.
>
> 창려공(昌黎公) 한유가 이 <모영전>을 지었을 당시 이를 비난하는 이가 있었으니, 장적의 글에 이른바 '희학의 말'이라 함은 바로 이 작품을 지적한 뜻이었다.

이같은 정보 사실의 신빙성에 대한 약간의 부담이 없는 것은 아니지만,[24] 그 이후에는 장적에 의해 "희학지언(戱謔之言)"이란 말로써 비난의 표적이 되어왔던 작품이 다름 아닌 <모영전>이라고 한 이 메시지 그대로 통념되어 왔던 의례적인 사실도 둔과하지 못할 것이었다. 이것은 한유의

---

23) "그(韓愈; 필자주)는 또 남을 가르칠 때에 도(道)와 문(文)의 이자(二者)를 병중(並重)하였으니 송대의 제출(提出)된 문이재도(文以載道)의 구호(口號)는 실로 이에서 출발되었던 것이다."(이가원, 『중국문학사조사』, 일조각, 1972, p.134)

24) 한유의 문집은 본래 그의 사위인 이한(李漢)이 펴냈다고 했거니와, 여기에 주(注)가 들어가기 시작한 것은 목판인쇄술의 발달과 더불어 북송·남송의 때를 타서 완성하였을 터이다. 이 시기에 사부총서간본(四部叢書刊本)의 『주문송교창려선생집(朱文公校昌黎先生集)』이며, 사고전서진본(四庫全書珍本) 4집의 『오백가주창려문집(五百家注昌黎文集)』 등이 이루어졌던 것이다. 위에 인용된 『한창려집(韓昌黎集)』의 주기는 바로 이 오백가주본(五百家注本)이 다수를 차지한다고 한다. 아무튼 위의 책들이 모두 한유의 다음 시대인 송 학자의 수적(手跡)에 의한 것이었던 만큼 이 같은 정보 사실을 어느 정도 신빙해야 할는지에 대한 일말의 부담은 남는다.

<답장적서(答張籍書)> 가운데 "爲無實雜駁之說"이라고 한 본문 내용 바로 아래 주기(注記)에,

> 駁雜之說 世多指毛穎傳 蓋因摭言 有云韓公著毛穎傳 好駁塞之戱 張水以書勤之耳.
>
> 잡박지설에 대해 세상에서 대개 <모영전>을 지적하는데, 이는 대개 들리는 말에 의한 것이다. 한공(韓公)이 <모영전>을 짓고 잡기 놀이를 좋아함에 장수부(張籍; 필자주)가 편지로써 권책(勸責)했음이라.

한 것으로 저간의 사정을 알 만하였다. 그런데 이것이 전혀 사실무근만은 아닐 수도 있는 단서를 찾아보지 못할 바 아니다. 곧, 전게 <모영전>의 각주 인용 부분에서 장적의 글에 이른바 "희학지언(戱謔之言)"이라 함은 바로 <모영전>을 지적한 뜻이라 한데 연결지어,

> 舊史亦從而爲之言曰 譏戱不近人情 是豈有識者哉.
>
> 『구사(舊史)』에서도 장적을 따라 말하되, 기롱(譏弄)인지라 인정에 가깝지 못하니 이 어찌 양식 있는 사람이라고 할 것인가?

라 했다는 사실이 그러하였다. 뿐만 아니라, 한유와 같은 시대 나란히 산문학의 거장으로 이름 높았던 유종원(柳宗元, 773~819)의 <여양회지서(與楊誨之書)>[25] 가운데의 다음과 같은 글을 통해 짐작가는 바가 없지 않다.

---

25) 『유하동전집(柳河東全集)』 제33권 '서(書)'의 소재.

> 足下所持韓生毛穎傳來 僕甚奇 其書恐世人非之 今作數百言 知前聖不必罪俳也.
>
> 족하(楊誨之; 필자주)께서 한생(韓生)의 <모영전>을 지녀 오셨을 때 저는 매우 그 글을 기이하게 여겼으나, 세상 사람들이 비난할까 걱정됩니다. 지금 수백 언을 지어 앞 시대의 성인(聖人)도 이것을 희작(戱作)으로 허물하지는 않을 것임을 알렸습니다.

곧, 유종원의 안목으로도 <모영전>은 당시 개념에서는 다소 모험적인 글로 보였던 그 사실 자체로, 역시 장적이 뒤섞여 순정(醇正)치 못한단 뜻의 "잡박지설(雜駁之說)"로 보았던 그 바로 그 문제작일 수 있는 개연성은 스스로 상승된다는 뜻이다.

장적에 반해서, 유종원은 이 <모영전> 한 조품에 대해 사뭇 그 존재적 의의를 인정하고 적극 비호하는 방향에 섰고, 그 취지를 바로 <독한유소저모영전후제(讀韓愈所著毛穎傳後題)>[26]라는 글로써 밝혔다. 위 인용문의 말미, 즉 앞 시대의 성인도 허물하지 않을 것임을 알리고자 지었다는 그 수백 언(言)이란 것도 다름 아닌 바로 이 글이었다.

이상과 같은 <모영전> 파동이 있은 이후에는 중국에서 이 형태에 대한 논란은 다시 일지 않았다. 얼마 후 사공도(司空圖, 837~908)는 거울을 의인화한 <용성후전(容城侯傳)>을 지었거니와, 아무런 저항을 받은 일 없었다. 그 다음 송대에는 당시대의 문호인 소동파(1036~1101)가 이런 형태 작품들을 무려 6편이나 썼으되, 반론이나 잡음을 듣기는커녕 보다 확고한 발판을 내리는 단계에 들어섰다. 소동파 계열의 문장가로서 진관(秦觀, 1049~1100)의 <청화선생전>, 장뢰(張耒, 1250경~?)의 <죽부인전> 등 출현과 더불어 중국 가전은 점차로 뿌리를 내리기 시작하였다. 그리하여, 결

26) 『유하동전집』 제21권 '제서(題序)'의 소재.

국은 명대 서사증(徐師曾)의 『문체명변(文體明辯)』이 세운 전(傳) 4체 가운데 한 위상을 차지하기에 이르렀던 것이다.

한국에서는 12세기에 처음 이 문학 형태가 나타났으니, 임춘(林椿, 1150경~?)의 <국순전>·<공방전> 및 이규보(李奎報, 1168~1241)의 <국선생전>·<청강사자현부전> 등이 그것이다. 이후 조선조가 다할 때까지, 나아가 현대에 이가원(李家源, 1917~2000)의 <화왕전>에 이르기까지 이 장르는 꾸준한 지속을 보여 왔지만, 중간에 하등의 장르 시비 같은 것을 찾을 길 없다. 오히려 한유의 가전은 어느새 뒷시대 가전 창작의 사표(師表)와 수범(垂範)처럼 인식되고 있었다. 예컨대, 고려 이규보는 자신의 벗인 사관(史館) 이윤보가 게를 인격화 시킨 <무장공자전(無腸公子傳)>에 대해 극찬을 하였는데,

> 其若無腸公子傳等 嘲戲之作 若與退之所著毛穎下邳相較 吾未知孰先孰後也.
>
> 한유가 지은 <모영전>·<하비후혁화전>에 견준다고 해도 어느 것이 앞서고 어느 것이 뒤질는지 나는 잘 알 수 없다."

그 칭송의 기준과 푯대를 한유의 가전에 두었다.

조선조 전기에 남효온(南孝溫, 1454~1492)이 지은 몽유록계 소설 한 작품인 <수향기(睡鄕記)> 말미의 주석에는 다음과 같은 구절이 보인다.

> 佔畢齋批 昔韓退之作毛穎傳 王績作醉鄕記 此其類亞歟.
>
> 점필재 김종직이 부전(附箋)을 달았으되, 옛날 한퇴지가 <모영전>을 썼고, 왕속이 <취향기(醉鄕記)>를 썼는데, 이것은 그 버금갈 만하겠구나!

조선조 후기에 남유용(南有容, 1698~1773)은 한유 지은 <모영전>의 뒤를 잇는다는 취지에서 가전 <모영전보(毛穎傳補)>를 지었다. 그 뿐이 아니

다. 말[馬]을 인격화시킨 또 다른 가전인 <굴승전(屈乘傳)>의 각주에다는 "韓文 馬之能千里者 一日或盡粟一石"[한유의 글에, 천리를 뛰는 말은 혹 하루에 한 섬의 곡식을 먹어치우기도 한다고 했다]이라는 등, 한유의 산문을 모범의 전고로 삼고 인용하였다. 나아가, 보다 결정적으로는 "韓文 下邳侯革華傳 牛也"[한유의 글에 <하비후혁화전(下邳侯革華傳)>은 소를 다룬 글이다.] 라고 하여 한유가 지은 두 편의 가전 가운데 하나인 <하비후혁화전>을 명백히 내세우고 있다. 사실은 그가 가전을 두 편씩이나 쓴 것도 한유를 산문학상에 높이 평가하였던 결과에 다름아닌 것이었다.

박윤묵(朴允默, 1771~1849)의 붓 의인 가전인 <모원봉전(毛元鋒傳)>에도 한유의 <모영전> 앞 부분을 대거 원용한 것이 보인다.

> 世傳殷時 有靈𪖙得神仙之術 能匿光使物 竊姮娥騎蟾蜍入月 昔韓愈以𪖙爲明眎八世孫.
>
> 세상에 전하기를, 은나라 때 영험한 누(𪖙)가 신선의 술법을 터득해서 능히 빛을 감추고 물(物)을 부리었는데, 항아(姮娥)를 변화시킨 두꺼비를 타고 달에 들어갔다고 한다. 옛날 한유는 누가 명시(明眎)의 8대 손이라 했는데 ….

또한 한성리(韓星履, 1880경~?)의 붓 의인 가전 <관성자전(管城子傳)>에서도 주인공 관성자를 소개하는 부분에 한창려, 즉 한유에 대한 언급이 있다.

> 初名毛穎也 事載韓昌黎所撰傳中.
>
> 처음 이름은 모영이었다. 이 사실이 한창려 지은 전 가운데 실려 있다.

또한, 근세에 안엽(安曄)이 쓴 연가전(連假傳)인 <문방사우전(文房四友

傳)>에도 그 직접적인 표명이 나타난다.

> 毛元鋭字文鋒 系出宣城 有毛穎者 爲秦中書令有功 韓文公傳之 不須譜也.
> 모원봉의 자는 문봉(文鋒)으로, 계통은 선성(宣城)에서 나왔다. 모영이란 이가 진나라의 중서령이 되어 공로가 있었는바, 한문공(韓文公) 한유가 전으로 썼으니 굳이 나열할 필요는 없겠다.

한유의 이 작품이 한국의 문단에 끼친 영향의 정도를 짐작하고도 남음이 있다. 이와 같이 <모영전>을 일대 조종(祖宗)으로 알고 최고의 규범으로 삼았던 종종의 기록들을 통해서 이 허구적인 양식이 비난은커녕 엄연한 정통 문필의 한 가지 형태로서 꾸준히 인지되어 왔던 사실을 알 수 있다.

4. 맺음말

허구를 중심 수법으로 삼아 만들어지는 가전 장르와 옛소설은 똑같이 유가의 개념상 제대로 수용 받기 어려운 방식이었다. 그리하여, 중국의 장적은 <모영전>을 두고서 '잡박 무실'하다 했고, 한국의 기대승도 <삼국지연의>를 일러 '잡박 무익'하다고 하여 두 장르에 유사한 비난이 가해졌음은 오히려 당연한 현상으로 볼 수 있다.

그럼에도 한 장르는 일정한 시금석 뒤에 양성적인 장르로서 순항을 나타냈던 반면, 다른 한 장르는 음성적인 장르로서 행로의 어려움을 거듭했어야만 했다. 다시 말해, 가전 문학 쪽에서는 중국이 그 초기에 강한 반발 속에서 출발을 하였으나, 대개 송나라 소동파의 창작 이후에는 이것이 정통 문학의 테두리 안에 포함되었던 반면에, 한국은 발생의 초기부터 끝까지 단 한 번의 거부 없이 꾸준히 유지되었던 사실이 나타났다. 그리하여,

서사증 『문체명변』의 이른바 '전'의 네 가지 유형 분류 안에까지 포함될 수 있었다. 이렇게 될 수 있던 배경에는 가전의 내용이 성정을 문란케 할 만한 문제성이 없다는 판단 때문이었을 테고, 더불어서 소동파 및 그 계열 문인 그룹의 적극적인 참여가 상당한 영향력으로 작용했을 것으로 짐작된다. 소설 문학 쪽에서는 중국이 그 발생의 초기인 당대에서부터 유연한 탄력성을 나타내 보였던 반면에, 한국은 그 시작부터 끝까지 이에 대한 경직성을 면치 못하였다.

하지만, 중국에서조차 전기소설은 마침내 정통 문학의 궤도에까지는 오르지 못하였다. 서사증의 『문체명변』에도 전의 분류 안에서 제외되어 있고, 『문장변체(文章辨體)』·『고문사유찬(古文辭類纂)』·『문체론(文體論)』 등 그 어느 책에서도 이를 공식화하지는 않았다. 근대에 와서야 곽잠일(郭箴一) 같은 이가 별전(別傳)이라는 이름으로 전기소설들을 수용했던 정도이다.[27] 한국의 경우, 두 장르에 똑같이 중국으로부터 일정 시간의 검증 과정을 거쳐 들어왔음에도, 가전 장르에 대해서는 전면 수용의 태도를, 소설 장르에 대해서는 중국에서보다 훨씬 불용(不容)의 분위기를 띠고 있었다는 점이 흥미롭다. 그 어느 시대보다도 조선시대는 유례없이 성리학 본연의 훈교에 보다 엄격하고 철저한 수용의 태도를 취했기에, 성정을 흩뜨리고 역사를 왜곡시키는 장본인의 장르인 소설을 받아들이는 자세 면에서 그 강도가 다르게 나타났음을 본다.

이는 비단 소설에서 뿐만 아니라, 문화 일반적인 측면에서조차 그 대강의 분위기를 엿볼 수 있다. 예컨대, 조선 초기의 개가(改嫁) 금지법이나 적서차별 제도 같은 것은 유교 종주국인 중국에서 강조했던 법은 아니었다.

27) 그는 별전이 "關於一人一事的逸事奇聞" 하는 전기소설(傳奇小說)이라고 하면서, 이를 신괴(神怪)·연애(戀愛)·호협(豪俠)의 3가지로 세별(細別)하였다. 그리고 이것이 당대 소설의 정화〔唐人小說的精華〕라 하였다.(『중국소설사』, 臺灣商務印書館, pp.85~86)

복제(服制)에 대한 문제 같은 것도 한국에서 훨씬 심각하게 시행하였다. 송대 주자로 완성되었다는 성리학도 한국의 퇴계나 율곡 성리학에서 심화의 양상을 나타냈으니, 이 모두 우연한 현상만은 아닌 듯싶다. 옛 소설 문학이 갖는 일탈의 성격에 대한 거부적 반응이 중국에서보다 한국 쪽에서 사뭇 강고하게 작용하였던 연유도 이와 무관하지는 않았을 것이다.

가전 장르와 소설 양식의 가장 두드러진 공통점은 그것이 허구의 수법에 입각해 있다는 점이다. 그러나 하나는 크게 논란을 안은 채 진행하였고, 하나는 이렇다할 논란 없이 진행을 보였다. 이로써 그 궁극적인 문제를 허구 자체에 두었던 것은 아니었음을 알 수 있었다. 대신, 허구 가운데서도 그것이 자아내는 역사 사실의 왜곡 및 강륜(綱倫)의 문란에 두었음이 최종적으로 인지된다.

판소리와 창극

1. 머리말

판소리의 확대 연극화 형태인 창극은 그 역사가 불과 한 세기도 되지 않은 기간 동안에 명칭의 다양성을 보여 왔다. 이를테면 정노식(鄭魯湜, ?~1967?)이 1940년에 판소리에 대한 이론적인 개요 및 역대 판소리 명창들을 서술한 『조선창극사(朝鮮唱劇史)』 책에서의 '창극(唱劇)'이란 바로 판소리를 뜻하는 한자어로 사용된 것이다. 이는 오늘날 우리가 쓰고 있는 창극의 개념과는 구별된다. 곧, 현대적 의미로서의 창극은 일인창(一人唱)이 아닌, 다수의 창우(唱優)가 각각의 배역에 따라 노래하는 일종 가극 형태의 연극인 까닭이다. 또, 창극은 근대사의 흐름과 더불어 그 발생의 초기에는 외래(外來)한 일본 및 서양의 신극(新劇)과 대칭하는 개념에서 '구극(舊劇)'으로 불렸고, 해방 후 격변의 시대에 예술 애호를 통한 국민의 정신적 단합이 요구되었던 상황에선 국민적인 연극이란 뜻으로서의 '국극(國劇)' 등으로 불리웠던 일도 있다. 그러나 오늘날은 창극(唱劇)으로 항용되고 있다.

이 예술 장르가 가지는 이같은 명칭의 다양성은 아이러니하게도 파란곡절한 시대상과 깊이 결부되어 있음을 본다. 곧 창극은 안타깝게 격동하는 한국의 20세기의 한 면을 대변하는 시대의 증거품이었다. 어려운 한 시대의 흐름을 함께 겪고 호흡한 국민예술의 한 양상이었다.

그러나 창극이 가지는 문예사적 좌표는 아직 뚜렷이 마련되지 못하고 있는 실정이다. 대부분의 연극사에서도 창극 독특한 위상을 설정하여 놓았다기 보다는 오히려 신극 혹은 판소리 등의 다른 형태 속에 적당히 귀속시켜놓고 부수적으로 설명되는 일이 많다. 또한 이것이 본격적인 의미에서 진정한 연극의 시초를 장식한 연극사의 큰 부분임에도 불구하고, 외래연극의 형식 기준에만 치중한 나머지 아예 연극의 개념에서 차치(且置)해두는 경향도 없지 않다. 물론 창극은 판소리의 이차적인 산물이다. 판소리에서 분파되어진 장르이지만, 창극에서 새로워졌고 창극 만이 가지는 독자적인 특성을 지니고 있는바, 그에 대한 모색이 요구되어진다. 이는 시조, 가사, 판소리, 소설 등을 그 원류적 발생의 차원에서 검토하는 가운데 자체적 위상을 확립하는 일과 성격상 같다고 본다. 동시에 그렇게 해서 찾아진 고유한 단위 내용들이 이 예형(藝形)의 가치있는 부분으로 남게 될 것이다.

이 글은 그러한 부분들을 모색하기 위한 예비적 작업임과 동시에, 궁극적으로는 창극의 위상찾기를 위한 전초적인 입론이고자 한다.

2. 판소리와 창극의 특성

1900년대가 막 시작되는 시점에 발생된 창극은 판소리가 전개해 나가는 과정 위에 나타난 한 개의 변개적 양상이었다. 이미 숙종조 이전의 광대들의 판놀음 가운데 하나인 '광대소학지희(廣大笑謔之戲)'로부터 발전하였다는 판소리는 그 자체로서 독특한 예술상의 경지를 확보해 놓았다. 그럴 뿐 아니라, 그 형식 안에 잠재하고 있던 다양한 소질 · 바탕으로 말미암아 다시금 병창조(가야금병창 · 거문고병창)와 승도창(繩渡唱) 및 창극 등과 같은 다양한 예술 형태를 가능하게 만들었다.[1] 판소리가 내유하고 있는 바 형식적 다변화의 잠재력은, 이 장르가 국민예술로서 성장할 수 있었던 유력한 기반을 그 내용이 지닌 유동성에 두는 논리[2]와도 제대로 호응되고 있다.

그렇다면 이렇게 판소리의 형식적 다양성 및 유동성에 힘입어 산출된 창극이 그 원류가 되는 판소리와의 동이점(同異點)은 무엇인가?

우선, 양자 간에 구분되는 특징의 첫 번째는, 엄밀한 기준에서 판소리를 서사양식에 귀속시킨다고 할 때 창극은 온전한 의미로서의 극양식으로 규정할 수 있다는 점이다. 판소리를 희곡 및 (연)극예술로 간주하려는 경향[3]에도 불구하고, 엄밀하고 온전한 의미에서 극장르로 될 수 없다 함은 그것을 창극과 같은 연극으로서의 필수적 요건 및 형식・체재를 구비한 극형태와 나란히 대조하여 보았을 때 가장 극명하게 효과적으로 파악될 수 있다. 이렇게 양자 사이의 차별성에 대해 정리해 보인 설명을 인용해 본다.

> 판소리는 한 사람의 연창자가 판소리 사설에 나오는 모든 인물의 역(役)을 혼자서 연출하여 이른바 일인다역(一人多役)을 맡게 되는데, 창극은 무대에서 창우(唱優) 여러 사람이 각 배역을 분담하여 판소리 형(型) 선율로 소리를 하고, 대사(臺詞)를 하며, 연기하는 한국극의 한 장르다. 판소리의 경우에는 따로 규식적인 무대장치가 없이 놀이판에 돗자리를 깔고 그 위

---

1) 박헌봉, 『창악대강(唱樂大綱)』, 국악예술학교출판부, 1966, p.44.

2) 조동일, 「판소리의 전반적 성격」(『판소리의 이해』, 창작과비평사, 1978, p.28) 참조.

3) 대표적인 예로 이두현은 그의 『한국연극사』(민중서관, 1973, pp.84~85)에서 판소리의 서사 장르론에 반대하는 입장을 내세웠다. 곧 판소리를 공연예술적 측면에서는 연극, 문학적 측면에선 희곡으로 보고자 했다. 그 구체적 근거를 다음에서 찾았다. "희곡의 특징은 첫째, 무대상연을 전제로 한 문학이며, 연극의 중심을 이룬다. 둘째로, 그것은 인간의 행동을 그리며 객관 형식을 취한다. 세째로, 제 3의 소리로서 직접적인 표현 형식을 취한다. 우리의 드라마툴기인 판소리는 극시[희곡]로서, 또 극예술로서의 두개의 측면을 포함한다고 본다."

> 에서 관중이 둘러보는 가운데 연출하지만, 창극은 서양 연극에서와 같이 무대장치와 소도구를 사용하며, 판소리는 두루마기에 갓을 쓰고 부채를 드는 일정한 의상이 있으나, 창극은 등장인물에 따라 여러 가지 사실적인 의상으로 분장하고 연기한다. 판소리는 고수의 북 장단 하나로 반주 음악을 담당하지만, 창극에서는 북은 물론 몇 개의 선율 악기들이 즉흥적으로 판소리 선율에 제주(齊奏)하며, 따로 무용 음악이나 부대 음악을 직관적으로 연주하기도 한다.[4)]

이러한 대조는, 지금까지 판소리의 복합적인 성격 가운데의 하나인 극적인 요인－예컨대 사체(四體) 가운데 하나인 너름새와 내용 구성의 극적인 면－으로 말미암아 서사장르와 극장르 사이에 논의가 분운(紛紜)하여 통일을 보지 못한 판소리의 장르 구분에 일단의 근거를 마련해 준다고 하는 중대한 의의가 있다. 실제로 판소리가 이후 창극과 같은 연극으로 재구(再構) 될 수 있었듯이 그 내부에 적지않은 연극성을 가지고 있음도 사실이어서, 일도양단(一刀兩斷) 격으로 판소리의 극장르론을 부정하기 곤란했던 국면이 없지 않았다. 그러나, 이후 창극의 한 번 등장으로 연극의 진면목을 밝힐 수 있는 충분한 계기가 될 수 있었음과 동시에, 극양식과 극양식 아닌 것과의 구분을 명확히 할 수 있는 일대 전기(轉機)도 마련되었다. 만약 창극이 나타나지 않았더라면 판소리가 진정 연극과는 일정한 거리가 있음을 입증할 근거랄까 기준을 잃고 말았을 것이다. 창극의 출현이야말로 판소리가 창극과 같은 극양식을 배태(胚胎)시킬 수 있었던 서사장르이며, 따라서 비록 연극 그 자체는 아닐지라도 연극으로 진전될 수 있는 소질을 내포함으로써, '극적인 서사장르' 라는 입론[5)]에 타당성을 실어주었

---

4) 강한영, 『판소리』, 교양국사총서 28, 세종대왕기념사업회, 1977, p.215.

5) "판소리는 근본적으로 서사적 양식이지만 한편 극적 계기가 잠재하고 있다."(최원식, 「개화기의 창극운동과 은세계」, 『판소리의 이해』, 창작과비평사, 1978, p.306)

다. 그리하여 창극의 출현은 서사문예인 판소리가 시대에 따라, 문학적으로는 판소리계 소설을 낳게 하고 음악적으로는 병창조를 이룩하는 데 기여했을 뿐만 아니라, 마침내는 연극 쪽으로도 역시 어떠한 형태로든 이바지 할 수 있다는 본보기를 보여 주었다. 결과적으로는 판소리 문예의 다원성과 우수성을 새삼 더 강조하고 입증해준 셈이 된다.

두 번째로 판소리와 창극의 또 다른 특성은 판소리가 외정예술(外庭藝術)인데 비하여 창극은 무대예술이란 점이다. 이것은 곧 공연의 터전이 전이되었음을 의미한다. 곧 판소리 시대에 공연장으로 동구밖 광장·궁정의 뜰·부가옹(富家翁)의 대청 등, 일정한 장소의 제약이 없던 것이 창극 시대에 와서는 외래 공연문화의 영향과 상업주의의 사고에 의해 상연을 위한 특정한 무대를 필요로 하게 되었으니, 초기의 협율사(協律社)－뒤에 원각사－같은 것은 그 대표적인 예이다. 이로써 예술이 직접 생활 속에 파고들어 함께 동화되어 있던 처음의 상황에서 예술적 참여를 위해서는 짐짓 공연장을 찾지 않으면 안되는 상황으로의 전변이 일어났다. 요컨대, 생활마당과 예술마당의 분리가 생겨난 것이다.

세 번째는 이 판소리와 창극은 서로 다른 시제(時制)의 장르란 점이다. 판소리에서 공연하는 내용은 그 시제상 현재적인 것과 과거적인 것의 교호(交互) 및 융합으로 이루어지고 있다. 즉 광대의 창(唱)하는 부분과 몸짓〔발림〕에서는 현재적 발랄과 생동이 연출되지만, 그 설명의 대목인 아니리에 들어갈 때는 문득 과거적인 데에 부딪히게 된다.[6] 이같은 두 개의 시제를 통해 관객은 작중의 대상과 더불어 직접적인 만남과 간접적인 만남의 교호 상태를 경험하지 않을 수 없게 된다. 환언하면 "정서적 긴장과 이완, 극적 환상에의 몰입과 차단의 연쇄구조를 엮어 나간다."[7] 반면, 창극의 경우는 어디까지나 연극으로서의 완성된 체재를 갖춘 현재성으로

6) 조동일, 「판소리의 장르 규정」, 앞에 든 책, pp.43~44 참조.
7) 김흥규, 「판소리의 서사적 구조」, 『판소리의 이해』, 창작과비평사, 1978, p.127.

일관해 있기 때문에 시종 직접적인 긴장을 통한 공감대 구축이 유지된다. 바로 이러한 사실도 판소리를 극장르로 설정하는 데 장애가 되는 큰 요인이 아닐 수 없겠다.

이상은 판소리와 창극의 서로 같지 않은 특성적 차이를 밝힌 것이지만, 다른 한편 창극이 그 발생에 있어 어디까지나 판소리에서 파생되어 나온 이상에는 양자 사이에 동질적인 성격 또한 없다고 볼 수 없다.

물론 창극을 연기하는 창우들은 대부분 판소리 공부를 하다가 창극에 들어서기 때문에 판소리 명창이면서 창극의 배우인 경우가 있다[8]는 상호 연계적인 관련성도 생각해 볼 수 있다. 하지만, 보다 중요한 것은 판소리와 창극이 어느 것이든 막론하고 보다 큰 경제적 소득과 수입을 목적으로 하는 경제예술이라는 점이다. 판소리가 형성된 이유에 관해서 김동욱은 그 메커니즘을 중시하여 판소리 광대들이 생계 향상 및 유지를 위해 전체 연예패들로부터 분리해서 활동하지 않을 수 없는 사정에 관하여 거론한 바 있고,[9] 조동일도 판소리 광대의 직업적인 성격을 들어 "판소리 광대는 판소리를 하지 않으면 살아갈 수 없는 전문적인 예술인이었다는 사실도 판소리가 새시대의 흥행물로 전환하는 데 긴요한 구실을 했다"[10]고 강조한바 있다. 이러한 사실은, 판소리와 함께 서민의 광장예술로서 활약하였던 가면극이 생계와는 직접적인 관련없이 성장할 수 있었던 사실[11]과 대조해 놓고 보았을 때 중대한 의미가 있는 것이다. 이렇듯 문예 형성에 있어 경제적 측면이 크게 작용하였음은 창극의 경우도 별반 다를 바가 없었다. 뒤에 창극의 생성 과정에서 재론되겠지만, 1900년을 고비로 이 땅에 신착(新着)한 외래극의 압력[12]으로 판소리는 그 인기를 지속해 나가기가

---

8) 강한영, 앞에 든 책, p.215.

9) 김동욱, 「판소리사 연구의 제문제」, 『판소리의 이해』, 창작과비평사, 1978, pp.86~87. 조동일, 「판소리의 전반적 성격」, 위에 든 책, p.28.

10) 조동일, 위와 같음.

11) 조동일, 위와 같음.

어렵게 되었다. 위기에 봉착한 생활의 수단을 찾기 위해서도 새로운 아이템이 절박하게 요구되었고, 급기야 신극의 규모에 상응하는 확대적인 형태로서의 창극을 고안해내지 않을 수 없는 상황을 맞게 되었다. 그리하여 200년 전 즉, 1700년대 초기에 그들의 선배인 판소리 광대들이 생계의 향상을 위해 단체로부터 유리(遊離)해서 축소화로 나갔던 일과는 반대되는 현상이 일어난 것이다. 다시금 그들의 필요에 따라 단체화를 도모하지 않을 수 없었다는 사실에 일종의 아이러니가 있고, 이러한 아이러니도 결국 한 예술이 생계적인 문제와 깊이 결부되었음에 기인한 것이니, 그를 확인하였을 때 따르는 비감마저도 없지 않다. 또한, 판소리와 창극 같은 우리의 국민예술이 각각 세계 문예의 발달 과정에서 후진성을 면할 수 없었던 이유가 상당 부분 경제적인 빈곤성 때문[13]인 것으로 분석 판명되었다면, 이제라도 의당 근존하는 전통예술 분야에 부합하는 해결책이 강구되어야 마땅하다. 그것이 곧 국민예술의 잠재력을 돕는 일인 까닭이다.

창극이 서구 연극의 일본화 형태를 도입·모방한 신극(新劇)을 상연키 위한 무대에 자주 편승함으로써 신극의 경제적 후광에 적잖이 힘입었음도 사실이었지만, 국극[창극]과 외래의 신극이 똑같이 원각사 무대에 올려졌을 때 그 인기와 호응의 정도에 있어 신극이 국극에 미치는 바 못 되었다.[14] 이렇게 신극을 압도할 수 있었던 것도 결국 우리의 전통을 고수하고자 하는 예술혼이 살아있음을 역증하는 본보기가 되는 셈이다.

다음으로, 판소리와 창극의 유대적인 특성은 두 장르가 모두 관객을 직접적으로 상대하는 행동예술이란 점이고,[15] 나아가 직접 대중과 함께 호

12) 최원식, 「개화기의 창극운동과 은세계」, 앞에 든 책, p.308 참조.
13) 김동욱, 『국문학개설』(민중서림, 1972), p.149 참조.
14) 김재철, 『조선연극사』(학예사, 1939), p.169 참조.
15) 물론 가면극도 대중 상대의 행동예술임에는 틀림없겠으나, 관객을 대하는 태도에 있어 다르다. 판소리와 창극이 대중 앞에 아무런 혐의(嫌疑) 없는 솔직한 그대로를 보여주는 반면에, 가면극은 '가면'이라는 중간자적 장벽으로 말미암아 관객과의 친

흡하는 만큼 배우들의 예술상 행위는 보다 직접적인 사회성을 띤다는 점이다. 이는 그들의 일거수·일투족이 곧장 사회 대중에 끼칠 수 있는 영향력의 크기를 의미하지만, 동시에 그들이 처하고 있는 시대 및 사회의 지배구조로부터 받는 간섭 또한 불가피하다는 뜻도 되겠다.

판소리는 그 형성 이후 창극의 생성 직전인 쇠잔기에 이를 때까지 지배계층에 해당하는 양반 및 중인 계층과의 융통 자재(自在)한 영합책을 꾀하여 신분의 상하 없는 애호를 받기에 성공하였다. 그 결과 국민예술로서 성장하였거니와, 창극도 해방 후에는 그 명칭을 국극이라고 부를 정도로 발생 이래 국민적 사랑을 입었던 것이 사실이며, 일제강점기 동안 창극에 더욱 열을 올렸던 데는 민족적인 것을 잃지 않고 고수하려는 뜻이 없지 않았음이다.[16] 그런데 창극의 형성과 진행의 경로는 일제 식민지 정책의 시간대와 그 경로를 같이 하였다. 따라서 일본식 신극이 세력을 얻었던 반면에, 그것과 경합의 관계에 있던 창극은 여러 가지 불리한 여건 속에서 이합집산(離合集散)을 거듭하였다. 하지만 그러한 와중에서도 어떤 형태로든지 우리식 문화예술의 끈을 놓지 않으려 오직 고군분투하였으니, 이것이 곧 국극이 민족문화적 침체를 극복하며 걸어온 지난 수십년사의 모습이었던 것이다.

3. 창극의 생성

고려시대 <처용희(處容戲)>나 <쌍화점(雙花店)> 같은 경우에서 다소간 연극적인 성격을 발견할 수 있기는 하지만, 이 땅에 진정한 뜻에서의 연극은 창극과 함께 비롯되었다고 할 것이다. 그리고 이 창극이라고 하는

근도에서 창극이나 판소리에 못 미친다.

16) 박헌봉, 앞에 든 책, p.44 참조.

연극적 형태가 판소리로부터 분열, 발생하게 된 때가 1900년대가 시작하는 즈음, 즉 20세기 벽두였다. 이것은 비교문학적으로 볼 때 중국의 창희(唱戲)나 일본의 가부키〔歌舞伎〕 등에 비해 수세기나 뒤떨어진 셈이다. 그런데, 창극의 원형으로서의 판소리 자체가 세계 문예사적으로도 훨씬 뒤늦은 때에 등장하였음을 감안하면 그다지 기이할 것도 없겠으나, 아무튼 18세기 초 창사문예(唱詞文藝)인 판소리에서 20세기 초 극문예인 창극으로의 변모를 보기까지 약 200년이 걸린 셈이다.

그러면 이렇게 창사문예가 일찍부터 연극문예로의 진전을 보지 못하게 된 원인은 어디에 있었던가? 이 문제를 김동욱은 이렇게 설명한다.

> 이렇게 연극계에 있어서의 후진성은 무엇으로 말미암은 것인가. 이에 대하여는 도시문화의 미발달과 '부르주아지'가 생성되지 아니한 탓이라 하였으나, 어느 모로 보더라도 중세기의 빈(貧)이 우리의 예능문화를 지배했기 때문이다.17)

이는 곧 민중 예술을 발양(發揚)시킬 수 있는 사회 경제적인 여건 조성의 결핍을 뜻함이다. 다른 한편 김학주가 그 이유에 대해,

> 중국에 크게 유행한 잡극이나 희문같은 것이 우리에게 존재하지 않았던 것은 중국의 연극에 쓰이는 복잡한 궁조(宮調)의 악곡을 받아들여 한국화시킬 여유가 없었기 때문인 것같다.18)

라고 하였는데, 여기서 말하는 그 '여유'라고 하는 것이 창의적인 예술을

---

17) 김동욱, 앞에 든 책, p.149.

18) 김학주, 「당악정재 및 판소리와 중국의 가무극 및 강창」, 『한국사상대계 I』, 성균관대학교, 대동문화연구원, 1973, p.639.

개발해 보고자 하는 적극적인 자세, 곧 생활인의 정신적인 여유를 의미하는 듯싶다. 하지만 문예담당층인 광대에게 정신적인 여유가 없었다는 것도 그 이유가 광대들의 불안정한 생계 문제와 결코 무관할 수 있는 사안이 아니다. 요컨대 한국 연극 문예의 발전을 지체시킨 장애 요인은 궁극적으로 예능 사회의 경제적 빈곤 메커니즘 안에서 그 타당성이 인정된다.

그러한 일면, 판소리 창자들이 생계 수단도 수단이려니와, 그들이 보유하고 있는 판소리 창만 가지고서도 충분히 오유(娛遊)하고 위안을 삼을 수 있다는 의식 또한 이유로서 작용했을 수 있다. 환언하면, 예술에 대한 인순고식적인 사고로 인해 일찍 연극적 변모를 보지 못한 채 오래 정체(停滯)되었을 개연성도 유추 가능하다. 새 연예 장르를 형성해야겠다는 절실한 요구에 당면하지 못하였다는 뜻이니, 이때까지 그들에게 연극에 대한 자각은 아직 그 시기가 일렀던가 보았다.

이상의 몇 가지 이유로 말미암아, 한중 사이의 문예적 전파와 수용이라는 영향의 긴밀성이 효과를 발휘하지 못하였다. 즉, 중국의 원대 13세기에 이미 잡극이라는 무대예술이 존재한 바 있고, 다시금 18세기의 청, 건륭 연간에는 난탄(亂彈)—곧 창희(唱戱)[19]—이 흥했음에도 불구하고 한국의 극문예 분야가 일찍 수용 처리하지 못하였던 것이다. 그러나 늦은대로 진정한 의미로서 한국의 첫 연극 형태라 할 수 있는 창극은 그 발생을 보았다.

그러면 실제로 창극은 어떠한 시대 배경적인 동인(動因)에 힘입어 생성되었나. 전술한 바와 같은 몇 가지 이유로 해서 19세기가 다 저물때까지도 판소리 같은 극적인 성격을 띤 서사 문예로 자족해야 했으나 개화기를 전후하여서는 문예에도 새로운 기운이 일어났다. 연극에 대한 자각이 필연적으로 도래할 수 있는 계기가 마련되기 시작한 것이다. 예컨대 1895년에 발간된 유길준의 『서유견문』에는 서양식 연극을 직접 목격한 데 따른 경

19) 최원식, 앞에 든 책, p.308.

이적인 소개가 들어있다.[20] 특히 그 내용 가운데 "차희는 태서에만 유홀 ᄯᆞ름아니라 중국과 일본에도 유ᄒᆞᆫ 자"[21]라고 함으로써, 어떤 나라든지 다 있는데 유독 이 나라에만 이러한 선진 형태와 규모의 연극이 착래하지 않고 있는 후진성에 대한 자각과 반성, 그리고 앞으로 도래할 극 양식까지 암시하고 있다. 그리고 불과 몇 년 있다가 1900년을 고비로 해서 실제(實際)의 연극과 접할 수 있게 되는 일대 호기(好機)를 맞게 되었다. 그것은 다름 아닌 중국의 창희가 이 땅에 들어와 크게 유행하게 된 사실이다.

> 그 당시 서울에는 지금의 청계천 2가에 … 청국인의 거리가 있었다. 그 거리의 번화가에 청국인의 창극관이 있었으며 이 창극관에서는 날마다 청국인의 창우가 창극을 연회하였다. … <삼국지> 등을 연회하였는데 그 인기는 대단하였다. 청국인은 물론 우리 겨레도 많은 사람들이 관람하였는데 ….[22]

이것은 그 때까지 이같은 새로운 규모의 예형(藝形)에 접해보지 못하던 연예 대중에게는 하나의 개안(開眼)이었다. 그 뿐이 아니었다. 신기(新奇)의 연극 문예에 대한 경이와 함께, 대중적인 흥행 및 무대 설비를 통한 다수 관객의 수용이라고 하는 경제적 인식은 판소리의 극적인 요소를 자극하여 창극 방향으로 나아가게 하는데 일정한 역할을 수행할 수 있었다. 이렇게 해서 창극은 종래의 판소리에 이어서 나타나게 되었다.

그러나 이렇게 이룩되어진 창극이 처음으로 선을 보인 시기와 장소, 또 처음 시작한 인물 등에 대하여는 의견의 차이를 보인다. 이두현은,

---

20) 유길준, 『서유견문(西遊見聞)』 '연극' 조 참조.
21) 유길준, 위와 같음.
22) 박황, 『창극사 연구』, 백로출판사, 1976, p.17.

이인직은 … 궁내부소관인 전 협율사 자리에 원각사를 창설하였다. 그러나 이른바 신연극인 소설연극을 당장에 상연할 수는 없어 은세계를 연습시키는 한편 그 경비 충당을 위하여 재래 연예의 영업적 흥행을 겸행하였다고 한다. 이리하여 그는 신연극의 창시자인 동시에 재래의 판소리를 무대화하여 창극으로 등장케 한 창극(또는 구극, 오늘의 국극)의 창시자도 되는 것이다. … 신재효(1822~1884)가 판소리의 집대성자라면 이인직은 그것을 창극으로 진일보시킨 공로자라고도 하겠다.[23]

라고 논술함으로써 창극이 1908년 원각사의 설립과 때를 같이하여 이인직에 의해 창시되었다는 주장을 펴고 있다. 반면, 박황은 그의 『창극사 연구』에서 다음과 같이 증언하고 있다.

그 당시 재경(在京) 창악인은 이 청국인의 창극관에서 연희하는 삼국지에 관심과 호기심으로 관람하였으며 강용환 명창은 틈만 있으면 이 청국인의 창극관에서 살다시피 하였는데, 강용환이 청국의 창희를 모방하여 판소리 춘향가를 창극으로 발전시켰다.[24]

이렇게 창극을 처음 창시한 이를 강용환으로 보고 있다. 이 점에 대해서 그의 설을 전적으로 수용하고 있는 최원식은 그 초연의 시기와 장소에 대해 다음과 같은 설명을 보태고 있다.

이렇게 하여 고정된 무대(1902년 건립된 협률사)를 획득하고 직업적 예술로 독립한 판소리 광대들은 1903년 가을 <춘향전>을, 1904년 봄에는 강용환에 의해 <심청가>를 창극화하여 판소리를 무대예술로 발전시켰다.[25]

23) 이두현, 「원각사에 대하여」, 『국어국문학』 27호, 1964, p.19.
24) 박황, 앞에 든 책, p.17.

종합적으로 판단해 볼 때 이인직을 직접 창극의 시창자(始創者)로 보는 데에는 문제가 없지 않다. 다만 그가 1907년 신극 공연을 위해 원각사(圓覺社) 건립을 적극 주선했다는 설이 있고, 이 덕분에 창극이 그 무대를 확보하는 일에도 잠시나마 편익을 끼쳐주었던 것만큼은 사실이었다. 그나마 원각사는 불과 일년 반 동안(1908.7.26~1909.11)만 짧게 존속하였기에, 창극은 다시금 무대를 찾아서 계속 전전하지 않을 수 없게 된 것이다.

그후 창극은 1940년대 후반 여성국극으로의 변환 전까지 그 면모를 유지해 나갔다. 힘겨운 지탱이었으나, 그 와중에는 동시대 창극과 경합의 대상이 되었던 신극 및 서양식 연극의 자극과 영향에 힘입은 바도 경홀히 넘겨 볼 수는 없다.

4. 맺는말—창극의 공과(功過)

판소리의 정통성을 주장하는 논자들 간에는 창극이 판소리의 가치를 손상시켰고,[26] 창극 때문에 "전통의 혼란을 가져오고 있으며 보존의 대상에서도 착오를 일으키고 있다"[27]거나, 심지어는 "창극이라는 극 양식의 출현은 판소리에 있어서는 과오를 저질렀다"[28]고 하는 등, 창극에 대한 비난의 논의가 만만치 않다. 그 반면에, 창극에 대해 그저 연극사의 한 가지 흐름으로 담백하게 서술하는 이도 있고,[29] 긍정적인 해석을 내리는 이들도 있다.[30]

---

25) 최원식, 앞에 든 책, p.310.
26) 조동일, 앞에 든 책, p.19.
27) 유기룡, 「판소리 8명창과 전승자들」, 『판소리의 이해』, 창작과비평사, 1978, p.52.
28) 강한영, 앞에 든 책, p.28.
29) 김재철, 앞에 든 책, pp.164~172 참조.
30) 박헌봉, 앞에 든 책, pp.44~45.

우리의 문예사적으로 볼 때 판소리가 쇠퇴하기 시작하면서 창극이 새로 대두하였다는 사실 때문에 흡사 판소리를 쇠퇴케 만든 원인이 창극에 있었던 것처럼 여겨져서 일종의 반감마저 생겨난 듯싶다. 그러나 모든 문예 장르에는 한 개인의 운명과도 같은 성쇠(盛衰)와 소장(消長)의 원리가 있다. 한 번 형성이 된 후엔 전성의 시기도 있을 것이고, 쇠잔의 단계도 겪지 않을 수 없는 것이다. 약 200년 간 존립한 판소리가 20세기 벽초에 이르러 쇠잔을 면할 수 없었던 것도 급작스런 개화의 열풍으로 거의 대부분의 분야에서 구태를 불식하고 신면모로 탈바꿈하겠다는 시대적 조류가 큰 원인으로 작용했으리라 본다. 그때 예술 대중은 판소리보다는 극이라고 하는 새로운 문예 형태를 요망하게 된 것이고, 창극은 바로 그러한 시대적 요청에 의해 자연스럽게 발생한 새 시대의 산물이었다. 창가 문학의 극화(劇化)는 중국의 창희(唱戲)나 일본의 가부키〔歌舞伎〕가 그러했듯이 우리나라 창극의 경우에 있어서도 문예사의 자연적인 추이에 따른 것이라 볼 수 있다. 판소리가 그 자체 안에서만도 본래의 동편제에서 서편제 및 석화제 등으로 다양한 변화를 보이면서 전개하였다고 한다면, 판소리의 창극화 역시 문예가 발전해 나가는 과정상에 나타난 자연스러운 흐름이 아닐 수 없다.

그러므로 이제 그러한 발전이 원형을 훼손시킨다는 말은 애당초 타당하지 않다. 오히려 판소리라고 하는 하나의 장르가 창극이나 병창(竝唱) 같은 다른 여러 문예 형태를 재창출할 수 있음으로 해서 자체 안에 훌륭한 예술적 소질 바탕을 십분 함유하고 있다는 반증이 되면 되었지, 창극 등의 발생이 판소리의 가치를 손상시키는 일이 결코 될 수 없다. 더구나 창극이 생겨남으로 해서 그것이 판소리 본유의 기본적인 형태에 어떤 변형을 강요한 적도 없었고, 판소리는 판소리대로 또 창극은 창극대로 나름대로의

최원식, 앞에 든 책, p.322 참조.

특장(特長)을 그대로 보유한 채 진행을 보여 왔다. 1900년대 초 극 양식에 대한 개안(開眼)과 함께 일변되어진 예술 사조에 따라 이 땅에도 뒤늦게나마 특유의 독자적 연극 형태라 할 수 있는 창극이 존재함으로 인해 새로운 장르의 확대가 가능하였다[31]는 사실은 큰 의미가 있다. 그런데, 거슬러 그 연극 생성의 근원적 형상을 다름아닌 국내의 판소리에서 찾을 수 있었다고 할 때, 궁극 판소리로 하여금 자체가 지니고 있는 우수한 예술성의 차원을 넘어 또 다른 예형 창조의 추진자(Prompter)라는 영예를 안겨준 셈이 되었다.

또한, 국민예술이라는 차원에서 볼 때 판소리에 이어 계승할 수 있었던 유일한 존재가 창극이었기에, 창극은 판소리가 그 명맥을 상실하여 가고 있던 즈음에 판소리가 지녔던 걸걸하고 구성진 가락과 함께 내용의 전통성을, 바로 이 땅의 춘향과 심청의 이야기를 끊임없이 민중에게 심어주었던 전수자다운 공로가 적지 않은 것이다.

---

31) 박헌봉, 앞에 든 책, pp.44~45 참조.

2부 작가 · 작품론

이백과 두보 사이

-이두우열론(李杜優劣論)에 부쳐-

중국문학사의 서술 과정에서 흔히 '당시(唐詩), 송사(宋詞), 원곡(元曲), 명소설(明小說)'을 말한다. 당나라 때에는 역시 한시가 이 시대 전반을 대표할 만한 장르였다는 말이고, 이 때의 한시란 다름 아닌 5·7언 절구거나, 5·7언 율시와 같은 이른바 근체시를 이름하는 것이다. 또한 당대 근체시의 흐름 전개를 『창랑시화(滄浪詩話)』의 저자인 남송시대 엄우(嚴羽)의 견해를 따라 크게 초당(初唐), 성당(盛唐), 중당(中唐), 만당(晩唐)의 넷으로 구분하여 보는 수가 있고, 보다 간략하게 초당, 성당, 만당의 세 가지로 나누어 보겠다는 견해도 있다.

하지만 그 방식의 차이에도 불구하고, 당나라 때 시의 흐름 줄기 가운데 가장 왕성한 굽이를 '성당'이라 하는 데야 생각이 다를 리 없고, 바로 이 성당의 때에 이룩되어진 시들의 덕분에 당나라 시대의 간판격이 되는 문학적 틀이 한시라는 데에 같은 소리를 내게 된 것이다. 말하자면, 8세기 전반의 개원(開元)과 천보(天寶)의 시대로 대변되는 이 성당의 시간대야 말로 꽃으로 말한다면 만화방창하는 개화(開花)의 때, 제일의 황금기였던 것이다. 그러면 이 때야말로 가히 명실상부 성당이라는 이름에 손색이 없는 많은 수의 시인 역군들이 허다하게 존재하였다. 이를테면, 이백(李白, 701~762), 두보(杜甫, 712~770), 왕유(王維, 699~759)를 비롯하여 맹호연(孟浩然), 고적(高適), 잠삼(岑參), 왕창령(王昌齡), 왕지환(王之渙), 장설

(張說), 저광희(儲光羲), 배적(裵迪), 최호(崔顥), 가지(賈至) 등이 그들이다. 하지만, 그 가운데도 오랜 문학사를 통해서 이백은 시선(詩仙)으로, 그리고 두보는 시성(詩聖)으로 일컬어져 왔고, 나아가 송대의 동파 소식(蘇軾)이 일언이폐지로 "시중유화(詩中有畵), 화중유시(畵中有詩)"라고 극찬하던 왕유가 또 일좌를 차지하였던 바, 이렇게 세 사람을 각별한 위상에 두는 것이다. 공교롭게도 이들이 이룩해놓은 시작의 경향이 하나같지 않아서 각각 도교적인 풍정을 띤 것, 유가 사상에 충실한 것, 그리고 불가자류의 선미(禪味)를 띤 것으로 마침내 문학상 유 · 불 · 도의 각기 다른 문학적 개성이 도출되었다.

그러나 다시금 이 세 사람 가운데 누구나의 귀에 이숙(耳熟)하고 듣는 이의 마음속에 친근하기 비할 데 없는 인물을 가린다고 할 때 이백과 두보 두 인물을 선정하는 데에 이구동성으로 아무런 이의도 없을 것이다.

이백은 701년생이요, 두보는 712년에 태어났으니, 두 사람 사이엔 11살의 나이차가 난다. 이백은 만 61세를 살았고, 두보는 만으로 58년을 산 셈으로, 그 삶을 향유한 햇수에 있어서는 별반의 차이가 없다. 세상을 하직한 원인이 두보는 빈궁에 지친 몸이 폭식에 의한 관격으로 인해, 이백은 술로 인한 부협병(腐脇病) 때문으로 알려져 있다. 역시 생사유명(生死有命)이라 하겠지만, 그러한 중에조차 단 몇 년이라도 더 천수를 누린 쪽은 역시 낙천을 앞세운 풍류거사 편이라는 사실 앞에 전혀 느낌이 없다고 단정해 버리기가 쉽지만은 않아 보인다.

주지되었듯이, 두 사람 사이의 기질의 성품은 서로 완연한 대조를 이룬다. 이백은 낭만적이고 태탕한 풍정을 타고 나서 그 성정을 따라 다소 초현실의 환상 속에 살았고, 두보는 사실적이고 근실한 성격을 품수 받아 현실을 직시하며 살았으니, 이 두 사람이 기질상으로는 거의 상반되다시피 하다고 말할 수 있겠다. 세칭 이백을 시선(詩仙) 또는 낭만주의 시인으로 부르며, 두보를 시성(詩聖) 또는 사실주의 시인으로 부르는 이유도 아마

이런 차이에 기인하는가 한다.

두 사람은 그 시작(詩作)의 태도에서도 서로 판연히 달랐다. 이백이 방음(放飮)의 뒤에 일기가성(一氣呵成)으로 천연의 옥음(玉音)을 토해내는 스타일이라고 한다면, 두보는 삼가 심각하고 진지한 태도로 최대한 시어를 밀고 두드리니, 좀 과장하여 말한다면 한 글자에 일천 번을 다듬는, 이른바 '일자천련(一字千鍊)'의 각고 뒤에 애절한 시 한 편을 창출해내는 유형이었다. 이같은 빠르고 느린 차이에도 불구하고 일생을 통해서 그 남겨놓은 작품의 숫자에서 대략 1,500편을 헤아리는 두보 쪽이 1,100편 정도를 남겼다는 이백보다 더욱 많은 창작의 보람을 남겼다. 이는 아마도 이백이 음주와 홍락에 들인 시간이 상대적으로 많았던 반면, 두보는 소의 걸음처럼 거의 시 짓는 일에 꾸준히 주력하였던 데서 나온 차이가 아니었나 여겨진다.

그러나 두 사람 사이에 공통점도 없지 않았다. 두 사람은 똑같이 중국 전역을 돌면서 자신들의 시적 경계를 펼쳐나갔다. 이들의 시는 한결같이 유랑과 만유가 낳은 결실이라 해도 과언이 아닐 만큼 이들은 생애의 전반을 거의 행운유수처럼 떠돌았다. 그들 생의 한가운데였던 서기 744년(天寶 3년)에는 각각 중국 전역을 종횡하던 두 사람 사이에 역사적인 만남이 이루어졌다. 동도(東都) 곧 낙양에서였는데, 이것도 다름 아닌 두 사람이 똑같이 그렇게 천하를 주유하던 덕분에 얻어진 역사적인 만남이었다. 중국 문학사상, 아니 세계문학사상 불멸의 기념비가 될만한 문학사적 일대 사건이 아닐 수 없었던 것이다. 초여름이었고, 이백은 44세, 두보 33세의 일이었다. 서로의 명성을 생각만으로 간직해두었던 그들 사이의 첫 만남이었고, 여러 날 기거를 함께 했던 것으로 알려져 있다. 그들은 헤어졌으나 약속대로 그 해 가을 양송(梁宋)에서 재회, 고적(高適)과 셋이서 한껏 오유(傲遊)하였으니, 이것이 그들의 두 번째 만남이라 할 수 있다. 머지않아 고적은 먼저 남쪽으로 떠나고, 이두는 나란히 황하 건너의 왕옥산(王屋山)

도사인 화개군(華蓋君)을 찾아 갔다. 그러나 도사는 이미 별세한 뒤였고, 이어 둘은 제주(濟州)까지 동행하였다. 이백이 고천사(高天師)라는 도사에게 도록(道籙)을 얻고자 간다 하매 두보는 일단 이백과 헤어졌다. 이 때 둘 사이에 후약이 있었던가 보았다. 이듬해 가을 745년 두보가 다시 이백이 결혼해 살고 있는 노군(魯郡)을 찾아감으로 하여 두 사람 사이 세 번째 만남이 이루어진다. 이 때 몇 날을 함께 하다 석문(石門)이란 길녘에서 석별의 정을 나눈 끝에 헤어졌다 하니, 이것이 결국 이 지상에서 그들 회동의 마지막이 되었고, 그들은 각자의 인생역정에 들어 다시 보지 못하였다. 이 두 사람의 방랑벽은 끝내 먼 훗날 그 두 사람이 똑같이 객지 타관에서 최후를 맞이했다는 점에서도 공통하였다.

이제 이 두 사람 사이의 또 한 가지 서로 통하는 점을 찾는다면, 그들이 한결같이 마음의 심층에 깊은 우수(憂愁)를 간직하고 있다는 사실을 간과할 수 없다. 두보의 경우는 이른바 그의 '인간적 성실이 낳은 우수'이고, 그것은 시의 전면에 고스란히 표출되어 있으니 간파하기 어렵지 않다. 이백 또한 기실 표면으로는 그토록 명랑하고 낙천적인 양하며 어쩌면 슬몃 퇴폐적인 분위기마저 띠고 있는 그 이면에는 짙은 우수가 깔려 있었을 것으로 추측된다. 이백 또한 개인적으로는 문벌의식에 따라 출세와 권력의 길을 모색한 한 사람이었고, 드디어 당 현종을 가까이 섬기는 위치에 있다가 쫓겨난 이후 입신양명에의 이루지 못한 꿈에 대한 울분이 당연 없지 않았을 터이다. 혹은 그의 흉리에 숨은 낭만주의적 자유와 이상이 까다롭게만 보이는 현실과의 괴리에 따른 환멸이 유연(油然)히 솟았을 것이다. 크게는 <춘야연도리원서(春夜宴桃李園序)>나 <장진주(將進酒)>에서 노정되었듯이, 유한한 인생이 무한의 시공에 대한 만고(萬古)의 우수가 가슴에 그득하여 더욱 취생몽사로 살았을는지 모른다. 동시에, 그가 반드시 달과 시주미인(詩酒美人) 만을 노래했던 것은 아니고, 우국정열로 충신열사를 사모하는 시라든가, 자기 시대에 일어난 안록산의 난리 안에서 시대적인 고통을 읊은 사실적 경향의 시도 지었던 바, 그러한 일련의 시들을 통해 그의 흉금을 짐작하기 어렵지 않다. 어쩌면 이백의 방음과 유랑, 도선적(道仙的)인 취향도 그러한 개인적, 사회적인 괴로움을 잊기 위한 자구(自救)의 몸부림은 아니었을까 하는 생각을 떨치기 어렵다.

하기는 실의 내지 그에 따른 우수야말로 위대한 문학을 가능케 만드는 원동력이요, 추진자라 아니할 수 없다. 한국문학사 안에서만 본다 해도 동봉 김시습의 전기 소설인 <금오신화>, 백호 임제나 석주 권필의 주옥같은 한시, 송강 정철의 <사미인곡> · <속미인곡> 같은 가사 문학이거나, 고산 윤선도의 영롱한 시조 명편들, 그리고 서포 김만중의 소설 <구운몽>과 연암 박지원의 한문 단편 등이 하나같이 그들의 낙척불우(落拓不遇)와 비수울읍(悲愁鬱悒)의 산물 아닌 것이 없다는 점을 상기할 때 이백 문학의 근원 또한 이와 아주 먼 거리에 있지 않을 것이다.

그런데, 이백과 두보보다 약 70년 늦게 태어난 중당기의 문인으로, 전기소설 <앵앵전(鶯鶯傳)>의 작가로 유명한 원진(元稹, 779~831)은 <이두우열론(李杜優劣論)>이란 글을 쓴 일이 있다. 이백과 두보가 세상을 떠난 지 얼마 안 지나서였고, 동시에 이는 이 두 시인 중 누가 더 나은 지에 대해 논한 최초의 글이기도 하였다. 원진은 여기서 '선두후이(先杜後李)', 곧 두보가 앞서고 이백이 뒤진다고 말했는데, 이것이 후대의 문단에 긍정적인 반향을 가져온 것만은 아니었던 모양이다. 당의 문인으로 중국 산문학의 일인자로 추허되는 한유(韓愈, 768~824) 같은 이는 11년 연하인 원진의 그 주장에 대해 <조장적(調張籍)>(장적에게 弄하다)이라는 고시(古詩) 안에서 이를 크게 경계하고 견제한 바 있다. 그는 이 시의 허두에 "李杜文章在光焰萬丈長" [이두 문장의 의연함이여, 그 찬란한 불꽃은 만 길 높이에 이르네!]라고 하여 두 사람에게 나란한 찬사를 베풀었다. 그는 이어서, "어찌하여 어리석은 무리가 이런저런 말로 트집을 잡는단 말인가. 개미가 큰 나무를 흔들 듯 제 분한(分限) 모르는 짓이 가소롭기만 하다."라고 함으로써 우열론의 어리석음을 비웃었다.

송대의 이름난 문인정치가였던 왕안석(王安石, 1021~1086)과 동파 소식(蘇軾, 1036~1101) 또한 이백을 옹호하던 보기 드문 경우에 해당한다. 물론 이 두 사람은 본디 두보 예찬론자들이었으니, 누구를 위에 두고 누구를 밑에 두는 일에 찬성하지 않았을 뿐이다. 같은 시대의 문인인 황정견(黃庭堅, 1045~1101)도 '이두우열론'이 옳지 않음을 언급한 적이 있다. 다름 아니라, "내 친구 황개(黃介)가 이두우열론을 읽고는 논하는 글이 참으로 부당하기 그럴 수 없다고 했는데, 나 또한 그것이 일리있는 말이라 생각한다."고 하여 반박을 가한 일이 있다.

하지만 역사적으로는 대부분이 원진과 같이 두보를 보다 앞세우는 분위기가 우세했음이 진실이다. 심지어 송대의 몇몇 문인들, 이를테면 동파 소식의 아우 소철(蘇轍)을 비롯하여 석혜홍(釋惠洪), 조언재(趙彦材), 육유(陸游), 나대경(羅大經) 같은 이들은 아예 이백의 인품이 천박하고, 시 또한 그 내용이 가볍다는 뜻의 말들을 서슴지 않았다. 호준한지는 모르지만 주색 풍류거나 신선 허무 등에 그친다는 것이다. 교화(敎化)에 도움이 되지 않는다는 말도 나왔다. 그러한 이백과 대조하여 유교정신이 밑바탕에 확실히 깔려 있는 두보의 시야말로 지식인들의 작시의 표본이 되고, 아울러 정신적, 정서적 귀감이 되기에 부족함이 없었다. 그리하여 두보에게는 일일이 매거할 겨를 없이 천가(千家)의 주(註)가 따라 있어 크나큰 보급을 보았지만, 반면에 이백의 시를 해석하거나 연찬한 이는 송대의 양제현(楊齊賢), 원대의 소사빈(蕭士贇), 청대의 왕기(王琦) 등 겨우 손에 꼽을 정도로 빈약함을 면치 못하였다.

이러한 양상은 비단 중국에서만 그런 것이 아니었다. 한국의 문단에서도 이 두 거인 사이에 우선성을 부여 받았던 쪽은 두보였다는 것이 감추기 어려운 사실이었고, 또 그리 된 데는 바로 위에서 말하는 교화의 문제가 상당한 부분을 차지했으리라는 것은 이해하기 어렵지 않다. 중국의 경우나 다름없이 두보 쪽에 더 무게를 주었던 층은 벼슬길에 나아가지 못한 시인묵객들 뿐만이 아니었다. 이러한 인식은 조선시대의 지배 계층에서 더욱 비중 있게 나타났다. 다른 것은 고사해 두고라도 이 땅에 『두시언해(杜詩諺解)』라는 책은 있어도, 이백의 시를 번역한 '이백언해(李白諺解)' 같은 책은 존재하지 않았다는 그 사실 한 가지만으로도 그것을 단적으로 입증할 수 있다. 무슨 일로 조선이라는 봉건주의 시대의 위정자들은 두보를 택하고 이백을 버렸을까? 어렵게 설명할 것도 없이 이렇게 얘기하면 간단히 이해할 수 있을 것이다. 만천하가 모두 나라와 백성을 걱정하고 충군효제(忠君孝悌)하는 두보와 같다면 어떠할까? 반면, 세상이 온통 이백처럼 별천지나 동경하고 달과 미인 술타령으로 장취(長醉)한 채 조선 천지를 메운다고 할 때 그 또한 어떠할까? 지배층의 심사로는 암만해도 "천금산진환부래(千金散盡還復來)"며 "유유음자유기명(惟有飮者留其名)"을 외치는 이백의 허랑함을 세워 선전할 이유가 하등에 없었다. 반면, 조선의 모든 백성들이 다 우국연민(憂國憐民)하고 충군효제(忠君孝悌)하는 두보와 같은 모습을 보여 주기를 당연 기대했을 것이다. 두보의 시는 따로 어디라 할 것도 없이 애국연민(愛國憐民)과 효제충신(孝悌忠信)의 내용이 봉건주의가 추구하는 가치관에 제대로 부합하고, 동시에 성실한 인생의 귀감을 잘 제시하고 있었다. 그리하여 두시를 언해한 동기는 바로 당시의 지배층이 『소학언해(小學諺解)』를 편찬했던 이유와 동일한 수준에서 이해 가능할 것이다.

이렇듯 과거에 애써 두보를 지향(志向)해 나갔던 데는 어쩌면 사람이 전체 단위의 객관적 가치에 충실해야 한다는 의도가 반영되었을 테요, 반면에 이백을 지양(止揚)했던 데는 개인 단위의 주관적 가치에 대한 무언의 경계가 밑에 깔려 있었을 터이다. 그와 같은 시대에는 전자를 질서로, 후자를 혼돈 쯤으로 판단했겠지만, 그러한 인식이 오늘날의 우리에게조차 그대로 수용 가능한 지에 대해서는 마침내 회의가 없을 수 없다. 문학은 오로지 교화와 같은 지시(Instruction) 기능만을 위해 존재의 의의가 있는 것이 아니라, 거기에는 흥취(Interest)의 기능이 마저 의미로서 강조되는 까닭이다. 생활 속의 보람과 즐거움에 해당되는 이른바 교훈과 쾌락, 이 두 가지는 문학의 양대 기능으로서 나란히 존중되는 명제임이다.

전반적으로 모색해 보았을 때, 두보의 시는 꾸준히 성실한 긴장 속에 인간다운 삶의 의미를 제시해 주고, 이백 시의 대부분은 긴장 없는 편안함 속에 우리에게 기분 좋은 삶의 기쁨을 선사해 준다. 그리하여 전자를 '긴장의 미학'이라 하고, 후자는 '이완의 미학'이라 이름 붙여 무방할 것이다. 인생에는 성실의 보람을 위한 긴장이 필요하지만, 후생의 즐거움을 위한 이완이 또한 그 못지않게 필요한 것이 아닐 수 없다. 두보가 일이라면 이백은 휴식이고, 두보가 맑은 물이라면 이백은 시원한 바람이리라. 그랬을 때 오늘을 사는 우리에게 필요한 것은 하필 둘 가운데 어느 쪽 하나만을 선택해서 직성을 푸는 일이 아니라, 두 군데 각각에 내유해 있는 그 빛나는 가치를 고루 누리고 선용하는 일이다.

그런데 '이두우열론'은 이것이 처음 등장했던 저 9세기 초의 당나라 때부터 전통 시대의 오랜 기간 동안을 거쳐 심지어는 21세기의 현재에 이르기까지도 사람들의 마음 속에 포기하기 어려운 미련처럼, 끈질기고 집요하게 상존해 있다. 흡사 어떤 모양으로든 승자와 패자가 결정지어지는 격투기 시합을 보듯 이 두 사람 사이에 승패와 우열을 가르고 싶어 한다. 정녕, '이두우열론'의 불가능을 말한 엄우의 표현처럼 "이백 편에서 승한 것은 표일호방(飄逸豪放)이니 두보가 미치지 못하고, 두보 쪽에서 묘한 것은 침울웅경(沈鬱雄勁)이라 이백이 미칠 수 없는 것"인데, 이렇듯 서로 같지 아니한 형이상의 세계를 형이하적인 힘과 기술의 논리인 양 결과를 보고 싶어 하는 것이니, 참으로 난망할 뿐이다.

대개 이백과 두보 사이에 우열을 가리고자 하는 것은 마치 그림에서 유화와 수채화 사이에 어느 편이 더 훌륭한 장르인가, 혹은 동양화 중에선 산수화와 문인화 사이에 어느 쪽이 더 미적인 양식인가를 논정해 보이겠다는 의도와 크게 다를 바 없을 것이다. 글씨에 있어서의 예(隸)와 전(篆) 혹은 해행(楷行)과 행초(行草) 사이에 어느 쪽이 보다 예술성 높은 형태인지 굳이 확정짓겠다는 의도와 다를 게 없다. 일상의 사물에 비유하자면 산이 더 좋은지 바다가 더 좋은지를 선택하는 일과 별반 다를 것이 없다. 이 마당에 굳이 말한다면, 두보가 아주 느리지는 않게 곱고 차분히 써나간 해행의 글씨 같다면, 이백은 한 달음에 유창히 일필휘지한 행초의 글씨답다고 할 수 있다. 두보가 가까이에 정진해서 오르는 조용하고 든든한 산의 심상이라면, 이백은 탁 트여 시원한 먼 바다의 이미지에 가깝다고 할 만하다.

우리는 건강을 위해 산에 오르지만 바다도 보면서 기분을 전환하고 생활의 재충전을 기한다. 서화에 있어서도 한 장르의 그림 대신 보다 다양한 장르의 그림, 한 가지 서체 대신 여러 서체의 아름다움을 두루 향유하는 속에서 미취를 더해 볼 길 있다. 결국 '이두우열론'의 운명적 향방은 이를테면 '우열불가론(優劣不可論)' 외에 따로 갈 곳이 없을 듯싶다. 이제, '이두우열론(李杜優劣論)'이라는 사뭇 난감하기 짝이 없는 고루한 상극의 명제는 버리고, '이두상승론(李杜相乘論)' 혹은 '이두효용론(李杜效用論)'과 같은 상생의 명제로써 문학의 시너지(synergy) 효과를 높이는 가운데 더 조화롭고 윤택한 삶을 확보해 나가야 할 것이다.

한유의 <사설(師說)>·<잡설(雜說)>

1. 머리말

한유(韓愈, 768~824)는 중국 당(唐)나라의 문인, 정치가이자 유가의 사상가이다. 자는 퇴지(退之). 선조의 땅이 하북(河北)의 창려(昌黎)였기에 창려(昌黎)라고도 하였다. 그의 간력을 일람하면 대략 다음과 같다.

25세(792) : 진사에 등과, 지방절도사의 속관이 됨.
36세(803) : 감찰어사가 되었으나, 행정 장관을 탄핵하여 양산현령(陽山縣令)으로 좌천.
37세(804) : 소환되어 주로 국자감에서 국자박사(國子博士)로 근무.
50세(817) : 회서(淮西)에서 일어난 오원제(吳元濟)의 반란을 평정한 공으로 형부시랑(刑部侍郎)이 됨.
52세(819) : 헌종(憲宗)이 불골(佛骨) 모신 것을 간하다가 조주자사(潮州刺史)로 좌천됨.
53세(820) : 헌종이 죽자 소환되어 이부시랑(吏部侍郎)에 오름.

사상 면에서는 유가 사상을 존중하고 불교와 도교를 배격하였으며, 문학에서도 공맹의 도통(道統)을 중히 여겨 수사보다 내용에 중심을 두었다.

저서로 『창려선생집』(40권), 『외집(外集)』(10권), 『유문(遺文)』(1권), 이고(李翺)와의 공저인 『논어필해(論語筆解)』(2권) 등이 있다. 시호는 문공(文公)이다.

시에 있어서도 서정적인 주제에 국한하지 않고 논설을 전개하거나 사실을 기술하는 등, 지적인 흥미를 정련된 표현으로 나타내고자 시도하였다. 그 결과 때로는 산문적이며 난해하다는 평도 받았으나, 제재(題材)의 확장에 일정한 역할을 했고, 송(宋)나라 시에 끼친 영향도 크다.

그러나, 무엇보다 한유는 당나라 산문학의 종장(宗匠)으로 높은 위치를 차지하고 있다. 종장이란 장인(匠人) 중의 으뜸이란 뜻이다. 동시에 당송팔대가(唐宋八大家)의 한 사람이기도 한 그는, 그 가운데서도 소동파와 더불어 가장 유명하였다. 특히 문학 방면에 있어서의 두드러진 공적으로 '글이란 도를 실어야 한다'는 이른바 '문이재도(文以載道)'라는 각별한 경계의 주창과 산문 문체의 개혁을 들 수 있다. 재래 대구(對句) 중심의 변려문에 반대하는 한편, 자유로우면서도 유가 정신을 전달시키는 문체를 만들어 '고문(古文)'이라 일컫고, 5년 연하의 문우인 유종원(柳宗元) 등과 함께 이를 진작시켜 중국 산문 문체의 모형과 규범이 되었다. 고문운동의 성공인 것이다. 그의 문인으로서의 선구자적인 업적 가운데는 가전(假傳) 문학의 개창을 빠뜨릴 수 없으니, 잘 알려진 <모영전(毛穎傳)>, <하비후혁화전(下邳侯革華傳)> 등의 창작이 그것이었다.

뿐만 아니라, 그는 또한 저 이름난 <사설(師說)>과 <잡설(雜說)>을 남김으로 하여,[1] 산문 장르 가운데 '설(說)' 양식의 중흥 시조로서의 위상을 굳힌 인물로도 손색이 없을 것이라 생각된다.

설(說)은 고전 산문 가운데 논변류에 속하는 한 장르 명칭이다. 오늘날 많이 접하는 '논설', 혹은 '해설' 등의 용어와 대조해 보면 훨씬 가깝게 와

---

1) 이는 각각 한유, 『한창려문집(韓昌黎文集)』 권12의 '잡저(雜著)'와 권11의 '잡저(雜著)' 안에 수록되어 있다.

닿을 것이다. 실제로 '논(論)' · '해(解)' · '설(說)'이 모두 고전 산문의 양식이기도 하여 더욱 그러하다.

그러나 정작 고전 시대에 직접 설에 관해 설명을 가한 문헌은 발견하기가 쉽지 않다. 그럼에도, 장르의 분류에 철저했던 명대 서사증(徐師曾)의 『문체명변(文體明辯)』에서야 의당 이 산문 양식에조차 관심과 배려를 놓칠 리가 없었다. 주로 설 장르의 유래에 관련한 설명이다.

> 按字書說 解也 述也 解釋義理 而以己意述之也 說之名 起於說卦 漢許愼作說文 亦祖其名 以命篇 而魏晉以來 作者絶少 獨曹植集中 有二首 而文選不載 故其體闕焉 要之 傳於經義而更出 已見縱橫抑揚 以詳贍爲上而已 與論無大異也.2)
>
> 『자서(字書)』에 보면, "설(說)은 해(解)이다. 술(述)이다. 의리를 해석하여 자기의 뜻을 서술하는 것이다." 라고 하였다. 설(說)이란 이름은 『설괘(說卦)』에서 기원하였다. 한나라 허신(許愼)은 『설문(說文)』을 지었거니와, 다름 아닌 이 명칭을 조술한 것이다. 위진시대 이래로는 이를 짓는 이가 매우 적었다. 조식의 문집 속에 두 편이 있었을 뿐이라, 『문선(文選)』이 이 문체를 수록하지 않았기에 이 체제가 빠져버렸다. 요컨대, 경전의 의미 안에서 전해지다가 다시 나타난 것인데, 그렇게 나타난 후에는 이런저런 기복을 보이다가 상세함이 넉넉한 것으로서 으뜸 삼았을 따름이니 논(論)과 큰 차이가 없게 되었다.

장르적 성격에 대해서는 그냥 '논(論)'이라는 양식과 별 차이가 없다는 정도의 간단무쌍한 설명과 함께, <명설(名說)>이나 <자설(字說)> 같은 작품은 비록 명칭은 같다 해도 그 전개된 내용의 성격이 다르므로 이 양식

---

2) 서사증, 『문체명변』 권42 '說'.

과는 구별짓겠노라 한 것이 전부이다.

> 今取名家數篇 以備一體 此外又有名說字說 其名雖同 而所施則異 故別爲一類 不復附於此云.
>
> 이제 명가들의 작품 몇 가지를 가져다가 한 모양으로 갖추어 놓는다. 이것 외에 또 <명설>이나 <자설> 같은 작품도 있거니와, 비록 그 명칭은 같지만 그 펼치는 내용만은 다르기에 별도의 한 종류로 다루고 여기에다가는 반복해서 붙이지 않는다.

대신에, 설봉창(薛鳳昌)이 쓴 『문체론(文體論)』을 보면 앞서 서사증이 설의 유래 및 사례를 설명한 것 외에, 설 장르가 지니는 특질에 대한 설명을 더 보태고 있다.

> 彦和論說篇云 說者悅也 兌爲口舌 故言資悅懌 過悅必僞故 舜警讒說 蓋說的起源 大槪出於子家 自漢以來 著述家所作雜說 十八九皆屬寓言 自來傷時疾俗的士 不欲正言而託物以寄意 後人演之爲小說 陸士衡文賦所謂 說煒煌而譎誑 正指此也.[3]
>
> 언화(彦和)의 <논설편(論說篇)>에 이르기를, 설(說)이란 열(悅)이라 했다. 기뻐 말한다는 뜻이기에 그 말이 즐거움을 가져다 준다. 그런데, 즐거움에 치우치다 보면 필경 거짓으로 둘러대기 쉬워지므로 순임금은 그것이 참언으로 변질될 것을 경계하였다. 아마도 설의 기원은 대개 제자백가로부터 나오지 않았을까 한다. 한나라 이래로 저술가들이 지은 잡설이란 십중팔구 모두 우언(寓言)에 속하는 것들이다. 스스로 시절을 아파하고 세속을 질시하는 선비들이 바른 말로 하기를 꺼리는 대신, 사물에 가탁하여 자신

3) 설봉창, 『문체론』, 제3장 제2절 논변체 '說'.

의 뜻을 부쳤던 바, 뒷시대 사람들이 그것을 부연시켜 소설을 만든 것이다. 육사형(陸士衡)이 이른바, "말이 번지르르하면 속임수의 말"이라고 한 것은 진정 이를 두고 이른 말이다.

그리하여, 오늘날 한문 산문 중의 설 장르를 설명하기 위한 자리에서는 위의 두 가지를 잘 절충하여 요약을 가한 다음과 같은 내용도 찾아 볼 수 있게 된다.

> 설(說)은 논(論)과 큰 차이가 없다. 다만 설은 그 자신의 의사를 좀 더 자세하고 여유 있게 표현하기 때문에 유여한 느낌이 들게 마련이다. 평의(評議)를 하여도 직언적(直言的) 표현이 아니라, 우의적(寓意的) 표현을 한다.[4]

여기서 재미있는 사실 하나를 발견할 수 있다. 곧, 소설의 형성이 설의 부연으로부터 이루어졌다는 말이 그것이다. 다른 문체론의 저자들 사이에서 이와 같은 해석을 찾기는 쉽지 않지만, 관점에 따라서는 상당한 타당성을 지니고 있는 견해로 간주될 만하다.

논자 간에 바로 이 설과 소설, 두 장르 간의 연계를 찾아보려는 시도[5]도 바로 이같은 해석과 무관해 보이지만은 않는다. 그리하여, 좀더 추단을 가하자면 어쩌면 '소설'에 대한 해석도 '작은 형태의 설' 양식이란 풀이가 또한 가능할는지 모를 일이다. 혹은 '소설'이란 용어를 술목구조로 파악하되 소(小)를 '작게 만들다' 의미의 동사형으로 해석, 산문으로서의 '설 문체를 사소화(些少化)시킨 형태'라는 해석도 가능할는지 또한 알 수

4) 이종찬, 『한문학개론』, 이우출판사, 1985, p.235.
5) 이강엽, 「설의 장르적 성향과 소설적 변개 가능성」, 『국어국문학』 112호, 국어국문학회, 1994.

없는 일이다.

더 나아가, 어쩌면 설과 소설의 상관성은 우언문학이 그 장르 본질적인 모습 외에, 시간의 흐름 안에서 장르적 외연이 이루어져 결국 두 갈래로 발전했다고 하는 다음의 견해를 통해서 고무적인 것이 될 수 있다.

> 한중의 고대 우언문학은 크게 두 줄기로 전개되었다고 할 수 있다. 하나는 사대부들의 고담준론이나 정치적 주장을 담기 위한 것과, 또 하나는 대중들의 삶을 반영하면서 사회에 대한 풍자나 비판을 위한 글쓰기로 나눌 수 있다. 전자가 짧은 편폭 속에 고도의 우의를 압축적으로 담는 것이라면, 후자는 비교적 긴 편폭의 서사물 속에 우의를 담는 것을 특징으로 하고 있다. 이 경우 전자는 우의가 중심이고, 후자는 이야기가 중심이 된다. 따라서 전자는 본래의 장르적 본질과 순수성을 유지하려고 한 반면에, 후자는 다른 장르 특히 시, 소설, 희곡 등과 적극적으로 습합하려고 한다. 이렇게 하여 우언은 '장르의 고유성 유지'와 '타 장르와의 습합' 과정을 통하여 장르적 외연이 넓어지게 되었다.[6]

이렇듯, 설이라는 문체의 시간적 연원도 깊고 그것의 내용적 양상 또한 다양하게 전개되었다고 볼 만했지만, '설' 문체의 흥륭은 한유와 유종원에게서 힘을 얻은 것만큼 사실인가 한다. 다음과 같은 설명도 이 같은 취지에서 멀지 않을 것이다.

> 한유가 <사설(師說)>과 <잡설(雜說)>을 짓고 유종원이 <포사자설(捕蛇者說)>을 짓자 '설'의 문체가 흥성하였다. 뒷사람에게 <자설(字說)>과 <명설(名說)> 등이 있다. 이것들은 고계성(告誡性)의 잠명문(箴銘文)과 유

6) 권석환, 「한중우언의 동질성에 관한 연구」, 『중어중문학』 29집, 한국중어중문학회, 2001.

사하다. 이를테면 소순(蘇洵)에게 <명이자설(名二子說)>이 있고, 귀유광(歸有光)에게 <이자자설(二子字說)>이 있다. 뒤에 또 남에게 주는 '설'이 있게 되었다. 이것은 증서(贈序)의 문체와 유사하다. 소식의 <증장호작가설(贈張琥作家說)> 등이 그 예이다.[7]

<사설>은 『한창려전집(韓昌黎全集)』 제2책 권12 '잡저(雜著)'의 안에 들어 있다. 같은 시대에 유종원은 <답위중립논사도서(答韋中立論師道書)> 안에서 한유의 <사설>에 대해 다음과 같이 적고 있다.

魏晉氏以下 人益不事師 今之世 不聞有師 有輒譁笑之 以爲狂人 獨韓愈奮不顧流俗 犯笑侮 收召後學 作師說 因抗顔而爲師.[8]

위(魏) · 진(晉) 이래로 사람들은 더한층 스승을 섬기지 않았다. 오늘날에는 스승이 있다는 것을 듣지 못하겠다. 있다면 비웃거나 미친 사람으로 여긴다. 다만 한유만이 세속의 비웃음이나 모욕을 돌아보지 않고 학생을 불러 모으고 사설을 지었으며 그에 따라 얼굴을 들고 스승이 되었다.

스승삼기의 미풍이 단절된 시속을 개탄함과 동시에 스승의 필요를 역설한 <사설>은 후대에 설(說) 장르의 원조 구실을 하였다. 또 유종원은 <답엄후여논사도서(答嚴厚輿論師道書)>에서 <사설>에 대해 이렇게 말하기도 했다.

僕才能勇敢 不如韓退之 故又不爲人師 人之所見 有同異 吾子無以韓責我.[9]

---

7) 진필상 저, 심경호 역, 『한문문체론』, 이회문화사, 2001, p.183.

8) 『유하동전집』 권34 '書' <답위중립논사도서(答韋中立論師道書)>.

9) 『유하동전집』 권34 '書' <답엄후여논사도서(答嚴厚輿論師道書)>.

나의 재능과 용감함은 한퇴지만 못하므로 또한 남의 스승이 될 수가 없지요. 사람의 견해에 같고 다른 차이가 있다 보니, 그대만큼은 한유와 연결지어 나를 나무라지 않는군요.

『한창려전집』의 주석자는 이 <사설>의 표제 바로 아래에 한유와 유종원의 관계에 대하여 자신의 소견을 다음과 같이 피력해 두고 있다.

余觀退之師說云 弟子不必不如師 師不必賢於弟子 其言非好爲人師者也 學者不歸子厚 歸退之故 子厚有此說耳.

내가 보기로는, 한퇴지의 <사설>에 이르기를 '제자가 반드시 스승보다 못할 이유도 없고, 또 스승은 제자보다 반드시 나으라는 법도 없다.'라고 했는데, 이 말은 남의 스승이 되기를 달가워하지 않는다는 것이 아니다. 배우는 이들이 유자후에게 귀의하지 않고 한퇴지에게 귀의하는 까닭에 자후가 이와 같은 말을 했을 따름이다.

<잡설(雜說)>은 『한창려전집(韓昌黎全集)』 제2책 권11 '잡저(雜著)'의 안에 들어 있다. 모두 4편의 글로 조성되어 있다. 첫 편은 '용(龍)'에 대해, 둘째 편은 '의(醫)'에 대해, 셋째 편은 '외모'에 대해, 넷째 편은 '말[馬]'을 제재로 삼아 이야기하고 있다.

그리고 잡설이란 제목 하에 쓰여진 작품의 최초도 아마 한유의 이 작품에 있는 것으로 사료된다. 한유가 이것을 쓴 이후로 송대의 문단에도 잡설이란 명칭을 구사한 설 문학의 등장이 이루어졌다. 예컨대, 구양수(歐陽修, 1007~1073)의 <잡설삼수(雜說三首)>나, 소식(蘇軾, 1036~1101)의 <애자잡설(艾子雜說)> 같은 작품 등이 그것이요, 한국의 문단에서는 성간(成侃, 1427~1456)의 <병중잡설(病中雜說)>, 김시습(金時習, 1435~1493)의 <잡설(雜說)> 같은 작품을 대표로 꼽을 수 있다. 한유의 경우에 '잡설'이라고

제목 삼은 바의 의미는 대개 그 서술이 하나의 제재 또는 주제로 일관되지 않고, 이런저런 서로 다른 내용을 '섞어' 기술했다는 뜻으로 보인다. 하지만 이후에는 '잡설'이란 말의 의미 권역이 확대되어진 듯싶다. 곧, 잡(雜)에는 '뒤섞이다'라는 의미 외에 '잗달다(자디잘다)'이라는 의미도 함께 쓰이는데, 초기 한유의 잡설이나 소동파의 경우에는 대개 전자의 뜻에 부합한다 하여 무리가 없겠지만, 구양수나 성간, 그리고 그 이후 한국 문단에 속출된 잡설류 문장의 상당수는 차라리 후자의 뜻에 보다 합당할 듯싶다.

한편, 어디까지나 설 양식의 한 형태로서 우언적 수법의 논변에 충실했던 초기 잡설의 양상이, 시간이 흐르면서 점차 논변의 성격에서 일탈된 내용까지를 다루어 나갔던 사실도 이에서 도외시하기 어렵다. 다음의 내용은 그러한 사정을 잘 설명한 경우가 될 것이다.

> 이후 김시습과 최충성(崔忠成, 1458~1491)이 연작으로 지은 것을 비롯, 잡설이란 제하의 글은 꾸준히 지어져 작가를 확인할 수 있는 작품이 65수에 이른다. 이를 유형화하면 초기 잡설의 내용처럼 우언의 비유를 사용하여 인정 세태를 풍자하거나 비판한 작품이 있고, 구양수처럼 객관 사물을 보고 여기에서 느끼는 바를 서술하면서 그 속에 담긴 이치를 고구하는 철리적 성향의 작품이 있는가 하면, 아예 자신이 드러내고자 한 의론을 건조한 문체로 단도직입적으로 드러낸 경우도 있다. 또한 논변류 문체라 할 수 없는 신변잡기를 기록한 패설류의 글도 있다.[10)]

서사증은 설에 관한 설명 안에서 <명설>과 <자설> 등을 정통 설 장르와는 분리하여 별치(別置)시켰거니와, 뒷시대에 우후춘순처럼 생겨난 이와 유사한 종류의 잡설들도 대부분 비슷한 처지에 놓일 것으로 사유된다.

---

10) 홍성욱, 「잡설 연구」, 『한문학논집』 권19, 단국대학교 한문학회, 2001.

이렇듯, 잡설 형태의 역사적 전개와 변화 속에서, 한유 <잡설>의 위상이 확인된다. 곧, 한유의 이 작품은 비록 그 제재는 네 가지에서 다 달랐지만, 우언에 기초한 논변성이 꾸준히 유지되어 있었다. 이를테면, 특출한 인물은 자신을 알아주는 이를 만나 온당한 대접을 받은 후에 그의 재능을 펼칠 수 있고, 그렇지 않으면 평범한 사람들보다도 못한 비참한 위치에 떨어질 것이라는 뜻을, 직접 말하는 대신 용과 말의 비유로써 강조하였다. 세상의 벼리와 강령이 지켜져야 한다는 것을 사람의 맥박에다 비유하였다. 멋진 외모가 곧 훌륭한 성품은 아니요, 해괴한 외모가 곧 그릇된 성품은 아니라 함을 학(鶴)과 고대의 성인들에 견주어 강론하였다. 다름 아닌, 이들 모두 우언의 논변인 것이다.

그리하여 한유의 <잡설>에는 충실한 우언성과 논변성의 두 가지를 온전히 갖추었던 바, 그것이 설 장르의 모범과 규준이 되어 든든한 위상을 확보할 수 있었던 것이다.

-작 품-

사설(師說)

한유(韓愈)

옛날의 학자는 반드시 스승이 있었다. 스승이란 진리를 전하고 학업을 가르쳐주며 의혹을 풀어주는 이이다. 사람은 나면서부터 아는 것이 아닌데, 누구라 의혹이 없을 수 있겠는가? 의혹을 가지고도 스승을 따르지 않는다면 그의 의혹됨은 끝내 풀리지 않을 것이다.

나보다 먼저 태어나 그가 도를 들음에 있어서 정녕 나보다 앞섰다면 나는 그를 따라 스승으로 삼는다. 나의 뒤에 태어났더라도 그가 도를 들음이 역시 나보다 앞섰다면 나는 그를 따라 스승으로 삼는다. 나는 도를 스승으로 삼는 것이니, 어찌 그 생년이 나보다 앞서고 늦음을 아랑곳 하리오? 이런 까닭에 신분이 귀하든 천하든, 나이가 많든 적든 가릴 것 없이 도가 있는 곳이 스승 계시는 곳이다.

아! 스승의 도가 전해지지 않은 지 오래되었으니, 사람들이 아무런 의혹 없기를 바라기가 어렵기만 하다. 옛날의 성인은 일반 사람들보다 훨씬 뛰어났지만 오히려 스승을 좇아 물었는데, 오늘날의 많은 이들은 성인보다 훨씬 떨어지면서도 스승에게 배우기를 부끄러워한다. 이런 까닭에 성인은 더욱 밝아지고 어리석은 이는 더욱 어리석게 된다. 성인이 밝아지는 이유와 우인(愚人)이 어리석게 되는 까닭, 그 모두가 여기서 나온 것인가 한다.

자기 자식을 사랑하는 나머지 자식의 스승은 가려서 가르치면서도 자기를 위해서는 스승삼기를 부끄러워하니 미혹된 일이다. 저 아이들의 스승이란 책을 주고 읽는 법을 가르치는 사람이니, 내가 말하는 바 진리를 전하고 미혹함을 풀어주는 사람은 아니다. 책 읽는 법을 모르거나 의혹이 풀리지 않는 일에 있어 어떤 이는 스승을 두고, 또 어떤 이는 두지 않는다. 하찮은 것은 배우면서 큰 것은 팽개쳐놓고 있으니 나는 그들이 현명하다고 할 수 없다.

무당이나 의사, 악사(樂師)거나 모든 계통의 기술자들은 서로 스승 삼기를 부끄러워하지 않는다. 그런데, 사대부 부류들은 스승이니 제자니 말할 경우 한 통속이 되어 그들을 비웃는다. 그 까닭을 물으면, "저 사람과 저 사람은 나이 서로 비슷하고 배움의 수준도 서로 비슷하다."고 말한다. 스승의 지위가 낮으면 부끄럽기 그지없다 여기고, 스승의 벼슬이 높으면 비위맞추려는 일에 가깝다고 한다. 이렇기에 사도(師道)가 회복되지 않았음을 알만 하다. 무당이나 의사, 악사(樂師)거나 모든 계통의 기술자들을 군자들이 업신여기지만, 이제 군자란 사람들의 지혜는 도리어 그들에게 미치지 못하니, 정말 해괴한 일이구나.

성인은 스승에게 안주함이 없다. 공자는 담자(郯子)·장홍(萇弘)·사양(師襄)·노담(老聃)에게 배웠지만, 담자의 무리가 그 현명함에서 공자에 미치지 못하였다. 공자는, "세 사람이 함께 길을 가게 되면 그 중에 반드시 나의 스승이 있다."고 하였다. 그러므로 제자가 반드시 스승만 못하란 법 없고, 스승이 반드시 제자보다 낫다는 법도 없다. 진리를 들음에 있어서 앞서기와 뒤처짐이 있고 기술과 학업에는 전공이란 게 있기에 이리 될 따름이다.

이씨의 아들 반(蟠)은 나이 열일곱으로 고문(古文)을 좋아하여 육예(六藝) 경전(經傳) 모두를 두루 익혔다. 시속(時俗)의 관념에 구애받지 아니한 채 내게 배움을 청하매, 나는 그가 능히 옛 도를 실행함을 갸륵히 여겨 '사설(師說)'을 지어 그에게 주는 바이다.

師說

古之學者 必有師 師者 所以傳道授業解惑也 人非生而知之者 孰能無惑 惑而不從師 其爲惑也 終不解矣 生乎吾前 其聞道也 固先乎吾 吾從而師之 生乎吾後 其聞道也 亦先乎吾 吾從而師之 吾師道也 夫庸知其年之先後生於吾乎 是故無貴無賤 無長無少 道之所存 師之所存也 嗟乎 師道之不傳也久矣 欲人之無惑也難矣 古之聖人 其出人也遠矣 猶且從師而問焉 今之衆人 其下聖人也亦遠矣 而恥學於師 是故聖益聖 愚益愚 聖人之所以爲聖 愚人之所以爲愚 其皆出於此乎 愛其子 擇師而敎之 於其身也 則恥師焉 惑矣 彼童子之師 授之書而習其句讀者也 非吾所謂傳其道 解其惑者也 句讀之不知 惑之不解 或師焉 或不焉 小學而大遺 吾未見其明也 巫醫樂師百工之人不恥相師 士大夫之族 曰師曰弟子云者 則羣聚而笑之 問之則曰 彼與彼 年相若也 道相似也 位卑則足羞 官盛則近諛 嗚呼 師道之不復 可知矣 巫醫樂師百工之人 君子不齒 今其智乃反不能及 其可怪也歟 聖人無常師 孔子師郯子萇弘師襄老聃 郯子之徒 其賢不及孔子 孔子曰 三人行 則必有我師 是故 弟子不必不如師 師不必賢於弟子 聞道有先後 術業有專攻 如是而已 李氏子蟠 年十七 好古文 六藝經傳 皆通習之 不拘於時 請學於余 余嘉其能行古道 作師說以貽之.

잡설(雜說)

1.

용이 기운을 토하면 구름이 된다. 구름은 물론 용보다 신령스럽지는 않다. 하지만 용은 자신이 토해낸 이 구름의 기운을 타고 드넓은 하늘의 끝까지 아스라이 닿으며, 태양이나 달에도 접근해서 그 빛을 가린다. 벼락과 번개를 일으키는 등의 신비로운 변화로 지상에 홍수를 내려 산이나 계곡을 잠기게 하는 구름 역시 신령스럽고 기이한 것이다.

용의 능력이 구름을 신령스럽도록 해주는 것이지만, 용의 신령스러움은 구름이 만들어 주는 것이 아니다. 하지만 용은 구름을 만나지 못하면 자신의 영묘함을 신비롭게 할 재간이 없다. 그 의지할 데를 잃으면 정말로 아무 것도 할 수 없을 것이다. 자신이 의지할 데가 다름 아닌 자신이 만들어낸 것이라니 이상한 일이다.

그러나 『역경(易經)』에 "구름은 용을 따르나니[雲從龍]"라고 하였다. 용이라고 한 이상 구름이 거기에 따르는 것일 것이다.

2.

병을 잘 고치는 사람이란 어떤 사람이 말랐거나 살진 것을 살피는 이가 아니고, 그 사람의 맥에 문제가 있는지 없는지를 살피는 존재일 따름이다. 온 천하를 잘 헤아려 아는 사람은 천하가 편안한 지 위태한 지를 살피는 사람이 아니라, 그 벼리와 강령이 제대로 갖추어져 있는 지 어수선한 지를 살필 따름이다.

이제 천하가 사람이라면, 편안함과 위태함은 마르고 살진 것에 해당한다. 벼리와 강령은 맥이라 할 것이다. 맥에 문제가 없다면 비록 말랐다 하더라도 해될 것이 없으며, 맥에 문제가 있으면 살집이 좋은 사람이라도 죽을 수가 있다. 이 말을 이해하는 사람이라면 바로 천하에 해당하는 이치도 알 수 있지 않을는지.

하(夏)나라, 은(殷)나라, 주(周)나라의 3대가 쇠락해지자 제후들이 들고 일어나서 서로 간에 정벌하는 일들이 나날이 자행되었다. 그리하여 수십 명의 왕들에게 권력이 실렸지만 천하는 기울어지는 법 없이 벼리와 강륜이 잘 유지되었다.

진나라가 천하의 우두머리가 되자 권세를 제후들에게 나누어 주는 일 없이 군대를 모으고 책을 불살라 권력을 2세에게 전하였지만, 천하는 기울어지고 벼리와 강륜은 사라지고 말았다.

이런 까닭에 암만 팔과 다리에 탈이 없다 해도 믿을 만하지 못한 바이요, 다만 맥이 요긴할 따름이다. 온 세상이 암만 무사한대도 느긋하다고 할만하지 못한바, 다만 벼리와 강령이 요긴할 따름이다. 그 믿을만한 데를 우려하고, 그 자랑할만한 데를 두려워해야 하는 것이다. 병을 잘 치료하고 일을 잘 계획하는 사람은 하늘이 돕고 함께 하는 법이어니, 『주역』에 이른바, '시리고상(視履考祥), 선의선계(善醫善計)'란 이를 두고 하는 말이다.

3.

담생(談生)이 쓴 <최산군전(崔山君傳)>에는 학을 칭송하여 말한 것이 있는데, 어찌 이상하지 않으리오. 하지만 내가 사람에다 견주어 본다면, 그 사람이 능히 자신의 타고난 성품을 다하는데 금수거나 괴이한 무리들보다 훌륭해지지 않기는 참 드문 일이다. 그리하여 세상의 사악함에 대해 분노

해서 영영 가버리고 돌아오지 않는 사람의 행적도 있는 것이리라.

옛날의 성자는 그 머리가 소와 같거나, 그 생김새가 뱀과 같거나, 그 입이 새와 같거나, 그 얼굴이 원숭이와 같기도 했다. 그러면 그들 모두 겉모습은 그런 동물들과 비슷할는지 모르지만 그 마음만큼은 같지 않음에 가히 사람이 아니라고 할 것인가? 평평한 갈비뼈와 펑퍼짐한 살갗, 그리고 볼그레한 얼굴에 아름다움이 넘쳐나면 그 외모야 사람이지만, 그 마음이 금수라면 또한 어찌 가히 사람이라고 할 것인가?

그런즉, 얼굴을 보고 옳고 그름을 정하는 것은 그 마음이며 행하는 일을 보고 정하는 것만 못한 것이다. 공자를 배우는 사람은 신괴한 일에 대해 말하지 않는다 하지만, 나는 이제 각별히 세상에 대한 분개와 사악함이 미워하는 뜻을 취해서 이 글을 짓고, 그에 따라 제목을 삼아 보는 것이다.

4.

세상엔 백락(伯樂)이 존재한 후에라야 천리마도 존재하는 것이다. 천리마야 늘 있다 해도 백락이 항상 있는 것은 아니다. 그리하여 비록 명마(名馬)가 있다 해도 한갓 노예의 손에서 욕이나 당하고 마구간에서 평범한 말들과 나란히 죽게 되면 마침내 천리마로 불려지지 못한다.

천리마는 한 끼에 간혹 곡식 한 섬을 먹어치우기도 한다. 말을 먹이는 자는 그 말이 천리를 달릴 수 있는 줄도 모르고 먹인다. 이 말이 비록 천리를 달릴 능력이 있다 해도 먹는 것이 배부르지 않아 힘이 부족하니 재능의 뛰어남이 겉으로 드러나지 않는다. 또한 보통 말과 같아지려 해도 그리 될 수 없으니 어찌 그 말이 천리를 달릴 수 있기를 바라겠는가? 채찍질을 하는데 올바른 법식으로 하지 않고, 먹여는 주되 재능을 다 발휘토록 하지 못하며, 울어도 그 의중은 알아주지 못한 채 채찍을 잡고 다가서서, "천하에 훌륭한 말이 없군!" 이라고 말한다.

아! 정말로 그런 말이 없는 것인가? 정말로 그런 말을 알아보지 못하는 것인가?

雜說

龍噓氣成雲 雲固弗靈於龍也 然龍乘是氣 茫洋窮乎玄間 薄日月 伏光景 感震電 神變化 水下上 汩陵谷 雲亦靈怪矣哉 龍之所能使爲靈也 若龍之靈 則非雲之所能使爲靈也 然龍弗得雲 無以神其靈矣 失其所憑依 信不可歟 異哉其所憑依 乃其所自爲也? 易曰 雲從龍 旣曰 龍 雲從之矣.

善醫者不視人之瘠肥 察其脈之病否而已矣 善計不可者 不視天下之安危 察其紀綱之理亂而已矣 天下者 人也 安危者 肥瘠也 紀綱者 脈也 脈不病 雖瘠不害 脈病而肥者死矣 通於此說者 其知所以爲天下乎 夏殷周之衰也 諸侯作而戰伐日行矣 傳數十王而天下不傾者 紀綱存焉耳 秦之王天下也 無分勢於諸侯 聚兵而焚之 傳二世而天下傾者 紀綱亡焉耳 是故四支雖無故 不足恃也 脈而已矣 四海雖無事 不足矜也 紀綱而已矣 憂其所可恃 懼其所可矜 善醫善計者 謂之天扶與之 易曰 視履考祥 善醫善計者爲之.

談生之爲崔山君傳 稱鶴言者 豈不怪哉 然吾觀於人 其能盡其性而不類於禽獸異物者希矣 將憤世嫉邪長往而不來者之所爲乎 昔之聖者 其首有若牛者 其形有若蛇者 其喙有若鳥者 其貌有若蒙倛者 彼皆貌似而心不同焉 可謂之非人邪 卽有平脅曼膚 顏如渥丹 美而很者 貌則人 其心則禽獸 又惡可謂之人邪 然則觀貌之是非 不若論其心與其行事之可否爲不失也 怪神之事 孔子之徒不言 余將特取其憤世嫉邪而作之 故題之云爾.

世有伯樂 然後有千里馬 千里馬常有 而伯樂不常有 故雖有名馬 秖辱於奴隷人之手 駢死於槽櫪之間 不以千里稱也 馬之千里者 一食或盡粟一石 食馬者不知其能千里而食也 是馬也 雖有千里之能 食不飽 力不足 才美不外見

且欲與常馬等不可得 安求其能千里也 策之不以其道 食之不能盡其材 鳴之而不能通其意 執策而臨之曰 天下無馬 嗚呼 其眞無馬邪 其眞不知馬也.

유종원의 <포사자설(捕蛇者說)>과 <종수곽탁타전(種樹郭橐駝傳)>

1. 머리말

유종원(柳宗元; 773~819)은 중국 당(唐)나라의 문인, 정치가이다. 자는 자후(子厚)요, 호는 하동(河東)이다. 아호를 이렇게 부른 것은 그가 산서성(山西省) 영제현(永濟縣) 소재의 하동(河東) 사람인 까닭이다. 또한 유유주(柳柳州)로도 부르는데, 이는 다름아닌 그가 만년에 유주자사(柳州刺史)로 있을 때 선정(善政)으로 평판을 얻었던 까닭에 붙여진 이칭이다.

문인으로서의 그의 위상은 당송팔대가(唐宋八大家) 가운데 한 사람에 든다는 것 외에도, 무엇보다 당나라 한유(韓愈)와 더불어 산문학(散文學) 최고의 거장으로 일컬어지는 데 있다. 비록 뒷세상에 당대 산문학의 양대 종장이란 큰 이름을 남겼던 이면에는, 한유나 한가지로 유종원 또한 그 정치적 삶의 역정이 순탄하지 못하였고, 그 생애의 기간도 길지 못하였다. 그리하여 그 생애의 대략적인 개요만을 일람해 보이면 다음과 같다.

21세(793) : 진사 급제, 부친 유진(柳鎭) 몰하다.

24세(796) : 3년상 마치고 비서성교서랑(秘書省校書郞)됨. 양씨와 결혼.

26세(798) : 박학굉사과(博學宏詞科)에 합격, 집현전서원정자(集賢殿書院正字)가 되다.

27세(799) : 부인 양씨 죽다.

29세(801) : 남전위(藍田尉)를 제수 받다.

31세(803) : 감찰어사(監察御史)를 수행하다.

33세(805) : 상서예부원외랑(尙書禮部員外郞)이 되다. 영정(永貞) 정변의 주요인물인 왕숙문(王叔文)의 혁신 정치에 가담, 정치 개혁을 단행하려다가 환관 및 관료 세력의 반대에 부딪혀 8개월 만에 좌절, 영주사마(永州司馬)로 좌천당하다.

38세(810) : 재혼

43세(815) : 영주에서의 폄적을 마치고 일시 장안에 왔으나, 곧 광서성 소재의 유주(柳州) 자사(刺史)로 옮겨지다.

47세(819) : 유주(柳州)에서 병사하다.

따라서 그의 문학 작품의 대다수는 장안(長安)에서 벼슬할 때보다 적소(謫所)나 다를 바 없는 외지에서 관리 노릇을 할 때의 것이다. 대부분의 전통적 문사들에게 있어서 정치적인 불행이 문학적인 행(幸)을 가져다준다는 아이러니를 보여 주듯, 그의 정치적 불우 및 좌절에 따른 고난적 삶의 양상 또한 결과적으로는 그의 문학적 사상과 내용을 풍부하게 만드는 계기가 되었고, 독특한 예술의 풍격 형성에 직접적인 영향과 작용이 되었다고 봄이 일반론이다.

여기서 보려는 것은 그가 다룬 여러 문학의 장르 가운데, 시가 아닌 문(文), 곧 산문이고, 또한 (산)문 가운데서도 전(傳) 및 설(說) 양식에 관한 것이다. 그러면 우선 그가 무엇보다 (산)문을 어떻게 보았는가 하는 일이 궁금하다. 마침 그의 문집 안에서 이와 관계된 아주 긴밀한 고백이 하나가 있는데, 대단히 요긴한 자료가 아닐 수 없다.

僕之爲文久矣 然心少之 不務也 以爲是特博奕之雄耳 故在長安時 不以是

取名譽 意欲施之事實 以輔時及物爲道 自爲罪人 捨恐懼則閑無事 故聊復爲之 然而輔時及物之道 不可陳于今 則宜垂於後 言而不文則泥 然則文者固不可少邪.[1]

제가 문장에 종사한 지 오래되었습니다. 하지만 내심 그것을 하찮게 여겨 거기 힘쓰지는 않았던 것은 이 일을 바둑이나 장기를 두는 정도로 여겼기 때문이지요. 그래서 장안에 있을 때에는 이것으로 명예를 얻으려하지 않았고, 마음에 지닌 뜻이 현실에 시행하여 시대에 도움을 주고 만물에 혜택을 끼칠 수 있는 것으로써 길을 삼았지요. 그런데 죄인이 되고나서는 두려워하는 일을 빼면 한가하여 일이 없던 까닭에 애오라지 다시금 문장을 했습니다. 하지만 세상사에 보탬이 될만한 도라는 것이 현재 안에서 펼칠 수가 없다면 의당 뒷시대에 남겨 드리워야할 것인데, 말에 문채(文彩)가 없으면 엉망이 되고 마니, 글이라고 하는 것이 참으로 사소한 것이 아니더군요.

유종원이 처음에는 문을 대수롭지 않게 보다가 급기야 그것이 삶에 있어서 얼마나 중대한 장비가 되는가를 뼈저리게 실감했다는 뜻을 지닌 이 글이야말로 그의 생애에 있어서 글쓰기가 거의 필연적인 운명이고 숙명이었음을 알리는 결정적인 단서라 할만하다. 그리하여 실제로 그의 문집을 전체 단위에서 보면 그 배열의 우선 순위가 전장류(傳狀類), 비지류(碑誌類), 논변류(論辨類), 애제류(哀祭類), 서신류(書信類) 등을 포함하여 설(說), 서(序), 기(記), 대(對) 등과 같은 산문 쪽의 우세를 쉽게 확인할 수 있다.

그리고, 유종원이 설(說) 양식의 안에서 쓴 것은 권16 안에 들어있는 다음의 작품들이다.

---

1) 『유하동전집』 권31 <답오무릉논비국어서(答吳武陵論非國語書)>.

천설(天說)
골설(鶻說)
조일설(朝日說)
포사자설(捕蛇者說)
사설(蜡說)
승부설(乘桴說)
복오자송설(復吳子松說)
비설(羆說)
관팔준도설(觀八駿圖說)

이 가운데 특히 <포사자설>은 그의 설(說) 장르의 한 개 편모로서 그 이름을 높이 얻은 부분이었다.

그러나, 정작 후대에 그의 진면목이 드러나고 인정을 받았던 것은 '전(傳)' 장르의 안에서 더욱 그러하였다. 곧, 그는 전기 형식의 산문에 주력하였음을 알 수 있으니, 적어도 그의 문집 안에 있는 전(傳) 양식의 작품을 열거해 보였을 때 대개 다음과 같다.

송청전(宋淸傳)
종수관탁타전(種樹郭槖駝傳)
동구기전(童區奇傳)
재인전(梓人傳)
이적전(李赤傳)
부판전(蝜蝂傳)
조문흡위도안전(曹文洽韋道安傳)
유수전(劉叟傳)
하간전(河間傳)

위의 작품들 가운데 앞의 7편은 내집(內集) 권17에 실려 있고, 뒤의 두 편은 외집(外集) 상권 소재의 것이다. 다만, <조문흡위도안전>은 그 원문이 유실되어 볼 수 없다고 하지만, 그가 산문 류(類)에 속하는 여러 산문 종(種) 가운데도 얼마나 전(傳)이라는 양식에 주력했는지를 한 눈에도 알 만한 것이다. 이 가운데 특히 <종수곽탁타전>과 <재인전>이 거의 유종원의 이 문체를 대표하는 얼굴처럼 되어 있다. 그리하여 그는 <모영전(毛穎傳)> 및 <오자왕승복전(圬者王承福傳)>의 작가인 한유와 함께 중국 전(傳) 문학사상 크나큰 위상을 얻었다고 해도 과언은 아닐 것이다.

> 이후 이러한 인물 전기 문장이 점차 많아지면서 정식으로 산문의 문체로 인정된 것은 당대(唐代)부터인 것으로 간주된다. 특히, 이에 대한 공로자로는 당시 고문운동을 전개하고 각종 문체를 발전시킨 한유와 유종원을 들고 있다.[2)]

그의 전(傳)을 포함한 산문의 또 한 가지 특징은 다름 아닌 주제의 실용성에 있었다. 동시에 이는 한유와 같은 수준에서 평할 수 있는 성격의 것이니, 아래와 같은 글은 이 두 사람의 산문이 중국 산문 문학사상에 끼친 문학사적 의미를 잘 설명해 보인 경우가 될 것이다.

> 이들의 산문의 성취는 중국의 산문이 기록적 실용적 단계를 넘어서서 소품화 · 수필화의 방향으로, 즉 문학의 방향으로 발전하게 하는데 있어서 이룩한 성취를 중심으로 살펴보아야 할 것이다.[3)]

위에서 소품화 · 수필화의 방향이라 하였으나, 이것을 논리적으로 구상

---

2) 김종성, 「유종원의 인물전기 창작 연구」, 『중국어문논역총간』 11집, p.70.
3) 홍승직, 「유종원의 창작 의식과 산문의 성취」, 『중국학논총』 7집, p.2.

화시킨다면 이것은 다름 아닌 탁전(托傳)의 본격화 양상을 의미하는 것으로 볼 수 있다. 한유와 유종원의 탁전적 산문은 흡사 뒷시대 조선의 18세기 실학시대라는 시공 안에서 다시금 재현되는 것 같은 양상을 방불케 한다. 곧, 박지원과 김려(金鑢) 및 정약용 등이 지은 탁전 계열의 작품들이 한(韓)・유(柳) 두 사람의 탁전과 같은 성격의 산문으로 간주됨에 전혀 손색이 없기 때문이다.

일찍이 전(傳)을 4개의 체로 나누어 보았던 명대의 장르 이론가인 서사증의 탁전에 대한 설명은 "以傳其事 寓其意"〔어떤 일을 전함으로써 어떤 의미를 부치는 것〕이었다. 이 때 그 서술의 대상은 도연명의 <오류선생전(五柳先生傳)>이거나 이규보의 <백운거사전(白雲居士傳)>에서 처럼 본인을 모델로 설정시킨 경우 또한 없지는 않겠지만, 대부분은 작가가 자기 시대 주변의 인물들을 대상으로 잡은 것이 대종을 이루었던 것이다.

그러면, 이제 유종원은 주로 자기 시대 일반 시민층 인물들의 경우를 들어 은근한 필치로 자신의 삶의 경륜이나 정치적 사회적 모순을 풍유하였던 바, 중국 산문사상 제대로의 풍자 문인다운 면모를 보여준 인물이라 해도 과언이 아니다. 글이 현실의 정치나 사회 문제를 위해 실질과 효용, 곧 실용을 기약하는 것이라야 한다는 의미에서 우리 조선조 실학시대에 실사구시의 글을 썼던 박지원이나, 김려, 정약용 산문의 원조격이라 하여도 무방할 것으로 본다.

한편, 유종원은 문체의 다양성에 힘쓴 작가이기도 했다. 곧, 그는 전(傳) 장르 한 가지 뿐만 아니라 보다 넓은 폭의 산문 문체에 대한 실험정신을 보여 주었다. 논설(論說)・유기(遊記)・우언(寓言)・증서(贈序) 등등, 그가 매만진 산문 분야의 그릇이 상당한 개수를 나타내고 있음을 한눈에 확인할 수 있다. 유종원은 이 같은 다양한 용기(容器)를 통해서 산문학이 갖는 내용의 자유성을 추구하였다. 그의 전(傳) 장르에 대한 주력은 하필 양적인 측면에서만 아니라, 내용의 질적인 차원에서도 기존의 유형적이며 틀에 박힌 개념을 넘어선 자유화를 지향하였음을 알 수 있다. 최소한 전(傳) 장르 한 가지만을 두고 보더라도 그가 일찍이 당시 문단에서 비난을 면치 못했던 한유의 <모영전>에 대해서 비호하는 글을 썼던 일이라든지, 지금 여기서 보는 바와 같이 기존의 통념을 벗어난 하층 부류의 인물들을 주인공으로 삼은 탁전을 여러 작품에 걸쳐 썼던 일 등으로 그의 자유로운 산문관을 충분히 이해할 수 있는 것이다. 내용의 자유로움에 대한 추구는 그가 풍자적 주제를 즐겨 구사하였던 사실로도 잘 반영이 된다. 이 이슈 안에서는 오히려 한유보다 더 사회의 모순 비리에 대한 풍자적 내용의 글이 그에게서 우세하였다는 점도 이러한 독특한 문장 태도와 관계가 없지 않을 것이다.

유종원 산문의 또 다른 한 특징은 문장 필법의 독자성에 있다 할 것이니, 비록 그의 이름이 항상 한유의 이름 뒤에 따라 붙지만 반드시 한유를 따르지 못해서만은 아니었다. 오히려 왕세정(王世貞) 같은 이는 "유종원이 한유보다 뛰어난 것은 재(才)고, 떨어지는 것은 기(氣)이다. 〔柳子厚才秀於韓 而氣不及〕"[4]고 하였다. 그것은 두 사람의 실력의 문제라기보다는 양자 사이 고유한 개성의 차이라고 해야 옳을 듯싶다. 그리하여 그의 산문이 한유의 그것과 차별성을 논한다면 한유 쪽이 웅기(雄奇) 또는 굴기(崛起)한데 비해 고아(古雅) · 담박(澹泊)하다고 할 수 있고, 한유의 건경(健勁)에 비해서는 단아(端雅)에 가깝다고 할 것이다. 혹은 한유를 바다에, 유종원을 샘물에 비유[5]한 논자도 없지 않았다. 한유와 나란히 복고주의 문학을 주창하였던 중간에도 이처럼 한유의 필치와는 또 다른 문장 세계, 곧 유종원다운 글을 구사하였던 개성있는 문장가였던 것이다.

요컨대 유종원의 산문은 실용과 다양, 개성과 자유라는 덕목 안에서 그 참된 가치를 발휘하여 있고, 바로 이러한 가치들이야말로 곧장 그의 산문

---

4) 『유하동전집』(대만 중화서국, 민국71년) 서두의 <독유집서설(讀柳集敍說)> 소재.
5) "楊愼曰 李耆卿評文云 韓如海 柳如泉."(『유하동전집』, 위와 같음).

학적 위상으로 연결이 가능하다.

<포사자설>은 『유하동집』 권16 '설(說)' 안에 수록되어 있다.

유종원이 좌천되어 영주(永州)에 있을 때의 작품으로, 당시 위정자들의 조세와 부역이 백성을 괴롭히는 일의 가혹함에 대해 완곡한 필치로써 풍자 비판한 글이다.

이 글은 『예기』 <단궁(檀弓)> · 下 출전의 공자 일화인 '가정맹어호(苛政猛於虎)'의 고사를 연상시키는 바 크다.

> 孔子過泰山側 有婦人哭於墓者 而哀 問之 曰 昔者吾舅死於虎 吾夫又死焉 今吾子又死焉 夫子曰 何爲不去也 曰 無苛政 夫子曰 小子識之 苛政猛於虎也.
>
> 공자께서 태산 곁을 지나시는데, 한 아낙네가 무덤에서 곡을 하고 있었다. 하도 애타게 울기에 가서 물었더니, 그녀의 대답이 이러했다. "옛날에 제 시아버지께서 호랑이한테 돌아가셨지요. 그런데 제 남편이 또 그렇게 죽었고, 이제 자식마저 또 그렇게 죽고 말았나이다." 공자께서, "그런데도 어찌해서 여길 떠나지 않는단 말인가?" "호된 정치는 없어서랍니다!" 그러자 공자께서 말씀하셨다. "너희들 보아라, 가혹한 정치는 호랑이보다 사나운 것이니라!"

결국 본문 안에서 유종원 자신도 굳이 감출 나위 없이 직접 그 유사함에 대해 언급하고 있거니와, 양자간의 공통점은 가정(苛政)에 있다. 그리하여 작품은 가혹한 정치로 말미암아 백성에게 끼치는 해독은 범이 사람을 물어 죽이는 해독보다 더 크고 맹렬한 것이듯이, 조세 및 부역의 과징과 같은 사나운 정치가 또한 뱀에게 물리는 것보다 더 잔혹한 것임을 강조하고 있다. 요컨대, 백성 다스리는 자의 성찰을 우회적으로 촉구한 일종의 목민심서인 것이다.

유종원의 이 글을 통해 영주에서 나는 뱀을 국가에 공물로 바치는 풍습이 있었음을 규지할 수 있겠거니와, 이와 같은 관습은 그 유래가 꽤나 오래되었던 모양이다. 다름 아니라, 명나라 때의 저술인 『본초강목』에도,

> 以之治風最捷 惟産於永州者良 用以充貢.
>
> 풍(風)을 다스리는 데에 가장 효과 빠르기로는 단연 영주에서 나는 뱀이 좋으니, 그것으로 공납에 충당한다

라는 글이 보이는 까닭이다.

이제 이 작품에 관한 평설로서, 『고문진보(古文眞寶)』[6]에 수록된 본 작품 표제 아래의 주해(注解)는 이러하다.

> 迂齋曰 犯死 捕蛇 乃以爲幸 更役復賦 反以爲不幸 此豈人之情也哉 必有甚不得已者耳 此文抑揚起伏 宛轉斡旋 含無限悲傷悽惋之態 若轉以上聞 所謂 言之者無罪 聞之者足以戒.
>
> 우재는 이른다. 죽음을 무릅쓰고 뱀을 잡는 것이 곧 다행으로 여기고, 부역으로 바꾸거나 조세로 돌아가는 것을 오히려 불행이라고 생각한다면, 이 어찌 사람다운 생각이라 할 수 있겠는가. 여기엔 필경 엄청스레 마지못해 그럴 수밖에 없는 일이 있어서이다. 이 글은 기복과 억양이 앞뒤 구르고 돌아오고 하는 가운데 그지없이 가엾고 가슴 아프고 애처로운 모습을 담고 있다. 만약 이것이 돌고 돌아 인군에게까지 들린다면 이렇게 말할 것이다. 이 말하는 자는 무죄요, 듣는 자는 족히 경계해야 할지라.

---

6) 원본비지현토주해본(原本備旨懸吐註解本).

또한, 임희원(林希元)은 이 작품에 대해서 다음과 같이 적극 호평하였다.

> 此有用之文 非相如揚雄流也 豈可以非漢文而少之.
>
> 이는 유용한 글인지라, 사마상여(司馬相如)나 양웅(揚雄)의 부류가 아니다. 어찌 한나라 시대의 글이 아니라 하여 가볍게 다룰 수 있으리오.

<종수곽탁타전>은 『유하동집』 권17 '전(傳)' 안에 수록되어 있다. 지체가 자유롭지 못한 인물인 서민층 곽탁타를 주인공으로 세운 탁전 계열의 작품이다.

역시 앞에 든 『고문진보』 책의 본 작품 표제 아래에 주해가 있는 바, 이렇게 평하였다.

> 迂齋曰 凡事 有心則費力 求工則反拙 曲盡種植之妙 末引歸時事 聞者可戒 與捕蛇說 同一機括.
>
> 우재는 말한다. 모든 일에 마음을 두면 힘을 낭비하게 되고, 공교로움을 바라면 도리어 졸렬해지는 법이다. 나무를 심는 묘리를 곡진히 하면서 마지막에는 시사적인 문제로 돌아갔으니 이 글을 접하는 자는 가히 삼갈 것이다. 이는 <포사자설>과 더불어 동일한 기틀로 운용한 것이다.

신체의 부자유에도 불구하고, 오히려 더 자연의 이법을 터득하고 순리를 좇는 인물인 곽탁타의 경우를 통해 일차적으로는 자연에 순응하는 일의 이로움에 대해 설파하고 있다.

그런 속에서 이차적으로는 관리 행정에 있어서의 득실을 강조하고 있다. 그리하여 협의적으로는 정치를 포함하여 세상사에 있어 지나친 간섭을 경계삼고 있다. 언뜻 보면 노자가 말한 이른바 '무위이치(無爲而治)'와 상통하는 의미로 보여 질 수도 있겠으나, 사회적 공리성의 측면에서 엄밀히 구별된다. 백성을 다스림에 있어 능동적이어야 하지만, 그것이 지나쳐 간섭으로 가는 것을 경계하고 풍자한 뜻이 내포되어 있다.

그러나 이 같은 풍자적 주제 이외에도, 한 차원 더 적극적으로는 유가에서 강조하는 수기 치인(修己治人)할 때의 치인(治人), 혹은 치국 평천하(治國平天下) 개념의 기본적인 토대 위에서 위정자의 양인술(養人術), 또는 관리의 요민(擾民) 요령이 주제로 깔려 있는 것이다.

각별히, 유종원은 낮은 신분의 사람을 모델로 삼고 작중의 표제로 삼았던 특징을 보여 주었다. <재인전(梓人傳)>도 목수를 주인공으로 삼은 또 하나의 전(傳) 일작이다. 그보다 5년 연상인 한유에게도 미장이를 모델로 삼은 <오자왕승복전(圬者王承福傳)> 같은 작품들이 있어 흡사한 양상을 보이고 있다. 임희원(林希元)도 "이 작품과 <재인전>은 한유의 <오자왕승복전>과는 기가 막히게 닮았다. [此與梓人傳 絶似韓退之圬者傳]"[7]고 말하였다. 다름 아니라, 한(韓) · 유(柳) 두 사람이 바로 이러한 서민 세계를 일례로 하여 지배층 앞에 일침을 가해 보고자 하는 시도에서 의기가 통하였던 것이다.

이처럼 당나라의 양대 산문 거장이 서민층 인물을 중심한 탁전의 양상은 조선조 실학 시대의 박지원이 거지 광문을 입전한 <광문자전(廣文子傳)>, 똥장수 엄항수를 입전한 <예덕선생전(穢德先生傳)>, 시골 아전의 과부인 <열녀함양박씨전(烈女咸陽朴氏傳)> 등으로 자연스럽게 연결되는 느낌을 야기시킨다.

한편, 위의 <포사자설>이 공자 고사인 '가정맹어호(苛政猛於虎)'의 고사를 연상시키는 바 있다면, 본 작품은 『맹자』 <공손추(公孫丑)> · 上에 나오는 '조장(助長)'이라는 고사를 연상토록 하는 바 있다.

---

7) 『유하동전집』(책1 권17, 대만중화서국 인행, 민국71년)의 <종수곽탁타전> 표제 밑 장지교(蔣之翹)의 집주(輯注) 참조.

勿助長也 無若宋人然 宋人有閔其苗之不長而揠之者 芒芒然歸 謂其人曰 今日病矣 予助苗長矣 其子趨而往視之 苗則槁矣 天下之不助苗長者寡矣 以爲無益而舍之者 不耘苗者也 助之長者 揠苗長者也 非徒無益 而又害之.

조장을 하지 말지어니, 송나라 사람과 같이 되어서는 아니 되느니라. 송나라 사람으로 자신의 벼싹이 자라지 않을까를 안타깝게 여겨 싹을 뽑아 올려놓은 자가 있었다. 지친 모습으로 돌아와서는 자기 가족에게 말하기를, "오늘은 힘이 드는구나. 내가 벼 싹이 자라도록 도왔느니라." 그 아들이 달려가서 보니 싹들은 말라 버렸더라네. 세상에는 싹 자라는 것을 도와서 뽑아 올리지 않는 이가 적지. 대개 보탬이 없다고 생각하여 버려두는 이는 김을 매지 않는 자이고. 하지만 자라나는 것을 돕는다는 이는 싹을 잡아 뽑아 올리는 자이니, 이는 그냥 보탬이 없을 뿐만 아니고 가일층 해가 되는 것이라네.

이는 맹자가 호연지기(浩然之氣)를 기르는 법에 대해 제자에게 설명하는 과정 중에 유시된 비유이지만, 여기 <종수곽탁타전>에서 제시하는 양민(養民)의 도에도 그대로 적용시켜 어색하지 않다. 궁극에, 공맹사상의 중요한 한 부분이 되는 목민지관(牧民之官)의 올바른 도리를 우의(寓意)라고 하는 또 다른 형태의 문학 안에서 강조할 줄 알았던 유종원의 유가문학적인 사유를 재삼 확인해 볼 길이 있는 것이다.

-작 품-

포사자설(捕蛇者說)

유종원(柳宗元)

영주(永州)의 들녘에서는 검정 바탕에 흰색 무늬의 기이한 뱀이 살고 있다. 그런데 그 뱀이 풀이나 나무에 닿았다 하면 다 죽어버리고, 사람을 물게 되면 막을 수 있는 자가 없었다.

하지만, 그 뱀을 잡아 건조시켜 포로 만든 뒤에 약으로 먹으면 심한 풍증이라든가 팔다리의 경직, 목 부스럼이며 나병 같은 피부병 등을 치료할 수 있고, 피부 썩음증을 없애며 삼시충(三尸蟲)도 박멸할 수 있다고 한다. 처음에 어의(御醫)가 왕명에 따라 그 뱀들을 거둬들이는데, 1년에 두 마리를 바치도록 하였다. 그리하여 뱀을 잡을 수 있는 사람을 뽑아서 잡은 뱀으로 조세 받는 것 대신 충당토록 하니, 영주 사람들이 다투어 나서게 되었다.

장씨(蔣氏)라는 이가 있었는데, 그는 삼대에 걸쳐 그 혜택에 종사하여 온 사람이다. 그에게 이 일에 대해 물었더니 이렇게 대답하였다.

"제 조부는 이 뱀 때문에 돌아가셨고, 부친도 이것으로 인해 돌아가셨지요. 저도 이 일을 이어서 한 지 12년이 되었는데, 몇 번이나 죽을 뻔 했습지요."

그렇게 말하는 품이 무척 수심에 차 보였다. 나는 애처로운 생각이 들어서,

"자네는 그 일이 괴로운가? 그렇다면 내가 담당관에게 이야기하여 세금 내는 쪽으로 되바꿔준다면 어떻겠는가?"

라고 했더니, 장씨는 몹시 서글퍼하여 뚝뚝 눈물을 흘리면서 다음과 같

이 말을 이었다.

"선생께서는 저를 불쌍히 여기시어 계속 살 수 있도록 하실 작정입니까요? 제가 이 노릇을 하면서 생기는 불행은 제가 내야할 세금으로 되돌릴 때 생기는 불행만큼 심하지는 않을 겁니다. 진작부터 제가 이 노릇을 하지 않았다면 저는 이미 오래 전에 고통을 겪었을 테지요. 제 집 가문이 삼대에 걸쳐 이 땅에서 산 지 지금껏 60년이 되었지만, 이웃사람들의 생활은 날로 궁해졌어요. 땅에서 거두는 것과 집안에 들어오는 수입마저 전부 바닥이 나서 울부짖다시피 여기저기 떠돌다가 굶주림과 목마름에 쓰러지기도 하였고, 비바람을 맞기도 추위 더위를 겪기도 하면서 전염병에 노출되니 그때마다 죽는 사람이 줄줄이 생겨났습지요. 예전에 저의 조부와 함께 살았던 집안들 가운데 지금은 열에 한 집도 남아있지 않고, 제 부친과 같이 살았던 집안도 지금은 열에 두셋도 남아있지 않아요. 저와 함께 12년 동안 이곳에서 살던 집안들 가운데 지금은 열에 너댓 집도 안 남았구요. 죽지 않았으면 떠나버린 때문인데 오로지 저 혼자서 뱀을 잡으면서 살고 있습니다요. 또, 사나운 관리가 마을에 와서 사방 다니면서 큰 소리로 떠들어재끼고 소란을 피우면 왁자지껄 놀라 아우성치는 데야 닭이나 개조차도 편안치가 못하지요. 그렇지만 저는 매일처럼 느즈막히 일어나서 항아리를 들여다보아 제가 잡아놓은 뱀이 그대로 남아있으면 안심하고 다시 누워버리거든요. 신경 써서 뱀에게 먹이를 주다가 때 되면 진상하고, 돌아와서는 우리 집 땅에서 나는 것으로 편히 먹고 살면서 명대로 살 것입니다. 대충 일년 중에 목숨이 걸려 있을 때는 두 번이고 그 나머지는 희희낙락할 수 있으니, 어찌 저 이웃사람들 모양으로 매일처럼 죽을 맛으로 살기야 하겠습니까? 지금 비록 이 일을 하다가 죽더라도 그 사람들한테 대면 나중 죽는 셈이니, 그만해도 어딘데 제가 이 일을 괴로워하겠습니까?"

이야기를 듣고 나니 나는 더욱 서글퍼졌다. 공자께서도 "가혹한 정치는 호랑이보다 더 무섭다"라고 하신 적이 있다. 나는 일찍이 이 말이 의아스러웠었는데 지금 장씨의 경우를 통해서 보니 더욱 믿음이 생겨났다.

아아! 세금을 거둬들이는 혹독함이 뱀보다 더 심할 줄이야 누가 알았겠는가? 그런 까닭에 이 글을 지어 민간의 생활상을 살펴 관찰하는 사람들로 하여금 도움이 되도록 하려는 것이다.

捕蛇者說

永州之野 産異蛇 黑質而白章 觸草木 盡死 以齧人 無禦之者 然得而腊之以爲餌 可以已大風攣踠瘻癘 去死肌殺三蟲 其始大醫以王命聚之 歲賦其二募有能捕之者 當其租入 永之人 爭奔走焉 有蔣氏者專其利三世矣 問之則曰吾祖死於是 吾父死於是 今吾嗣爲之十二年 幾死者數矣 言之 貌若甚慼者余悲之且曰 若毒之乎 余將告于莅事者 更若役 復若賦 則何如 蔣氏大戚 汪然出涕曰 君將哀而生之乎 則吾斯役之不幸 未若復吾賦不幸之甚也 嚮吾不爲斯役 則久已疾矣 自吾氏三世居是鄕 積於今六十歲矣 而鄕隣之生日蹙 殫其地之出 竭其廬之入 號呼而轉徙 飢渴而頓踣 觸風雨犯寒暑 呼噓毒癘 往往而死者相藉也 曩與吾祖居者 今其室十無一焉 與吾父居者 今其室十無二三焉 與吾居十二年者 今其室十無四五焉 非死而徙爾 而吾以捕蛇獨存 悍吏之來吾鄕 叫囂乎東西 隳突乎南北 譁然而駭者 雖鷄狗不得寧焉 吾恂恂而起視其缶而吾蛇尙存 則弛然而臥 謹食之 時而獻焉 退而甘食其土之有 以盡吾齒 蓋一歲之犯死者二焉 其餘則熙熙而樂 豈若吾鄕鄰之旦旦有是哉 今雖死乎此 比吾鄕鄰之死 則已後矣 又安敢毒邪 余聞而愈悲 孔子曰 苛政猛於虎也 吾嘗疑乎是 今以蔣氏觀之 尤信 嗚呼 孰知賦斂之毒 有甚是蛇者乎 故爲之說 以俟夫觀人風者得焉.

종수곽탁타전(種樹郭橐駝傳)

유종원(柳宗元)

곽탁타(郭橐駝)는 처음에 어떤 이름이었는지 알 수 없다. 곱사병으로 등이 불룩 솟아 구부리고 다니는 것이 낙타와 비슷하단 느낌이 있었다. 그래서 마을사람들은 그를 타(駝)라고 불렀는데, 타가 그것을 듣고 "참 좋으네. 이름이 나한테 꼭 맞아!"라고 말했다. 그리하여 처음의 이름을 버리고, 스스로도 탁타(橐駝)로 일컬었다 한다. 그가 사는 마을은 풍악(豐樂)이라 하는 곳으로, 장안(長安) 서쪽에 있다.

타는 나무 심는 것을 업으로 삼고 있다. 장안의 모든 세도가와 부자들, 그리고 정원을 관상하며 노는 사람들과 과일 파는 사람들이 하나같이 다투듯 그를 맞아들여 나무를 돌보려고 하였다. 타가 심은 나무를 보면 혹 옮겨 심는다 해도 살지 않는 것이 없었고, 뿐만 아니라 대단히 무성하여 앞당겨서 열매가 가득 열렸다. 나무 심는 다른 자들이 암만 몰래 훔쳐보고 따라하려 해도 같게 할 재간이 없었다.

어떤 사람이 그 까닭을 물었더니, 그는 이렇게 대답하였다.

"저 탁타가 나무를 오래 살게 한다거나 잘 자라게 할 수 있는 것이 아닙지요. 나무의 천성을 잘 따르고 그 본성을 다하도록 하는 때문이지요. 모든 나무들의 본성이란 것이, 그 뿌리는 잘 벋어 나갔으면 하고, 그 흙으로 뿌리를 덮을 때는 평평히 골라 주었으면 하지요. 그 흙은 처음부터 있던 것이었으면 하고, 그 흙을 다져 올릴 때는 빈틈없이 되었으면 하지요. 이미 그렇게 한 뒤엔 건드려서도, 초조해해서도 안 되고, 자리를 뜬 다음엔 연연하여 뒤돌아보지 않아야 합니다. 처음에 심을 때는 자식을 돌보듯 하지만, 심고 나서는 내버린 듯이 해야 돼요. 그래야만 그 천성이 온전해질 수 있고, 그 본성을 지닐 수 있게 되거든요. 따라서 저는 나무의 자라나는 것을 방해하지 않을 따름이지, 나무를 크고 무성하게 할 수 있는 것이 아닙니다. 나무가 열매 맺는 것을 누르거나 줄지 않도록 할 따름이지 열매를 일찍 많이 열리게 할 수 있는 것이 아닙니다. 똑같이 나무 심는다는 다른 이들은 그렇게 하지 않거든요. 뿌리는 휘어지고 흙은 다른 것으로 교체되며, 북돋는다고 할 땐 지나치지 않으면 모자랍니다. 진정 이와는 다르게 할 수 있는 자도 있지만, 그것을 위한다고 하는게 지나치게 헤프고, 그것을 걱정해 준다는 게 지나치게 부지런합니다. 아침에 보았는데 저녁에 주무르고, 이미 자리를 뜬 다음에도 다시 와서 살펴요. 심한 자는 그 껍질을 긁어서 나무가 살았는지 죽었는지를 시험해 보고, 그 밑동까지 흔들면서 심어진 상태가 엉성한지 촘촘한지를 본다니까요. 그래서 나무의 천성에서 날로 멀어지는 거지요. 암만 나무를 위한다고 하지만 기실은 그것을 해치는 것이고, 암만 걱정해 준다고 하지만 실상은 나무와 원수가 되는 거지요. 그래서 저하고 같을 수가 없는 겁니다. 제가 할줄 아는 게 이런 것 말고 달리 뭐가 있겠습니까?"

묻는 자가 말하기를,

"그대의 방식을 관청 일 다스리는 데다 옮겨 본대도 얘기가 될까?"

하니, 타가 말하였다.

"저야 나무 심는거나 알 뿐이지, 사람 다스리는 일이야 제 본업이 아니지요. 그렇지만 제가 살고 있는 고을 관청의 어르신네 되는 분을 보면 시시콜콜 명령하시기를 좋아하더군요. 백성을 굉장히 사랑하는 듯하지만 결국은 그들에게 화를 입힙니다. 아침저녁으로 관리가 와서 이렇게 소리칩니다. '관에서 명하셨다. 너희들 모두 경작을 서두르고, 심기에 힘쓰고, 수확을 자세히 살펴보라신다. 빨리 누에고치에서 실을 뽑고, 냉큼 실로 옷감을 짜라신다. 너희들 자식을 잘 돌보고, 돼지와 닭을 잘 기르라신다.' 북을 울려 사람들을 모이게 하고 딱때기를 두드려 사람들을 소집하면 쇤네들은 아침저녁 음식 준비하면서 나릿님들을 위로하기에도 겨를이 없습니다. 이런 마당에 무슨 수로 우리들의 삶을 풍족케 하고, 우리네 심성을 편안히 할 수 있겠습니까? 이러니 병들고 게을러집니다. 그러고 보면 제가 하고 있는 직업과도 비슷한 점이 있나요?"

물었던 이가 놀라 소리지르면서 말하였다.

"이거 멋지지 않은가? 나는 나무 키우는 것을 물었다가 사람 돌보는 방법까지 터득하였네그려. 이 일을 전해서 관의 감계(鑑戒)를 삼도록 할 것일세."

種樹郭橐駝傳

郭橐駝 不知始何名 病僂 隆然伏行 有類橐駝者 故鄕人號之駝 駝聞之曰 甚善 名我固當 因捨其名 亦自謂橐駝云 其鄕曰豐樂 鄕在長安西 駝業種樹 凡長安豪家富人 爲觀遊及賣果者 皆爭迎取養 視駝所種樹 或移徙 無不活 且碩茂 蚤實以蕃 他植者 雖窺伺傚慕 莫能如也 有問之 對曰 橐駝非能使木壽且孳也 以能順木之天 以致其性焉爾 凡植木之性 其本欲舒 其培欲平 其土欲故 其築欲密 旣然已 勿動勿慮 去不復顧 其蒔也若子 其置也若棄 則其天者全而其性得矣 故吾不害其長而已 非有能碩茂之也 不抑耗其實而已 非有能蚤而蕃之也 他植者則不然 根拳而土易 其培之也 若不過焉 則不及焉 苟有能反是者 則又愛之太恩 憂之太勤 旦視而暮撫 已去而復顧 甚者 爪其膚 以驗其生枯 搖其本 以觀其疎密 而木之性 日以離矣 雖曰愛之 其實害之 雖曰憂之 其實讐之 故不我若也 吾又何能爲矣哉 問者曰 以子之道 移之官理可乎 駝曰 我知種樹而已 理非吾業也 然吾居鄕 見長人者好煩其令 若甚憐焉 而卒以禍 旦暮吏來而呼曰 官命促爾耕 勖爾植 督爾穫 蚤繅而緖 蚤織而縷 字而幼孩 遂而鷄豚 鳴鼓而聚之 擊木而召之 吾小人 具饔飧饔以勞吏者 且不得暇 又何以蕃吾生而安吾性邪 故病且怠 若是則與吾業者 其亦有類乎 問者嘻曰不亦善夫 吾問養樹 得養人術 傳其事 以爲官戒也.

왕적의 <취향기(醉鄕記)>와 소동파의 <수향기(睡鄕記)>

<취향기(醉鄕記)>는 당나라 문인 왕적(王績, ?~644)이 지은 것이다.

왕적의 자(字)는 무공(無功), 호는 동고자(東皐子)로, 왕통(王通)의 아우이다. 수나라 대업(大業) 연간에 효제(孝悌) 및 청렴결백으로 비서성(秘書省) 정자(正字)의 벼슬을 제수 받았다. 하지만, 술을 좋아해서 일을 담당하지 않았고, 난세를 타서 고향에 돌아가 버렸다. 당나라 무덕(武德) 초기에는 하루 석 되의 술을 받을 수 있다는 대조문하성(待詔門下省)에 근무하면서 좋아하였다. 그 무렵에 시중(侍中) 벼슬하던 진숙달(陳叔達)이 듣고서 매일 술 한 말을 지급하였기에, 당시 '두주학사(斗酒學士)'로 일컬어졌다. 정관(貞觀) 초에 병으로 관직을 그만두었는데, 당시 태락서(太樂署) 초혁(焦革)의 집안이 술을 잘 빚으매, 그는 벼슬을 구하여 승(丞)이 되었다. 초혁이 죽자 벼슬을 버리고 떠났다.

지은 작품으로는 <취향기>를 비롯하여, <오두선생전(五斗先生傳)>·<무심자전(無心子傳)> 등이 대표적이라 할만하고, 저술 일체가 『동고자집(東皐子集)』에 모아져 있다. 『신당서(新唐書)』 열전 권196에 보다 상세히, 그리고 『구당서(舊唐書)』 열전 권192에 간략한 행적이 나타나 있다.

취향(醉鄕)이란 취중의 별세계를 뜻한다. 『당서(唐書)』의 <왕적전(王績

傳)>에 보면, 이 작품이 위진·남북조 시대 유령(劉伶)의 <주덕송(酒德頌)>을 이어받은 것이라 적고 있다.

또한, 당나라 말의 산문학 대가인 한유(韓愈)가 지은 <송왕수재서(送王秀才序)>에도 이 작품에 대한 언급이 있다.

> 吾少時讀醉鄕記 私怪隱居者無所累於世 而猶有是言 豈誠旨於味邪.
>
> 내가 어렸을 적에 <취향기>를 읽고, 은거하는 이가 세상에 매이지 않는다 하면서도 오히려 이같은 말을 남긴 데 대해 남몰래 이상히 여겼다. 어찌 은거의 의미에 대한 진실한 취지이겠는가?

송나라 때 손광헌(孫光憲)이 지은 『북몽쇄언(北夢瑣言)』(20권)이란 곳에서도 이에 대한 짤막한 피력이 있다.

> 唐東皐子王績字無功 有杜康廟碑醉鄕記 備言酒德.
>
> 당나라 때 동고자 왕적은 자가 무공(無功)인데, <두강묘비(杜康廟碑)>와 <취향기>는 술의 덕을 갖춰 말한 것이다.

이 작품은 조선시대 지광한(池光翰, 1695~1756)의 <취향지(醉鄕志)>에 직접적인 영향을 주었다. 그 내용은 둘째치고 제목만으로도 벌써 그 자극받고 답습한 정도의 심대함을 짐작하고도 남음이 있다.

<수향기(睡鄕記)>는 송나라의 문장가인 소식(蘇軾, 1036~1101)이 지은 것이다.

소식의 호는 동파(東坡), 자(字)는 자첨(子瞻)이다. 신종(神宗) 조에 왕안석(王安石)과 정치적으로 대립하여 풍파를 겪었다. 원우(元祐) 중에는 영남의 경주(瓊州)에까지 귀양갔다가 사면을 받고 돌아와 상주(常州)에서

생을 마치었다. 당송팔대가(唐宋八大家)의 한 사람으로, 중국문학사에 그 이름이 높다.

<수향기>는 잠 속의 세계를 형상화한 단편의 문조(文藻)이다. 관련하여 그의 문집 안에 들어있는 다음 두 편의 시가 이 산문을 이해함에 있어서도 일정한 의미를 주리라 생각된다.

우선, 그의 <적거삼적오창좌수(謫居三適午窓坐睡)>를 본다.

蒲團盤兩膝 양 무릎은 부들자리에 대고
竹几閣雙肘 두 팔꿈치는 죽부인에 의지하네.
此間道路熟 이러는 사이 길이 열려서
徑到無何有 곧바로 무하유향(無何有鄕)에 다다랐네.
身心兩不見 내 몸과 마음이 한꺼번에 사라진 채
息息安且久 아늑히 편안하고 느긋해진다.
睡蛇本亦無 꿈길이야 본래 존재함이 없는데
何用鉤與手 손이며 도구 따위 쓸 일이 없다네.
神凝凝夜禪 정신은 한밤중 참선에 빠진 듯 하고
體適劇卯酒 육신은 몽롱히 취한 양하네.
我生有定數 내 삶엔 정해진 명수(命數)가 있는데
祿盡空餘壽 녹봉은 간데없이 남은 생애 공허하기만 해.
枯楊不飛花 마른 버드나무엔 꽃잎 날리지 않고
膏澤回衰朽 풍부했던 연못은 어느덧 메말라져 있네.
謂我此爲覺 이것이 생시일까 생각하지만
物至了不受 내 앞의 사물이 만져지지를 않네.
謂我今方夢 꿈일까도 생각해 보지만
此心初不垢 내 마음에 애당초 사념(邪念) 따위 없다네.
非夢亦非覺 꿈인지 생시인지

請問希夷叟. 희이(希夷) 노인에게 물어봐야겠네.

또한, 그의 <주침(晝寢)>을 소개하여 둔다.

食罷茶甌未要深 음식 후에 차 그릇 찾을 필요 없어
淸風一榻抵千金 평상 위 부는 맑은 바람은 천금의 값이로세.
腹播鼻息庭花落 배부른 숨쉬고 뜨락의 꽃은 날리는데
還盡平生未足心. 문득 평생의 불만이 한꺼번에 사라지는구나.

소동파의 <수향기>는 앞서 <취향기>에 비해 그 들리는 바가 약하고 덜 언급된 것처럼 보이지만, 역시 소동파가 갖는 지명도 때문인지 우리 조선시대 문단에는 그 독서적 파급효과를 엿볼 만한 작은 단서들이 존재한다.

이를테면, 세조 때 동봉 김시습(金時習, 1435~1493)의 <서민(敍悶)> 6수 가운데 첫 번째 편이 제법 긴밀한 심상을 자아낸다.

心與事相反 마음과 현실이 서로 어긋날 땐
除詩無以娛 시를 빼놓곤 달랠 길 없어.
醉鄕如瞬息 취향은 순식간만 같고
睡味只須臾. 잠자는 맛도 그저 한순간일세.

뿐만 아니라, 김시습과 동시대 시인으로 나란히 생육신의 행적을 남긴 추강 남효온(南孝溫, 1454~1492)의 대표작 가운데 한 작품으로 꼽을 만한 <포단춘수(蒲團春睡)> 또한 다름아닌 위에 든 소동파의 <적거삼적오창좌수>를 의식하고 쓴 느낌이 강렬한 작품이다.

繁陰漠漠柳絲斜 우거진 그늘 어둑한 속에 버들가지 비껴있고
花壓欄干耀日華 난간을 덮고 있는 꽃은 햇빛에 찬란하다.
有才不展不如睡 재주를 펴지 못할 땐 잠 만한 것이 없어
蘧蘧化蝶尋春花 문득 나비로 화하여 봄꽃을 찾아가자.
冷然喪我隨飄風 시원스레 스스로를 잊고 회오리바람 따라서
手摩列缺起鴻濛 손으로 번개 어루어 대자연의 원기를 일으킨다.
堪笑少年習氣在 어린애 버릇 같다면 어떠리 그야 우습든 말든
歸途就見姬周公. 가는 길에 주공(周公)이나 뵈러 갈까봐.

현세적 울분을 봄잠[春睡]으로 달래고자 하던 추강의 의취는 하오의 창가에 앉아 자는 잠 속에서 청정심을 찾고 낮잠[晝寢] 안에서 평생의 불만이 풀리는 듯하다던 소동파의 경우와 그 의맥이 서로 통함을 느낀다.

이렇듯 두 사람 사이의 문학적 인연이 예사로워 보이지 않았더니, 소동파의 <수향기>를 그 제목까지 고스란히 살려서 쓴 남효온의 동명 <수향기>가 존재함으로 하여, 이 안에서 그 결정적인 관계를 파악하기에 이른다.

한 · 중 <취향기>와 <수향기>는 한중문학의 밀접함을 가장 역증하는 경우이거니와, 조선조 지광한의 <취향지> 및 남효온의 <수향기>는 다음의 고(稿)를 빌어 이 자리에 소개할 것임을 기약한다.

-작 품-

취향기(醉鄕記)

취중의 별천지는 중국으로부터 몇 천리나 떨어져 있는지 알지 못한다. 그 땅은 광대하여 끝 간 자리가 없고, 언덕은 험하고 가파르다. 그 기운은 화평하여 경로가 한 가지이고, 어둠과 밝음, 춥고 더움이 없다. 그 풍속은 대동(大同)[1]하여, 마을이며 부락 같은 것이 있을 리 없다.

그 곳의 사람들은 아무런 욕심도 없어 사랑과 증오, 기쁨과 분노의 감정을 지니고 있지 않다. 바람을 마시고 이슬을 먹으며 오곡을 먹지 아니한다.

잠자리는 느긋하고, 그 걸음걸이 또한 느릿하다. 새와 짐승, 물고기와 자라 등과 섞여 사니, 배나 수레·연장이나 기구 따위의 쓰임새를 알지 못한다.

옛날 황제씨(黃帝氏)[2]는 일찍이 그 도읍에 노닐었다가 돌아와서는 마음이 아득해져서 자신의 세상을 잊어버리고 말았다. 그리하여 결승(結繩)의 정치[3]가 이미 가까이 도래한 것이라 여겼다.

요 임금과 순 임금에 내려와서는 천종(千鍾)[4]과 백호(百壺)[5]의 술을 만

1) 인심이 화순(和順)하여 잘 다스려짐. 혹은 차별이 없음.
2) 치우(蚩尤)가 세상을 어지럽혔을 때 탁록(涿鹿)에서 토벌하니, 제후들이 추종하여 황제가 되었다는 중국 전설상의 인물. 헌원(軒轅)의 언덕에서 출생했다 하여 헌원씨(軒轅氏)라고도 한다.
3) 태고에 문자가 없던 시절, 노끈으로 매듭을 만들어 정령(政令)의 부호로 삼던 시대의 정치. 간이한 정사(政事)를 말한다.
4) 많은 양의 술을 뜻한다. '천종지주(千鍾之酒)'의 줄임말.
5) 역시 술이 많음을 가리키는 말. 『시경』 대아(大雅), <조혁(朝奕)>에, "顯父餞之 淸酒百壺."

들고는 신인(神人)인 막고야(藐姑射)[6]에게 길을 빌려 거의 그 언저리까지는 닿을 수 있게 되어 종신토록 태평을 누렸다.

우 임금과 탕 임금이 법을 세우면서 예악(禮樂)이 번잡해졌고, 그렇게 수십 대를 지나자 취향과는 멀어지고 말았다.

그 나라 신하인 희화(羲和)[7]가 갑자(甲子)[8] 일을 버리고 달아나서 그 고을에 이르고자 소망했으나, 길을 잃는 바람에 그 도가 스러지고 말았다. 그리하여 온 누리는 마침내 평안을 얻지 못하였다.

마지막 손자인 걸(桀) 임금과 주(紂) 임금에 오자 분노의 기운으로 술지게미의 언덕을 쌓아올리고 높다란 계단을 만들어 놓았으며, 남쪽을 향해 바라보았으매 마침내 취향을 볼 길이 없게 되었다.

무왕(武王)이 온 누리에 뜻을 얻고 마침내 주공 단(周公旦)에게 명하여 주인씨(酒人氏)라는 직책을 만들어 오제(五齊)[9]의 일을 맡아 다스리게 하였다. 70리의 땅을 개척해 나가서 가까스로 취향에 도달할 수 있어, 이에 30년 동안은 형조(刑措)를 쓰지 않아도 되었다.[10] 그 아래로 유왕(幽王)과 여왕(厲王)에[11] 이르고, 진나라와 한나라에 닿아서 중국은 어지러움을 겪으니, 드디어 취향과는 단절되고 말았다.

하지만, 그들의 신하들 가운데 도를 사랑하는 이들이 종종 남몰래 거기 이르기도 하였다. 완사종(阮嗣宗) · 도연명(陶淵明) 등 10여 사람이 함께 취향에서 노닐며 깊이 빠진 채 돌아올 줄 몰랐고, 죽어 그 땅에 묻히었으매, 중국에서는 그들을 주선(酒仙)으로 여기고 있다.

---

6) 북해(北海) 중에 있는 신선이 산다는 산. '막고야지산(藐姑射之山)'.

7) 희씨(羲氏)와 화씨(和氏). 요순 시절에 역상(曆象)을 맡던 관리.

8) 천간(天干)과 지지(地支). 곧, 역상(曆象)의 일. 역상은 책력을 추산하여 천문을 보는 일. 또는, 일월성신(日月星辰).

9) 청탁을 맞춰 술을 만드는 다섯 가지 단계. 『주례(周禮)』, '천관(天官)', <주정(酒正)>에, "辨五齊之名 一曰泛齊 二曰醴齊 三曰盎齊 四曰湜齊 五曰沈齊."

10) 백성이 죄짓는 일이 없어 형법을 폐하여 쓰지 않으니, 나라의 다스려짐을 의미한다.

11) 두 사람 다 주(周) 시대의 폭군. 망국의 군주를 뜻함.

아! 취향씨의 풍속이란 다름 아닌 옛 화서씨(華胥氏)[12]의 나라이겠구나. 어쩌면 그다지 순수하고 조용하기만 한가. 내가 장차 거기 노닐까 하여 이렇게 기록하는 것이다.

수향기(睡鄕記)

수향(睡鄕)의 경계는 아마도 제주(齊州)[13]와 접해 있는가 한다.

제주의 백성은 지(知)라는 것이 없어, 그곳의 정치는 대단히 깨끗하고, 그곳의 풍속은 더없이 조화롭다. 그 땅은 편평(便平)하고 광대하여 동서남북이 따로 없다. 그곳의 사람들은 안정되고 고요하고, 부드럽고 쾌적하여 질병의 고통이라든가 돌림병으로 일찍 죽을 일이 없다. 어둑하여 칠정(七情)이 생기지 아니하고, 아득하여 만사와 섞이지 아니하며, 드넓어서 하늘과 땅, 해나 달을 알지 못한다. 옷을 짜거나 곡식을 일구지 않는 속에 편안히 누워서 스스로 만족한다. 수레도 없고 배도 없는 가운데 마음이 닿는 한 멀리까지 노닌다. 겨울에는 칡 베옷 입고 여름에는 솜옷 입으매 춥고 더움을 알지 못한다. 얻으면 슬퍼하고 잃으면 기뻐하니, 그 이롭고 해로움을 알지 못한다. 아마도 눈으로 보는 모든 것이 모두 허망함인가 한다.

옛날, 황제(黃帝)가 그 일을 듣고 좋아하여 한가롭게 있으면서 마음을 재계(齋戒)하고 석 달 동안 일신을 다 바쳐 일했으나 그 다스림을 얻지 못하였다. 그만 피곤하여 잠이 들었는데, 아마도 수향에 다다른 모양이었다.

잠에 들자 나라에 일이 많은 데 염증을 느꼈다. 그리하여 두 신하를 불

12) 본래는 포희씨(庖犧氏)의 어머니를 지칭하나, 여기서는 화서국(華胥國). 곧 안락하고 화평한 나라를 뜻함.

13) 중주(中州), 곧 중국과 같은 말이다.

러서 일을 맡기기를 무릇 28년에 천하는 다스려져 수향과 비슷하여졌다.

이후 요임금과 순임금의 무위(無爲)의 경지에 이르니, 세상에서 수향의 풍속이라 여기었다.

우 임금과 탕 임금은 넓적다리에 솜털이 없었고, 정강이에도 체모가 나지 않았다. 껍질을 잘라서 희생물로 쓰면서 하늘의 재앙을 건졌다. 이러니 수향에 왕래할 겨를이 없었다.

무왕(武王)이 상(商)나라를 쳐서 이기고 주(周)나라로 돌아와서는 밤낮으로 잠자지 아니한 채 말하였다.

"내가 아직 대업(大業)을 정하지 못하였다!"

주공(周公)은 밤을 낮에 이은 채로 앉아서 아침을 맞으며 임금을 위해 예악(禮樂)을 만들었다. 북을 치고 종을 두드리면 계인(鷄人)[14]이 그의 오른편에서 외치니 수향의 변방 지역이 자주 불안 속에 두려워하였다.

그의 손자인 목왕(穆王)은 황제의 사적(事蹟)을 흠모한 나머지 서방(西方)의 도술사에 힘입어 신비로운 유람을 하였다. 허공에 올라가 구름과 안개를 타고 마침내는 시야 바깥으로 사라졌으니, 이른바 수향이라 할 것이다.

공자 시절에 이르러는 재여(宰予)[15]라는 이가 역시 자신의 학문을 버리고 노닐었으나, 그 길을 찾지 못하고 크게 헤매다가 돌아왔다.

전국시대와 진(秦) · 한(漢)의 군주들은 슬픔과 근심으로 그들의 삶을 손상시키었다. 안으로는 밤새 술 마시기에 끝장을 보았고, 밖으로는 전쟁의 준비에 마음을 얽매었다. 이 마당에 수향은 비로소 공허한 터전이 되고 말았다.

---

14) 궁중에서 날이 밝음을 알려 잠을 깨우는 일을 맡은 사람.

15) 춘추시대 노(魯)나라 사람. 자(字)는 자아(子我) 또는 재아(宰我). 공자의 제자로, 말을 잘하였다 한다. 그가 낮잠을 자다가 공자에게 꾸지람을 들었던 일이 『논어』 권5의 '공야장(公冶長)' 편에 있으니, 이를 살려서 쓴 글이다.

그러다가 몽(蒙) 땅의 칠원리(漆園吏)인 장주(莊周)[16]라는 이가 그것의 잘못을 알고는 나비로 화(化)하여 수향의 사이를 훨훨 날아다녔지만, 몽매한 사람들은 깨닫지 못하였다.

그 뒤에 산인(山人) 처사들로서 도를 흠모하는 이들은 그래도 종종 거기에 다다랗고, 다다랗다 하면 시끌시끌 즐거워하며 돌아갈 것도 잊은 채, 그 세계를 좇아 같은 무리가 되었다.

아! 나로 말하자면 어려서부터 부지런히 행하였고, 커서는 시간을 다투어 살았지만 끝내 수향에 이르지 못하였으니, 어찌 실정에서 멀고 어둡지 아니하랴! 말미암아 저 사인(斯人)[17]이 나루터를 묻던 일에 빌미하여 여기에 기록하는 것이다.

---

16) 장자(莊子)를 일컫는 말. 『사기』의 열전 <노장신한(老莊申韓)>의, "莊子者蒙人也 名周 周嘗爲蒙漆園吏."에서 나온 표현이다.

17) 차인(此人), 곧 '이 사람'과 같은 말. 『논어』 '미자(微子)' 편에, "吾非斯人之徒與 而誰與."라 하였다.

醉鄕記

王績

醉之鄕 去中國不知其幾千里也 其土曠然無涯 無邱陵阪險 其氣和平一揆 無晦明寒暑 其俗大同 無邑居聚落 其人甚淸 無愛憎喜怒 吸風飮露 不食五穀 其寢于于 其行徐徐 與鳥獸魚鱉襍處 不知有舟車器械之用 昔者黃帝氏嘗獲遊其都 歸而杳然 喪其天下 以爲結繩之政已薄矣 降及堯舜 作爲千鍾百壺之飮 因姑射神人以假道 蓋至其邊鄙 終身太平 禹湯立法 禮繁樂襍 數十代與醉鄕隔 其臣羲和 棄甲子而逃 冀臻其鄕 失路而道夭 故天下遂不寧 至乎末孫桀紂 怒而昇其糟邱 階級千仞 南向而望 卒不見醉鄕 武王得志於世 乃命公旦立酒人氏之職 典司五齊 拓土七十里 僅與醉鄕達焉 三十年刑措不用 下逮幽厲 迄於秦漢 中國喪亂 遂與醉鄕絶 而臣下之愛道者 往往竊至焉 阮嗣宗陶淵明等十數人 並遊於醉鄕 沒身不返 死葬其壤 中國以爲酒仙云 嗟乎 醉鄕氏之俗 豈古華胥氏之國乎 何其淳寂也如是 余將得遊焉 故爲之記.

睡鄕記

蘇軾

睡鄕之境 蓋與齊州接 而齊州之民無知者 其政甚淳 其俗甚均 其土平夷廣大 無東西南北 其人安恬舒適 無疾痛札癘 昏然不生七情 茫然不交萬事 蕩然不知天地日月 不絲不穀 佚臥而自足 不車不舟 極意而遠遊 冬而絺 夏而纊 不知其有寒暑 得而悲 失而喜 不知其有利害 以謂凡其目見者皆妄也 昔黃帝聞而樂之 閒居齋心 服形三月 弗獲其治 疲而睡 蓋至其鄕 旣寢 厭其國

之多事也 召二臣而告之 凡二十有八年 而天下大治 似睡鄕焉 降及堯舜無爲世以爲睡鄕之俗也 禹湯股無胈 脛無毛 翦介爲牲 以救天災 不暇與睡鄕往來武王克商還周 日夜不寢 曰 吾未定大業 周公夜以繼日 坐以待旦 爲王作禮樂 伐鼓扣鐘 雞人號於右 則睡鄕之邊徼屢警矣 其孫穆王 慕黃帝之事 因西方化人而神遊焉 騰虛空 乘雲霧 卒莫覩所謂睡鄕也 至孔子時 有宰予者 亦棄其學而遊焉 不得其途 大迷謬而返 戰國秦漢之君 悲愁傷生 內窮於長夜之飮 外累於攻戰之具 於是睡鄕始丘墟矣 而蒙漆園吏莊周者 知過之 化爲蝴蝶翩翩其間 蒙人勿覺也 其後山人處士之慕道者 猶往往而至 至則囂然 樂而忘歸 從以爲之徒云 嗟夫 予也幼而勤行 長而競時 卒不能至 豈不迂哉 因夫斯人之問津也 故記.

권필의 <주사장인전(酒肆丈人傳)>에 나타난 소강절(邵康節) 배격

1. 머리말

<주사장인전(酒肆丈人傳)>은 조선시대 선조·광해조 때의 시인 석주(石洲) 권필(權韠, 1569~1612)이 흉중에 품은 호한(浩瀚)한 사상적 경륜을 만장의 기염으로써 설파한 논변조의 소설 단편이다.

이것이 논변적이라 함은 이 소설의 전체에 걸치는 짜임새를 살펴보아도 쉽게 알 수 있다. 즉 전체 총 942자의 분량 가운데 등장인물들의 행위부에 속하는 것은 고작 200자에 불과한 반면, 언변부에 해당하는 것이 무려 742자에 달하고 있어서 일반적으로 행위 면이 주가 되는 여느 소설들과 구분되고 있다는 사실이다. 실제로 작품의 처음, 소강절이 주막 노인을 만나기까지의 촌분의 동태와, 노인에 의해 일방적으로 일패도지한 뒤의 동향 부위 약간을 뺀 나머지는 거의 논쟁 일변도의 정태적(靜態的)인 갑론을박의 차지였던 것이다. 같은 한문소설이라 할지라도 역시 반골적 주제를 다룬 허균이라든가 박지원의 행동 위주의 소설들과 대조하면 큰 차이를 발견할 수 있게 된다.

그럼에도 불구하고, 그리 길지는 않으나 위태롭게 보이는 이 한 편이 어떻게 하여 『석주집(石洲集)』 가운데 제외당하지 않고 그대로 실렸는가 의

아로움이 없지 않다. 곧, 유교의 뿌리깊은 선천역학(先天易學) 내지 그 역사적 주역들에 관한 기존의 관념들을 일거에 불식하는 비판정신이 어찌 보면 무모함이랄 수 있는 그 반항적인 특징이 주목되는 것이다. 이러한 역학 부정의 격론은 당시로서는 일대 이변이 아닐 수 없었다. 비록 투철한 이 안티테제의 개념이 작자의 중도 전향으로 생애 끝까지 일관화되지는 못하였더라도, 조선시대 소설의 흐름에서 그 유례를 찾기 어려운 노골적인 파격론, 그 과감하고 특이한 도전적 발상만으로도 성찰해 볼 의의와 가치는 넉넉할 것으로 믿는다.

<주사장인전>에는 주도적 역할이 되는 주사장인과 소옹(邵雍)을 비롯하여 부수적 단역이라 할만한 소옹의 종자(從者), 정자(程子), 정자의 종자 등 모두 다섯 명 정도의 인물이 등장하고 있다. 이들은 크게 두 가지의 대립적 형국으로 갈라져 있음을 보게 된다. 즉, 주사(酒肆)의 노인으로 내세워지는 한 입장과, 그 상대편에 소강절을 비롯한 주변 인물들의 입장이 그것이다. 이야기 구성의 최종은 장인 한 사람의 승리와 소강절 무리의 패배로 돌아간다.

그러나 어찌하여 그 참절한 고배를 마신 가장 큰 희생의 당사자가 소강절로 나타난 것일까? 본 작품을 쓰지 않을 수 없었던 계기가 필경 당시 학계에서 무비판적으로 송유(宋儒)의 학(學)에 맹종하는 기풍을 비평[1]하려는 데 있다 손 치자. 그렇더라도, 소강절과는 이름을 나란히 하는 같은 북송(北宋)의 여러 거유(巨儒)들, 곧 주렴계(周濂溪, 1017~1073), 장횡거(張橫渠, 1020~1077), 정명도(程明道, 1032~1085), 정이천(程伊川, 1033~1107), 나아가 남송(南宋)의 대학자인 주희(朱熹, 1130~1200), 곧 주자(朱子) 같은 인물들을 다 고사하고 어찌 반드시 소강절을 유독 선택하였던 것인지 의아스러움을 품지 않을 수 없다. 송학(宋學)을 말할 때 곧잘 염락관

---

1) 이가원, 『여한전기(麗韓傳奇)』, 우일출판사, 1981, p.51.

민(濂洛關閩)의 학(學)이라고 하여 염계(濂溪) 땅의 주돈이(周敦頤), 낙양(洛陽)의 정명도와 그 아우 정이천, 관중(關中)의 장횡거, 민중(閩中)의 주희를 드는 법이 있다. 반면, 소강절이 그 높은 명성에도 불구하고 이에 끼지 못했던 사실과, <주사장인전>에서 하필 소강절을 선정했던 데는 나름대로의 특별한 이유가 따로 있을 법하다. 이제 그 근거가 될만한 사실들을 나름대로 유추 · 분석하여 보기로 한다.

2. 소강절과 역(易)의 발휘

애당초 소강절은 송의 제유(諸儒) 가운데도 역(易)에 특히 관심을 경주(傾注)하였고, 또 일가의 묘체(妙體)를 얻은 이로도 알려져 있다. 그리하여 소강절의 학풍이 앞서 소개된 다섯 사람 송유의 학문과는 약간 그 성격을 달리 하였던 것도 사실이었다.

그러나 일면, 특별히 그 말폐(末弊)의 면을 주시할 것 같으면 선천 예언의 운명학, 혹은 점술의 학으로 비난 받을 소지는 충분하였다.[2] 그의 학문적 특성은 당대의 성리학자 가운데도 정심 수양(正心修養)의 인간적 도리라든가 의리의 궁구보다는 "사상(四像)과 가일배법(加一倍法)을 적용하여 천체의 괴멸, 지구의 연령, 성운의 상태, 역사의 변천, 기타 사상(事象) 등을 추산, 예언"[3]하는 데 더 역점을 두었던 듯하다. 그리하여 궁극에는 일

2) 『성리대전(性理大全)』 권39 소자(邵子) 조에, "堯夫精易之數 事物之成敗始終 人之禍福脩短"라고 한 것이 그렇고, 같은 소자의 조에, "和靖尹氏曰 康節之學 本是經世之學 今人但知其明易數知未來事 却小了他學問." [소강절의 학문은 본래 경세(經世)의 학문인데 이즘 사람들이 다만 그 역수를 밝혀 미래의 일을 예지하는 사실만 알고 오히려 다른 학문 쪽은 쉽게 보았다.]같은 기사는 소강절의 이미지를 이해하는 데 좋은 좌증이 되는 해석이다.

3) 배종호, 『철학개론』, 동화문화사, 1974, p.227.

심(一心)으로 만심(萬心)을 볼 수 있고, 심(心)으로 천의(天意)를 대할 수 있다고 함으로써 이인순천(以人循天)하는 노장(老莊)의 입장과 달리 천(天)을 인(人)에 포섭하여 이인대천(以人代天) 했던 인물로 요약한 것[4]은 핵실(覈實)한 지적으로 보여진다. 이것을 오히려 도가의 노장에서와 같이 도를 안으로 감추려는[道藏] 입장에서 보면 바로 천도 운행(天道運行)의 비기(秘機)를 도둑질하는 천기누설[5]의 역천자(逆天者)가 되는 것이다.

그런데, 소자의 학문이 당시의 성리학자와는 어떤 의미에서 별반 구분하여 논평되곤 하는 까닭도 실은 그의 학문적 연원이 도가자류(道家者流)에 있었다는 사실과 무관하지만은 않다. 말하자면 그의 사종(師宗)으로 알려진 이정지(李挺之)가 하남(河南)의 목수(穆修)를 스승으로 하여 역(易)을 이어받고, 그 전(傳)을 얻어 다시 소강절에게 전수하였다는 사실이 있다.[6] 또 그 역이라 하는 것도 원래부터 유가의 경전은 아니었다는 점[7]을 감안해 볼 때 소강절 학통의 원류가 본래 유가 편에 있지 않았음을 짐작할 수 있겠다. 어떻게 생각하면 소강절이 도가의 비결과 묘오(妙奧)를 유가의 편에다 누출시켰다고도 볼 수 있겠으나, 성리 공부만을 오로지 신봉하는 유가의 순수 분자 사이에서도 그의 전향을 온당하게 인정하고 전적으로

4) 배종호, 위와 같음.

5) 심지어는 유가 성리학의 집성이라고 할 『성리대전』에서조차, "堯夫於物理上儘說得亦大段漏泄他天機."(소자 조, 권39)라는 비판적 표현이 보인다.

6) "旣使人有知學 得之於李挺之 挺之得之於穆伯長 推其源流 遠有端緖."(『성리대전』 권39 소자 조). 한편, 일설에는 그 도통(道統)의 단서를 목수(穆修) 대신 진단(陳搏)으로 말하는 한 가지 주장도 있다. "康節象數之學 受自李之才 程明道所作邵堯夫先生墓誌銘中 亦言之 李之才則傳陳搏之學 謂 之才之傳 遠有端緖 卽謂此也."(馮友蘭, 『중국철학사』, p.831). 그러나 『매월당집』(권20, 傳)에서는 양자를 한꺼번에 연관지어 나타낸다. 곧, 소강절집에 "初北海李之才受易於河南穆修 修受仲放 放受陳搏 源流最遠."

7) "<주역>은 원래 유교 경전과는 별개의 것으로 진시황의 분서(焚書) 때에도 화를 면하였고, 가장 늦게 유교 경전에 끼게 되어 위(魏)나라 왕필(王弼)이 주를 달고 당나라 공영달(孔穎達)이 소(疏)를 가하여 십삼경주소(十三經注疏)의 첫머리에 놓여지게 되었다."(『한국학대백과사전 ②』, "주역(周易)").

받아들이지는 않았던 모양이다. 예컨대, 한때 소자에게 배웠다고 하는 정자(程子)마저도 소자의 학풍을 오히려 '공중누각(空中樓閣)' · '사통팔달(四通八達)'[8]이라 하여 그 약간 허망하고 일관성 없음에 대해 비판을 가했던 사실이 있다.

한편으로, 남송의 학자인 주희가 『역학계몽(易學啓蒙)』을 편찬할 때도 소강절의 선천도(先天圖) 사상에 크게 힘입었으니, 『성리대전(性理大全)』(권14, 易學啓蒙1)의 주소(註疏)를 통해서도 소자(邵子), 곧 소강절의 의의가 크게 부각되고 있다.

> 鶴山魏氏曰 朱文公易 得於邵子爲多 蓋不讀邵易則茫 不知啓蒙本義之所以作.
>
> 학산 위씨는 말한다. 주자의 역(易)은 소자(邵子)에게서 얻은 것이 많다. 생각건대 소자의 역을 읽지 않으면 막막하니 주자의 『역학계몽(易學啓蒙)』이며 『주역본의(周易本義)』가 만들어진 근거를 알지 못할 것이다.

그리하여 소강절의 역리(易理)에 대한 규명과 모색이 추종 불허의 상당한 수준으로 인정받고 있음을 알아차릴 수 있게 된다.

그런데 석주는 천도 운행의 질서적 기미(機微)인 역 그 자체는 신봉하였는지 모르나, 그의 발현과 노정(露呈)을 절대 금기시하였던 모양이다. 그리하여 그는 고래로 역리의 사업에 관계했던 인물, 곧 복희(伏羲) · 문왕(文王) · 공자(孔子) 등이 이룩한 일련의 노력들을 우주 원기를 망치는 행위로 부정하기까지 이르는 것이다.

> 自伏羲畫卦 而大和散 文王之演 孔子之翼 而元氣礫.

---

8) 『성리대전』 권39 소자 조 참조.

> 복희가 괘를 긋고부터 크나큰 조화가 흩어 달아났고, 문왕이 이를 부연하고 공자가 보익하고부터 원기는 갈갈이 찢겨졌어.

이는 그대로 파천황(破天荒)과도 같은 선언이었다. 석주는 이렇게 천도의 이치를 다루고 밝혀내려는 일을 크게 허물하였지마는,[9] 그래도 여기까지는 아직 순수한 우주적 진리 탐구의 경지로서 봐 줄 만하였다.

이 흐름이 소강절에 와서 크게 일변한 감을 나타내었다. 다름 아닌, 이전의 순수론에서 약간 이탈하여 전술한 바와 같이 세속적 운명 예언학의 성향으로 전변(轉變)하였다는 사실이다. 석주가 혐오한 제일의 핵심처가 바로 여기에 있었다. 조선조 때 매월당 김시습은 "도(道)를 싣고 있는 것은 역(易)이요, 그것을 발휘한 것이 점(占)이라"[10]고 했지만, 바로 여기 역의 적나라한 발휘야말로 전편을 일관하여 철저한 탄핵의 대상이 되고 있는 핵심적인 명제가 된다. 이러한 역에 관한 적나라한 발휘 및 노출을 다른 말로 '천기의 누설'이라고 하는 것이다. 그러한 것은 주사장인이 소강절을 향해 매도하였던 바,

> 汝 … 漏神之機 洩道之密 以取媚於世者耶.
>
> 그대는 … 천기며 은밀한 도를 누설시키는 일로 세상의 사랑을 받는 자가 아니냐?

라고 한 대목에서 잘 나타나 있다. '천기'라고 하는 것은 하늘의 기밀, 하늘의 생각이라는 뜻이다.[11] 바로 이 천기를 누설시킨다는 것은 예로부터 아주 위험천만한 일로 인식되어 왔다. 이러한 예는 『집선전(集仙傳)』가

---

9) 석주는 이를 역을 작출한 과오라 하였다. [噫 作易者之過也].
10) "載道者易也 發揮者占也."(『대동야승(大東野乘)』 권20 '김시습' 조에서 인용).
11) 『중문대사전』에 '천기(天機)'를 "天之機密也 猶言天意."라 했다.

운데,

> 黃帝天機之書 非奇人不可妄傳.
>
> 황제(黃帝)의 천기에 관한 책은 특별한 사람이 아니면 함부로 전해서는 아니된다.

경계의 뜻이 보이고, 또 일연(一然)이 지은 『삼국유사(三國遺事)』[12]에서도 동일한 취지를 찾아 볼 수 있다.

> 帝又召曰 天與人不可亂 今師往來如隣里 漏洩天機 今後宜便不通.
>
> 황제가 또 불러서 이르기를 하늘과 인간은 서로 흐트러질 수 없다. 그런데 지금 대사는 그 두 곳 왕래하기를 이웃 동네 다니듯이 하니, 천기누설이라, 이후로는 마땅히 임의로 통하지 말도록 하오.

이 밖에도 연암 박지원의 <우상전(虞裳傳)>[13]과 허균의 <성수시화(惺叟詩話)>,[14] <춘향전>[15] 등에도 이와 상응하는 일반(一斑)이 엿보인다.

소강절에게 있어 천기누설의 대표격은 저 유명한 천진교(天津橋) 위의 두견(杜鵑) 일화다. 소강절이 어느 때 낙양현 남쪽 20리에 있는 천진교 위에 섰다가 두견새 우는 소리를 듣고 참연히 슬퍼하면서, "금후 20년 안에 남방인이 들어와서 정권을 잡게 되고 그 때부터 천하는 시끄러울 것이다!" 하였는데, 과연 그때가 되자 왕안석이 신법을 강행함으로 해서 많은 물의를 일으켰다는 이야기가 그것이다. 이 외에도 소강절의 신통하고 놀라운

---

12) 권2 <경덕왕 충담사 표훈대덕> 참조.

13) 박지원의 <우상전>에, "漏洩陰陽 神鬼嗔怒矣."

14) 허균의 <성수시화>에, "朴守庵遊淸鶴洞作詩曰 … 英雄那加測 眞訣本無傳."

15) 완판 84장본 <열여춘향슈절가> 가운데, "이놈만일쳔기누셜하여셔난셩명을보젼치 못ᄒᆞ리라."

증험이 넘치는 예언적 일화가 허다하게 남아있지만,[16] 당시의 순수 학자들 사이에서 환영받지 못하였던 듯싶다.

> 無不可如其言 然二程不貴其術.[17]
>
> 그 말한 것과 같이 되지 않은 것이 없었으나, 이정(二程)은 그 재주를 높이 보지 않았다.

이른바 이정(二程)으로 이름높은 당대의 큰 성리학자인 정명도・정이천 형제도 그 운명 예언의 술수에 대해 그리 탐탁치 않게 생각하였다는 것이다. 특히 정이천은 이것을 천근(淺近)・조야(粗野)한 잡술로 경시했던 것 같은 인상을 풍기는 일면도 규지할 수 있다.[18] 실제로, 정자(程子)가 소강절의 이러한 술수를 배우지 않았다는 사실은 조선조 김안로(金安老, 1481~1537)의 『용천담적기(龍泉談寂記)』 가운데도 시사되어[19] 있다. 이렇듯 소강절의 점법이 탁월・도저(到底)한 데 관하여는 누구나가 언필칭으

---

16) 소강절의 비전(秘傳)이라고 하는 『매화역수(梅花易數)』 가운데는 역수에 응하여 적중하였다는 몇 개의 점례가 나타난다. 곧, 관매점(觀梅占)・모란점(牧丹占)・차물점(借物占)・노인유우색(老人有憂色)・소년유희색(少年有喜色)・우애명점(牛哀鳴占)・계비명점(鷄悲鳴占) 등이다. 그 중에도 모란점의 일화는 유명한 바, 조선시대 김안로의 『용천담적기(龍泉談寂記)』에도 이 이야기를 신기의 자료로 삼고 있으니 소개하면 이러하다. 부정공(富鄭公)이 서경유수로 있을 적에 모란이 만발해 있었다. 그때 문로공(文潞公)・사마단명(司馬端明)・소선생(邵先生)을 불러 함께 모였다. 앉았던 손님이, "이 꽃들은 언제 모두 시들겠습니까?" 하니 소선생이 점대로 셈하고 말하기를, "… 이 꽃들은 내일 오시(午時)에 모두 없어질 것이다." 하였다. 다음날 또 모였는데 꽃은 아직도 아무렇지도 않았다. 갑자기 뭇말들이 마구에서 뛰어나와 서로 물고 차고 날뛰는 바람에 꽃밭 안의 꽃이 모조리 떨어지고 말았다.(『국역 대동야승』 권3, p.522)

17) 『성리대전』 권39 소자 조.

18) "康節善談易 見得透徹 … 然伊川又輕之." 또한, "一日問伊川曰 今歲雷從甚處起 伊川曰 起處起 如堯夫必用推筭 其更無許多事 邵卽黙然." 등의 기록이 『성리대전』 권39 소자 조에 보인다.

19) 程子不從康節術數學.

로 인정하는 터이지만, 막상 점술을 배우고 사용하는 일에 이르러서는 적극성을 띠지 못하고 대신 못내 꺼리고 경계하였던 듯싶다. 예컨대,

> 서화담은 역리에 깊었다. 그러므로 수를 추리하는 것을 일삼지 아니하여도 그 학문이 그윽히 소강절에 부합하였다. 어느날 선생은 소강절이 지은 자미수(紫微數)를 보다가 말하기를, "이것은 바로 진희이(陳希夷) 술수가의 극묘이다." 하였다. 선생의 아우 숭덕이 일찍이 이 수를 가지고 선생에게 물었는데, 선생은 말씀하기를, "만일 심지(心志)가 밝지 못한다면, 꼭 이것을 배울 필요는 없다." 하고, 드디어 그 책을 불살랐다.[20]

같은 『오산설림(五山說林)』 소재의 일문(逸聞)도 그렇고, 앞서 다룬 김안로의 다음과 같은 견해 등이 그것을 잘 입증해 준다.

> 공자께서는 운명에 관하여서는 드물게 말하였다. 정자는 소강절의 술수를 배우지 않았던 것이나 일정한 운수와 운명이 없다는 것은 아니다. 단지 사람의 일이 퇴폐되는 것을 꺼려하였을 따름이다.[21]

그 밖에도 심수경(沈守慶, 1516~1599)이 찬한 <유한잡록(遺閑雜錄)> 등의 기록을 빌려 그 부정적인 반응에 대해 짐작할 수 있다.[22]

---

20) 『국역대동야승』 권2, p.39.

21) 『국역대동야승』 권3, p.522.

22) "세상에 유생으로도 점을 좋아하는 자가 많은데, 나는 한번도 점을 해 본 일이 없다. 대개 이순풍과 소강절 같은 이는 만나기 어렵기 때문이다. 복자(卜者)는 길흉을 말하나 반드시 믿지 못한다. 복자가 모년이 길하다고 하면 혹 요행을 기다려보나 마침내 그 징험이 없고, 또 모년이 흉하다고 하면 무단히 근심과 회의로 세월을 허비하나 마침내 그 징험이 없으니 어찌 무익하고 해롭지 아니하랴. 유생으로 혹은 자기가 점을 잘 친다고 곧잘 사람의 길흉을 말하나, 선비로서는 마땅히 할 바 아니다."(『국역대동야승』 권3, p.584).

그러나 석주는 소강절 등의 이러한 행사를 정자와 위에서 소개한 몇 사람이 생각하듯 단순히 개인의 수양과 노력에 장애를 초래하는 소규모의 잡술로만 돌린 데 그치지 않았다. 일약 혹세무민(惑世誣民)과 같은 대규모의 사술(邪術)로 단정내렸던 바, 그 폐악에 대해 이렇게 극론하였다.

> 今汝盜竊陳摶之餘論 作爲詭說 命之曰 先天之學 誇奇以眩俗 矜僞以惑世 噫 亂天下者 必子之言夫.
>
> 지금 자네는 진단의 남은 의론을 남몰래 훔쳐다가 궤변설을 지어내고, 그것을 선천학입네 이름붙인 다음 신기로움을 뽐내고 거짓됨을 숭상하여 속세를 현혹시키고 있으니, 에라! 천하를 어지럽히는 것은 필경 자네의 수작이로다!

이렇게 볼 때, 이 작품이 성리학을 전체로서 배격하려는 데 그 의도가 있다기보다는 선천 역리(先天易理)를 이용하여 인간 운명을 밝히는 녹명학(祿命學), 다시 말해 술수가의 천기누설을 크게 배격하려는 데 보다 큰 목적이 있다고 해야 옳을 것이다. 작품에서 성리학의 정통격인 정자는 직접 사건에 말려들어 망신을 당하는 일도 없으며, 오히려 소강절이 당한 경우를 말로만 듣고서도 이내 은자(隱者)임을 파악하려는 정도의 식견과 혜안을 지닌 인물이다. 즉 소강절의 우위에 서있는 인물로서 등장한다.[23] 그렇다면, 이제 석주가 역술을 대표하는 소강절을 공격하려던 의도와 관련하여 본 편의 처음 배경적 무대를 천진교의 인근 주막으로 설정시켜 놓은 그 자체부터가 결코 예사롭지 않았음을 알아차릴 수 있다. 즉, 소강절의 선지적(先知的) 예지와 명성이 가장 드높이 날렸던 바 그 영광의 천진교,

---

23) 그러나 엄격히 말하자면 정자로 대표되는 성리학에 대해서도 호의적이랄 수 없다. 정자가 사람을 시켜 노인이 있던 주막으로 다시 가보게 하였을 때 끼치는 낭패감 [使弟子 往求之 肆已空矣]이 그러한 것이다.

그 상징의 천진교에서 가장 처절한 패욕(敗辱)을 끼치어 놓았던 것이다.

3. 소강절의 정 배격론

『송시연구(宋詩硏究)』의 저자 호운(胡雲)은 송인(宋人) 시의 유파에 대하여 서곤체(西崑體)를 비롯하여 대략 9종으로 열거하고 있는 바,[24] 그 일곱 번째가 정이 · 장횡거들로 대표되고 소강절을 종(宗)으로 하는 성리파를 들고 있다. 호운은 이 밖에 엄우(嚴羽)가 지은 『창랑시화(滄浪詩話)』에 준거해서 소동파체, 황산곡체 등 7파의 분류 방법도 아울러 소개하고 있는데,[25] 여기서도 그 다섯 번째에는 소강절체의 한 개 유파를 엄연한 조목으로 언거하고 있음을 볼 수 있다.

그러면 여기 소강절파 문학론의 대체와 요지는 무엇인가? 소강절파라 함은 환언하면 성리학가의 일군을 이름이었는데, 그들이 물론 기본적으로는 '작문해도(作文害道)'와 '완물상지(玩物喪志)'를 표방하였던 것이 사실이다. 곧, 문사(文辭)의 창작이 수양에 해가 된다[作文害道]는 말과 문학의 일이 사물을 즐겨 다루니 뜻을 망친다[玩物喪志]는 극단의 표어를 내걸기는 하였다. 이 때문에 그만 "문학의 의의와 가치를 전적으로 부정하고 문학을 이단시하여 문학에 종사하는 것을 완물상지하는 무료사체(無聊事體)로 간주한 것"[26]으로 평하는 일이 있다. 그러나 알고 보면 이는 문학 자체에 대한 전면적인 부정이 아니고 특별히 도학(道學)이 전제되지 않은 사장(詞章)의 문학에 대한 부정이라는 점에 유의할 필요가 있다. 그러한 것은 정이천이 바로 '작문해도'와 '완물상지'를 논하는 자리에서,

---

24) 호운, 『송시연구』(宏業書局 인행, 중화민국 61년), pp.27~28 참조.
25) 호운, 위와 같음.
26) 차상원, 『신편 중국문학사』 · 下, 문리사, 1974, p.486.

今爲文者 專務章句 悅人耳目 旣務悅人 非俳優而何.[27)]

요사이 문장한다는 이들이 오로지 아름다운 문구로써 사람들의 이목을 즐겁게 해주는 데에만 힘쓰니, 이미 남을 즐겁게 하는 일에 노력하였다면 이 배우가 아니고 또 무엇이겠는가?

라 한 뜻이라든가, 공자의 제자인 자유(子游)와 자하(子夏)의 문학이 어찌 사장의 문학이겠느냐고 반문한[28)] 일 등으로 그 취지를 알 만하다. 그리하여 '작문해도 완물상지'라 했을 때의 그 '문(文)'도 실상은 문학 일반을 가리키는 것이라기보다는 구체적으로 각별히 사장에 주력하면서 도학(道學)에의 충실성이 약한 문장 및 시부(詩賦)의 의미로 보는 것이 타당할 것이다.

선별적 인식은 시 분야의 대화 속에서 한층 명징해진다. 시를 배워도 좋은 것이냐는 혹자의 질문에, 이미 배우기로 했다면 공력을 들여야 한다고 적극 권장하면서 단지 아무개는 평소 시를 짓지 않는다 했지만 이 역시 반드시 금지할 일만은 아니고 다만 한가한 언어가 되지 않도록 해야 한다고 주의를 주었을 뿐,[29)] 막연히 "작시(作詩)까지도 금물로 삼은 것"[30)]은 아니었다. 그들도 직접 시와 문을 지어 남기는 일에서만큼 예외가 없었던 까닭이다. 다만 그들은 문학이 도를 수용해야 한다는 이른바 '문이재도(文以載道)'의 기본에 입각해 있었던지라, 시를 포함한 문학에서 정(情)을 배격하고 지(志)를 중시한다는 태도만은 견지했다. 그들이 문학에서 상지(喪志)를 크게 우려했던 만큼 지(志)를 몹시 존중하였다는 것이고, 상대적으로는

27) 『이정전서(二程全書)』 제18에 수록된 문답 형식의 글에서 이천 선생의 이 문학론이 대두하고 있다.

28) "曰 游夏稱文學何也 曰 游夏亦何嘗秉筆學爲詞章也 且如觀乎天文 以察時變 觀乎人文 以化成天下 此豈詞章之文也."(『이정전서』 제18).

29) "旣學時 須是用功 某素不作詩 亦非是禁止 但不欲爲此閑言語."(위에 든 책).

30) 차상원, 앞에 든 책, p.486.

지(志)와 반대의 개념인 정(情)을 배척하지 않을 수 없다는 의미가 된다.

그러한 것은 소강절의 희귀한 시론으로 볼 수 있는 <이천격양집자서(伊川擊壤集自序)>란 글 가운데서도 엿볼 수 있다. 곧 지(志)와 정(情)으로 크게 양분하는 가운데, 지(志)가 언(言)을 거쳐 시(詩)로, 정(情)이 성(聲)을 거쳐 음(音)으로 전개되는 경로를 설명하였으며,[31] 이어서 정에 관한 구체적인 논급을 가하였다.

> 且情有七 其要在二 二謂身也時也 謂身則一身之休慼也 謂時則一時之否泰也 一身之休慼 則不過貧富貴賤而已 一時之否泰 則在夫興廢治亂者焉 是以仲尼刪詩十去其九.
>
> 이제 정은 일곱 가지가 있으나, 그 요체는 두 가지에 있다. 두 가지란 신(身)이요, 시(時)이다. 신(身)이라 함은 일신의 편안함과 고달픔이요, 시(時)라고 함은 한 시대의 불안과 태평이다. 일신의 편안과 고달픔은 빈부와 귀천의 일에 지나지 않을 뿐이지만, 한 시대의 불안과 태평은 저 흥망과 치란에 달려있다. 이 때문에 공자는 시경의 십분지 구를 산정하였던 것이다.

궁극적으로 정에 의존한 시란 근거없고 덧없는 것으로 치부하였음이요, 마침내 그 당시 시인들의 시가 대부분 정호(情好)에 빠져있다고 개탄하였다.[32] 그런 한편 소강절은 <논시음(論詩吟)> · <담시음(談詩吟)> 같은 창작시를 통해 시에 있어서의 지(志)의 중요성을 계속 강조하였던[33] 반면,

---

31) 懷其時則謂之志 感其物則謂之情 發其志則謂之音 揚其情則謂之聲 言成章則謂之詩 聲成文則謂之音.

32) "近世詩人 窮慼則職于怨懟 榮達則專于淫佚 身之休慼 發于喜怒 時之否泰 出于愛惡 殊不以天下大義而爲言者 故其詩大率溺于情好也." <이천격양집자서(伊川擊壤集自序)>.

33) "何故謂之詩 詩者言其志" <논시음(論詩吟)>.

<독고시(讀古詩)>에서는 정(情)의 개입을 못내 애석하게 여기는 발론을 잊지 않고 다루었다.[34] 소강절의 이와 같은 정 배격의 사유는 그의 유명한 관물(觀物) 철학 가운데서도 그 바탕이 나타난다.

> 任我則情 情則蔽 蔽則昏矣 因物則性 性則神 神則明矣.[35]
> 자아에 맡기면 정(情)이니, 정은 가리워지고 가리워지면 어둡게 된다. 대상에 말미암으면 성(性)이니, 성은 드러남이고 드러나면 밝아진다.

> 以物觀物 性也 以我觀物 情也 性公而明 情偏而暗.[36]
> 대상으로 대상을 바라보면 성(性)이요, 자아로 대상을 바라보면 정(情)이다. 성은 공정하여 밝고, 정은 편협하여 어둡다.

여기서 그가 성정(性情)의 개념을 획연한 흑백의 논리로써 구분하고 있음을 한 눈에 알 수 있다. 곧, 객관적 초자아[任物]에 따른 주리적(主理的)인 대상 인식[性]이 좋은 것이고, 그 반면 주관적 자아[任我]에 따른 주정적(主情的)인 대상 인식[情]은 바람직하지 못한 것이라는 단순하고 명백한 논법인 것이다. 그는 이렇게 철학상으로는 '성(性)'을, 문학상으로는 '지(志)'를 주창하여 이른바 이학파[主理派]의 조종(祖宗)으로 일컬음을 얻었다.

소강절이 남긴 시는 하나같이 그의 철학적 이념을 문학 위에 그대로 시행·구현하지 않은 것이 없었다. 특히 <관물(觀物)>[37]시 같은 경우는 철학적으로 내세운 명제를 그대로 문학에 끌어다가 응용한 작품이 대표적인

"諸者人之志 非詩志莫傳" <담시음(談詩吟)>.

34) "喜怒與哀樂 貧賤與富貴 惜哉情何物 使人能如是" <독고시(讀古詩)>.

35) 『황극경세서(皇極經世書)』 6 <관물외편(觀物外篇)>·下(『성리대전』 권12 소재).

36) 위와 같음.

37) 『성리대전』 권70 '律'부 참조.

사례라 할 만하다. 하지만 그러한 작품들은 애당초 주관 · 주정의 정서가 일체 배제된 철저히 냉정한 시, 이를테면 철학적 또는 명상적 조어에 가까웠다. 어찌 보면 하나의 시로서보다는 철학적 · 명상적 수상(隨想)을 일정한 율격에 맞춘 것으로 보는 편이 보다 타당할는지 모른다. 시의 미적 정감을 지나치게 무시하고 오직 공리적 효용성에 크게 치우친 느낌이다.

그러나 문학의 꽃이라고도 불리우는 시의 창작을 한갓 관념적 이성의 자세에 입각해서 수행한다는 것은 이들 소강절을 위시한 송대 이학파 계통 특유의 현상이었을 뿐, 그것이 시인 일반에 의해 영합을 얻은 바 못되었다. 오히려 전통적으로는 시가 성정의 발로란 편에서 이해되었다는 사실[38]에 주시할 필요가 있다. 소강절 등이 여타 대부분의 시인들에 대해 개탄한 바의 '정호(情好)에 의존하기 쉬운' 바로 그 마음 상태야말로 차라리 시인의 상정(常情)이라 하겠다. 전체적으로 이념적 성향이 농후한 송대의 시보다는 주정적 기풍이 강한 당대의 것을 우선 논위 평가하는 데는 다 까닭이 있는 것이다.

진정, 송시가 대체로는 이(理)를 위주삼고, 당시가 정(情)을 위주삼았다는 것은 명대 양신(楊愼, 1488～1559)의 『승암시화(升菴詩話)』의 내용 가운데서도 벌써 언급되어 있던 터였다.

> 唐詩人主情 去三百篇近 宋詩人主理 去三百篇遠.
>
> 당의 시인들은 정(情)에 위주하였으니 시경 삼백편과 가까웁고, 송의 시인들은 이(理)에 위주하였으니 시경 3백편과 멀다.

이제 돌이켜 볼 때 석주 권필은 시인으로서 평생의 모범을 당(唐)에다 두고 또 당시를 귀감으로 효칙(效則)하기를 마지않던 시인이었다.[39] 그러

---

38) 전형대 외, 『한국고전시학사』, 홍익사, 1980, p.263, p.374 참조.
39) 석주와 같은 시대에 살고 그보다는 약 20여 년 후학인 택당 이식이 <학시준적(學詩

한 석주가 일찍이 염락(濂洛)의 책들을 읽을 때에 소강절이 펼치는 정의 폐해에 대한 강변 및 정 배격론 같은 사유와 맞딱드림에 이르러는 막중한 거부반응을 불러일으켰을 것으로 감안되는 바 크다. 같은 시대 석주의 시를 높이 평가했던 허균도 수긍하였다시피,40) 석주는 학문이나 사상의 깊이보다는 사장 일변(詞章一邊)에 주로 공을 기울이고 주력했던 인물이었다. 아울러 그의 이러한 정채로운 사장의 바탕은 정감의 억제로서가 아닌, 그것의 무한한 방임과 발현에 두고 있다. 『석주집』에 실려 있는 그의 시문들 가운데는 후기, 곧 성리에 귀의한 뒤의 것으로 보이는 약간 편41)을 제외하면 하나같이 주정적(主情的)인 조품(藻品) 아닌 것이 없다.

그는 한마디로 다정(多情)과 다한(多恨)의 시인이었다. 하기는 다정다감한 정신의 보유가 없이 처음부터 시인됨을 기대할 수 있으랴마는, 또 시세(時世)와 인연없어 낙척불우하였던 시인·문사들치고 비창(悲愴)·감개(感慨)의 상념을 안에 품지 않은 이 없었겠지마는, 특히 석주는 만강(滿腔)의 울분뿐 아니라 내면 깊은 곳에 인정과 체루(涕淚)가 넘치는 그러한 사람이었다. 홀로 읊는 차고 고독한 감상 속에는 자주 억누를 길 없는 회인(懷人)의 따스한 정리(情裏)가 유연히 피어나던 감수성 높은 시인이었다.42) 이러한 서정주의 앞에 냉정을 강구하는 도학적 이념의 기치(旗幟)

準的)>이라는 글에, "近代學詩者 或以韓詩爲基 杜詩爲範 此五山東岳所敎也 石洲雖終學唐律 初亦讀韓."(『택당집』 권14 잡저)라 했던 것처럼 석주는 궁극에 "당을 배워 대성"(김사엽, 『이조시대의 가요연구』, p.368)한 시인으로 봄이 옳다. 실제로 『석주집』 전반을 통해서 이백·두보·백낙천 등 당 시인이 가장 큰 이미지로 부각되고 있는바 곳곳에서 이들의 효작(效作), 또는 독후시(讀後詩)를 볼 수 있다.

40) 허균의 『성소부부고(惺所覆瓿藁)』 권4 <석주소고서(石洲少稿序)>의 중간에, "或以汝章少學力 乏元氣 … 詩有別趣 非關理也 詩有別材 非關書也." [어떤 이는 석주의 학문적 실력이 약소하고 원기가 부족하다 하나, 시란 그와는 별도의 의취이고 또 다른 재주인지라 글의 이치를 열어 밝히는 것은 아니다.]라고 변호하여 주었다.

41) 『석주집』 권4의 <독주자통서소자관물편감이유작(讀周子通書邵子觀物篇感而有作)>과 권7의 《임거십영(林居十詠)》 중 <관물(觀物)>·<존양(存養)> 같은 것은 그 대표적인 일례가 될만하다.

42) 그러한 것은 『석주집』 권1의 맨 첫머리에 4인의 벗을 그리면서 쓴 <사회시(四懷

가 발붙일 자리는 없다. 단지 타협할 길 없는 거부와 저항의 감정이 분연히 솟구쳤을 것이다. 그리고 그 냉정주의 도학의 종주(宗主)는 소강절이었다.

4. 맺음말

상고해 보면, <주사장인전> 당시에 석주의 기본적 노선은 종래 유가의 성현들이 성취시켜 왔다는 역의 밝혀냄을 씻을 수 없는 과오로 단정하고, 이러한 바탕 위에서 작품이 전개되는 사실을 전제하지 않을 수 없다.

<주사장인전>에서 그는 소강절의 극단적인 역 발휘의 측면을 자연과 인간의 정도(正道)를 그르치는 곡학아세(曲學阿世)로 보았다. 동시에, 성정(性情)의 문학관에서 빙탄(氷炭)이 서로 용납하지 못할 의견의 상충으로 인하여 소강절을 맨 앞마당에 규탄하였다. 다시 소강절 계열의 문학관을 동조하는 부류에 대한 불만도 없지 않아 사장(詞章)에 관해 논척한 정이천 같은 성리학자를 등장시킨 듯하다.

궁극에, 이 작품의 사상적 배경은 당초부터 도가적인데 있었던 것이니, 석주도 작품 결말에 가서는 구태여 이를 감추지 않고 "往往與老莊合"이라고 솔직히 표명하였다.

하지만 석주의 유가 및 소강절 배격론도 한두 가지 자가당착이랄까 선후가 제대로 상응하지 못하는 등의 문제점이 발견된다. 곧, 십익(十翼)을 지어 우주 원기를 찢어놓음은 공자의 실책이라 비난했으면서도, 은현중에

詩)>에서부터도 금세 알 수 있다. 그의 문집에는 회(懷) · 감(感) · 억(憶) · 몽(夢) 등 글자가 빈출한다. 그런가 하면, 그가 체험한 비시(非時)의 탄식과 울분을 여인네의 정한(情恨)에 의탁한, 이를테면 권7 <정부원(征婦怨)> · <무제(無題)> 같은 여정(女情) 가탁의 시편을 통해 그가 지닌 정서의 응집력을 측정할 수 있다. 한편 이러한 방식은 당율(唐律)에서 가장 잘 찾아볼 수 있는 수법이다.

공자 및 맹자의 전거(典據)를 수사법 상에 본받고 있음이다.[43] 또한 천기누설의 명분 아래 소강절의 술수 및 점복에 관한 행위를 그렇듯 혐오하였지만, 이 점으로 본다면 작품 말미에 석주가 도를 지닌 대은자(大隱者)로 내세운 엄군평(嚴君平)·사마계주(司馬季主) 등도 이에서 예외될 수 없을 것이다. 이들이 비록 도가 계통의 인물일 것으로 간주되지만, 매복(賣卜)의 일로도 그 이름이 잘 알려져 있는 바에야,[44] 스스로 전후간의 모순을 면하기 어려울 것으로 보여진다.

석주는 이렇게 자신이 표현하고자 하는 주제, 즉 노장 사상의 부각에서 보다 치밀함을 보여주지는 못하였다. 이 철저하지 못한 점을 한계라고 한다면, 그것이 그토록 쉽게 드러난 까닭도 근원적으로 노장에 깊이 안주할 수 없었던 바탕에 두어야 할 것이다. 그는 과연 뒷날에는 "건덕(建德: 장자에 보이는 이상적 나라 이름)은 자신의 땅이 될 수 없다"[45]면서 노장을 벗어나 다시 유가의 성리(性理)에 귀의하였을 뿐 아니라 마침내 소강절도 인정하기에 이른다.[46] 석주 권필 역시 어쩔 수 없는 유가 근본의 선비였던 것이다.

---

43) 주사장인이 소강절을 향해 하던 "甚矣難悟哉 子之惑也 居 吾語汝." 이 말은 『논어』(陽貨篇)에 공자가 자로(子路)에게 학(學)을 강조하는 대목, "子曰 由也 女聞六言六蔽矣乎 對曰 未也 居 吾語女."에서 차용한 양하고, 또 서두에 소강절을 매도하는 언사, "汝非 … 以取媚於世者耶."는 『맹자』(盡心章·下)의 "生斯世也 爲斯世也 善斯可矣 閹然媚於世也者 是鄉原也." 가운데서 끊어 쓴 듯싶다.

44) 『중국인명대사전』의 "엄군평" 허두에 "蜀人 卜筮於城都市." 운운하였고, 허균의 『한정록(閑情錄)』(권1 은둔)에도 엄군평의 기사가 나오는 바, 역시 그 "嚴君不仕 常賣卜於成都市 日得百錢以自給 卜訖則閉肆下簾 以著書爲事." 운운으로 서술되어 있다. 사마계주에 관한 『중국인명대사전』의 설명 첫머리도 "楚人 游學長安 賣卜東市."로 되어있다.

45) "建德豈吾土 并州非故鄉."(『석주집』 권8의 <건제체술회(建除體述懷)> 시 허두)

46) 김창룡, 『가전산책』(한성대학교출판부, 2004, pp.225~230) 참조.

-자 료-

<주사장인전(酒肆丈人傳)>과 <주사주인(酒肆主人)>

여기에 소개하고자 하는 작품은 각각 조선시대 석주(石洲) 권필(權韠, 1569~1612)의 <주사장인전(酒肆丈人傳)>과 중국 명대 호응린(胡應麟, 1540경)의 <주사주인(酒肆主人)> 두 편이다. 특히 권필의 이 작품에 관해서는 이미 학계 일각에서 그 제목과 함께 술의 의인화 작품으로 소개된 일이 있으나,[47] 사실은 의인문학 작품이 아닌 송대의 성리학 거유인 소강절과 한 술집의 이름없는 노인 두 사람 사이에 사상적 경륜을 다투는 담론소설의 거대한 편목이었다. 이후 <주사장인전>에 관해서 이모저모로 관심하여 언급한 편린들이 있거니와, 그때까지도 이 작품의 특유한 구상이 석주에게만 고유하고 독특한 창작 형태 쯤으로 생각해왔던 터였다.

그러던 중 필자는 1978년 대만에서 간행한 영옥쇄금집간(零玉碎金集刊) 21의 『단편소설독본』이란 책에서 우연히도 호응린의 <주사주인(酒肆主人)>이란 편명을 발견하고 이를 상미(詳味)하게 되었다. 결과, 이것이 위에 든 권필의 작품과 어떤 의미에서 일맥상통하는 구석, 다시 말해 영향의 소지를 전혀 배제할 수만은 없으리라는 강렬한 심서(心緖)가 일었다. 더욱이 호응린은 명대 만력(萬曆) 연간에 활동했던 당시대 이름 높은 문장 대가였고, 권필은 그보다 30여 년 정도 뒤에 살아 조선조 선조 및 광해조에 걸쳐 시예(詩譽)가 드러난 재준(才俊)의 선비였다. 더구나 권필의 일가는

47) 김일렬, 「의인체문학연구」, 『국어국문학 연구논문집』 15집, 1964, 효성여대 국어국문학회, p.11.
김광순, 「한국의인문학의 사적 계보와 성격」, 『어문학』 16집, 한국어문학회, 1967, p.146.

아버지 권벽(權擘)을 위시하여 위(韡)·인(韌)·온(韞)·흡(韐)·필(韠)·도(韜) 등 아들 여섯이 한 시대에 다 이름이 알려진 이른바 문인가족이었다. 따라서 그의 집안에는 허다한 종류의 각종 서적이 이서(異書)까지 포함하여 한우충동(汗牛充棟)을 이루었을 것으로 사료하기 어렵지 않다.[48] 따라서 권필이 독서 과정에서 호응린의 저술인 『소실산방유고(少室山房類稿)』·『소실산방필총(少室山房筆叢)』 등을 일찍이 열람했으리라고 전제할 때, <주사주인>을 기초적 남본으로 삼아 <주사장인전>으로 환골탈태하였을 가능성에 대해 생각해 볼 수 있다. 더욱이 권필의 또다른 허구적 산문 가운데 '게'를 의인화한 <곽삭전(郭索傳)>이란 가전이 있거니와, 이 또한 작품의 형식과 소재 또는 기타의 면에서 중국 곽복형(?)의 '게' 의인 가전인 <오중개사곽선생전(吳中介士郭先生傳)>과의 상관성 검토의 소지가 충분하니[49] 비교문학적인 수준 위에 놓여있는 것이다. 아무튼 권필이 동경해오던 중화의 문예에서 힌트를 얻고 그 영향 아래 이같은 산문 일작을 썼을 개연성은 다분히 크다고 볼 수 있다. 그렇다고 할 때, 이는 마치 <전등신화(剪燈新話)>와 <금오신화(金鰲新話)>의 시차가 40여 년 밖에 안된다[50]는 사실과 마찬가지로 상당히 신속하게 중국의 문조(文藻)가 이 땅에 유입·적용된 경우라고 볼 수 있다.

그러면 실제로 이 두 작품 사이에 유사·공통한 국면은 어디 있는가? 나중의 <주사장인전>에 비해 앞서 이루어진 <주사주인>이 분량면에서 훨씬 근소하기 때문에 양자 사이에 유사처를 찾을 여지가 넉넉하지 못한 것이 사실이나, 그렇게 흡족치 못한 정황 가운데도 상호간 맥락이 닿을 만한 종요로운 화소(motif)를 추출해 낼 수 있다.

첫째, 무엇보다 작품의 얼굴이라 할 표제의 근사(近似)함을 꼽지 않을

48) 소재영, 「석주권필소론」(『논문집』 6, 숭전대 인문사회과학연구소, 1976) 참조.
49) 김창룡, 앞에 든 책, pp.262~267 참조.
50) 정주동, 『고대소설론』, 형설출판사, 1970, p.38.

수 없다.

둘째, 양편 똑같이 술집 주인과 과객과의 대화체 형태로 이야기를 이끌어가고 있다는 사실과 동시에, 두 사람 사이에 주고받는 대화의 내용 또한 염정담(艶情談)이나 골계담(滑稽談) 등이 아닌 철학론, 정치론, 문학론 등 굵다란 줄기의 주제로서 진행된다는 사실이다.

셋째, 탁락불기(卓犖不羈)의 기위(奇偉)하고 비상한 면모를 나타내보이던 인물 당사자들을 재차 심방(尋訪)하여 찾았을 때에 필경 그 자취가 묘연해지고 만다는 신비주의적 분위기에서 서로 통한다.

> 令我輩張肆於此 其出處從不能悉也. <주사주인>
> 저희들로 하여금 여기에다 장사를 벌이게 하셨거니와 그 들고나심을 알아낼 길은 없사오이다.
> 使弟子往求之 肆已空矣. <주사장인전>
> 제자를 보내 찾아보도록 하였으나 주막은 이미 텅 비어있었다.

결국, 작품의 끝 단락에 가서는 똑같이 은자임을 명문화하고 있는 그 지점에서 다시 한번 일치를 보이고 있는 것이다. 특히, <주사장인전>의 이 부분은 더 나중 작품인 연암의 소설 <허생전>과 비준될 수 있으니, <허생전>의 최종적 묘사인,

> 明日復往 已空室而去矣.
> 이튿날 다시 갔으나, 이미 방을 비운 채 가버렸더라.

와 그 의장(意匠)과 수사법에서 통하는 것이 아무래도 연계가 아주 없지는 않은 듯싶다. 게다가 <주사장인전>이나 <허생전>이 일방적으로 상대를 매도하였던 상황 설정의 면에서 더욱 그러하다.

석주와 연암 사이에 연결의 개연성을 돕는 또 하나의 단서가 있다. 예컨대 <주사장인전>에서 소강절이 주사장인에 의해 일패도지(一敗塗地)를 당하는 형상인,

> 邵子逶蛇匍匐 以面掩地.
>
> 소자는 허우적대며 기었다. 그 통에 얼굴이 땅바닥에 푹 묻히고 말았다.

의 대목이 흡사 <양반전>의 천부(賤富)가 양반에 대해 불평하던 메시지 가운데 다음의 대목과 아주 방불한 분위기를 조출해 내고 있는 것이다.

> 我雖富 … 見兩班 則跼蹜屛營 匍匐拜庭 曳鼻膝行.
>
> 우리야 암만 부자라지만 … 양반만 보면 기가 죽어 굽실대며 엉금엉금 기어 뜨락 아래서 절하며 코를 질질 땅에 끌고 무릎걸음을 하니 …

이 <주사주인>·<주사장인전> 두 작품은 그 제목부터가 벌써 심상하지는 않아 긴밀한 유대 가능성을 은현중 강변(强辨)해 주고 있었다. 이는 마치 <전등신화>의 <금오신화>에 대한 영향의 관계에서 최우선 제목부터가 벌써 유다른 관계를 약속케 하는가 싶었더니, 과연 허언이 아닌 사실로 드러났다고 하는 견지에서 이 둘의 수수관계도 나란히 검토될 수 있는 성질의 것으로 본다.

권필의 <주사장인전>은 『석주집』 외집 권1 가운데 실려있는 것을 이가원이 『여한전기(麗韓傳奇)』(우일출판사, 1981)에서 원문에 구두를 달아 옮겨놓은 바 있다. 호응린의 <주사주인>은 앞에 소개한 『단편소설독본(短篇小說讀本)』(新文豐出版公司, 1978) 안에 들어있는 것을 가져왔다.

-작 품-

주사장인전(酒肆丈人傳)

권필(權韠)[1)]

옛적에 소자(邵子)가 낙양(洛陽)에 살았을 때다.

하루는 자그만 수레를 타고 천진교(天津橋)[2)]에 꽃구경을 나갔다가 한 주막의 옆에서 쉬고 있노라니, 수염과 귀밑머리가 허옇게 센 한 늙은이가 낚싯줄을 드리우고 앉아있는 것이 보였다. 그는 왼손으로 갓끈을 붙들고 오른손으론 소자를 가리키며 말하였다.

"그대는 소옹(邵雍)이 아닌가?"

이에 소자는 손을 공손히 한 채 대답했다.

"그렇습니다."

"그대는 천지간 조화를 망가뜨리고 음과 양의 결합을 갈라놓는가 하면, 천기(天機)며 은밀의 도를 누설시키는 일로 세상의 사랑을 받는 자가 아닌가? 그대같은 사람은 옛날부터 이르는 바 천벌을 받을 사람이로다!"

그 말에 소자는 화들짝 놀라 주춤주춤 다가가며 말하였다.

"선생께서는 도대체 이 옹을 허물하시길 그토록 모질게 하오이까? 저는 소싯적부터 선왕(先王)의 글을 읽어온 이래 지금까지 40년도 더 되나이다. 해서, 말은 언감 이치에 어그러진 일이 없고 행동은 도에서 벗어난 적이 없

---

1) 선조 · 광해 때의 불우하였던 시인 · 문사로 자는 여장(汝章), 호는 석주(石洲). 평생을 시주(詩酒)로 자오(自傲)타가 마침내는 시참(詩讖)으로 광해군에게 국문(鞠問)을 당하고 귀양길에 주사(酒死)하였다. 『석주집(石洲集)』의 저서가 남아있다.

2) 하남성 낙양현 서남쪽 낙수(洛水) 위에 있는 다리. 소강절이 객과 더불어 이 곳을 산보하던 중 두견의 소리를 듣고 약 30년 뒤의 정치적 혼란을 예언하였다. "天津橋上聞杜鵑"이 그것이다.

었는데, 선생께서 도대체 이 옹을 허물하시길 그토록 모질게 하오이까?"

노인은 하얗게 이를 드러내고 웃으면서 말하는 것이었다.

"참, 몹시도 깨우치기 어렵겠고나. 자네의 그 미혹함이야말로……. 앉게나! 내 자네에게 얘기해 줄 터인즉. 지극한 도의 정수(精髓)는 그윽하니 아스라한 법이고 지극한 도의 극치는 흐릿하니 괴괴한 것이다. 음양이 서로 맞닥뜨려서 만물이 화생(化生)하여 나오는 데는 어떤 도움이 있어 그리 되는 것이 아니고, 오기(五氣)[3]가 순조로이 퍼져서 사계절이 운행하는 데는 마르재어 만드는 바 있어 그리됨이 아닌 게야. 까마득한 옛날에는 그 임금은 우둔하고 백성은 순박하며 촌스러웠어도 알지 못하는 새에 대방(大方)[4]의 경계에서 한껏 오유(傲遊)할 수 있었지. 무릇 천지 사이에 생명 있는 종류라 한다면 맨 몸뚱어리 것, 털이 난 것, 깃털 달린 것, 딱딱한 껍데기가 있는 것, 비늘 달린 것, 따사롬하니 꿈틀대는 것, 미세한 것, 팔짝팔짝 뛰면서 찌릭찌릭 우는 것 등이 있지. 이들은 하나같이 그 타고난 바 속성을 갖춰 있슨즉, 바로 이 시점이야말로 가히 지덕(至德)이라 이를 것이다. 그런데 복희(伏羲)[5]가 괘(卦)를 긋고부터 크나큰 조화가 흩어 달아났고, 문왕(文王)[6]이 이를 부연하고 공자[7]가 보익(補翼)하고부터 원기는 갈갈이 찢겨졌어. 그러고부터 천지간의 지혜롭단 자들이 어지러이 일어나서 "나야말로 역상(易象)[8]을 잘 강론할 수 있다!" 하고 서로 버티고 앉아 너스레

---

3) 水·火·木·金·土의 오행(五行). 혹은 비오고, 볕나고, 덥고, 춥고, 바람부는 천기(天氣)의 총칭을 뜻하는 수도 있다.

4) 대지(大地), 또는 대도(大道).

5) 중국 고대 전설상의 임금으로, 팔괘 및 문자를 만들었다 함. 신농씨(神農氏), 유웅씨(有熊氏)와 함께 삼황(三皇)으로 일컬어지기도 한다.

6) 주나라 초대의 임금으로, 괘사(卦辭)의 작자로 전한다. 혹은 64괘마저 문왕이 만들었다는 설도 있다.

7) 춘추 말기의 유가대성(儒家大聖)으로, 주역에 대한 십익(十翼)을 찬술한 일을 지칭한다. 십익이란 괘사의 부연설명인 단전(彖傳) 및 상전(象傳)·계사전(繫辭傳) 등 10가지 문헌을 말한다.

8) 역(易)의 괘(卦)에 나타난 현상.

를 떠니, 강유(剛柔)며 소장(消長)을 분간지어 말하는 자들이 온 천지에 들끓게 되었다네. 이런 까닭에 구름은 그 기운이 한데 무리져 엉기기도 전에 비가 내리고, 초목은 잎새가 누렇게 변하기도 전에 떨어져 내리며, 해와 달의 광채는 갈수록 거츨히 바랬던 것이니, 오호라! 이는 역을 지어낸 자들의 그르침이것다! 지금 자네는 진단(陳摶)[9]이 남긴 몇 가지 의론을 남몰래 훔쳐다가 궤변설을 지어내고, 그것을 선천학(先天學)입네 이름 붙인 다음 신기로움을 뽐내고 거짓됨을 숭상하여 속세를 현혹시키고 있으니, 에라! 천하를 어지럽히는 것은 필경 자네의 수작이로다!"

소자가 이에 대꾸하였다.

"옹이 듣자온대 천지의 정(精)은 괘(卦)에 말미암아 나타나고, 괘를 하나하나 구분한 총체는 괘사(卦辭)를 통해 드러나니, 이 가운데 개물성무(開物成務)[10]의 도 아님은 없는 것인데, 선생께서 그것을 두고 과오라 하시니 감히 그렇게 말씀한 뜻을 묻자와도 되겠나이까?"

"나는 술집에 묻혀 지낸지 백 년도 더 되었다. 하루 수십 말의 술을 빚지. 그래도 그 맛이 어그러지지 않기에 술을 찾는 사람마다 옆의 가게로 찾아가지 않으니, 이건 어인 이유일까? 그건 바로 능히 술의 성질을 잘 알아 거기 맞춰 만들었기 때문이라. 나는 만물 가운데 아는 것이라곤 술 밖에 없으니, 내 이제 또 술에다가 비해보면 좋겠군. 무릇 술이 처음 될 때는 혼융된 하나의 기운 뿐이지. 그 속엔 어찌 전국 술, 무잡한 술, 혹은 진하거니, 묽거니 하는 따위가 있겠는가? 그것을 따루어내고, 주물러 거르고, 짜 누르고, 받아 거르고 한 뒤에야 청탁이 갈라지는 게고, 그 때 전국이던 것이 무잡한 쪽으로, 진하던 것이 묽은 쪽으로 술 본연의 성질이 옮겨가는 것이라. 대저 지극한 도의 결정(結晶)이란 술의 혼연함과 같지 않겠는가?

9) 송대 초기 도가 계통의 인물. 자는 도남(圖南)으로 벽곡(辟穀)과 복기(服氣), 도양(導養)과 환단(還丹)에 주력하였다.

10) 만물의 이치를 밝혀 실제적인 시행 속에 천하의 사무를 성취하는 일.

복희가 따라내고, 문왕이 주물러 거르고, 공자가 눌러 짜고 하다가, 이제 자네가 막 술채로 걸러 받으려 하니, 나는 이제 으늑하고 아스라하던 게 밝혀지고, 흐릿하니 고요하던 게 나타나서 지극한 도가 들혜쳐질까 걱정인 것이다. 그러니 감히 어그러뜨리지 않았다고 말한 자가 바로 어그러뜨린 장본인이 되는 게고, 어찌 어길 수 있느냐 말한 자가 바로 어긴 장본인이 되는 것이지. 나야 천지의 품성을 따랐을 뿐, 달리 무엇을 알겠는가? 천지의 조화를 순응했을 뿐, 달리 무얼 애써 했겠는가? 무릇 큰 하나의 기(氣)도, 사시의 계절도 저절로 운행되는 법이지. 비 또한 절로 내리는 것이며 물(物) 또한 절로 자란단 말일세. 그러니 자네도 도에다 맡겨 흘러가면 그만일 뿐이라, 어찌타 속속들이 캐밝히려 하고 구차스럽게 작위를 부려 스스로 거룩한 양하는 것인가?"

소자는 허우적대며 기었다. 그 통에 얼굴이 땅바닥에 푹 묻히고 말았다. 겨우 정신을 차려 진정한 뒤에 입을 열었다.

"선생의 논리가 지당하오이다. 옹이 어찌 밝으신 가르침을 높여 받들지 않으리까? 하지만 넌지시 의아스런 구석이 있으니 선생께서 끝까지 일러 주시기 바랍니다. 복희와 문왕, 공자는 세상에서 일컫는 바 큰 성인들입니다. 그런데도 선생의 말씀이 이와 같을진대, 그렇다면 저 세 분 성인도 하나같이 족히 본받을 게 없다는 말씀입니까?"

"이래서 저 말이나 그럴싸하게 해서 남을 혹하게 만드는 자를 미워하는 것이다. 자네는 돌아가라! 내 더 이상 말 않으리다!"

소자는 빠른 걸음으로 총총 물러나와 수레에 올랐으나 세 차례나 고삐를 놓쳤고 낙심천만하여 스스로를 가누지 못하였다. 조금 있다가 종자(從者)가 아뢰었다.

"선생님께서 안색이 별로 좋지 아니한 듯 하여이다."

소자는 그윽히 탄식하며 뇌었다.

"내가 성인의 학문을 배우고 익힌 지도 저근덧 오래인 터, 내 스스로 도가 내 안에 있거니 생각해왔단 말이지. 그런데 지금 주사장인의 말을 듣자하니 나야말로 참으로 소인이구나. 다시는 감히 도를 논할 수도, 주역을 강론할 수도 없이 되었고나!"

정자(程子)[11]가 이 소식을 듣고,

"은자(隱者)로다!"

하고는 제자를 보내 찾아보도록 하였으나 주막은 이미 텅 비어 있었다.

군자(君子)는 이렇게 생각한다.

「옛날부터 도를 갖추고서 시정(市井)의 점포 가운데 숨어 지내기로 엄군평(嚴君平),[12] 사마계주(司馬季主)[13] 같은 무리가 많았다. 주막의 이 노인장은 그 언변의 체계는 정연하진 못했으나 가다금 노장(老莊)과 들어맞으니, 이른바 방외(方外)의 지경에 노니는 이가 아니겠는가!」

酒肆丈人傳

昔者邵子居洛 一日乘小車 賞花於天津橋 憩于酒肆之傍 見一老翁 鬚鬢皤然 鉤簾而坐 左手獵纓 右手指邵子曰 汝非邵雍耶 邵子拱而對曰 然 曰 汝非折天地之和 離陰陽之會 漏神之機 洩道之密 以取媚於世者耶 若汝者 古謂之 天刑之民 邵子矍然逡巡而進曰 夫子何罪雍甚耶 雍自少時 讀先王之書至于今四十餘年矣 言不敢有悖乎理 行不敢有違乎道 夫子何罪雍甚耶 丈人嗇然而笑曰 甚矣難悟哉 子之惑也 居 吾語汝 至道之精 窈窈冥冥 至道之極昏昏嘿嘿 二儀相軋 而萬化出焉者 非有所輔相而然也 五氣順布 而四時行焉

11) 송대의 성리 대가 정이천(1033~1107)으로 간주된다.

12) 촉인(蜀人)으로, 본명은 준(遵), 군평은 자. 성도(成都)에서 노자의 연구와 함께 매복(賣卜)을 하며 은거하였다.

13) 초(楚)나라 사람으로, 역시 장안(長安)에서 유학(游學)하며 매복한 은사(隱士)였다.

者 非有所裁成而然也 邃古之世 其君愚芚 其民朴鄙 不識不知 乃蹈乎大方 凡天地之間 有生之類 躶者 毛者羽者 介者鱗者 煗耎者 肖翹者 趯趯而啾喞者 咸得其所 若此之時 可謂至德也已 自伏羲畫卦 而大和散 文王之演 孔子之翼 而元氣磔 於是 天下智者 紛紛而起曰 我善言易象 相與跪坐而說之 爲剛柔消長之辨者 盈滿海內矣 是故雲氣不待族而雨 草木不待黃而落 日月之光益以荒 噫 作易者之過也 今汝盜竊陳摶之餘論 作爲詭說 命之曰 先天之學 誇奇以眩俗 矜僞以惑世 噫 亂天下者 必子之言夫 邵子曰 雍聞天地之精因卦以顯 卦畫之蘊 因辭以著 無非所以開物成務之道也 夫子以爲過 敢問有說乎 丈人曰 吾藏於酒肆 百有餘歲 所釀日數十石 而其味不爽 故凡求酒者不之旁舍 何則 以能知酒之性 而順以成之也 吾於萬物 唯酒之知 吾將以酒喩道可乎 夫酒之始也 渾然一氣耳 烏有所謂醇漓厚薄者哉 至於釀之漉之 壓之篘之 而後淸濁分焉 於是醇者以漓 厚者以薄 而酒之性遷矣 夫至道之凝非酒渾然歟 伏羲釀之 文王漉之 孔子壓之 而今子又將篘之 吾恐窈冥者昭然昏嘿者的然 而至道鑿矣 然則所謂不敢悖者 乃所以悖之也 所謂不敢違者 乃所以違之也 我率天地之性而已 何所知哉 順天地之化而已 何所爲哉 夫一氣自運也 四時自行也 雨自施而物自壯也 而子亦放道而行而已矣 奈何窮窮焉知之 弊弊焉爲之 以自聖哉 邵子透蛇匍匐 以面掩地 定氣而後言曰 夫子之論至矣 雍敢不敬承明訓 然竊有疑焉 願夫子之卒敎之也 伏羲文王孔子 世所謂大聖人也 而夫子之言若此 然則彼三聖者 皆不足法歟 丈人曰 是故惡夫佞者 子歸乎 吾口閉矣 邵子趨而退 上車三失轡 爣然不自得者 閒 從者曰 先生若有不豫色然 邵子喟然嘆曰 我治聖人之術 亦已久矣 自以爲道在我矣 今聞酒肆丈人之言 我誠小人也 不敢更論道 不敢更說易 程子聞之曰 隱者也 使弟子往求之 肆已空矣 君子謂 自古有道 而隱於市肆者 若嚴君平司馬季主之倫多矣 酒肆丈人 其言雖若不經 然往往與老壯合 所謂遊方之外者 非耶.

주사주인(酒肆主人)

호응린(胡應麟)[1)]

내가 회음(淮陰)[2)]의 저잣거리를 지나다가 한 주막에서 쉬게 되었다. 그 주인은 대략 쉰 살 남짓 보였다. 나와 더불어 술과 연관된 대화를 나누며 제가끔 생각하고 있는 바를 한껏 펴 보았다. 그랬더니 그 주인이 느닷없이 눈을 똑바로 뜬 채 날 보고 하는 말이,

"보아하니 당신은 글공부하는 선비 같은데!"

이에 내가 말했다.

"제대로 맞췄다고는 못하겠으나 일반(一斑)[3)]은 엿본 셈이요."

그리하여 주인은 나와 함께 시에 관해 논하였는데, 위로는 삼백 편 『시경(詩經)』으로부터 한(漢), 위(魏), 아래로는 육조(六朝)와 삼당(三唐)[4)]에 이르기까지, 나아가 우리 명(明) 황실의 시대에 이르기까지 남김없이 섭렵하였다.

대화가 궁색한 데 부딪치면 곧 마주 앉아 술을 한껏 들이키고는 또 다시 천하사(天下事)를 의논하였다. 사적(事跡)이 천고(千古)의 흥망성쇄의 부분에 이르렀을 때, 그는 후욱 한숨을 크게 쉬고 눈물을 주르륵 흘렸다. 그러다가 홀연 나를 향해 말하였다.

"내가 나라 안 사람들을 수없이 겪어보았으나 그대같은 사람은 별반 만

---

1) 1551~1602. 명나라의 문인 · 학자로 호북(胡北) 난계(蘭谿) 출신. 『소실산방필총정집(小室山房筆叢正集)』을 포함한 『소실산방유고(小室山房類稿)』, 한시 평론집인 『시수(詩藪)』 등의 저서가 있다.

2) 지금의 강소성(江蘇省) 회안현(淮安縣) 남쪽에 있는 고을로, 진(秦)이 처음 설치하였다.

3) 일부분. 일단(一端). 본시 무늬를 이루는 한 점.

4) 당시(唐詩)의 흐름을 초당(初唐) · 성당(盛唐) · 만당(晩唐)의 3개로 나눈 뜻이다.

나지 못하였소. 그대는 금화(金華)[5]의 호원서(胡元瑞)[6]가 아니온지?"

"바로 그렇소!"

나도 따라서 그의 성명을 물어보았다.

"점포 문 밖에 '장숙도(張叔度)'라 써놓은 바로 그것이오."

난 다시 그의 향리(鄕里)가 어딘가고 물었다.

"나는 무하유향(無何有鄕)[7] 사람이외다."

그 말에 나는 웃으면서,

"연고지는 알 수 없이 그냥 장숙도라고만 하시니, 이가 바로 어르신의 성함이구료!"

말하니, 주인은 자리에서 일어나 나를 돌아보고 웃었다. 다음 순간 벌떡 후닥닥 안으로 들어가면서 말하였다.

"여러 소린 금물! 당신도 이제는 잠자코 계시오!"

이튿날 다시 만나려고 찾았더니 여러 하인들의 말인 즉,

"주인께서는 한 자루 칼을 차고 말을 재우쳐 떠나가더이다."

내가 결국 그 사람에 관해 캐낼 수 있는 대로 알아본 결과 이러했다.

"주인은 몇백 천의 돈을 가지고 저희들로 하여금 여기에다 장사를 벌이게 하셨거니와, 그 들고나심을 알아낼 길은 없사오이다."

나의 생각으로는, 필경 강회(江淮)의 큰 협객이 시정(市井)의 은자(隱者)를 칭탁한 것이 아닐까 한다.

---

5) 금화현(金華縣). 절강성(浙江省) 안에 있다.

6) 본 작품의 필자인 호응린. 원서(元瑞)는 그의 자이다.

7) 일체가 존재하지 않고, 따라 번거로움도 없는 처무(處無)·자연의 낙토(樂土). 『장자』 <소요유(逍遙遊)> 및 <응제왕(應帝王)> 편에 이 말이 나타난다.

酒肆主人

余過淮陰市中 憩一酒肆 主人約五十餘歲 與余談酒事 各極其意 主人忽瞪目視余曰 視君似解操觚者 余謝曰 非曰能之 嘗窺一斑矣 主人遂與余論詩 上自三百漢魏 下及六朝三唐 以及我皇明 無不畢 當窾綮 因命對坐劇飲 復論天下事 事至於千古興衰 每太息流涕 忽向余曰 吾閱海內人多矣 少得似君 君得無金華胡元瑞乎 余曰 是也 余因詢其姓字 主人曰 肆門所書張叔度是也 余復問其鄕縣 主人曰 吾無何有鄕之人也 余笑曰 地且不得 曾謂張叔度 是丈人姓字乎 主人起顧余笑 躍身入內曰 毋多談 君且休矣 明日索與相見 衆傭保曰 主人仗一劍 躍馬去矣 余遂窮問其人 則曰 主人有錢數百千 令我輩張肆於此 其出處從不能悉也 余意 必江淮大俠 託於市隱者耳.

백곡(柏谷) 김득신(金得臣)의 인간과 문학

1. 머리말

종전의 한문학사들이 조선시대 시사(詩史)에 있어 중·후기라 할 수 있는 17세기 소단(騷壇)을 언급하는 마당에서 백곡(柏谷) 김득신(金得臣, 1604~1684)의 존재를 밝히지 않은 채 넘어간 경우란 없었다. 하지만, 동시에 그의 면모를 보다 자세히 다룬 경우는 이에 지극히 드문 실정이었다. 사실, 이러한 양상은 하필 김득신에게 국한된 것은 아니었고 그의 시대, 혹은 그를 전후하여 성가(聲價)를 드날렸던 기라성 같은 시인 대부분에게 그러하였던 것이다.

그럼에도 불구하고, 시인 개별론적 차원에서는 특별히 백곡 김득신이 허경진의 <종남총지(終南叢志) 연구>(1978)와 정대림의 <김득신의 시론>(1983) 등을 필두로 하여 꽤 지속적인 관심의 대상이 되어왔으니,[1] 이는 과

---

1) 그 대략을 소개하면 다음과 같다.
허경진, 「종남총지연구」, 『연세어문학』 11, 연세대학교, 1978.
정대림, 「김득신의 시론」, 『우전신호열선생고희기념논총』, 창작과 비평사, 1983.
김창룡, 「백곡 김득신의 인간과 문학」(上), 『이가원선생칠질기념송수논총』, 1987.
김창룡, 「백곡 김득신의 인간과 문학」(下), 『충격과 조화』, 동방문학비교연구회편, 1987.
김창룡, 「김득신의 가전 <환백장군전>·<청풍선생전> 해제 및 번역소개」, 『한성어문학』 6집, 1987.

거의 유수했던 시인들 사이에서 드물게나 얻어질 수 있는 행(幸)이 아닐 수 없다. 그런데, 그가 이렇듯 특별한 주목을 받게 될 수 있었던 중요한 계기는 다름아닌 김득신이 시인으로서의 면모 외에 다른 하나, 바로 비평가로서의 면모 때문인 것이다. 아닌 게 아니라 위에 든 두 논문도 평가 자격으로서의 김득신의 시론에 접근 분석코자 하는 시도였던 것이며, 여기서 김득신 시론의 실마리를 찾기 위한 저본(底本) 또한 『종남총지』에 거의 의존하다시피 했던 면이 없지 않다. 그런 가운데 이 『종남총지』를 사이에 둔 양자의 논의는 그 관점 및 해석의 방법에 따라 문제와 여운을 남기고 있다. 더욱이 백곡의 시론은 그의 문학적 총체라 할 수 있는 『백곡집(柏谷集)』에 대한 통합적인 검토 안에서 더 큰 보완을 기할 수 있다.

『백곡집』은 지난 1985년에 이가원(李家源)이 백곡의 9세손 김상형(金相馨) 옹이 보존하고 있던 필사본 『백곡유집(柏谷遺集)』을 받아 태학사를 통해 간행에 옮김으로써 그 면모가 일반에 확실하게 드러나게 되었다. 뒤이어 1993년에 민족문화추진회의 『한국문집총간』(104)으로 출간되기도 했다. 덕분에, 기본적으로 문학론 이전에 선행되어야 할 인간적 면모에 접근하는 일이 훨씬 용이해졌다. 백곡의 시인적, 산문가적인 면모는 물론이고, 역시 종래에 미처 잘 이해되지 못하였던 비평가적 면모를 두루 점검하고

이영미, 「백곡 김득신의 여문(儷文)연구」, 고려대 석사학위논문, 1991.
신범식, 「백곡 김득신 연구」, 청주대 석사학위논문, 1996.
이종묵, 「백곡 김득신론」, 『조선후기한시작가론』 2, 이회, 1998.
이재복, 「백곡 김득신의 시문학 연구」, 세종대 박사학위논문, 1999.
안대회, 「김득신의 구안론」, 『조선후기시화사』, 2000.
차용주, 「김득신 연구」, 『한국한문학작가연구』 3, 아세아문화사, 2001.
이종묵, 「김득신 한시의 창작방법과 청신(淸神)의 미학」, 『한국한시의 전통과 문예미』, 태학사, 2002.
임동철, 「김득신의 생애와 문학적 배경」, 『중원문화논총』 8집, 2004.
성범중, 「김득신의 한시에 나타난 귀거래의식과 취묵당」, 위에 든 책.
김창룡, 「백곡 김득신의 산문 문학에 대하여」, 위에 든 책.
신범식, 「김득신의 종남총지에 나타난 시론」, 위에 든 책.

비평할 수 있는 계기와 터전이 마련되리라 생각한다. 여기서는 이가원 편 『백곡문집(栢谷文集)』(태학사, 1985)을 저본으로 삼기로 한다.

그러면 이제, 크게 김득신의 인간적 면모와 김득신의 문학적 면모라는 제목의 두 가지에 나누어서 아래에 항목별로 서술해 나가고자 한다.

2. 인간적 면모

1) 노둔(魯鈍)과 고음(苦吟)

사실은 그의 생애를 시간적인 순서에 입각해서 펼쳐 보이기에는 아직 미흡한 감이 크다. 이는 다름아니라 전기 체재로서 그의 일대기를 따로 다룬 기록 등을 찾아보기 어려운 까닭이다. 그의 유저인 『백곡집』을 분석·정리한다 손, 그의 생애 전반에 걸친 신세 정황을 대략 유추할 수는 있어도, 시대별로 분류하여 그의 일생을 다룬다는 점에서는 여전한 어려움이 따른다. 따라서, 『백곡집』의 문헌의 곳곳에 산재하여 있는 김득신 관계 기사까지를 한껏 참조하는 방법으로 그의 프로필을 새로이 편성해 보는 수 밖에 없다.

김득신의 자는 자공(子公), 호는 백곡(柏谷)이니, 안동 본관으로 부제학(副提學)을 지낸 치(緻)의 아들이자 진주목사(晋州牧使) 시민(時敏)의 손자이다. 그의 부친의 태몽 가운데 노자(老子)를 보았다기로 어릴 적 이름을 몽담(夢聃)이라 했다. 호를 백곡이라 이름 붙인 뜻은 그가 목천(木川)의 백전(柏田)에 살았던 까닭이라 한다.[2] 그는 선조(37년) 당년의 출생 이래 광해, 인조, 효종, 현종을 거쳐 숙종(10년) 때에 생을 마칠 때까지 여섯

2) <기문록(記聞錄)>(『백곡집』 권7 부록)에 "公居木川柏田 故號柏谷."

왕에 걸쳐 재세(在世)하였으니, 꽤 다사다난한 시대를 살다 간 인물이다.

그러나 무엇보다 김득신이라면 첫째, '노둔(魯鈍)의 시인'으로 잘 알려져 있다. 아예 그는 자타가 함께 인정하는 노둔의 인물로 통하니, 그 자신이 일찍이 자신의 노둔에 관해 솔직히 선언한 일이 있었다.

> 余性魯鈍 所讀之工倍他人 若馬漢韓柳 皆抄讀至萬餘遍 而其中最喜伯夷傳 讀至一億一萬三千筭 遂名小窩曰 億萬齋.[3]
>
> 나는 천성이 노둔하여 독서의 공력도 다른 사람의 배를 들여야만 했다. 『사기(史記)』라든가 『한서(漢書)』 및 한유(韓愈), 유종원(柳宗元) 등의 글은 모두 베껴다 일만 차례 이상 읽었다. 그 중 <백이전(伯夷傳)>은 가장 좋아하였음에 일억일만삼천 회에 이르렀으니, 드디어 내 작은 서실을 억만재로 이름 붙이게 된 것이다.

그는 나이 아홉인가 열 살 적에 처음으로 아버지에게서 『사략(史略)』을 배웠는데, '천황편(天皇篇)' 처음 장 26자를 3일 동안 배웠으나 구두를 달지 못하매 그의 외삼촌 등 가인(家人) 등이 보고는 그만두라 했다 한다.[4] 또한 백곡과의 친분이 있었던 우해(于海) 홍만종(洪萬宗, 1643~1725)은 백곡보다 39세가 연하임에도 불구하고 『소화시평(小華詩評)』 안에서 백곡의 재품(才稟)이 대단히 노둔하다는 말을 거리낌없이 하고 있는 것을 볼

---

3) 김득신, 『종남총지(終南叢志)』 소재.

4) 이현석, <가선대부동지중추부사안풍군김공묘갈명(嘉善大夫同知中樞府事安豊君金公墓碣銘)>(『백곡집』 권7)에, "幼而魯 十歲始就學十九史略首章僅二十六字 而三日不能口讀."
또, 백곡의 손자 항렬인 석촌공(石村公)의 <행장초(行狀草)>(『백곡집』 권7)에, "性傷質魯 十歲始受曾史於曾王父 而天皇一章 學三日不成口讀 王考之外舅梅溪公來見謂曰 已之."
이서우, <백곡집서(柏谷集序)>에, "柏谷金公少魯 始受曾先史略於其先大夫 天皇一章 三日而不成句讀 家人皆曰 已之."

수 있다.[5] 그의 노둔과 관련하여 백곡을 "흐리멍덩한 시인"으로 표현한 이가원은 '마상봉한식(馬上逢寒食)'에 관한 다음과 같은 일화를 적고 있다.

> 그의 흐리멍덩한 데 대한 기화는 이루 다 이야기할 수 없다. 그는 어느 날 나귀를 타고 어디로 가는 길이었다. 때는 마침 모춘(暮春)이었으므로 그는 당시인 '마상봉한식(馬上逢寒食)'의 한 귀를 자기의 창작으로 알고 말 위에서 호음(豪吟)을 거듭했으나 그 댓구를 맞추지 못한 채 시사(詩思)는 고갈되었다. 나귀를 몰고 가던 아이가 그의 고음(苦吟)을 보고서 '도중속모춘(途中屬暮春)'으로 맞췄더니 그는 나귀에서 뛰어내리며 "너의 지식이 나보다 나으니 네가 나귀를 타고 내가 몰고 가련다" 했다 한다.[6]

백곡이 이다지 노추(魯椎)하였던 데는 그가 아직 무상(舞象)의 나이 곧, 13살 때 두 차례나 두질(痘疾)을 앓았기 때문이라는 말도 있거니와, 아무튼 그에게 따라붙은 이같은 이미지 덕분에 문사(文詞)의 구상에 임해 거의 고음을 면하기 어려웠던 시인으로 인식되었던 모양이다.

그의 고음에 관한 사실 또한 그의 노둔과 함께 유명한 이야기가 되어 있다. 무엇보다 백곡 자신의 다음 같은 직접적인 고백이 가장 절실한 것이 될 듯싶다.

> 李唐諸子作詩 用盡一生心力 故能名世傳後 … 余亦有此癖 欲捨未能 戱吟一絶曰 爲人性癖最耽詩 詩到吟時下字疑 終至不疑方快意 一生辛苦有誰知 噫 唯知者可與話此境 今人以淺學 率爾成章 便欲作驚人語 不亦疎哉.[7]
>
> 이당(李唐)의 제자들이 시를 지을 때에는 일생 심력을 다 쏟았던 까닭에

---

5) 홍만종, 『소화시평(小華詩評)』·下에, "金柏谷得臣才禀甚魯 多讀築址 由鈍而銳."
6) 이가원, 『한국한문학사』, 보성문화사, 1986, p.291.
7) 김득신, 『종남총지』 소재.

능히 이름이 대대 후세에 전하여졌던 것이다. … 나 또한 이러한 벽(癖)이 있어서 버리려고 해도 그러지를 못하니, 그걸 두고 희음(戲吟)한 절구 한 편이 있다. 하였으되, "사람됨이 매양 탐시(耽詩)의 벽이 있으니, 시를 읊어 글자를 정하려는 순간 다시 미심쩍어 한다. 필경 그 의심이 사라져 마음 개운한 지경에 닿을 때까지 하니 평생의 신고(辛苦)를 누가 알리오[爲人性癖最耽詩 詩到吟時下字疑 終至不疑方快意 一生辛苦有誰知]." 아아, 다만 이를 이해하는 사람과 더불어 이 경계를 얘기할 수 있는 것이다. 이즈음 사람이 배움도 깊지 않은 가운데 손쉽게 글을 이뤄놓고선 문득 세상 사람을 놀랠 만한 말을 짓겠노라 하니, 또한 실정과 멀기만 하지 아니하랴.

시 자체를 두고 보면 온전한 자탄의 독백이라 아니할 수 없겠으나, 오히려 그런 모습이야말로 강렬한 시 정신의 발로란 뜻으로 스스로를 강변하고 있다. 여기서 희음했다고 하는 그 자작 칠언시 일편은 <만음(謾吟)>이란 제목으로 『백곡집』 2권에 들어있는 것이어니와, 문집에선 기구(起句)의 "最耽詩" 대신에 "每耽詩"라 한 것만이 다를 뿐이다. 과연, 그는 이 탐시(耽詩) 때문에 밤잠을 못 이룬 일도 적지 않았음을 시로 읊었고,

> 覓酒春多醉 耽詩夜不眠 <石刹>(권3)
> 誰識幽人意 尋詩睡不成《集虛堂六景》· 中 <東峯霽月>(권3)

시를 게을리 했더니 병을 얻을 정도라는 고백도 남기고 있다.

> 逋詩因得病 呼酒爲開懷 <次退溪先生韻>(권3)

일찍이 『백곡집』에 서(序)를 쓴 서계(西溪) 박세당(朴世堂, 1629~1703)도 백곡이 시 짓기에 있어서 정신을 부리고 심비(心脾)를 괴롭히는 경상을

'일자천련(一字千鍊)'의 말로 비의하였던 바, 그가 한참 창작 삼매에 빠지면 가도상(街道上)에서 엉거주춤하는 말을 독촉하는 마부의 사나운 고함 소리에 곁의 사람들은 다 놀랄 지경이라도 그만은 깨닫지 못할 정도라 하였다.[8] 덧붙여, '일자천련(一字千鍊)'의 말은 임방(任埅)의 『수촌만록(水村謾錄)』에도 함께 나타나 있는 표현이기도 했다.[9] 그의 고음의 벽(癖)에 대한 일화 중에는 그의 부인이 장(醬)이며 초(醋) 등의 양념을 전혀 쓰지 않은 나물 그대로를 백곡의 음식상 위에 올려 시험해 보았으나 마침내 모르고 넘어갔다는 이야기도 없지 않다.[10]

하지만 그는 이러한 고음을 항상 고통의 그것으로만 여긴 것 같지는 않다. 어느 때는 한창 음흥(吟興)에 빠지면 살쩍이 허옇게 변하는 것도 모를 정도라 했고,[11] 이러한 탐닉에 병조차도 씻은 듯 낫는다는 심경을 나타내 보인 적도 있었다.[12] 과연 그는 조선조 한문학사에 있어 각별히 한시라는 장르에다 온통 생명혼을 불살랐던 또 한사람의 시 지상주의자였다고 하겠다.

그럼에도 그의 생래적인 노둔의 혐(嫌)은 끝끝내 벗을 수 없었던가 보다. 임경(任璟, ?)의 『현호쇄담(玄湖瑣談)』에 보면 당시대 대가였던 동명(東溟) 정두경(鄭斗卿, 1597~1673)이 김득신의 시를 놓고 논단하는 형안의 시감(詩鑑)에 김득신이 승복하지 않을 수 없었다는 일화를 싣고 있다.

柏谷嘗以己作示東溟 東溟曰 君常謂學唐 何作宋語也 柏谷曰 何謂我宋語

---

8) 『서계선생집(西溪先生集)』 권7의 <백곡집서(柏谷集序)>에, "方其役精神苦心脾 一字千鍊 擧臂指擬 蹇驢款段 躑躅街途 雖騶導嗔喝 傍人辟易 而將亦不能自覺."

9) 金栢谷得臣平生工詩 謂琢肝腎一字千鍊 必欲工絶 其賈島之流乎.

10) 金栢谷 苦吟爲癖 撚髭忘形 其妻欲試之 嘗設午飯 供以萵苣 不施醬醋 妻向曰 得無味淡否 公曰 偶忘之矣. (河兼鎭, 『東詩話』).

11) 晩來吟興足 忘却鬢成絲 <偶吟>(권3, '五律').

12) 擧酒愁仍破 耽詩病已痊 <示張季遇>(권3, '五律').

耶 東溟曰 余平生所讀誦 唐以上詩也 君詩中文字 有曾所未見者 必是宋也 柏谷笑而服之.[13)]

백곡이 일찍이 자신이 지은 시를 동명에게 보인 일이 있다. 그러자 동명이 말하기를 "그대는 항시 당을 배운다고 했는데 어이하여 송어(宋語)로 지었는가?" 하자, 백곡이 이에 "무슨 뜻으로 내 시를 송어라 말하는가?" 하였다. 동명이, "내 평생에 읽은 것은 당 이상의 시이거든. 그런데 자네 시 가운데 문자는 전에 한 번도 본 일조차 없는 것들이니 필경은 송의 문자가 아니겠는가." 그러자 백곡이 웃으면서 승복하였다.

심지어 편자 미상의 『기문총화(記聞叢話)』(국립도서관본) 및 『해동기화(海東奇話)』(고려대본)에는 백곡이 같은 시대의 다른 시인들, 이를테면 호곡(壺谷) 남용익(南龍翼, 1628~1692), 동명(東溟) 김익겸(金益謙, 1614~1636)들과 시로 경합하는 도처에서 봉패(逢敗)를 겪은 나머지 눈물까지 뿌렸다는 일화까지 수록되어 있다.[14)] 나이로 보나 시적 경력으로 보나 자기보다 24년 연하인 남용익에 비해서도 이렇듯 현저하게 실력의 차가 드러나고, 더욱이 시명(詩名)이 채 드러나지도 않은 김익겸 같은 인물 앞에서조차 패배의 참루(慘淚)를 뿌렸다는 이러한 이야기를 어느 선까지 신빙해야 좋을런지 의문이 없지 않다. 만약 과장이 섞였다면 백곡의 재기가 둔탁하였다는 기존의 선입감이 꽤 작용하여 파생되었을 소지를 생각지 않을 수 없다. 왜냐하면 백곡이 그렇듯 자주 일자천련의 각고에 전전긍긍했는

13) 임경(任璟)의 『현호쇄담(玄湖瑣談)』 소재.

14) 栢谷與南壺谷相逢一處 彼此貫聞其名 相賦詩決輸贏 主人呼韻 南公即應曰 客散西原雨 雲屯上黨城 夕風吹落葉 歸馬踏秋聲 栢谷起拜曰 槐山文章金得臣披降於京中才子南雲卿云 栢谷嘗題友人家畵帖詩曰 古木寒烟裏 秋山白雨邊 暮江風浪起 漁子急回船 金東溟益謙見之頗愛 恳邀得臣偶坐了溪上 金先賦曰 霜落虛汀葉鬪風 水光山色夕陽中 酒盃相勸楓林下 人面秋容一樣紅 栢谷泣然泣下曰 吾以朝解文章 到處逢敗 此乃楚伯王天亡我也(『기문총화』 · 下). 다만, 『해동기화』에는 "泣然泣下" 대신에 "泣然下淚"로 되어 있는 것만이 다르다.

지 모르나, 그와는 전혀 딴판으로 때로 특별한 흥이 일어나면 속성으로 시를 완성하는 재주를 발휘할 때가 적지 않았다. 예컨대 그의 문집의 여기저기에 심심찮게 보이는 <주필(走筆)>이란 제목 하의 상당한 편수(篇數)가 그것을 입증시켜 주는 바 있다.

덧붙여, 한 가지 유의할 사실이 있다. 곧, 어쩌면 이러한 노둔이 시에 관련한 문제라기보다 그의 문(文) 쪽에 관한 재기가 특히 떨어짐을 지적한 뜻이 아닌가 한다. 그는 문의 방면에서 나타나는 노둔의 약점을 극복하기 위해 독서에 있어서 남보다 몇 배 가는 노력을 경주(傾注)하였던 것으로 간주된다. 그가 경술년, 곧 그의 나이 67세에 적었다는 <고문삼십육수독수기(古文三十六首讀數記)>라는 글 한 가지만 보아도 백곡이 독서로써 자신의 단재(短才)를 극복코자 부심했던 자취를 역력히 읽어낼 수 있다.

<확린해(獲麟解)>・<사설(師說)>・<송고한상인서(送高閑上人序)>・<남전현승청벽기(南田縣丞廳辟記)>・<송궁문(送窮文)>・<연희정기(燕喜亭記)>・<지등주(至鄧州)>・<북기(北寄)>・<상양양우상공서(上襄陽于相公書)>・<응과목시여인서(應科目時與人書)>・<송구책서(送區冊序)>・<장군묘갈명(張君墓碣銘)>・<마설(馬說)>・<오자왕승복전(圬者王承福傳)> 읽기를 일만 삼천 번, <악어문(鱷魚文)> 일만 사천 번, <정상서서(鄭尙書序)>・<송동소남서(送董邵南序)> 일만 삼천 번, <십구일부상서(十九日復上書)> 일만 삼천 번, <상병부이시랑서(上兵部李侍郎書)>・<송요도사서(送寥道士序)> 일만 삼천 번, <용설(龍說)> 이만 번, <백이전(伯夷傳)> 일억 일만 일천 번, <노자전(老子傳)> 이만 번, <분왕(分王)> 이만 번, <벽력금(霹靂琴)> 이만 번, <제책(齊策)> 일만 육천 번, <능허대기(凌虛臺記)> 이만 오백 번, <귀신장(鬼神章)> 일만 팔천 번, <의금장(衣錦章)> 이만 번, <보망장(補亡章)> 이만 번, <목가산기(木假山記)> 이만 번, <제구양문(祭歐陽文)> 일만 팔천 번, <설존의송원수재(薛存義送元

> 秀才)> · <주책(周策)> 일만 오천 번, <중용서(中庸序)> 이만 번, <백리해장(百里奚章)> 일만 오천 번을 갑술년으로부터 경술년까지 하였거니와, 그 사이에 『장자(莊子)』라든가 사마천의 『사기(史記)』, 반고의 『한서(漢書)』 · 『대학(大學)』 · 『중용(中庸)』 등을 허다하게 읽지 않았음이 아니로되, 일만 번에 이르지 못했을 것 같으면 이 독수기(讀數記)에 싣지 않았을 뿐이다. 만일 내 뒤의 자손들이 나의 독수기를 본다면 내가 독서에 게으르지 않았음을 알 것이다. 경술년 계하(季夏)에 괴주(槐州) 취묵당(醉默堂)에서 백곡노인은 쓰노라.

이 <고문삼십육수독수기>야말로 김득신과 관련하여 전무후무의 가장 특징적인 사실 한 가지를 장식하거니와, 그 가운데서도 제일로 엄청난 독수(讀數)를 기록한 <백이전>의 '일억 일만 일천'독이 가장 유명한 화젯거리로 되어왔다.

더욱이, 이상은 『백곡집』 권5 가운데 실려 있는 내용이고, 권7의 편말 부록 가운데의 또 하나 <독수기(讀數記)>란 제목의 글에서는 같은 경술년 늦여름에 적었다는 이 <백이전>의 독서 횟수가 '일억 일만 삼천' 번이라 하여 그 새 이천 번이나 더 추가되어 나타나 있는 점이 주목을 끈다. 뒷사람들은 거의 일억 일만 삼천의 숫자를 따르고 있음을 본다.[15] 경우에 따라 대략 억독설(億讀說)이라 한 것도 있고,[16] 또는 일억 일만 팔천 번이라는, 보다 더 상승된 숫자로까지 나타난 예도 있다.[17] 아무튼 그가 고문

---

15) 이서우, <백곡집서>에, "獨伯夷傳大變化讀最多 至一億一萬三千 由是觀之 多乎否乎."
이덕무, 『청장관전서(靑莊館全書)』 권5, 『영처잡고(嬰處雜稿)』 1에, "平生讀書之多 定爲古今稀見 讀伯夷傳 億 萬二千番 它可數推也."
이덕무, 『청장관전서』 권56, 『앙엽기(盎葉記)』 3에, '고인근학(古人勤學)'에, "至如金柏谷得臣 讀伯夷傳一億一萬三千遍 誠過矣 雖多奚以哉."
"素魯鈍所讀倍他人 馬史韓柳之文抄讀至萬餘遍 而最喜伯夷傳 讀至一億一萬三千周 遂知名 小窩曰 億萬齋." (『해동시화』).

16) <행장초(行狀草)>에, "伯夷傳則億讀故其小齋曰 億萬齋."

36편을 갑술(1634)년부터 시작해서 경술(1670)년까지 36년 간에 걸쳐 독파하였다는 그 숫자는 실로 상상이 쉽지 않은 엄청난 것이다. 더구나 <백이전>의 독서 숫자 일억일만삼천 회는 늦어도 1652년 안에 완수되었음을 확인할 때 더욱 그러하다. 다름 아니라, 홍만종이 김득신의 『종남총지』를 포함하여 24편의 시화(詩話)를 집대성한 『시화총림(詩話叢林)』을 편찬한 때가 효종 3년(1652)이었다. 이 때 이미 김득신은 『종남총지』 안에서 <백이전>을 일억일만삼천 독 했노라[18]고 공언하고 있었다. 이로 볼 때 독서에 본격적으로 착수했던 1634년 이래, 아무리 길게 잡아도 18년 내에 <백이전>의 그만큼한 독수(讀數)가 이루어졌단 뜻이 된다.

그런데 여기서 한 가지 유의할 사실이 있다. 다름 아닌, '억'이란 숫자에 대한 개념이 고금간에 같지 않다는 것이니, 예전엔 천의 열배인 십천(十千)을 '만'이라 했고, 천의 백배인 백천(百千)을 '억'으로(十千爲萬 百千爲億) 지칭하였던 수리상의 진실이 있다. 다시 말해, 1의 10배 수인 10에서부터 각각 그 10배 수를 백, 천, 만, 억이라 셈하였던 것이니, 과연 백곡의 곤손(裒孫) 곧, 현손(玄孫)의 손자되는 김유헌(金由憲)이 쓴 <서독수기후(書讀數記後)>[19]에 보면 다행히 숫자의 개념이 바로 명시되어 있다.

> 十千爲萬 百千爲億 減公百分之一 厥數猶千 子孫若能如此 而熟數種書亦可得.
>
> 천이 열이면 만이고, 천이 백이면 억이다. 그런데 공이 해낸 숫자의 백분지일로 감산하면 그 수는 오히려 천이지만, 자손이 만약 능히 이렇게만 한다면 몇 가지의 책에 능숙해지는 일 또한 손 안에 잡힐 것이다.

---

17) 『백곡집』 권7 '부록'의 <수록(搜錄)>에, "大麓誌曰 金得臣 … 好伯夷傳 讀至一億一萬八千番 故名其小齋曰 億萬齋."

18) 앞의 주 3) 참조.

19) 『백곡집』 권7 '부록' 소재.

이는 이현석(李玄錫)이 쓴 백곡 <묘갈명>(권7) 안의 다음 대목에서 확연해진다.

> 有不讀 讀必數萬遍 於伯夷傳則至數十萬 仍名小齋曰 億萬.
>
> 읽지 않을 망정, 읽었다하면 반드시 수만 차례 반복하였다. <백이전> 같은 것은 수십만에 이르렀기에 그 작은 서실을 억만재라 일컬었다.

한 단계 더 나아가 다시 조현석(趙顯錫)이 백곡을 위해 지은 <제문(祭文)>(권7)에서 가장 구체적인 숫자로 밝히고 있다.

> 蓋自齠齔 嗜文成癖 至老不衰 馬書列傳 尤好伯夷 攷其所讀 十有二萬.
>
> 대개 어린 시절부터 문장 좋아함이 고질로 된 것이 늙도록 시들지 않았다. 사마천의 사기 열전 중에서도 <백이전>을 더욱 좋아하였으니 그 읽은 수를 헤아리자면 12만 번은 되었다.

이처럼 '十有二萬'은 옛 사람의 개념상 일억이만의 숫자와 다를 바가 없었던 것이다. 이렇게 이해하고 나니, 『종남총지』 가장 끝 부분에 있는 백곡 자신의 다음과 같은 술회도 제대로 수긍할 수 있는 터전이 마련된다.

> 去庚戌 値歲旱 八路凶歉 翌年大饑疫 都鄙積屍不知其數 人有謂余者曰 今年死者 與君讀書之數孰多云 盖戱余之多讀也.
>
> 지난번 경술년에, 온 거리에는 기아(饑餓)와 전염병으로 쌓인 시체가 무수하였다. 어떤 사람이 내게 장난삼아 금년에 죽은 사람과 그대의 글 읽은 숫자와 어느 쪽이 더 많은가 하였다.

그러나, 다산 정약용은 김득신의 <백이전> 독수를 곧이 믿지 않았다하거니와, 역시 세칭 전해지던 숫자인 당시의 일억일만삼천, 곧 요즘의 십일만삼천 독조차 불신하였다는 뜻으로 풀이된다. 그런데 김득신은 본래부터 좀 고지식하여 농담도 좋아 아니하고 누구를 속인다든가 하는 따위를 못하는 등[20] 애당초 우활(迂濶)한 인물로 알려져 있으니,[21] 그가 일부러 세인을 기만하기 위해 지어낸 숫자는 필경 아니라고 본다.

다만, <백이전>을 일독하는 시간을 대략 15분이라 보고, 하루에 이것만 읽는 시간을 최대 12시간으로 잡았을 때, 1일 48회를 독파할 수 있겠다. 그러면 11만3천 회를 완파할 수 있는 기간은 대략 2,354일이 된다. 그러니까 11만3천은 거의 6년 반 가량을 만사 다 제치고 꼬박 <백이전>에만 집착하였을 때 가능한 횟수이다. 하지만 그 18년 사이에 백곡이 읽은 것은 이 작품 뿐만은 아닐 것이다. 이 글을 포함해서 나머지 35개 작품의 독수를 모두 합산한 수는 60여 만에 달하는데, 역시 1독의 사이를 15분으로 셈하고 하루 12시간 독서를 기준했을 때 소요되는 기간은 33년 이상이 되니 현실적으로 불가능한 일임을 확인할 수 있다.

역시 허풍이나 과장을 모르는 백곡이니, 어쩌면 건망증의 소치로 돌려볼 수도 있다. 또는 그가 하루하루 일일이 산가지를 놓고 셈한 것이 아닌, 자기 생각에 1일 평균 20독을 했고 18년을 지냈으니 곱한 숫자가 그렇다는 식의 산법일 가능성도 무시하기 어렵다. 이리하여 나머지 35수에 관한 것도 모두 그런 식이면 엄청난 중복 계산의 결과에 빠질 것은 당연한 일이고, 그가 제시한 숫자의 비밀 또한 납득하지 못할 일도 없게 된다.

---

20) 이현석의 <가선대부동지중추부사안풍군김공묘갈명(嘉善大夫同知中樞府事安豊君金公墓碣銘)>에, "公亦諄謹 不好弄 讀書不怠 … 嘗言 吾不欺心 不欺人 言必副 約必踐 不作皺眉事 不走權貴門 是一生心跡也."

21) "得臣自少讀書 老而益勤 爲人迃濶 無用於時."(『숙종실록』 권15 10년 甲子 9월 己巳조).

2) 현달에의 의지

김득신은 아예 자신은 벼슬 따위 안중에도 없다는 식의 자기 회포적인 조어를 자신의 시작(詩作) 중간중간에 간간이 나타내 보였다.

> 宦業元非欲 勳名亦未應 <詠懷三十韻>(권3)
> 벼슬 일은 본래가 바라지 않던 바니
> 훈명(勳名) 없음도 당연한 일.

> 勳業雄圖歸寂寞 功名大計墮虛空 <偶題>(권4)
> 공훈(功勳)이며 웅략(雄略)이며 한갓 적막에 가고
> 공명과 대계(大計)도 허공에 지는 것.

> 何必役役圖功名 功名乃是禍之機 <對酒放歌>(권4)
> 꼭 몸을 괴롭혀 공명을 꾀해야만 할까
> 공명은 바로 화액의 근본인 것을.

혹은 <식파정기(息波亭記)>와 같이 다른 이에게 글을 써주는 경우라 할지라도 명리(名利)의 벼슬살이가 궁극엔 불행의 기틀이 된다는 말을 짐짓 강조하기도 했다.

> 噫 世之求名利之人 不息其爭 而終陷於禍機.[22)]
> 아아, 세상의 명리를 구하는 사람은 그것을 구하려 쉬지 않고 다투다가 끝내는 화근에 빠지고 마는 것이다.

---

22) 『백곡집』 권5, <식파정기(息波亭記)>.

그렇지만, 이것이 그의 부동심(不動心)이라고 쉽사리 단정하기 어렵다. 공명에 대한 미련을 표현한 너무도 많은 조어(造語)들이 그의 정신 세계를 쉽게 떠나있지 못한 까닭이다. 그는 임오년(1642)에 비로소 진사과에 합격하였다. 그 사실은 바로 <임오희음(壬午戲吟)>(권2)이란 시를 통해서 여실히 알 수가 있다.

百鬼於我戲劇多　백귀(百鬼)들, 내게 우스운 장난도 잘한다
其如時命奈蹉跎　어이타 나를 불우에 머물게 하나뇨.
韓文馬史千廻讀　한유며 사마천의 글 읽기 일천 번에
僅捷今年進士科.　가까스로 금년엔 진사과에 올랐구나.

이때는 김득신의 나이 39세 되던 해요, 늦은 대로 입신의 첫 발판을 굳힌 기쁨과, 앞으로의 노력 여하에 따라 더 잘될 수 있을지 모를 희망에 들떠있는 작가의 모습이 보인다.

과연, 그는 끊임없는 벼슬 동경을 언제고 저버리지는 않은 양 싶다. 어느 시인이든 마찬가지이겠지만, 그 역시 벼슬에 대한 관심 및 의지의 표명을 구체적인 언어로 나타내보인 일은 없다. 실상은 누구든 현달을 추구하면서도, 일단 거기 밀착됨을 꺼려했던 당시대 인식 때문에 더 그랬을 것으로 보인다. 대신에, 그것은 '秦京'과 같은 적절한 비유적 언어를 통해 은근히 시사되는 듯싶다. 예컨대, 그의 시에서 적잖이 현출되는 '秦京'이란 표현 역시 심상해 뵈지는 않는다. 아무래도 환로(宦路)에 대한 희망을 나타낸 은유적 시어가 백곡의 현달 의지에 대한 비밀을 푸는 중요한 관건이 된다고 보는 것이다. 그런데 공교롭게도 『백곡집』 권1에 있는 <출경일작(出京日作)>(서울을 떠나던 날)이란 5언시 안에서 '진관(秦關)'이 바로 왕도(王都)인 서울을 상징하는 조운(調韻)임을 새삼 환기시켜 준다.[23] 특히 오언율시 <마상음(馬上吟)>(권3) 시의 결구인 "此間宜隱遁 何用憶秦京" 같

은 데서는 '은둔(隱遁)'의 상반 개념으로서의 '진경(秦京)'이 쓰여지고 있는 것을 보면, 그가 오매간(寤寐間)에 잊지 못하던 그 '진관(秦關)'의 의미가 무엇인지 새삼 음미되는 바가 있다.

> 秦京歸計何時遂 謾與親朋辦勝遊.[24)]
> 서울에 돌아갈 계획 어느 때 이뤄지리
> 되는대로 벗들과로 멋들어지게 놀고파라.

혹은, "杳杳秦京歸不得 故人消息幾時來"[25)]는 그래도 가고 싶은 뜻이 벗에 빙자되어 있지만, 꼭 벗이 아니라 하더라도 경화(京華)를 동경하는 열망이 강렬하게 부각됨을 볼 수 있다. 아예 권4의 칠언율시 <차운(次韻)> 안에서는 자기 본향이자 은거지인 괴주(槐州)에 대한 회의가 발동하면서, 대신 자신의 넋은 벌써 몽중에조차 한양에 가 있다고 하였다.

> 抱病衰翁臥此堂　병들고 초라한 늙은이 이 당에 누웠거니,
> 忽聞雙燕語琱樑　짝지은 제비소리 문득 아로새긴 들보 위 들리네.
> 形骸一月留槐峽　이 몰골 한 달이나 여기 괴주 골짜기 머물러
> 魂夢三更到漢陽　삼경의 넋은 꿈에조차 한양에 이르매라.

이 밖에도 여러 군데에서 백곡의 탈은자(脫隱者)로서의 도시 지향적인 면모가 엿보이고 있다.[26)] 특별히 <등취묵당(登醉默堂)>(권4) 가운데 "此

---

23) 侵晨南去客　새벽녘 남으로 가야 할 나그네
蓐食出秦關　이부자리 식사로 서울을 떠나네
遙望蒼然色　저 멀리 창연(蒼然)한 경색(景色)
不知何郡山.　이곳은 어드메 고을 산인가.

24) <贈槐山太守>, 권4 '칠율(七律)'.

25) <漫吟>, 권4 '칠율(七律)'.

翁流滄阻京闕 北關靑雲不可攀"이라든가, <송종성부사심문백(送鍾城府使沈文伯)>(권4) 시 중의 "重重去路遙通塞 黯黯歸魂每入秦 莫向尊前傷別抱 璽書應帶聖恩新" 같은 데서는 거의 은둔자의 신세에서 벗어나고 싶어하는 간절한 염원 같은 것을 느끼게 한다.

그렇다면, 그가 어느 때는 '명리란 다 부질없으니 향리인 괴강(槐江)에 가 낚시나 하리'[27]라는 그 은둔자적 면모와 문득 상치(相馳)됨을 면하기 어렵게 된다. 이러한 데서 이렇게저렇게 그때마다 흔들려 갈등하는 백곡의 심사가 보이거니와, 그가 언제까지나 작록(爵祿)에 마음 없어 강호(江湖)에 투적(投跡)할 뿐,[28] 평생 사환(仕宦)을 바라지 않은,[29] 그러한 사람만은 아니었다는 사실을 규지할 수 있다. 오히려 그의 자존심이 다만 가문의 덕에 관리로 나가는 음사(蔭仕)는 별반 원하지를 않았고,[30] 정식 과거를 통하고자 여러 차례 응시하였으나 번번이 실패하였다 한다.[31] 이렇게 오랜 거자업(擧子業)을 거쳐 59세 때 처음으로 과거에 등명(登名)할 때까지 한평생을 거의 현달치 못한 데 대한 울민과 시름 속에서 헤어나지 못한 듯싶다. 그가 일찍이 어느 해 과거에 낙방하고 나서 지은 <공산도중(公山途中)> 한 작품만 보아도 저간의 심경을 짐작하고 남음이 있다.

---

26) 病客西來滯此鄉 郝堪剪燭別離腸 … 東皐枕石成牢睡 孤夢迢迢到漢陽. <偶吟>(권4).
一辭京國久 唯有夢魂飛. <次君平韻贈永同朴使君>(권3).
天邊有歸鳥 却羨向秦關. <馬上次韻>(권3).
浪跡周流江漢濱 世間何處着吾身 … 獨憑亭角成春睡 片夢悠悠自入秦. <偶吟>(권4).

27) "爭名貪利非吾事 歸去槐江坐釣沙." <宿仲久草堂偶吟>(권4).

28) 이홍기의 <제문(祭文)>에, "爵祿非心 投跡江湖 …."

29) 『백곡집』 권7 '부록'의 <기문록(記聞錄)>에, "公平生以世禍爲戒 不欲仕宦 語久堂曰 若以吾照望 當絶交云 故官位未至崇顯."

30) 『백곡집』 권7, <행장초(行狀草)>에, "乙酉拜肅寧殿參奉 而王考素志不在於蔭官 不欲就之 梅溪公曰 汝家貧親老 不能備朝夕之供 奚以不仕耶 再三强迫 不得已屈意肅謝 而未幾辭棄擺脫家事 負笈孜孜以窮年者 亦二十餘年."

31) <행장초(行壯草)>에, "其後屢擧不中 人以詩能窮人目之."

今年落魄客心驚　올해의 낙백한 나그네 흠칫 놀란 마음이
孤館通宵夢不成　외로운 객사에 온 밤을 잠 못 이루네.
龍岳重雲埋翠色　용악의 겹구름은 푸른 산빛 덮어 있고,
錦江層浪吼寒聲　금강의 거친 파도 싸늘하니 세찬 소리.
千魔戲劇窮吾命　온갖 마는 장난처럼 갈 데 없는 운명에 몰아가고,
萬事乖張歎此生　만사 다 어그러진 못난 인생 탄식한다.
北向家鄕聊送目　북쪽 고향녘을 그윽히 보자 하니,
暮天風雨暗歸程.　저문 하늘 비바람에 갈 길은 어둡고야.

참담한 심사를 엿볼 수 있거니와, 그는 현달을 못한 때의 불우한 자기 신세를 천명에다 돌려 애써 자위코자 했던 자취의 역력한 일반(一斑)이 곳곳에서 드러난다. 예컨대 현달이란 인력으로 되는 것이 아님을 힘써 스스로에게 다짐하면서, 원래 천명으로 받은 바이니 그러한 침체를 한탄할 게 없다는 뜻을 나타내 보였다.

休事多飜覆元常　命有窮通豈以謀　<次元九韻>(권4)
좋은 일은 자주 뒤집혀 원래로 돌아가니
운명의 궁달을 어찌 뜻대로 하리오.

富貴在天難致力　窮貧由命不容謀　<偶吟>(권4)
부귀는 하늘 뜻 노력만으론 어렵고
곤궁도 천명이라 사람 의지 아닐세.

貧病元知命　窮通亦聽天　<走筆>(권3)
가난과 병 본래의 운명으로 알고
궁달 또한 하늘 명에 따른다.

貧賤知難免　尊榮覺不求　<走筆>(권3)
빈천을 면하기 어려운 것 알겠고
존영도 얻을 수 없음을 깨닫는다.

如何窮我命　天意固難諶　<書懷>(권3)
어이하여 내 운명 이다지 궁박한지
하늘의 뜻 진정 믿기가 어렵구나.

또한, 이렇듯 천명에 따라 받은 바이니 그같은 침체를 한탄할 게 없다[元來由賦命 何必歎幽沈][32]는 말로 꾸준한 자기 합리화를 꾀하기도 했다. 다짐과도 같은 이러한 자기 합리화와 자기 위무의 안쪽에, 역으로는 그가 얼마나 현달을 염원하였는지 짐작하고 남음이 있다.

그러다가 그는 임인년(1662) 59세 때 비로소 증광문과(增廣文科) 병과(丙科)에 오르게 된다. 비록 노년의 몸이요, 병과 급제이기는 했으나 염원하던 벼슬의 길에 들어설 수 있게 된 것이다. 그런데 김득신의 행장에는, 얼마 안 되어 관직을 그만두고 향리로 돌아와 괴강의 선롱(先隴) 곁에 취묵당을 짓고 시주(詩酒)로써 자오(自娛)하였으니 바깥의 명성과 이익을 버리고 종로(終老)의 계책으로 삼은 것이라고 기록되어 있다.[33] 그러나 사실은 이 사이에 상당한 진퇴를 거듭하였을 것으로 추정되니, 그의 다양했던 관력(官歷)이 그것을 입증한다. 아울러 그의 경력 가운데 사헌부 장령(掌令)을 지낸 것은 현종 10년(1669)으로, 그의 나이 66세 때이다. 또 <만향당서(晩香堂序)>란 글을 통해 보면 글 가운데, "今年秋 余且休官 歸槐鄕"

---

32) <偶吟> 3수(首) 중 제1, 권3 '오율(五律)'.

33) 壬寅登文科以年老 拜國子學諭陞 拜典籍肅射 拜成均直講 兵工曹佐郎 江原道都事 司憲府掌令者 再濟用監正者 再司僕軍資宗簿寺等正 豊基郡守 皆不就 洪川縣監 旌善郡守 皆以臺臣宰臣能文清疎 不合長民之才 沮之不赴 拜禮曹佐郎司導寺正 成均司藝 承文院判校 掌樂院正兼知製敎 未幾下鄕. <행장초(行狀草)>.

〔금년 가을 내가 장차 휴관(休官)하여 괴주 고향으로 돌아갈 것이니〕란 대목이 있는데, 마침 이것을 쓴 연기(年紀)가 또한 정사(丁巳, 1677년)로 명시되어 있다. 그의 나이 74세 때이다. 이로 보면 그 앞에 이미 관직 생활을 영위했던 것임을 알 수 있다. 그리하여 74세 이후에는 다시 공직에 있었는지 정확하게 알 길은 없다. 다만 80세에 안풍군(安豊君)을 습봉(襲封) 받은 사실이 있고, 그가 81세로 생을 마치는 순간까지 벼슬에 대한 회의와 미련의 사이에서 자주 마음이 엇갈렸음을 유추할 수 있겠다. 아래의 시도 그 증좌로 들 만하다.

不走權門十載餘	권문에 발길 끊기 십여 년
老來尤覺宦情疎	늙어가며 벼슬 생각 시들해짐 알겠네.
此身政似粘黐鳥	이 몸은 흡사 한 마리 새와 같으니
何日槐江可矗魚.[34]	언제나 괴강에 가 고기 낚을런지.

이는 바꾸어 말하면 그가 '노래(老來)'의 이전에는 권문에도 출입하는 등, 벼슬에 대한 마음이 성글지 않았다는 솔직한 고백의 말로 통하기도 한다. 그러면, 다음과 같은 7언시 한 편도 이 무렵에 지어졌을 것이다.

昨者應官今悔懊	지난번 벼슬살이 지금은 후회스러워,
世間名利等炊沙[35]	세간의 명리란 모래로 밥을 지음과 같아
爭名貪利非吾事	명리를 붙좇음은 나의 일 아냐,
歸去槐江坐釣沙[36]	돌아가 괴강에서 낚시나 하리.

34) <차박생운(次朴生韻)>(권2).

35) <마상전차운(馬上前次韻)>(권4).

36) <숙중구초당우음(宿仲久草堂偶吟)>(권4).

벼슬에 대해 은근히 동경하던 때와 달리, 어느 때는 또 이와 같이 벼슬하지 않겠다는 등, 백곡은 늙어 생을 마치기 전까지 벼슬에 대한 판단을 마침내 중지하지 못하였던 사람이다. 아무튼, 그가 벼슬의 취사(取捨) 문제를 두고 끝끝내 용심하였던 사실을 포착할 수 있으려니와, 궁극적으로는 벼슬에 대한 관심과 미련에서 벗어나기 어려웠던 인물이었다고 본다. 예컨대, 그가 아마도 장령(掌令)에 막 선임된 무렵에 지었으리라 여겨지는 '오율(五律)' <북백별장(北伯別章)>(권3) 가운데 "此老始持節 吾王能擇臣" [이 늙은이 처음으로 부절(符節)을 받드니, 우리 임군의 택신(擇臣)은 능(能)도 하셔라.] 한 것만 보아도 그가 첫 지절(持節)에 얼마나 감격에 겨웠는지 알고도 남음이 있다. 또한 80세 때 조정으로부터 받은 안풍군 습봉을 경하받던 자리에서 이것은 자신이 곤학(困學)한 나머지의 성공이고 지원(志願)이 이루어진 것이라고 말했다는 손자의 증언으로도 백곡의 궁극적인 의지가 입신의 바깥쪽에 있지 않았음을 재확인하게 된다.

백곡은 또 보기 드문 호음(豪飮)의 시인이었다. 이제 그의 평생에 음주를 다룬 시가 특별히 많음에 유의하지 않을 수가 없다. 그런데 그의 음주 소재 시는 많은 부분이 울민을 달래기 위한 과정에서 이루어졌던 특징을 찾아내기 어렵지 않다. 즉 원래부터 시름에 젖는 게 싫다던 백곡이다.[37] 그러한 그가 우수와 번민을 스스로 달래 보기 위한 방편을 자주 음주 및 시작(詩作)에서 찾았던 사실이 그의 시 도처에서 허다하게 발견된다.

> 排悶惟賒酒　消愁强索詩　<次韻>(권3)
> 번민을 몰아내느라 술을 들이키고
> 근심을 삭이느라 애써 시를 찾는다.

> 興來詩欲就　愁劇酒堪徵　<贈牙山使君>(권3)

37) 愁懷元自惡 況聽子規啼. <次仲久韻>(권3).

신명이 돋으니 시가 이뤄질 듯 하고
근심이 치미니 술이 몸에 받는구나.

豪興因詩動 牢愁得酒降 <清平寺>(권3)
거나한 흥에 시 기운이 동하고
사로잡힌 근심은 술로 굴복시킨다.

擧酒愁仍破 耽詩病已痊 <示張季遇>(권3)
술잔을 치켜드니 근심 드디어 무너지고
시작에 몰두하니 병도 깨끗이 낫는구나.

中酒窮愁破 吟詩逸興豪 <清風道中>(권3)
술에 젖으니 불운의 근심이 없어지고
시를 읊으니 멋스런 흥취가 드높구나.

吟詩秋興逸 把酒客愁蠲 <登洪州烏棲下百花亭>(권3)
시를 읊으니 가을 흥이 흐트러지고
술을 잡으니 나그네 근심이 사라진다.

離愁安得制 沽酒欲成醺 <宿廣陵津曉發>(권3)
얽힌 근심을 어찌하면 다룰까
술이나 사다가 흔건히 취할까봐.

興多頻放筆 愁極每傾觴 <偶題>(권3)
넘치는 흥에 붓 놀리는 일 잦고
가없는 근심에 매양 술잔 기울인다.

深愁何以解　强飮酒千鐘　<偶題>(권3)
깊숙한 근심 어떻게 풀쳐내나
천 종 많은 술을 마구 들이킬까봐.

偶爾逢迎處　持盃共滌愁　<贈都事李敦臨>(권3)
그대와 공교롭게 만난 이 자리
함께 술잔 잡아 근심이나 씻을까.

排悶唯詩句　寬心亦酒罇　<寄仲久>(권3)
번민을 몰아내는 데 다만 싯구요
심사를 누그러뜨림엔 역시 술잔이라.

窮愁何可寫　直欲醉壚頭　<寄呈再從叔素>(권3)
막혀있는 근심 어떻게 풀까나
곧장 목로주점 한 귀퉁이에서 취해보고자.

酒爲銷愁每把酒　<栗峽>(권4)
술은 근심을 삭이나니 언제나 붙들고 있네

消遣深愁惟有酒　共傾杯杓醉樽前　<次韻>(권4)
깊은 수심 없애는 오로지 술이 있어.
함께 술잔 기울여 술통 앞에 취해 보세.

每携尊酒滌羈愁　<寄明月堂主翁>(권4)
늘 술잔 잡고 근심을 씻어낸다.

酒盈杯杓仍愁滌 <次韻>(권4)

술잔에 가득찬 술 근심을 씻어낸다.

愁中每把千盃凸 <又次權說卿韻>(권4)

근심이 파고들면 천 잔의 술잔을 잡는다.

이렇듯 이루 나열하기 어려우며, 이러한 싯구의 밖에 <사우인송주계(謝友人送酒啓)>(권7)라는 여문(儷文) 가운데도 "喜今夕之痛飮 滌愁排悶 感故人之深情 百盃寧辭"라고 한 것이 있다. 술 한번의 통음으로 근심을 씻고 울민함을 밀어버릴 수 있었다는 말 속에서 평소의 그가 자주 울적함 속에 빠져 있다는 사실과 함께, 그러한 울민을 씻어 없애는 방법이 대개 음주에 있었음을 알 만하다.

그런데, 대관절 그가 끊임없이 토로하는 바의 그 '愁'와 '悶'이란 것은 어디에서 기인되는 것인지 의아하지 않을 수 없다. 즉, 백곡이 그토록 수민(愁悶)에 빠지는 이유가 대체 무엇인가 하는 것이려니와, 궁극적으로 필자는 이것을 앞서 언급한 벼슬의 문제와 관련있다고 보고 싶다. 물론 어느 때는 집 가난하고 세상이 어지러워서,[38] 때로는 기려(羈旅)의 신세 때문에,[39] 혹은 대자연에 대한 순수한 센티멘탈리즘[40]으로 회포와 근심이 차고, 그럴 것 같으면 술을 찾는다 했다. 하지만 가빈세란(家貧世亂)과 자연에 대한 애상이며 나그네 시름 같은 것은 보다 근본적으로는 다 자아의 욕구가 불만족한 상태에서 발현되는 감정이다. 만일 자아가 의지대로 실현된 경우라면 이런 종류의 근심은 일어나지 않을 것이다. 가빈 따위는 걱정할 나위도 없겠거니와, 세란의 우려는 치란(治亂)의 의지로, 대자연에 대

---

38) 家貧時撥悶 世亂酒排愁 <寄李洗馬>(권3).

39) 身病時危計已空 羈懷唯寄酒盃中 <頭陀寺>(권4).
羈懷日日哀傷劇 欲對黃花把酒扈 <登竹西樓>(권4).

40) 芳草喚愁愁若絮 淸樽引興興如濤 <石刹>(권4).

한 수심은 환희로, 나그네의 시름은 즐거움으로, 눈앞에 전개된 세계들이 달리 나타나 보였으리라. 그러면 그 충족되지 않은 욕구며 그 울분의 비밀 또한 대개 벼슬 세계로의 진출에 있던 것은 아닐까 함이다. 아닌게 아니라, 어느 경우에는 그러한 울분의 비밀이 담박한 어조를 통해 마침내 숨기지 못하고 바깥에 드러나기도 하였다.

功名命已薄　愁緖酒難降　<寄示龍湖張仲錫季遇朴仲久三十韻>(권3)
공명을 이루어도 운명은 기막히기만 하고
근심의 긴 줄기는 술도 어쩌지 못하누나.

春來遊賞方吟病　老去文章勝達官
索酒樽前傾一觴　鬱陶愁抱醉中寬. <竹西樓>(권4)
봄이 찾아와 구경가니 바야흐로 시짓느라 괴롭고
늙어가며 좋은 글이 출세보다 좋구나.
술을 찾아 술잔 앞에 한 잔을 기울이니
울민과 근심도 취함 속엔 수긋이 풀리는도다.

이 안에서 역력히 그 뜻을 헤아려 알 수 있겠거니와, 특히 "落拓孤懷付酒巵"41) [불우한 외로운 마음 술잔에 부친다]라든가, "向來心不展 把酒慰蹉跎"42) [지금껏 뜻을 펴지 못함, 술잔 붙들어 낙척의 신세 달랜다] 같은 데서 가장 노골적인 심중 고백을 듣는 것이다. 결국, 백곡은 평생을 통해 선비 사인(士人)으로서의 입신 및 시인 문필가로서의 양명(揚名)의 테두리에서 끝끝내 벗어날 수 없었던 인물이었다고 봄이 옳겠다.

그는 또 산수간에 유력(遊歷)하기를 좋아했으니, 문집 중에는 객의 신세

41) <제산목(題山木)> (권4).
42) <차운(次韻)> (권3).

로서 읊은 시가 많음을 보아도 알 수 있다.

아울러서, 그는 예언을 잘 하였던 모양으로 거기에 관한 이야기가 몇 가지 전하며,[43] 또, 그가 무척 청렴개결(淸廉介潔)하였다는 데 대한 일화도 한두 가지 남아 있다.[44]

백곡은 당시로서는 상당한 고령에 드는 81세의 나이로 생을 마치었으나, 그의 최후를 이야기하는 부분에 가서는 그 설이 꽤 분분하다. 김득신의 손자 되는 석촌공(石村公)이 쓴 <행장>에는 백곡이 이질에 종창(腫瘡)이 겹쳐서 서재인 취묵당(醉默堂)에서 하세(下世)했다고 썼다.[45] 이현석이 지은 <묘갈명>에서는 자신의 죽음을 미리 예지하여 집안 사람들에게 염수(殮襚)와 의금(衣衾)을 준비케 하였다 한다. 그런데 그날 밤 악소배(惡小輩)가 칼을 들고 침입해서 그를 위협하였으나, 이미 숨을 거둔 뒤라 하여 그의 예지력을 짐짓 높였다.[46] 그런가 하면, 일설에는 개에게 물려 죽었다는 말까지도 있다.[47] 그러나 『숙종실록』에서 김득신의 죽음을 임금에게 보고한 기사 내용을 보면 불한당에게 피살되었다고 하였다. 이에 숙종은 대관절 불한당이 사대부 집안에 함부로 들어와 2품의 재신을 죽이다니 놀랍고 참혹한 일이라고 하면서 즉각 도적을 잡을 것과 김득신의 상사(喪事)에 쓸 비용을 보내라 하였다 한다.[48] 이 정보는 조신(朝臣)이 임금에게

---

43) <기문록>(『백곡집』 권7 부록) 참조.

44) 위에 든 <기문록> 및 <수록(搜錄)>(『백곡집』 권7 부록) 참조.

45) 甲子七月 遘毒痢 委頓床褥 氣息奄奄 而用藥多方 旋得差道 大腫忽發於左股上 藥不見效 八月三十日 屬纊于醉默堂 監司以訃聞 特命賜賻. <행장초(行狀草)>.

46) <가선대부동지중추부사안풍군김공묘갈명(嘉善大夫同知中樞府使安豊君金公墓碣銘)>에, "始公善相 人多奇驗 自謂相有兵死 法惟修飾儻可免 病旦草 昏迷忽曰 吾頰有刀痕否 適會家人 先備殮襚衣衾 有惡少輩 夜持兵入刼取之 公已冥然 刀過頰而不省 仍遂屬纊 其前知 多類此."라고 하였다.

47) <견첩록(見睫錄)>에 그러한 사실이 엿보인다. "監司公每以不得其終爲戒 其晩年爲犬所咬以卒云."

48) 盜殺安豊君金得臣 得臣自少讀書 老而益勤 爲人迂濶 無用於時 寓居于忠淸道槐山地 爲明火賊所殺 道臣啓聞 上下敎曰 明火賊突入士夫家 殺越人命 二品宰臣 傷刃而死 不勝驚慘 其令各鎭討捕使 刻日跟捕 仍命該曺 題給喪需. (『숙종실록』 권15 10년 甲

직접 보고해 아뢴 사실인데다 범인에 대한 체포령까지 있었던 점 등으로 가장 신임할 만한 것이라 하겠다. 『국조인물지(國朝人物志)』에도 역시 화적(火賊)을 만나 자상(刺傷) 끝에 죽은 것으로 되어있거니와,[49] 짐작컨대 밤중에 김득신의 집에 침입한 악소배가 척살(刺殺)한 것이 아닌가 한다. 더욱이 김득신이 평생 풍채에 자부심이 있는 데다,[50] 노인의 곧은 심기에 갑자기 눈앞에 나타난 침입자를 보고 겁을 내는 대신에 큰소리로 호령이라도 했다가 죽임을 당했을 정황에 대해 상상해 볼 수 있다.

그렇다면 앞에서 늙어 병사하였다든가, 죽음을 예지했다는 일 등은 다 김득신의 손자 혹은 친우된 도리로서 도적에게 살해된 것과 같은 불미한 사실을 차마 그대로 나타내기 어려운 나머지의 부득이한 호도(糊塗)라 보여진다. 어느 경우든지 백곡은 드물게 노둔한 기질과 『조선왕조실록』에도 지적하였듯이 우활한 성품으로 인해 시리(時利)에는 밝지 못하였으나, 근실한 태도로 나름의 삶을 영위하였던 본보기의 인물이라 하겠다.

3. 문학적 면모

1) 시와 시론

여기서는 세인이 보고 평했던 백곡시의 특징 및 백곡의 시문학관에 유의하여 보고자 한다. 일찍이 이가원은 『백곡집』의 서문에서 "시집이 7의 4를 점유하였음을 보아서 백곡은 원래 시에 장(長)이 있고, 또 시 중에서도

子 9월 己巳 조).

49) 年八十後 遇火賊 因傷而卒. ('김득신' 조)

50) 홍만종(洪萬宗)의 『순오지(旬五志)』(하권)에 보면, 만주(晩洲) 홍석기(洪錫箕)가 홍만종에게 지어 보였다는 율시 한 작품 가운데 "柏谷風標元不俗"(백곡노인 좋은 풍채, 원래 속된 바탕 없고)이라 하였다.

5 · 7언 절구가 으뜸임"[51]과, 더 나아가서는 "백곡의 오언절구가 칠언절구에 미치지 못함"[52]을 밝힌 바 있다.

백곡의 생전에 벌써 그의 성가(聲價)를 높이었고, 사후에조차 결국 그의 간판격이 된 것으로 뭇사람 입언저리에 훤자(喧炙)되었던 시는 다름아닌 오언절구 <용호(龍湖)>[53]이다.

古木寒雲裏　　구름 안개 속의 고목
秋山白雨邊　　가을 산엔 차가운 비 떨어진다.
暮江風浪起　　해 저문 강에 풍랑이 돌쳐나자
漁子急回船.　　어부는 황급히 배를 돌린다.

그리고, 다음의 <마상음(馬上吟)>[54] 7절이다.

周遊湖外憶秦關　강호를 떠돌자니 한양 생각 간절하고
每欲西歸得暫閑　언제나 서쪽 길 그리며 잠깐 마음 쉬이누나.
馬上睡餘開眼見　마상에 졸던 꿈 잠시 눈을 떠보니
暮雲殘雪是何山.　저녁 구름에 잔설 쌓인 여기는 어떤 산인가?

그런데, 위의 <용호> 시는 호곡(壺谷) 남용익(南龍翼, 1628~1692)이 쓴 『호곡시화(壺谷詩話)』에서도 이것이 일세에 회자(膾炙)되었다 했고, 임방(任埅)이 찬한 『수촌만록(水村謾錄)』을 통해 본대도 이 작품이 당대에 절창(絶唱)되었음을 알 수 있다.[55] 급기야는 효종 임금까지도 알아본 나머지

---

51) 이가원, <백곡문집영간서(柏谷文集景刊序)>, 『백곡문집』, 태학사, 1985. p.2.
52) 이가원, 위에 든 책, p.4.
53) 『백곡집』 권1 '오언절구(五言絶句)' 소재.
54) 『백곡집』 권2 '칠언절구(七言絶句)' 소재.
55) 睡村李子三謂余曰 柏谷絶句 世以古木寒烟裏爲絶唱 而余則以籬弊翁嗔犢爲勝 以其

비록 당시(唐詩)에 넣어도 부끄러울 게 없겠다고 격찬한[56] 부분이었으나, 백곡의 가장 회심작은 못되었던 모양이다. 다름 아니라, 당시 사람들이 모두 이것을 서로 전해가며 외웠다곤 하지만, 자신이 평소에 지은 것 가운데 이보다 나은 것이 많은 데도 오히려 이 시가 가장 회자되었으니 사람의 신세나 마찬가지로 시에도 역시 우(遇)와 불우(不遇)가 있나보다고 한 백곡 자신의 표백[57]을 통해 볼 때 그러한 것이다.

사실은 이와 같은 세평(世評)과는 별도로, 홍만종은 이 작품이 <목천도중(木川道中)> 시만 못하다 했고,[58] 임방이나 이자삼(李子三)같은 이들 역시 이것보다는 <전가시(田家詩)> 등을 더 낫게 평가하기도 했다.[59]

혹은, 전자의 <용호>보다는 나중의 <마상음>을 두고서 남용익이 "倒海漉酒 竟遺明月" [바다를 기울여 술을 걸렀더니 마침내 명월이 남았네]로 극찬하는[60] 등 양자 사이에조차 견해의 상이가 없지 않았다.

백곡이 문학적 명성을 처음 얻게 된 것은 택당(澤堂) 이식(李植, 1584~1647)이 그의 시를 한 번 보고 크게 칭상(稱賞)했던 일이 사대부 문인에게까지 전파된데서 말미암은 일이라 한다.

模寫情境 逼其故也 子三之言 信然. (『수촌만록』)

56) 『백곡집』 권말 <수록(搜錄)>에 다음과 같은 기사가 보인다. "時有龍湖一絶云 古木寒烟裏 秋山白雨邊 暮江風浪起 漁子急回船 流入宸聽 孝廟曰 雖入唐音無愧 且其詩律 亦多傳布於中國云."

57) 余嘗於龍湖亭榭有一絶云 古木寒雲裏 秋山白雨邊 暮江風浪起 漁子急回船 人皆傳誦 余之平日所作 勝於此者多矣 而此詩最得膾炙 豈詩亦有遇不遇者耶. (『종남총지』)

58) 其龍山詩曰 古木寒烟裏 秋山白雨邊 暮江風浪起 漁子急回船 一時膾炙 然不若木川道中詩 短橋平楚夕陽低 正是前林宿鳥栖 隔水何人三弄笛 棋花落盡古城西之句 極逼唐家. (『소화시평』·下)

59) 임방의 『수촌만록』에, "金柏谷得臣亦有田家詩云 籬弊翁嗔犢 呼童早閉門 分明雪中跡 昨夜虎過村 兩作俱絶佳 莫上莫下."

60) 남용익의 『호곡시화』에, "金栢谷得臣龍湖吟詩古木寒烟裏五絶 膾炙一世故 已載於余所選箕雅中 而唯湖西踏盡向秦關 長路行行不暫閑 驢背睡餘開眼見 暮雲殘雪是何山之句 語韻益佳 吏不入於裒錄中 恨我見聞曾所未及 此所謂倒海漉珠 竟遺明月者也."

> 始公之爲詩文 時人莫之許 公贄見于澤堂李公 李公大稱賞延譽 薦縉紳 公名遂大振云.[61] <백곡집서>
>
> 처음에 공이 시문을 지었을 때에 당시 사람들은 그것을 인정하지 않았다. 공이 택당 이공을 찾아뵘에, 이공이 크게 칭찬하여 기리면서 사대부들에게 추천을 하니, 공의 이름이 드디어 크게 떨치게 되었다.

한편, 『백곡집』 편말의 <수록(搜錄)>에 따르면 백곡이 택당에 의해 인정받고 문명(文名)이 크게 떨쳐지게 되었다고 하였으니, 문제의 그 시는 다름 아닌 오언절구 <귀정(龜亭)>(권1) 3수(首) 중의 첫 번째 작품이다.

> 落日下平沙 평평한 흰모래 밭에 해 떨어지니
> 宿禽投遠樹 잘새들 멀리 제 둥지를 찾아드네.
> 歸人欲騎驢 떠나려던 나그네 나귀 얹어 가려다가
> 更怯前山雨. 앞산에 어린 비 기운에 흠칫 겁을 먹는다.

특히 『수촌만록』의 저자 임방은 이 작품이 "何讓唐人" [당인의 시에 양보될 바 없다]이라고 까지 말한 바 있었다.

이제 세상에서 일컫는바 백곡의 대표작 윤곽 정도와, 아울러 그가 택당의 지우(知遇)를 입었다는 사실을 알겠거니와, 실제로 백곡은 문학적인 면에서 그 누구보다도 택당을 높이 존숭하였다. 무엇보다도, 백곡의 시화집인 『종남총지』의 여러 군데에서 그가 택당의 시감(詩鑑)을 높이 인정하였던 자취를 역력히 증험하여 알 수 있다. 예컨대, 백주(白洲) 이명한(李明漢)이 택당을 상대로 시를 담론하는 과정에 그의 앞에서 무연(憮然)해졌다

61) 이밖에 <행장>에는 더욱 여실하게 묘사되고 있다. "贄見澤堂李尙書植 澤堂曰 聞名久矣 今見詩與文 可爲當今之第一 自是文名大振 梅溪公見澤堂曰 當今詩文誰爲第一 答曰 今公之甥姪金某之詩爲當時第一云."

는 이야기며, 홍숙진(洪叔鎭)과 신계량(申季良) 사이의 시의 우열에 대해 백곡 자신이 직접 택당에게 물었던 사실들에서 그러하였다. 그뿐 아니라, 백곡의 선친인 남봉(南峯) 김치(金緻)의 시가 훌륭하다 함을 입증하고 역변하고자 하는 데도 진작 택당의 이름을 앞세워 놓았다. 특히, 자신이 지금 하고 있는 공부가 무엇인지까지도 정확히 간파해낼 수 있을 정도로 택당은 시에 관한 형안(炯眼)을 가진 인물이라며 극구 선양시켜 놓았던 사실이 『종남총지』 안에 기록되어 있다.

> 余於丙子亂中 有晝常聞野哭 夢亦避胡兵之句 澤堂咏歎謂余曰 君詩極有杜格 讀杜幾許耶 有文章局量 須勉之 時余方讀杜詩 若澤堂可謂有明鑑也.
>
> 내가 병자호란을 겪던 중에, '낮이면 들판의 곡성이 들리고, 한밤의 꿈속엔 호병을 피하누나.' 라는 글귀를 짓게 되었다. 택당이 감탄하면서 내게 말하기를 "자네의 시는 두보의 운격이 대단하군. 그래 두시 읽기를 얼마나 했누? 글짓기의 국량을 갖췄으니 모름지기 부지런히 하시게!" 그때 나는 한참 두시를 읽고 있었으니, 택당 같은 이는 과연 그 감식안이 밝다고 하지 않을 수 없다.

그런데, 임경(任璟)의 『현호쇄담(玄湖瑣談)』에 보면, 택당이 약관 때까지는 아직 이름이 없었으나 부안의 처가에 들른 길에 마침 거기에 귀양와 있던 허균의 지감(知鑑)을 입고 일약 유명해진 것이라 했다.[62] 그러면 백곡은 택당에 의해, 택당은 허균에 의해서 시명을 얻은 셈 되니, 따라서 백곡이 허균의 시감을 높게 평가함은 어쩌면 당연한 귀추라 할 것이다. 실제로 『종남총지』를 통해 "藻鑑名世" [시를 보는 안목이 세상에서 이름났

62) 李澤堂植弱冠時未有名 其妻兄沈長世宰扶安 澤堂爲覲妻母而來 許筠適配其邑 筠題贈一律 其頸聯曰 皓首身千里 黃花酒一盃 澤堂次之曰 旅跡無長策 窮愁共此盃 筠大加稱賞 以爲必主文 澤堂由是知名.

다] 등의 말로 허균의 입장을 꽤 고양시키고 있음을 본다.

백곡 시의 특징 가운데 하나는 풍자를 거의 찾아 보기 어렵다는 점이라 하겠다. 이러한 특징은 그의 시 전반에 걸쳐 그러하거니와, 혹 있다고 했을 때 그가 현달을 못하여 한창 빈한에 시달렸을 시기에 지었을 것으로 보이는 <차청나산인운(次靑螺山人韻)>(권2) 정도가 다소 주목을 끌 만하다.

高官大爵摠豪富　고관대작들은 하나같이 부호라서
爛醉春醪嚙彘肩　술에 흔건히 취해 돼지 어깨살을 뜯는다.
何獨腐儒生計薄　벼슬 없는 선비들만 생계가 각박하여
囊中素乏一靑錢.　주머니엔 언제든 한 푼도 챙겨 있지 못하다.

하지만 이 역시 당대의 고관대작들에 대한 풍자적 비판정신이 앞선다기보다는 오히려 궁(窮)과 달(達)의 역력한 대조를 통한 자조적인 신세 한탄의 뜻이 더 강하게 내포되어 있다고 본다면, 결국에 그의 시에서 풍자의 주제를 찾아보는 일이 지난함을 알겠다.

대개, 문학에서 반드시 직접 세교(世敎)의 주제를 담은 시뿐만 아니라 인간 및 세태의 풍자를 비롯한 현실적 비판의식 등을 인식한 시 또한 문학의 효용적이고 공리적인 측면을 돕는 한 국면이 된다고 볼 수 있다. 풍자시를 포함한 풍자의 궁극적인 목적이 그릇된 일에 대한 개선의 촉구에 있다면, 이러한 교화 정신은 궁극에 정도(正道)를 추구하는 일에 다름아니니, 간접적이나마 재도적(載道的) 문학관의 범주에 든다고 말할 수 있을 것이다. 이 같은 전제에서, 백곡의 문학에서는 -시든 산문이든 막론하고- 퇴계(退溪) 이황(李滉)이거나 다산(茶山) 정약용(丁若鏞) 등의 시에서 볼 수 있는 세교(世敎)의 내용이라든지, 석주(石洲) 권필(權韠)이거나 백호(白湖) 임제(林悌) 등의 시에서 볼 수 있는 풍자 비판 인식이 잘 나타나지 않았다. 그가 일찍이 두보(杜甫)의 시를 배웠다고 했거니와, 그 수용이 두보의 현실 인식에 따른 이성미(理性美)보다는 자기 정서를 수습하는 감성미(感性美) 편에서 충실히 수행되었음을 알 수 있다. 그런 면에서 백곡은 한 사람의 순수한 서정적 낭만주의 시인이었다고 정의할 만하다.

백곡 시의 또 한 가지 특징은 당·송 시대의 고법(古法)에서 초연하여 있는 점이다. 『종남총지』에서 백곡이 여러 사람의 시를 놓고 평한 것을 보면 그가 당운(唐韻)의 경지를 최고로 보았고, 그 중에서도 두보를 가장 높였음을 알 수 있다. 예컨대 그의 손(孫)이 쓴 <행장>에 의거해 보더라도,

> 尤工於詩 體格必遵乎老杜 雖隻字片言 皆祖述古語而作之 非自己創出而用之.
>
> 시에 더욱 공교로왔으니, 그 체(體)며 격(格)은 필경 두보를 따랐다고 하겠으니, 비록 암만 짧은 글자 짤막한 말도 모두 옛 시어를 조술하여 지은 것이요, 스스로의 창작에 맡겨 구사한 표현이 아닌 것이다.

라 하여 거의 두보를 사범으로 한 시작(詩作)임을 밝히고 있다.

또한 택당은 일찍이 백곡이 병자란 때 지었다는 시를 보고서 두보의 격조가 있음을 지적하였던 바, 아닌 게 아니라 백곡이 그때 당시 두시를 탐독하였다던 이야기도 있으며, 임방 같은 이는 '落日下平沙' 등이 당나라 사람에 양보될 게 없다[63]고 했다. 뿐만 아니라, 백곡과 같은 시대 그와 더불어 망년의 계교를 맺었다는 우해 홍만종이 쓴 『소화시평』에서는 백곡의 <목천도중(木川道中)> 한 작품이 당가(唐家)에 극히 핍근(逼近)하다고 천명하였는가 하면,[64] 다시 청장관 이덕무 같은 이도 백곡의 시에는 가다금

---

63) 如落日下平沙 宿禽投遠樹 歸人欲騎驢 更怯前山雨 夕照轉江沙 秋聲生野樹 牧童叱犢歸 衣濕前山雨等作 何讓唐人. (『수촌만록』)

64) 其龍山詩曰 … 一時膾炙 然不若木川道中詩 短橋平楚夕陽低 正是前林宿鳥栖 隔水何人三弄笛 棋花落盡古城西之句 極逼唐家. (『소화시평』·下)

당(唐)에 가까운 것이 있다[65]고 했다.

그럼에도 불구하고, 이상의 평들은 어디까지나 백곡 시의 편린, 즉 특정한 한두 편의 시에 대한 부분적인 평가에 지나지 않으니, 전체적인 안목에서 그의 시를 놓고 당풍(唐風) 혹은 두보에 가깝다는 평론을 가한 예란 여간하여 찾을 수 없다. 동시에, 이러한 양상은 백곡과 동시대인이며 가까운 시우(詩友)이기도 했던 정두경 같은 인물의 시에 관해 성당(盛唐) 및 두보의 풍운을 논위하던 태도[66]들과는 얼마간 대조된다. 차라리 전체적인 안목에서 백곡의 시는 송(宋)의 풍운(風韻)에 가깝다고 본 견해가 마저 없지 않았던 것이다. 임경, 『현호쇄담(玄湖瑣談)』 중의 글이다.

> 柏谷嘗以己作示東溟 東溟曰 君常謂學唐 何作宋語也 柏谷曰 何謂我宋語耶 東溟曰 余平生所讀誦 唐以上詩也 君詩中文字 有曾所未見者 必是宋也 柏谷笑而服之.
>
> 백곡이 일찍이 자신이 지은 시를 동명에게 보인 일이 있다. 그러자 동명이 말하기를 "그대는 항시 당을 배운다고 했는데 어이하여 송어(宋語)로 지었는가?" 하자, 백곡이 이에 "무슨 뜻으로 내 시를 송어라 말하는가?" 하였다. 동명이, "내 평생에 읽은 것은 당 이상의 시이거든. 그런데 자네 시 가운데 문자는 전에 한 번도 본 일조차 없는 것들이니 필경은 송의 문자가 아니겠는가!" 그러자 백곡이 웃으면서 승복하였다.

백곡과 동명이 주고받았다는 이 대화가 사실이라고 전제하더라도, 동명이 언급한대로 꼭 당운이 아니면 반드시 송어라는 논리는 온당하지 않다. 다

---

65) 栢谷之詩 往往有逼唐者 而卑處全不免餒陳. (『청장관전서』 권5, 『영처잡고』1)

66) 홍만종의 『순오지』(상권)에, "近世東溟鄭公立幟詞壇 振耀一代 西漢之文盛唐之詩." 또, 남용익의 『호곡시화』에, "五律七絶皆其所長 而至若七言歌行則彷佛李杜 我國前古所未有也 余嘗挽東溟詩一絶曰 工部之詩太史文 一人兼二古無聞 雷霆霹靂來驚耳 谿谷先生昔所云 蓋記實也."

른 국면에서 보면 이같은 학당(學唐)·학송(學宋)의 실패가 오히려 비당비송(非唐非宋)이라는, 전혀 개성적이고 독창적인 풍운이 마련되는 계기로 되는 것인지 또한 모르는 노릇이다.

다음으로, 그의 시가 여느 사람들과 다른 또 하나의 특징은 기행(紀行)을 다룬 것이 많다는 점을 들 수 있다. 그는 일찍이 산수간에 소요(逍遙)하기를 좋아하여 여러 곳을 두루 편력했다 했거니와, 이는 단순한 유람이었다기보다는 오히려 이것을 어떤 형태로든지 문장 수업의 계기로 삼았던 듯싶다. 실제로 그 자신이 일찍이 이렇게 피력한 적도 있었다.

> 吾聞司馬子長周覽名山大川 文章疏宕有奇氣 其言豈不信乎.[67]
>
> 나는 사마자장[司馬遷; 필자주]이 명산대천을 두루 유람하였기에 문장이 크게 트여서 기위(奇偉)한 기상이 있다고 들었거니와, 그 말이 어찌 미덥지 아니하랴!

더하여, 백곡은 구체적 사물을 두고 읊은 이른바 영물시를 많이 지은 작가이기도 했다. 그 가운데도 소나무가 가장 많아 5편에 달하고, 그 밖에 꽃, 국화, 마[薯蕷], 백로, 매[鷹], 기러기, 눈[雪], 폭포 등 제법 다양한 폭에 걸친 영물편이 전한다. 이는 곧 자연 사물에 대한 구체적 관심의 발로로 보여지며, 사물에 대한 이같이 남다른 관심은 술·부채 등을 대상으로 삼은 <환백장군전>·<청풍선생전> 같은 가전 작품[68]까지 남길 수 있었던 계기가 되었던 것이다.

여기까지는 역대의 명사들이 그의 시에 대해 평한 것이지만, 이제 백곡

---

67) <송원구부단구서(送元九赴丹丘序)>, 『백곡집』 권5.

68) 필자가 이 작품들의 내용을 소개하여 다룬 것이 있다.
김창룡, 「한중가전의 소재적 원천탐구」, 『한성대학논문집』 10집, 1986.
김창룡, 「김득신의 가전 <환백장군전>·<청풍선생전> 해제 및 번역 소개」, 『한성어문학』 6집, 1987.

자신이 이 한시라는 문학 장르를 두고서 어떠한 주관을 갖고 어떤 논리를 펼쳤는지에 대해 유의해 볼 차례이다.

백곡의 시관(詩觀) 및 나아가 시론에 관한 최초의 접근으로 일찍이 허경진의 <종남총지연구>(1978)가 있었고, 뒤에 정대림이 <김득신의 시론>(1983)이란 글로 재정비의 노력을 나타내 보이었다. 이 양자를 통해 시에 관련한 백곡의 여러 가지 생각들을 체계적으로 파악할 수 있는 계기가 마련되었다고 할 수 있다.

그럼에도 불구하고, 이 두 논문이 아직 『종남총지』에 대거 의존하여 백곡의 시관을 추출하였던 결과, 백곡 문학의 보다 큰 단위인 『백곡집』 가운데서 그의 시관 및 시적 이론에 관해 더 추려낼 수 있는 소지가 얼마만큼 남겨져 있었다. 아울러 시와 문은 엄연히 그 분야가 다르고, 사람마다의 능장(能長)이 같지 않음에도 불구하고, 글 가운데에 이것을 혼동하여 다룬 흔적 또한 없지 않으므로, 이에 다소 추고(追攷)의 필요성에 닿는다.

우선, 백곡의 시론에 입각해서 가장 관심사로 나타나는 부분은 다름아닌 위대한 시와 시의 조건에 관한 문제이다.

백곡은 무엇보다 영감(靈感)에 따라 쓰여진 시를 가장 최상의 것으로 간주했던 한 사람임에 틀림이 없는 듯싶으니, 『종남총지』에서의 다음과 같은 말이 크게 참조된다.

> 凡詩得於天機 自運造化之功者爲上 此則世不多有 其次學唐學宋者 各得其體 則俱有可取.
>
> 무릇 시는 천기(天機)를 얻어 스스로 조화의 공을 움직이는 것이 으뜸인데, 이는 세상에 흔치 않다. 그 다음으로는 당이며 송을 본받는 것인데, 각기 나름대로 그 체를 얻을 것 같으면 아울러 쓸만함이 있다.

여기서 '천기(天機)' 두 자에 주목을 요한다. 이는 '천기누설(天機漏洩)' 할 때의 천(天)의 기밀이란 뜻 보다는 천부적 기지(機智)를 의미하는 표현으로 본다. 기지란 순발적인 재기이다. 마침, 공교롭게도 석북(石北) 신광수(申光洙, 1712~1775)의 다음과 같은 말은 그대로 천기의 개념을 설명해 놓은 듯하여 기이롭다.

> 詩有神境 是物也 寓於無形之中 忽然而來 忽然而逝 遇之而若可見 卽之而無所得.[69]
>
> 시에는 신경(神境)이 있으니, 이것이야말로 무형의 가운데에 붙어 있으면서 홀연히 왔다가는 홀연히 사라져 가 버린다. 부딪히면 설령 볼 수 있을지언정 가까이 접근하면 만날 수 없는 것이다.

다름 아닌 영묘한 경계를 이름이니, 현대식 표현의 영감(inspiration)이란 말과 일맥상통한다고 보면 될 듯하다. 그리고 이는 역시 후천적인 공력에 의해 나타날 수도 있지만, 그보다는 선천적인 재품의 별재를 타고난 시인, 혹은 묘오(妙悟)를 얻은 시인의 뇌리 속에서 더 잘 나타나는 것이다. 다만, 천기란 그때그때의 상황에 따라 일시적으로 작용하는 지기이므로 항시성을 띨 수 없다는 점이 유의된다.

다음, 그가 시의 차선적(次善的) 영역이라고 생각한 학당(學唐)·학송(學宋)의 경지란 당시나 송시를 배워 익숙해진 나머지 본받고 닮게 된다는 의미로 이해함이 옳지 않을까 한다. 시인치고 당·송의 시를 배우고 공부하지 않은 사람은 없을 것이다. 따라서 '學唐學宋'의 '學'을 '배웠다'는 의미로 이해하면 곤란해진다. 그런 의미라면 천기의 시를 위해 당·송의 시를 공부해서는 안되고 오히려 거기에 전혀 무식해야만 한다는 식의 터무니없는 뜻으로 변하기 때문이다. 더욱이, 백곡이 최하위의 것으로 간주하

69) <증신붕거서(贈申鵬擧序)>, 『석북집(石北集)』 권5.

는 시란, 도대체 당시에 가깝느니 송시에 가깝느니조차 논위할 여지가 없는 시들이라고 한 내용속에서 한층 명료해진다. 다름아니라, 그같은 시들도 똑같이 당·송의 학습 뒤에 쓰여진 것이지만, 결과적인 역부족으로 당·송에 접근해 닮지 못하였다는 뜻이다.

결국, 백곡이 모든 시의 품등을 매기는 방식은 바로 이 천기(天機) 자득(自得)의 경지와 고의(古意) 효방(效倣)의 경지로 구분 가능하다고 볼 수 있다. 그 다음, 학당송 중에서는 학당이 학송에 우선되는 것으로 간주했다 함은 이미 앞에서 언급했던 대로다. 끝으로 당·송의 어느 편도 닮지 못한 시를 최하등으로 보았던 것이다. 그러면, 그가 생각하는 위대한 시인이란 천기에 의한 보람을 가장 많이 포착하는 시인이요, 동시에 시에 있어서 으뜸으로 치는 이른바 천기의 시는 범인(凡人)에게 함부로 주어지는 것은 아니었다.

그런데, 일찍이 정대림은 전게한 논문을 통해서 백곡의 문기론(文氣論)이 숙명론적 관점에 입각해 있다는 견해에 이의를 표명하였다. 곧, 문기가 있고 없는 것이 시인에게 숙명적으로 정해져 있다기보다는 오히려 후천적 직관력의 함양에 따라 얼마든지 천기의 시를 구사할 수 있다는 것이다. 이른바 묘오의 시 세계에 대한 가능성을 백곡이 믿었을 것이라고 주장하였다.

진정 그랬을 것이다. 백곡의 대의는 역시 요지부동의 숙명론적인 견해까지는 아니었던 양하다. 그렇다 하더라도 시인마다의 재질은 거의 운명적으로 결정되어 있는 것쯤으로는 생각했던 듯싶다. 예컨대, 그는 사람에게 있어 생래적(生來的)으로 시를 쓸 수 있는 재주가 있고 없음이 처음부터 정해진 것이라는 이른바 '시유별재(詩有別才)'란 말을 믿었던 한 사람이다. 이렇듯 시에 있어서 별종의 재주를 가리는 일은, 비유하건대 일찍이 공자가 인간의 천품(天品)을 '生而知之者', '學而知之者' 등으로 구분하여 말한 일을 연상케 하는 면이 있다. 물론, '시유별재(詩有別才)'의 말은 백곡의 훨씬 이전에서부터 시인들 사이에 종종 쓰여져 왔던 표현이다. 이를테면 송대 엄우(嚴羽)의 『창랑시화(滄浪詩話)』 가운데 벌써 이 표현이 드러나 있고,[70] 조선 광해 때의 허균이 석주 권필을 옹호하던 글 안에서도 흡사하게 나타나있던 어휘였다.[71] 직접 '시유별재' 등의 표현을 쓴 것은 아니라 하더라도, 광해 때의 문필가 지봉(芝峰) 이수광(李晬光, 1563~1629)의 다음과 같은 시론,

> 凡爲詩者 貴乎自得 而格有高下 才有分限 不可强力至也.[72]
>
> 무릇 시를 짓는 사람은 스스로 깨달음이 소중하다. 그 격조에 높고 낮음이 있고 재주에는 각자의 한도가 있으니, 억지의 노력으로 될 수 있는 것이 아니다.

또한 그 취지는 같은 것이다. 백곡의 『종남총지』 안에서 역시 '시유별재(詩有別才)'의 말이 나타난다. 다름 아닌, 동주(東州)란 이가 문하생인 홍도(洪覩)의 문과 시를 대조하며 평하는 중에 이 고어를 끌어다 쓰고 있다.

> 博士洪覩亦東州門人 聰明絶人 一覽輒記 字義音韻 無不通曉 爲文操筆立就略無停滯 而於詩一句道不得 東州笑曰 以君之長於文 而短於詩 古人所謂詩有別才者 信矣.
>
> 박사 홍도 또한 동주의 문인으로, 총명이 절인(絶人)하여 한번 보면 곧 기억하였다. 자의(字義)며 음운에 통효(通曉)하지 않음이 없었으니, 문장을 쓸 적에 붓을 한번 놀렸다 하면 낚아채는 듯 정체됨이 없었다. 그러나 시

---

70) 夫詩有別才 非關書也 詩有別趣 非關理也 然非多讀書多窮理 則不能極其至 所謂不涉理語 不落言筌者 上也.

71) 『성소부부고(惺所覆瓿藁)』, 문부(文部)1, <석주소고서(石洲小稿序)>에, "詩有別趣 非關理也." 이밖에 임방의 『수촌만록』에도 같은 말이 나타난다.

72) 『지봉유설』 권9 문장부(文章部)2 '시법(詩法)'

> 쪽으로는 한 구절도 할 수가 없으매, 동주가 웃으며 말하기를, "자네는 문에는 장(長)하지만 시에는 단(短)하니, 옛사람이 이른바 '시유별재(詩有別才)'란 말이 믿을만하이." 하였다.

그러나 이제 다른 사람의 구기(口氣)를 빌려 오는 대신, 백곡 자신도 직접 "시인에게 재주가 없다면 시를 지을 수가 없다[詩人無其才 則弗能爲詩.]"[73]고 한 천명 역시 그 개념상 '시유별재'와 크게 다르지 않다. 이처럼 백곡은 시에 있어서의 천부적 재질을 타고난 사람이 따로 있다고 믿었다. 나아가 똑같은 수준의 시를 쓸 수 있는 시인들이거나, 혹은 한 시인의 여러 시들 가운데도 천기를 얻은 시는 따로이 존재하는 것으로 신념하였다. 동시에, 이렇듯 별재를 타고난 시인의 천기적 효험에 의해 이루어진 시는 다독의 힘만 가지고 될 일은 아니라고 생각한 듯싶다. '천기의 시'는 고사하고, 그 버금간다는 '학당의 시' 창출에조차 다독의 능사를 믿지는 않았던 것 같다. 일례로, 그는 홍만종이 지은 <채련곡(採蓮曲)>과 <수종사(水鍾寺)>가 저절로 당의 격조를 얻은 것이라고 높이 칭상하면서, 이는 결코 다독에 의한 소득이 아닌 것임을 이렇게 역설하였다. 역시 『종남총지』 안의 글이다.

> 洪嘗謂余曰 使吾讀書若尊丈 則豈如今日之碌碌乎 蓋恨其不能多讀 而雖使多讀者賦之 亦安能做此語麼.
>
> 홍(홍만종을 일컬음; 필자주)이 일찍이 내게 말하기를, "만일 제가 어르신 만큼만 독서하였던들 제 시가 어찌 오늘처럼 녹록하였겠습니까?" 이는 대개 그가 다독하지 못했음을 한(恨)한 것이지만, 아무리 다독한 사람으로 하여금 시를 짓게 한들 어찌 또한 이같은 시어를 지어낼 수 있으리오.

---

73) 『백곡집』 권5 <송김계진서(送金系珍序)> 참조.

그런데 백곡 스스로는 자신이 전체적인 관점에서 시의 별재를 타고났는지, 나아가 그 별재의 발휘에 따른 천기의 시가 어느 만큼 되는지, 또는 어느 것이 거기 해당하는지에 대해 언급해 놓은 부분이 없다. 그러나 돌이켜 보건대, 스스로는 적어도 시에 있어서만큼은 보통 이상가는 잠재력을 지니고 있다고 믿지 않았나 생각된다. 여러 평자들이 거의 이구동성으로 백곡은 문보다 시가 훨씬 공교하다 했고,[74] 백곡 자신도 문과 달리 시에 있어서만큼 어린 시절부터 자신을 갖고 있었던 모양이니, 『백곡집』 안의 <행장초(行狀草)>에 있는 다음과 같은 일화도 시에 대한 그의 자부를 엿볼만한 일단(一端)이 될 것이다.

> 丁卯服闋 其秋 梅溪公作宰林川 往拜之 則梅溪公曰 汝之文辭 至於何境耶 吾欲試爾才 月夜談朝床於蓮亭前 招諸子弟 呼韻曰 汝曹各賦短律 王考卽應聲而對曰 星斗闌干月滿天 石池秋老鎖寒烟 黃花依舊梅仍在 千載陶君若箇邊 梅溪公大加稱贊曰 有是父 有是子 其郡有文人知詩者 梅溪公親子弟所製詩及王考所賦詩 並出示之曰 君可以考之 其人曰 諸作皆可考 此一律 是誰之作也 非吾等所可考也 異日必以詩大鳴於世矣 自玆以後 大肆力於文墨 發奮忘食.
>
> 정묘년에 3년상을 마치었는데, 그 해 가을 매계공(梅溪公)이 임천(林川)의 사또가 되었다. 백곡이 외삼촌인 그를 찾아가 인사드렸더니, 매계공이 "너의 문사가 어느 만한 경지에 이르렀느냐? 내 너의 재주를 시험해보리라." 하시었다. 월야에 연정(蓮亭) 앞에서 모든 자제들을 불러다 운을 부른 뒤에 말하기를, "너희들은 각기 단율(短律)을 지어보라." 했는데, 왕고(王考)(백곡을 말함; 필자주)께서 즉시 응성(應聲)하여 대답하였다. "북두성은 반짝이고 달은 하늘에 찼는데, 석지(石池)에 가을빛 깊어 찬 연기 잠겼어라.

---

74) 或謂公文不如詩之工 疑公無得於伯夷傳. <백곡집서>.
不特吾東 皆推宗匠 華人採詩 首加稱賞 文雖大鳴 乃公餘事. <제문>(조현석).

> 황화(黃花)는 의구하고 매화 또한 여전컨만, 천년의 도군(陶君)은 어드매 있나뇨!" 매계공이 크게 칭찬을 더하면서, "그 아버지에 그 아들이로다!" 하였다. 그 고을의 문인 가운데 시를 아는 이가 있었는데, 매계공이 친히 여러 자제들이 지은 시와 왕고께서 지은 시를 함께 내보이며, "그대가 한 번 보구려." 했더니, 그 사람이 이렇게 말하였다. "모두 상고할 만하거니와 이 율은 누가 지은 것이외까? 우리 따위가 헤아릴 바 아니요. 뒷날 반드시 시로써 크게 세상에 날릴 것이외다." 이런 일이 있고부터 크게 문묵에 힘을 쏟아 발분망식(發奮忘食) 하였으니 ….

실제로, 『백곡문집』 및 『종남총지』에서 볼 수 있듯이 신념에 넘치는 시평의 태도, 그리고 문집 가득히 넘치는 시작(詩作) 등을 통해 그 자긍심을 충분히 짐작할 만하다. 가일층, 그가 고문에 관하여 엄청난 독서체험을 과시했던 <고문삼십육수독수기>가 그것을 더욱 역설적으로 뒷받침하는 계기가 되지 않을까 싶다. 말하자면, 이같은 정도의 굉장한 독서 의지는 특별히 고문에 한정하여 적용했던 것일 뿐, 고전시의 독송(讀誦) 쪽에는 이루어지지 않았다는 점에 유의하는 일이다. 결과, 고문독수기는 있었지만 고시독수기는 없었다는 사실은 결코 간과할 수 없는 중요한 뜻을 남기게 된다. 이것을 문(文)의 측면에서 말하면, 스스로의 생각에 이것만큼은 별재 및 기지가 따라주지 못하니 후천적인 독서사승에 전적으로 의존할 수밖에 도리가 없다고 판단한 백곡의 저의를 넌지시 넘겨볼 수 있는 지점이기도 한 것이다.

그러면 이제 백곡이 특별한 칭도로서 추천했던 훌륭한 시인의 잘된 시란 모두 별재를 바탕으로 한 천기의 소산으로 간주했던 것이겠으나, 그는 시인의 별재란 것도 전체 동일한 내용으로 보지 않고 등급에 따라 다르다고 이해하였다. 그는 편의상 이를 두 가지로 분간한 바, 바로 '대가(大家)'와 '정종(正宗)'이 그것이다. 그의 '대가'와 '정종'설은 『백곡집』 권6의

<평호소지석시설(評湖蘇芝石詩說)>을 통해 밝혀지고 있지만, 이 설은 동시에 그의 '묘오론'과도 곧장 연결이 가능하다. 백곡은 호음(湖陰) 정사룡(鄭士龍), 소재(蘇齋) 노수신(盧守愼), 지천(芝川) 황정욱(黃廷彧)을 대가로 설정하였고, 고려 시인 익재(益齋) 이제현 (李齊賢)과 조선의 권필을 정종으로 간주하였다. 그는 여기서 정종의 경지가 대가의 경계보다 우월함을 십분 강조하였던 바, 양자의 구분과 차이를 이렇게 설명하였다.

> 大家以雄建爲主 而多有駁雜體格不正 深知詩者 見而薄之 大抵古人以評詩比之論禪 禪道惟在妙悟 而悟於詩道者與悟於禪道者同 悟於禪謂本色 悟於詩謂本色者爲正宗 則詩之正宗 非第一義乎 大家者專務雄建 不知詩之有本色 則以正宗不大而斥之 大家之優於正宗者鮮矣 誰可與評詩之正宗乎 昔吾友張季遇曰 正宗爲第一義 大家次之 可謂深知詩.
>
> 대가는 웅건(雄建)을 위주로 하나 박잡(駁雜)이 많이 있고 예와 격이 바르지 않으니, 시를 깊이 아는 이는 보고서 가볍게 여긴다. 대저, 옛사람은 시를 평함에 있어 선(禪)을 논하는 일에 비유하였으니, 선도(禪道)란 오직 묘오에 있고 시도(詩道) 또한 묘오에 있다. 따라서 시도를 깨달은 자는 선도를 깨달은 자와 같다. 선에 있어 깨달은 자는 본색을 말하고, 시에 있어 깨달은 자 또한 본색을 말하는 이것이 곧 정종이니, 시에서 정종이 제일가는 것이 아니겠는가. 대가된 자는 오로지 웅건에만 힘쓰고 시에 본색 있음을 알지 못하니, 따라서 정종의 쪽을 보고 그 규모가 크지 못하다며 물리친다. 대가가 정종보다 뛰어난 예는 드물다 하리니, 가히 더불어 시의 정종을 평할 수 있는 이가 누구이런가? 예전 나의 벗 장계우는 "정종이 으뜸가고 대가는 버금간다"고 했던바, 가히 시를 깊이 이해한다고 이를 것이다.

곧, 묘오의 본색을 얻어 성장(成章)한 시를 으뜸으로 친다는 말이니, 그것을 정종이라 했다. 이는 달리 표현하면, 시에 대한 나름의 오도(悟道)를 얻게 되어 꾸미지 않고도 그 진면목에 도달하게 되는 천연의 시경(詩境)을 말하는 것인 듯싶다. 한편, 대가의 시란 웅건하나 잡박하다 하였은즉, 인위적인 성장(聲張)에 의해 지어진 시를 일컬은 뜻인가 한다. 천연의 묘리자득(妙理自得)이 아닌, 인위적 수준에서 애써 조식(彫飾)하다 보면, 실재 이상의 허장 · 성세에 의해 웅건함도 드러나겠지만, 조탁(彫琢)이 자칫 지나치다 보면 잡박도 면치 못하겠기 때문이다.

백곡의 묘오론은 불교적 선의 오도의 경지를 시의 묘오경에다 비유한 엄우(嚴羽)의 개념을 수용한 구석이 없지 않다.[75] 여기서 '직관(直觀)'의 뜻으로 이해되는 묘오란 그 깨달음이 지속성을 갖는 것으로서, 일과성(一過性) 순간 포착인 천기의 뜻과는 차이가 있다. 또한, 이같은 묘오의 경지는 자칫 후천적인 노력 함양에 의해 도달 가능한 것으로 해석하는 논자도 있지만,[76] 기실에 있어서는 역시 선천적인 운명론에 가까웠던 사실을 인지할 수 있다. 묘오와 비유되는 선의 깨달음이란 선종(禪宗)에서의 돈오(頓悟)를 일컫는다. 지봉 이수광도 신묘한 시의 경지를 돈오라 명명했지만, 본래적 의미에서의 돈오는 교종(敎宗)에서 도에 접근하는 방식인 점수(漸修)와 달라서, 선을 시도하는 그 누구든 다 얻을 수 있는 경지는 아니기 때문이다.

이제 불교에서의 돈오처럼 시의 경우도 바로 그 묘오를 얻기 위해 누구나 노력을 기울이지만 정작 그 경지에 도달한 이는 지극히 적다는 뜻이다. 백곡 또한 묘오의 체득을 이룩한 시인으로 고려조에선 익재 이제현, 조선조에는 석주 권필의 단 두 사람만을 천거했던 이유를 이해할 만하다. 시에

---

75) 『백곡집』 권6 <평호소지석시설>에 있는 다음과 같은 말이 그러하다, "古人以評詩比之論禪 禪道惟在妙悟 詩道亦在妙悟 而悟於詩道者 與悟於禪道者同 悟於禪謂本色悟於詩謂本色者."

76) "묘오의 세계에서는 선천적으로 타고난 기의 표현보다는 후천적인 노력의 결정으로 이루어진 직관력의 함양에 바탕한 시의 지극한 경지를 추구하고 있었던 것이다."(정대림, 「김득신의 시론」, 『이조후기 한문학의 재조명』, p.209.)

있어서의 묘오 역시, 그것이 만약 노력만으로 되는 것이라면 그 나머지 여·한의 웅걸한 시인 전체가 하나같이 노력·함양을 기울이지 않아 묘오에 들지 못했다는 엉뚱한 결론에 들어서게 된다. 묘오 체득의 지난함은 이수광이 엄우의 시평인 "學力固難 妙悟尤難"[77] [학력을 얻기란 진실로 어렵지만, 묘오를 얻기란 더더욱 어렵다]라고 한 말을 그대로 옮긴 사실 안에서 거듭 실감된다.

아울러, 여기서 강조되는 묘오의 개념은 앞서 언급된 천기의 개념과 아주 무관하지만은 않으리라 본다. 백곡은 위에서 묘오의 경지를 얻은 시인으로 익재와 석주의 두 시인을 일례로 들었거니와, 그의 묘오론은 곧 시인론과 연결되어 있다. 반면, 앞서 천기의 시론에서는 동일 작가의 경우라 할지라도 이것이 때로는 나타나는 시도 있고 그렇지 못한 시도 있다고 말했던 바, 이는 대개 개별 작품론과 결부된 것으로 인식된다. 그러면 결국 묘오란 지속적으로 유지되는 재화(才華)이고, 천기란 순간적으로 발현되는 재기(才氣)란 의미에 가깝게 되니, 따라서 묘오를 얻은 시인에게는 그렇지 못한 시인보다 자운 조화(自運造化)에 따른 천기의 시가 자주 발휘된다고 정의할 수 있을 것이다.

다음에, 백곡은 시에 있어서의 이향설(理響說)을 말한 바 있다. 이는 <증구곡시서(贈龜谷詩序)>(권5)에서 천명한 것이다. 그는 여기서 이(理)에 관해 이렇게 설명하고 있다.

> 木之千枝 皆由于幹 而理無不在 豈伊一枝之非理 人之百骸 皆係于身 而理無不在 豈伊一骸之非理 不特此也 詩亦然 凡句句之中 理必相通 無一字之不出於理然後 方可謂之詩 是何異木之千枝 人之百骸之有理乎 徒以響爲詩者 不悟詩.

---

77) 이수광, 『지봉유설』 권9 문장부(文章部)2 '시(詩)'

나무에 있어 천 가닥 가지는 모두 줄기에서 나온 것이다. 이(理)가 없는 곳은 없으니, 어찌 저 한 가닥 가지조차 이가 아니겠는가? 사람에게는 일백 가지 형해(形骸)가 있거니와, 그 모두가 몸에 연결되어 있다. 이(理)가 없는 곳은 없으니, 어찌 저 한 개의 형해조차 이(理) 아니겠는가? 특별히 이런 것들만 그런 것이 아니다. 시 또한 그러하니, 모든 구절구절에 반드시 이(理)가 상통하여 단 한 글자도 이(理)에서 벗어남이 없는 다음이라야 가히 시라 이를 수 있다. 이것이 어찌 나무의 천 가닥 가지와 사람의 일백 가지 형해에 이(理) 있음과 다를 것이랴? 부질없이 향(響)으로써 시를 쓰는 사람은 시를 깨닫지 못하는 자이다.

여기서 향에 관해서는 더 자세한 설명이 따르지 않아 명확히 할 수는 없으나, 대개 이(理)는 원리 · 이치의 뜻으로, 향(響)은 수식 · 표현을 뜻하는 정도로 받아들여진다. 그는 앞서 대가 · 정종설에서 우열을 정했듯이 여기서도 향보다 앞서는 이의 우세를 언명하였다. 예컨대 최경창(崔慶昌) · 백광훈(白光勳) · 이달(李達) 같은 이른바 삼당시인(三唐詩人)의 경우, 오로지 향만을 힘쓰면서 이를 알지 못하는〔無理有響〕 사람이라 했고, 그 반대로 지천 황정욱 시의 경우, 이는 갖추었으나 향이 없기에〔有理無響〕 세상에서 혹 밀어내는 수가 있다고 했다. 하지만 그래도 후자가 전자에 비해선 훨씬 낫다고 했다. 그런데도 요즈음 글하는 선비마다 한결같이 시는 반드시 향을 주로 해야 한다고 말하니 웃기는 노릇이라 했다. 백곡의 이같은 존리비향(尊理卑響)의 의취는 이수광이 『시인옥설(詩人玉屑)』로부터 취해 온 다음과 같은 취지와 사뭇 방불한 인상을 준다.

詩人玉屑曰 唐末詩人 雖格致卑淺 謂其非詩則不可 今人作詩 雖句語軒昻 但可遠聽 其理略 不可究 此足爲斷案也.[78]

『시인옥설』에 이르기를, "당나라 말기 사람들의 시는 비록 그 격조와 운치가 낮고 얕다 하더라도 시가 아니라고는 말할 수 없다. 요즘 사람이 지은 시는 비록 그 어구(語句)는 헌앙(軒昻)하니 멀찌감치 들으면 그럴듯 하지만, 그 이치가 소략(疎略)해서 고구할 만하지 못하다." 했는데, 이 말은 단안(斷案)이 되기에 넉넉하다.

한편, 백곡은 여기서도 '유리유향(有理有響)'을 겸전한 시인의 모범과 전형으로 석주 권필을 추천하였으니, 다시 한번 그가 권필의 시 세계를 존숭하였던 정도를 짐작할 만하다. 아울러, 그가 향을 더 낮춘 뜻은 시가 자칫 부화(浮華)에 흐르기 쉬운 폐단을 경계함이요, 이를 더 높인 뜻은 시의 사실성(寫實性)의 강조에 있지만, 자칫 지나쳐서 그만 고지식함을 면하기 어려운 국면마저 남겼다. 이를테면, 『종남총지』 후반부의 다음과 같은 내용이 그 좋은 본보기가 된다.

落日淸江興 回頭問白鷗 答云紅蓼月 漁笛數聲秋 不知誰作 而眞俳優之語 鄙俚可笑 白鷗豈有與人酬答之理耶 世罕知詩者 皆稱名作 而或以爲余作 秖堪捧腹.

'해 지는 청강(淸江)에 흥이 이니 고개 돌려 백구(白鷗)에 묻는다. 백구는 답하기를 여뀌빛 불그레 물들어 달 떴고, 어부의 피리 몇 가락에 가을이로다.' 이는 누가 지은 줄은 모르겠으나, 참으로 어릿광대의 말처럼 비속하고 가소롭다. 백구가 어떻게 사람과 수답(酬答)할 리 있겠는가? 세상엔 시를 아는 사람이 드문지라, 이를 두고 모두 명작이라 칭하는가 하면 어떤 이는 이것을 내(김득신을 말함; 필자주)가 지은 것으로 생각하니 배를 잡고 웃을 일이다.

갈매기가 사람의 말을 할 수가 없는데, 이치상으로 어떻게 사람과 문답할

78) 이수광, 『지봉유설』 권9 문장부(文章部)2 '시(詩)'

수 있겠는가 따진 이 말은, 문학적 이해와 몰이해를 떠나서 어떻게 보면 기막히게 천진하다 할 수 있을는지 모르되, 너무도 소아적(小兒的)인 사고에 졸우(拙愚)하기 짝없는 발상이라 아니할 수 없다. 한 마디로 이 정도면 문면에의 집착 여부를 따질 계제도 못되는 것이니, 아마도 이런 정도 시각이라면 역시 사람이 백구와의 수답(酬答)이 있는 퇴계 이황의 <도산십이곡(陶山十二曲)> 연시조의 맨 끝 작품인,

> 청량산(淸凉山) 육육봉(六六峯)을 아는 이 나와 백구
> 백구야 헌사하랴 못 믿을슨 도화(桃花) ㅣ로다
> 도화야 떠지지 마라 어주자(漁舟子) 알까 하노라.

라든지, 또는 김천택(金天澤)의,

> 백구야 말 물어보자 놀라지 말아스라
> 명구(名區) 승지(勝地)를 어디어디 보았는다
> 날다려 자세히 일러든 너와 게 가 놀리라.

등이 또한 속절없는 어릿광대 배우의 비속한 언어쯤으로 전락하고 말 것이다. 한편으로 생각하면, 시에 있어서의 이같은 활유법을 이해하지 못하는 그가 어떻게 <환백장군전> · <청풍선생전> 같은 의인 기법의 산문을 다룰 수 있었는지 의아한 구석도 있다.

그 밖에, 백곡의 시화집인 『종남총지』를 통해서 몇 가지 편론(片論)을 추려볼 수 있다. 예컨대, 어떤 시가 이름을 얻고 못 얻음은 사람의 운명이나 마찬가지로 운수(運數) 있음을 이야기하였다. 그러므로, 한 시인의 시가 유명해졌다고 하여 반드시 좋아할 것도 없고, 그냥 묻힌다고 해서 비관할 일도 못되는 뜻을 밝혔다. 그는 이백이며 두보의 시가 아무리 좋아도

좋은 운수를 만나지 못했다면 역시 무명으로 끝났을 것이니, 이・두가 다시 태어나되 하류층에 그친다면 사람들이 필경 가볍게 취급할 것이라 했다. 이렇게 그는 세인들의 시평에 구애받음 없는 초연한 자세를 강조하였는데, 이는 어쩌면 벼슬로 현명(顯名)을 못해 불우하였던 자신의 신세를 염두에 둔 자기 위안의 메시지같기도 하다.

또 그는 어떤 하나의 시와 또 다른 시의 사이에는 시대의 이동(異同)에 관계없는 우연한 일치, 이른바 우동(偶同) 혹은 암합(暗合)이 있음을 인정하였고, 좋은 시를 짓기 위한 과정 상에 공부의 필요성을 은연중 강조하기도 했다. 이를테면, "이즈음 사람들이 얕은 공부 순식간의 작문으로 문득 경인(驚人)의 어구(語句)를 지어내고자 하니 또한 허술하지 아니하랴"[79] 한 바, 여기서 말하는 경인구(驚人句)란 모름지기 앞서 말한 천기의 시, 혹은 적어도 당・송의 풍격을 지닌 시를 지칭할 것이다.

2) 문과 문론

백곡의 산문은 『백곡문집』 전체 7권 가운데 5권에서 7권까지 걸쳐 있다. 이 그 가운데 권5의 <관동별곡서(關東別曲序)>, <순오지서(旬五志序)>, <고문삼십육수독수기(古文三十六首讀數記)>, <평호소지석시설(評湖蘇芝石詩說)>, <소화시평서(小華詩評序)>, <취묵당기(醉默堂記)>와, 권6의 <죽창집발(竹窓集跋)>, <병가절요서(兵家節要序)>, <환백장군전(歡伯將軍傳)>, <청풍선생전(淸風先生傳)>, <백이전해(伯夷傳解)> 등이 나름대로 객관적 의의를 지닐 만한 것들이다. 특히 <환백장군전>과 <청풍선생전>의 두 편은 각기 술과 부채를 모처럼의 허구적 수법으로서 의인화한 가전 휘품들이다. 앞서 밝혔듯 이가원이 『백곡문집』의 간행과 동시에 처

79) 今人以淺學率爾成章 便欲作驚人語 不亦疎哉. (『종남총지』)

음으로 착안하여 공식적으로 소개한 셈 되었다.

그러면 이제, 백곡의 '문(文)'에 대한 제가(諸家)의 평을 들어보면 대략 이러하였다. 우선 이서우(李瑞雨)의 <백곡집서(柏谷集序)>에 보면,

> 或謂 公文不如詩之工 疑公無得於伯夷傳 余應之曰 公非無得者 得之不全 由擧子之業之奪之也. 其晩還於科則亦伯夷傳之爲崇矣.
>
> 어떤 이는, "공의 문은 시의 공교함만 같지 못하니 공이 <백이전(伯夷傳)>에서 얻은 바는 없어." 라고 하매, 내가 이렇게 응대하였다. "공이 얻은 게 없음이 아니라 다 얻지 못한 것일세. 그것 때문에 과거시험 공부를 못하게 된 것이지만 늦게나마 과거에 된 것은 그 역시 <백이전>을 높였던 까닭이지."

라고 논급된 부분이 있거니와, 이 말에서 한 가지 시사되는 바가 있다. 곧, 백곡이 일억 일만 삼천 독을 했다는 <백이전> 공부의 효과에 대해서는 비록 위의 두 사람 사이에 의견의 차이가 있음에도 불구하고, 백곡의 문장이 시에 못 미친다는 점에 관한 한 생각이 일치한다는 것이다.

백곡의 <제문(祭文)>을 쓴 조현석(趙顯錫) 같은 이도 백곡시의 성화(盛譁)를 칭도한 반면, 문은 '여사(餘事)' 쯤으로 간주하였다.[80] 이 밖에도 그의 <행장(行狀)> 가운데의 표현인 "尤工於詩" [시에서 더욱 공교하였다] 같은 것도 환언하면 산문 쪽의 상대적인 열세를 암시한 뜻으로 보아 별 무리가 없을 것이다.

특히 이덕무는, 백곡이 그 엄청난 독서 노력에도 불구하고 산문 쪽은 족히 볼 만한 것이 없는 만큼 지독히 노둔한 이라고 폄평(貶評)한 바 있다.

---

80) 不特吾東 皆推宗匠 華人採詩 首加稱賞 文雖大鳴 乃公餘事.

> 平生讀書之多 定爲古今稀見 讀伯夷傳一億一萬三千番 它可類推也. 其集中 文只數篇 而無足可觀 才之至鈍者也.[81]
>
> 평생 책을 읽은 것이 많기로는 진실로 고금에 보기 드물어, <백이전> 읽기를 일억일만삼천 번이나 하였다 하니, 다른 것도 미루어 짐작할 만하다. 그 문집 가운데서 문은 고작 몇 편에 지나지 않는 데다, 족히 볼만한 게 없으니 재주치곤 지독하니 둔한 사람이었다.

앞에서 '백곡의 인간적 면모'를 살필 때 '노둔'과 '고음(苦吟)'에 대해 다루었는데 이 둘은 시와 문을 중심으로 각각 연관처가 따로 있었다. 곧, 고음은 다름아닌 시 분야에 관계된 것이었다. 즉, 백곡 자신이 『종남총지』에서 시에 대한 일생의 마음고생〔一生心苦〕을 자백하였고, 박세당(朴世堂)이나 임방(任埅)같은 이도 백곡이 시작(詩作)에 있어서 정신을 부리고 심비(心脾)를 괴롭히던 정상(情狀)을 일자천련(一字千鍊)의 말로 비의한 적이 있다. 역시 시문 간에 분간해 보면 이는 김득신의 문이 아닌 시에 대한 평가임에 유의하지 않을 수 없다. 또한 '고음'이란 시 창작의 태도 및 과정을 나타내는 표현으로, 노둔과는 별개의 개념인 것이다. 시작의 과정에 지나친 결벽증을 나타내는 고음의 태도는 당나라 두보한테도 발견 가능했던 현상이기도 하다. 고음이 시인적 능력과는 별개일 수 있음은, 백곡의 창작적 결과가 같은 시대의 이식이나 정두경 같은 이들의 추허를 받아 17세기 시단의 중심에 섰던 사실이 입증한다. 게다가 백곡의 이같은 고음의 반면에는 시를 재빠르게 지어낸 산물인 <주음(走吟)>의 시가 적지 않았던 것이니, 시에 있어서만큼 뛰어난 능력을 지녔던 인물임에 틀림없다. 반면, 노둔에도 필경 경계가 따로 있었다. 곧, <백이전> 읽기를 일억일만삼천 번이나 반복했다는 일을 가만 유의해 보면 그 분야가 산문 쪽이었음

---

81) 이덕무, 『청장관전서』 권5, <영처잡고(嬰處雜稿)>1.

이 새삼 환기된다. 그가 소시 때에 『사략(史略)』 26글자를 여러 날 배웠음에도 능히 구두를 달지 못했다고 한 일 역시도 그 영역 면에서 시가 아닌 산문 쪽이었음을 거듭 확인할 필요가 있다.

다만, 이덕무가 문은 고작 몇 편에 지나지 않는다고 했으나, 이는 사실과 다르다. 『백곡집』 권5~권7까지는 문을 수록한 것인데, 권5의 서(序), 기(記), 권6의 발(跋), 명(銘), 논(論), 책(策), 설(說), 서(書), 장(狀), 전(傳), 록(錄), 제(題), 해(解), 지(誌), 권7의 서(書), 답(答), 제문(祭文), 상량문(上梁文), 서(序), 계(啓), 표(表), 잡록(雜錄) 등 다양한 문체를 구사하였음을 볼 수 있다. 대개 그의 문집을 전체로서 비준하여 보았을 때 문 부분만 40% 이상을 상회하는 분량에 달하니, 결코 "고작 몇 편[只數篇]"은 아닌 것이다.

전술하였듯이 이가원도 백곡은 원래 시(詩) 쪽에 능장(能長)이 있다고 평한 바 있어, 결국은 아무도 백곡의 문(文)이 승(勝)함을 주장한 이가 없음으로 보아도, 그의 문이 상대적으로 열세라 함이 대체적인 견해인 것으로 보아 무방하리라 사료된다.

사실은, 백곡 본인도 자신의 문의 취약을 스스로 인식하고 있었던 것이 아니었나 싶다. 그는 종래의 시론에서 말하는 바, 시란 학문적 노력과는 별개의 천품(天稟)이요 재주라고 하는 이른바 '시유별재(詩有別才)' 설을 깊이 신념했던 한 사람이었다. 그렇기 때문에 그는 "시인에게 그러한 재주가 없을 것 같으면 시를 쓸 수가 없다[詩人無其才 則弗能爲詩]"[82]고 생각했던 것이다. 아울러, 자신은 시에 관한 한 어느 정도 이같은 천품을 타고 났다고 믿은 것 같지만, 오히려 문에 관해서만큼은 그것의 부족함을 절감한 듯 여겨진다. 전술한 것처럼, 그가 36년 동안 매두몰신(埋頭沒身)으로 열독하였다는 <고문삼십육수독수기>를 보아도 그 분발하였던 표적과 대

82) <송김계진서(送金季珍序)>, 『백곡집』 권5.

상이 두시(杜詩) 등으로 대표되는 운문이 아닌, 전적으로 산문 일색이었다는 사실에 각별한 주목을 요하게 된다. 이렇듯 깊이 있고 비상한 독서 사승(讀書師承)이 시가 아닌 문 쪽에서 전적으로 일어났음은 필시 문 방면에 대한 소질 바탕을 끝내 자신할 수 없었던 데에서 연유된 듯하다. 그러기에 사마천・한유 등의 문장, 곧 고문을 귀감으로 한 이같은 고신(苦辛)과 분투(奮鬪)만이 문의 취약을 극복할 수 있는 최선의 방법이라고 판단했을 것으로 간주된다. 백곡 스스로가 진・한・당・송에 걸친 독서 편력의 열정을 과시한 다음과 같은 시는 그의 산문 세계를 이해하는데 중대한 정보를 던진다.

> 杜門端坐萬番讀　漢宋唐秦以上文
> 最嗜伯夷奇怪體　飄飄逸氣欲凌雲.[83)]
> 문 닫아 걸고 바로 앉아 일만 번을 읽나니
> 한・송・당・진 시대 앞의 글들이다.
> 그 가운데도 백이의 기괴한 체를 가장 좋아하나니
> 표표히 이는 호일의 기상은 구름 너머로 넘나는 양.

이처럼 비상하고 각고에 찬 문장수업에도 불구하고 그가 마침내 산문가로서의 평판은 얻지 못하였던 결과로 보아도 확실히 '시유별재(詩有別才)'나 마찬가지로 문 또한 별재가 요구되었던 것인지도 모르겠다.

그런 반면, 백곡이 그렇듯 가혹한 독서훈련을 포기 아니한 채 지속하여 나갔던 사실로 미루어 볼 때, 그는 시와는 달리 문만큼은 천부적 재질〔別才〕 이외엔 노력을 통해서 극복・성취할 수 있는 것으로 믿었을 가능성

---

83) <제고문초책(題古文抄冊)>, 『백곡집』 권2.
한편, 『종남총지』에도 이 시가 소개되어 있는바, 제3・4구는 같은 반면 기구(起句)와 승구(承句) 만은 "搜羅漢宋唐秦文 口沫讀過一萬番"으로 다르다.

또한 생각해 볼 수 있다.

또한, 백곡은 문장 학습의 가장 큰 귀감을 한대의 것에서 찾았던 반면, 송대의 것을 낮게 쳤으니, 이같은 존한(尊漢) · 비송(卑宋)의 취의(趣意)가 권6의 <죽창집발(竹窓集跋)>(권6)에 소상하게 나타나 있다.

> 大凡爲文之道 有學漢學宋者 而學漢難 學宋易 何則 漢之文古 而其學也難 宋之文俚 而其學也易 … 見宋之文 手撝之 喙唾之 必取漢之文 而專治者 … 粤自麗代以還 名卿雋哲之文章 雖雄渾彬彬 亦皆不古 何 蓋捨漢文 取宋文而尙之 故學漢則難 學宋則易而然耶.
>
> 무릇, 문장하는 도에 있어 한을 본받기는 어렵고 송을 본받기는 쉬운 것이다. 어째서 그런가 하면, 한의 문장은 고아(古雅)하여 그것을 본받기가 어렵고, 송의 문장은 이속(俚俗)하여 그것을 본받기가 쉬운 까닭이다. … 송의 문장을 보면 손으로 찢어버리고 타기(唾棄)해야 하나니, 반드시 한의 문장을 취해다가 오로지 다뤄나가야 할 것이다. … 저 고려시대 이후로 명경(名卿)이며 현철(賢哲)의 문장이 비록 웅혼하고 빛나기는 했어도 또한 하나같이 고아스럽지 못함은 왜일까? 대개 이는 한의 글을 버리고 송의 글을 취해서 높인 까닭이다. 그런 까닭에 한을 본받기는 어렵고 송을 본받기는 쉽다고 한 것이 아니겠는가?

그는 이같은 존한 · 비송과 관련하여 문장에는 시대에 따른 기수(氣數) 있음을 같은 글 안에서 논급하였다.

> 蓋世代殺而氣數衰 故宋之文體之俚 不亦宜乎.
>
> 대개 세대가 내려올수록 기수도 쇠해지는 것이니, 따라서 송의 문체가 속됨은 의당한 것이 아니겠는가?

이같은 기수론(氣數論)에 덧붙여서, 기수가 많이 쇠퇴한 뒷시대에 난 사람이라도 고아한 문체에다 공력을 기울이면 고문체에 도달할 수 있다고 하는 백곡의 사유를 마침내 확인할 수 있게 된다.[84)]

그러면, 이제 그의 문관(文觀)을 시관(詩觀)과 대조하여 보았을 때, 첫째 시관이 '존당비송'이었음에 비하여, 그의 문관은 '존한비송'에 입각해 있는 사실을 새삼 확인해 볼 수 있는 것이요, 둘째 그는 시에는 별종의 재주가 있음〔詩有別才〕을 믿었던 반면, 문 방면의 별재에는 별반 개의하지 않았던 듯싶다. 그리하여 문에 관한 한, 열혈의 노력으로써 이를 극복할 수 있다고 생각한 나머지 존한을 위주로 한 독서의 평생계획을 실천하였던 것으로 여겨지니, 전게한 바 <고문삼십육수독수기>는 그같은 심중의 여실한 반영으로 보인다.

백곡은 또 문에 있어서의 의(意)와 법(法)을 주장하였던 바, <독남당서(讀南堂序)>(권5)에 그 뜻이 비친다. 그가 말하는 '의'란 문장의 내용적 의미이고, '법'이란 문장의 기법을 지칭하는 뜻이다. 백곡은 여기서 문장의 주된 것은 마땅히 '의'가 되며 법은 그 다음 가는 것이긴 하지만, '의'와 '법' 어느 한 쪽에 편중될 수 없음을 피력하였다.[85)] 그리하여 문장이 올바른 의미〔意正〕를 얻기 위해서는 장자의 『남화경(南華經)』이 빠질 수 없는 존재임을 강조하였다.[86)] 그는 『남화경』이 유가 입장에서의 이단 외도(異端外道)인지라 '의'의 차원에서는 결코 받아들여질 수 없고 다만 '법'을 위해서 절실한 것인데, 만일 문장에 뜻을 두고도 이것을 읽지 않으면 문의

---

84) 由是觀之 世代雖降 極博古文 盡其用功 則不患軆古文之難 何論學宋之文哉 然則氣數雖衰 文體之古 在人之用功之如何爾. <죽창집발>

85) 吾友張季遇 嘗有言曰 爲文之道 意爲主 法爲次也 至哉 知文者之言也 爲文而只以意不以法 則其文徒意而已 只以法不以意 則其文徒法而已 此乃操觚者之所共知也. <독남당서>(권5).

86) 是以 季全讀聖經 而以意之正 知爲主於文 讀南華 而以法之奇 知爲次於文. (위와 같음)

참다운 기법은 이해할 수 없는 것으로 간주하였다.[87] 문에 있어 『장자』 서를 높이 여겼던 발상은 하필 백곡뿐 아니라, 지봉 이수광도 '문은 오경(五經) 외에는 『장자』와 사마천의 『사기』가 좋다'[88]는 등의 견해를 표명한 바 있었다. 백곡 문장론의 하나로서의 이와 같은 의법론은 흡사 시에 있어서의 이향론과 대칭 및 조화를 이루고 있어 흥미로운 부분이다.

그는 이밖에, 문에 관련하여도 일찍 현달하면 문장에 취약이 있을 것이라는 견해를 피력, 문장과 출사(出仕)의 관계에 민감한 반응을 나타냄으로써 다시 한 번 늦게까지 현달치 못한 그의 신세적 불우에 자기합리적인 사고의 단면을 보여주기도 했던 것이다.

4. 맺음말

조선시대 문학사 안에서 노둔으로 유명한 시인 백곡 김득신은 바로 그 노둔의 이름과 더불어, 조선조 17세기 시단의 중심에 섰던 인물 가운데 한 사람으로 손꼽히기도 한다. 진정 노둔한 시인이 그 한 사람은 아니었겠지만, 그 가운데서 하필 그의 노둔이 유명해진 사연과 이유도 결국은 그가 이룩한 시적인 높은 명성을 따라 부수되어진 결과가 아닐 수 없겠다. 노둔과 시명(詩名) 사이, 얼핏 보아 모순적인 개념처럼 보이는 이것은, 궁극에 그의 노둔의 실체가 시의 분야와는 별반 관계있는 사실이 아닐 수 있다는 가능성을 던져준다. 이와 함께, 그는 이미 당시대 택당 같은 인물로부터 크게 인정받았다는 사실을 포함해서 이후의 조선 한시문학사상 그 이름이 깊이 새겨졌으니, 다름 아닌 그 역량은 문인이 아닌 시인 쪽에 있었던 것

87) 南華經於儒道外道也 … 夫豈以嗜南華 易其崇儒道之心 而惑於虛誕之外道哉 … 不業文則已 如業之則 不讀南華而知文之法乎. (위와 같음)
88) 文於五經外 好莊子司馬子長. (『지봉유설』 권9 문장부2 '시')

이다.

한편, 그는 동시에 다양한 일화와 함께 대단한 고음가(苦吟家)로서 알려진 인물이기도 했다. 그런데 그가 고음을 많이 하였다지만, 고음이란 어느 시대거나 있을 수 있는 거의 대부분 시인들의 다반사이기도 했다. 그럼에도 만약 백곡이 이 정도에서 더 하였다면 이는 차라리 노둔의 탓이라기보다 우직할 만큼 시의 사실성과 결벽성을 추구하는 그 특유의 우활한 성격의 소치라 봄이 더 근리할 듯싶다. 오히려 『백곡집』의 도처에서 보여지는 수많은 <주필(走筆)> 시를 통해 확연히 입증되듯이, 그는 속성(速成)의 시를 자주 지었던 이른바 주필(走筆)의 명수이기도 했다. 특히 이미 최고의 회자 명시로 알려진 <용호>보다 나은 것이 따로 있다고 스스로 말한 것이라든지, 또는 그가 시의 품등을 논하고 시인을 재단(裁斷)하는 자신감 넘치는 태도를 통해 볼 때, 적어도 시 분야에 관한 한 별재를 지닌 시인으로서 은근 자부하였음이 확실하다.

그의 시론은 크게 천기론, 이향론, 별재론(문기론), 묘오론 등으로 요약해 볼 수 있겠다. 이 네 가지를 성격상 구분하였을 때, 천기론과 이향론은 시의 품격과 관련된 개별적 작품론이 되겠고, 별재론 및 묘오론은 시인의 자질과 관련되는 작가론의 한 부면에 해당된다고 볼 것이다.

천기론에서 시의 등급을 크게 셋으로 나누어보고자 하는 가운데, 옛사람의 시에 구애받음이 없는 시인 천성에 따른 독자적 의경(意境)을 이룩한 신의 창출(新意創出)의 시, 이른바 천기의 시를 최상의 것으로 보았다. 그리고 당·송의 시를 중심한 환골탈태 또는 모방과 답습의 시를 버금가는 수준으로, 이같은 모방조차 안된 시를 최하로 간주하였다.

이향론에서는 겉에 감도는 외형적 운치인 향보다는 내면적인 이치의 핍진성(逼眞性)을 주장하였다. 환언하면, 낭만적 경향을 지양하고 사실주의 편에 가까운 이론을 제시하였다.

(시유)별재론은 조비(曹丕)의 <전론논문(典論論文)>에 나타난 문기론

과 일맥으로 상통되는 뜻이다. 따라서 이는 물론 백곡의 독창적 고유한 견해는 아니었고, 위의 조비를 비롯한 청의 엄우 및 고려의 최자·이규보, 조선의 허균·이수광 등이 이 용어 및 개념에 대해 선창한 것이 있지만,[89] 그의 시론이 다시금 강조한 것이다. 이는 문기의 후천적인 함양이 가능하다고 믿는 일부의 시론[90]에 대해 비평가로서의 분명한 입장 표명이 된다.

묘오론은, 별재론과 더불어 시인 자질론의 또 한 부분으로서 엄우의 개념을 보다 확대시킨 견해이다. 그는 여기서 후천적인 노력 함양으로 묘오를 성취할 수 있다고는 했지만, 거의 관념적이고 이상론적인 표명일 뿐이다. 선가(禪家)에서 마지막 돈오의 경지에까지 드는 경우는 노력자들 사이에 지극히 드물듯이, 시의 세계에서 묘오 또한 천부적으로 선택을 입은—예컨대 익재·석주 등—특별한 시인에게만 가능한 경지로 보았기 때문이다. 동시에, 그의 이른바 정종·대가설도 다름 아닌 이 묘오론과 직결된다. 묘오의 경지를 얻어 여기 입각해서 시를 쓰는 시인이 정종으로, 묘오를 얻지 못한 대신으로 의식적이며 의지적인 시를 다루는 시인을 대가로 각각 구분했던 것이다.

백곡의 문과 문론은 이상의 시 또는 시론과는 구별되어지는 나름의 경계를 갖추고 있었다. 그의 문과 문론을 이해하기 위한 큰 전제로서, 17세기 소단(騷壇)의 큰 위상을 차지하는 문인인 김득신에게 따라붙은 노둔과 고음의 개념은 필경 구분해서 이해해야 할 듯싶다. 곧, 노둔은 시가 아닌 문에 해당되는 말로서 타당하고, 고음은 그의 시에 해당하는 말로서 타당하리라는 것이다. 고음은 노둔과는 별개의 개념으로, 그는 많은 수의 주필(走筆)과 함께 고음을 통한 명시를 산출해낸 작가였기 때문이다. 또한, 그가 수만·억독으로 분발하였던 표적과 대상이 두시(杜詩) 등으로 대표되는 운문이 아닌, 전적으로 산문 일색이었다는 사실에 각별한 주목을 요한

89) 이병한, 『한시비평의 체례연구』, 통문관, 1974, pp.171~174 참조.
90) 이병한, 위에 든 책, pp.174~175 참조.

다. 이렇듯 깊이 있고 비상한 독서사승(讀書師承)이 시가 아닌 문 쪽에서 전적으로 일어났음은 필시 문 방면에 대한 소질을 끝내 자신할 수 없었던 데에서 연유된다고 봄이 의당하다. 그러기에 사마천・한유 등의 문장을 귀감삼아 노력 분투하는 일이 그 취약을 극복할 수 있는 최선의 방법이라고 판단했을 것으로 간주된다. 노력으로 해결할 수 있다고 믿는 근거는 백곡이 '시유별재(詩有別才)'를 애써 강조했던 반면에, '문유별재(文有別才)'에 관한 논지는 일찍이 나타낸 바 없었다는 사실 안에서도 찾을 길 있다. 곧, 시와 달리 문만큼은 후천적 노력에 의한 성취 가능성을 믿었던 소치로 이해된다.

그런데, <고문삼십육수독수기>가 입증해 주듯 그가 36년 간에 걸친 각고의 노력에도 불구하고 문에 대한 호평만은 얻지 못하였던 것이지만, 이는 아무래도 그의 시능(詩能)의 우위에 따른 상대적인 평가절하일 개연성도 검토에 넣을 만하다. 그는 시대론을 통해서 한대의 문장을 가장 수범으로 생각했음과 동시에, 의법론을 설명하는 과정에서 <백이전>의 기괴체 및 장자 『남화경』의 문장 기법을 높이는 등의 견해를 표명하였다. 따라서, 그의 산문 창작도 이 같은 그의 사유 깊은 문론과 관련하여 평가해야 온당할 것이다. 그리하여 궁극에는 서(序)・발(跋)・기(記)・해(解)・전(傳) 등에 다양한 산문 장르에 걸친 소양과 능력을 나타내는 바 있었다. 대체로는 그 평가가 특별히 탁월했던 시 분야와 견줘 비교되는 속에서 승(勝)과 불승(不勝)을 평가 받았던 사실, 나아가 그의 수만・억독에 대한 노둔의 선입견 등이 복합적으로 그의 문에 대한 평가에 불리하게 작용하였을 개연성도 감안하지 않을 수 없다는 뜻이다. 아울러, 그의 두 가전 작품 또한 한국 가전사의 흐름에 영롱한 색채를 더하였을 뿐 아니라, 한국가전사의 율법과도 같았던 평결부를 생략하는 등의 독특한 위상을 마련하였다는 점 등으로, 산문문학에서조차 마침내 각별한 자취를 남겨 일가(一家)를 이루었다고 평가되는 것이다.

이처럼 뛰어난 시인이자 문장가이기도 했던 김득신은 동시에 문학이론가로서도 일가를 이루었다 볼 수 있다. 『백곡문집』 및 『종남총지』를 통해 보인 그의 문학론은 일찍이 엄우(嚴羽)라든가 이수광(李睟光) 등의 시 · 문론 가운데서 일정만큼 언급된 바 있어 백곡의 첫 발성은 아니었다 하더라도, 기왕의 논의를 기조로 수용하는 가운데 보충 · 보완이 요구될만한 부면에 특히 관심을 경주(傾注)하여 나름의 이론을 전개하였다는 데에 그 의의가 적지 않다. 곧, 문학의 이론이 거의 전무하다시피하고, 그나마 시화를 다루면서 문학적 본질에 접근하려던 몇몇 시인들에 의해 겨우 영위되어 가던 당시의 시단에서, 그들보다 한 걸음 앞서서 이론적 체계에 접근해 보려던 백곡의 평론가적 시도는 16세기 허균 · 이수광의 뒤를 이어, 17세기 한국 평론사에 의미있는 자취를 남겼다 할 것이다.

윤광계의 <중수신명사기(重修神明舍記)> 해제 및 역주

여기서는 일찍이 알려지지 않았던 기(記) 한 작품을 소개하고자 한다. 다름 아니라, 16세기에 심성의인의 한 가지 의장(意匠)으로서 귤옥(橘屋) 윤광계(尹光啓, 1559~?)의 <중수신명사기(重修神明舍記)>[1]가 심성을 인물에 가탁시킨 문예물로서 의연한 한 몫을 담당하였다.

이에 우선 <중수신명사기>의 작자인 윤광계라는 인물 간력(簡歷) 및 작품 자체의 개괄적인 특성에 대해 소개해 둘 필요가 있다.

그는 일찍이 당대의 유학자이자 임진란 의병장으로서 순국한 중봉(重峯) 조헌(趙憲)의 문하에서 수학하였다. 27세(1585; 선조18) 소과에 합격하여 생원이 되었고, 31세(1589; 선조 22) 대과의 증광문과(增廣文科)에 병과로 급제하였다. 그럼에도 한 10년 넘게 청로(淸路)에 오르지는 못하였던 듯싶다. 왜란(倭亂)의 세월을 끼고 있던 이 시기에 그는 거의 시주(詩酒)를 짝한 방랑으로 삶을 영위해 나갔던 양하다.

43세(1601; 선조 34)에 비로소 주서(注書) 및 세자시강원(世子侍講院) 설서(說書)의 직책을 맡게 되었다.[2] 45세(1603; 선조 36)에는 호조정랑(戶曹正郎)의 신분에서 지제교(知製教)를 겸한 춘추관기주관(春秋館記注官)의 직임으로서 7년 전란에 소실된 실록의 재간행에 참획하기도 하였다.[3]

1) 『귤옥집(橘屋集)』·下, 잡저(雜著)·上에 실려 있다.

2) 『선조실록』 권141 34년 신축 9월 임자일 조에 "尹光啓爲世子侍講院說書."

이듬해 46세(1604; 선조 37)에는 예조좌랑(禮曹佐郎)을 하였다.[4] 48세(1606; 선조 39) 되던 4월, 명나라 사신인 주지번(朱之蕃)이 왔을 때에는 조사(詔使)의 신분으로 그와 시를 창수(唱酬)하기도 했다.[5] 이 해 5월에는 평안도사(平安都事)로 직책이 옮겨졌다.[6] 익년 49세(1607; 선조 40) 때엔 거듭 공조좌랑(工曹佐郎)으로의 복명(復命)을 받았다.[7]

그러나 51세인 1609년 광해군의 집정 이후에는 더 이상 벼슬에 오르지 못했던 것으로 보인다. 1606년, 그가 평안도사로 있을 때에도 벌써 사간원(司諫院)에서 그의 지나친 음주벽에 따른 도사직 수행 능력을 문제삼아 교체를 청하는 계를 올린 일도 있었다. 하지만 근본적으로는 그 무렵 동 · 서 분당의 여파로서 그가 서인 계열인 조헌의 문인이라는 이유도 작용했을 터이다. 이 뒤에 환로(宦路)는 끊어지고 50대 이후는 주로 자신의 향리 사가(私家)인 귤옥(橘屋) 주변에서 시주(詩酒)를 위안삼아 60여세까지의 삶을 보냈다.

<중수신명사기>는 그의 문집 『귤옥집』(상 · 중 · 하) 중의 하권 맨 첫머리에 실려있다. 전부 7장 13면에 달하는 분량으로 한중 역대의 '記' 장르 중 어느 작품보다도 장형을 이룬다는 것도 본 편의 특양(特樣) 가운데 하

---

3) 『명종실록』 부록 중에 보면, "萬曆壬辰之變 春秋舘及星州忠州分藏 先祖實錄盡爲兵火所焚 獨全州所藏獲免 … 上命春秋舘依此本 印出三件 … 是役起於癸卯七月 終於丙午四月(前後官並緣)." 이하는 그때 참석한 전후 관리들을 적은 명단이 열거되는데, 그 가운데 윤광계의 이름도 보인다.

4) 『선조실록』 권181 37년 갑진 11월 무자일 조에, "朴楗爲禮曹正郎 尹光啓爲禮曹佐郎 柳惺爲典籍 白大珩爲監察." 그런데 『한국인명사전』(신구문화사, 1980)의 "윤광계(尹光啓)"를 보면 1604년(선조 37)에 예조좌랑의 벼슬을 하였다고 한 바, 위에 든 『조선왕조실록』의 기록과는 차착(差錯)이 있다.

5) 『귤옥집(橘屋集) · 上』의 칠언율시 <차정사주지번한강운이수(次正使朱之蕃漢江韻二首)> 및 <차정사임진강운사시선서질(次正使臨津江韻謝詩扇書帙)> 참조.

6) 『선조실록』 권199 39년 병오 5월 임오일 조의 맨 말미에, "李忠善爲寶城郡守 尹光啓爲平安都事."라 하였다.

7) 『선조실록』 권211 40년 정미 5월 무자일 조에, "奇孝福爲忠清道兵馬節度使 尹光啓爲工曹佐郎."라 하였다.

나로 볼 만하다.

그러나 이 작품이 지니고 있는 보다 큰 특징적 의의라 할만한 점을 든다면 이것이 16세기 심성의인문학(心性擬人文學) 흐름상의 중요한 대열에 끼어있다는 사실일 것이다. 곧, 이 시대 16세기는 김우옹(金宇顒)의 <천군전(天君傳)>과 임제(林悌)의 <수성지(愁城誌)>가 문학상에 출현했던 시간대이다. 바로 이 기간 안에 또 한 작품 윤광계의 이 <중수신명사기>가 병존해 있었던 것이고, 결국 이 작품의 참획으로 인해 심성의인화의 사조(詞藻)는 이 무렵에 벌써 '~傳'·'~誌'·'~記'와 같은 문체의 다양함 속에 꽤 든든한 초석을 갖추고 있었구나로 밝게 확인해 볼 터전이 마련되어진다.

물론 더 나중에 심성을 제재로 삼은 문학적 양상 가운데는 <천군연의(天君演義)>, <천군본기(天君本紀)>, <천군실록(天君實錄)> 등도 나와서 다채로움을 보탰다. 그리하여 연의(演義)·본기(本紀)·실록(實錄) 등과 같이 보다 폭넓은 형태의 문체적 활용 마당으로 확대되어 나갔던 것이지만, 그 기본적인 발판은 여기 16세기 중반에 벌써 어지간히 준비되어 있었다고 보아 온당할 것이다.

각별히 심성 의인문학으로서 '~記' 자 문체 양식을 취한 것은 뒷날 임영(林泳, 1653~1698)의 <의승기(義勝記)>에 다시금 나타나는 바 된다. 이것이 비록 반드시 윤씨의 것을 답습하였는지의 여부에 관계 없이, 적어도 심성 의인문학 군(郡)에 있어 형태상 동일 유형을 마련하였다는 사실 만큼은 남게 된다. 마치, 심성 의인문학의 하위 개념이라 할 수 있는 가전(假傳) 장르에 있어서 김우옹의 <천군전>이 있었는가 하면, 후대 우병종(禹秉鍾)의 <천군전>도 따라 존재하였던 양상을 연상시키는 바 있다.

이렇듯 <중수신명사기> 한 작품이 이미 그 제목 안에서의 '~記'가 시사하는 의미부터 참으로 절실히 요긴한 것이었으되, 이제 역시 제목 안의 '神明舍'가 나타내는 의미 또한 심상(尋常)하지는 않았다.

신명사(神明舍)란 '신명의 집'이란 뜻이다. 본래 신명은 마음 또는 정신에 대한 의미적 표현이니, 이 명칭은 동양 경전의 『주역』·『서경』·『예기』 중에 진작부터 활용의 선례가 나타나있던 것이다.[8)]

그럼에도 정작 마음을 집에다 견주어서 형상화시킨 이른바 '神明舍'라는 합성적 조어의 일례 만큼은 중국 고대 및 한·중 성리학 전개의 과정에서 잘 확인이 어려웠던 부분인 양 보였다. 그러므로, 이는 암만해도 조선 중기에 남명(南冥) 조식(曺植, 1501~1572)의 고유한 의안(意案)이 지어낸 명칭이 아니었나 생각된다. 다름 아니라, 『남명집(南冥集)』 권5의 안에 들어있는 바, 마음의 집을 그린 이른바 <신명사도(神明舍圖)>라는 존재에서 그 개연성을 짚어볼 수 있다. 마음의 중앙 청사인 신명사에 태일군(太一君)이 머무르며 그 둘레에다 성을 축조하고 이관(耳關)·목관(目關)·구관(口關)의 세 관문을 설치하였다. 그리고 경(敬)으로 총재 삼아 성 안쪽을 지키게 하고, 의(義)로 백규(百揆) 삼아 외물(外物)을 바로잡도록 하는 것을 기본 구도로 하고 있다.

남명 조식은 원래 벼슬에 대한 의지가 없이 오직 성리학에만 전념했던 인물로, 왕의 부름에조차 끝내 출사(出仕)하지 않았던 일로 잘 알려져 있다. 김효온(1532~1590), 김우옹(1540~1603) 같은 명사(名士)가 그의 문하에서 수학한바 있거니와, 특히 심성의인 관계에서 <천군전> 같은 것은 바로 위에 든 <신명사도>의 작자인 조식이 20세 김우옹에 대한 각별한 지시에 따라 이루어졌다고 한다.[9)] 그리하여 <천군전>의 중심 내용 또한 당연히 조식의 철학적 사유(思惟) 안쪽에서 작용했을 것임이 당연하다. 환언

---

8) "昔者聖人之作易也 幽贊於神明而生蓍."(『易經』, 說卦)
"至治馨香 感于神明."(『書經』, 君陳)
"敬盡以後 可以事神明."(『禮記』, 祭統)
"積善成德 而神明自得 神明自得 謂自通於神明."(『荀子』, 勸學)

9) 嘉靖四十五年丙寅 先生二十歲作天君傳 南冥先生嘗撰神明舍圖 命先生作是傳.(『東岡集』 권8, 東岡先生年譜).

하면 역시 "남명(南冥)의 학(學)은 전정경의(專精敬義)의 학인데, 일생 용력(用力)이 전혀 지경거의(持敬居義)에 있었다"[10]거나, "경의(敬義)를 신조로 하여 반궁체험(反躬體驗)과 지경실행(持敬實行)을 학문의 목표로 삼았다"[11] 등으로 요약해 볼 수 있는 바에, 그의 지남(指南) 아래 쓰여진 <천군전>을 이와 유리시켜 논정하기 어렵다는 말이다. 따라서 당연한 결과이겠으나, 김광순(金光淳)도 진작에 요체를 들어 보인대로 "<천군전>은 작자가 의도적으로 경의(敬義) 사상, 그 가운데서도 특히 경(敬) 사상을 중시해야 된다는 작자의 주관을 강력하게 반영하여 구상한"[12] 것임이 너무도 자명하였다.

그런데 지금, 같은 16세기 심성 의인류인 윤광계의 <중수신명사기>가 또한 경 사상을 내용적 주축으로 삼고 있음을 발견하게 된다.

천군이 측은공(惻隱公; 仁)·수오공(羞惡公; 義)·사양공(辭讓公; 禮)·시비공(是非公; 智)·신공(信公)·성성옹(惺惺翁)들과 함께 이상정치를 기약한 직후에 두 가지 위기를 맞게 된다.

첫 번째는, 천군이 적멸(寂滅)·돈오(頓悟)의 도를 표방하는 서방인(西方人) 자비옹(慈悲翁)에 끌려서 측은공과 일을 바꿔 맡기려다가 중지되었던 일이다. 그러나 오히려 이는 서막에 불과하다.

두 번째는, 천군의 덕이 어지러워져서 조정 일을 돌보지 않더니 급기야 바깥 도적의 난리를 겪는 일대 사건을 치루게 되었던 일이다. 그런데, 여기 사건이 발생하기 직전의 위기적 국면에서 인·의·예·지 네 사람의 상소가 비교적 길게 펼쳐지거니와, 이 안에는 작품의 중심 생각이라고 할 '경(敬)'의 개념이 어느덧 핵실(覈實)한 모양으로 융용되어 있다.

---

10) 현상윤, 『조선유학사』, 현음사, 1982, p.101.
11) "조식(曺植)", 『한국인명사전』, 신구문화사, 1980.
12) 김광순, 『천군소설연구』, 형실출판사, 1982, p.119.

> 희로애락이 일어나기 전에 존양(存養)함은 그 바탕을 온전히 하는 소이가 되고, 희로애락의 발단에서 성찰함은 그 기틀을 살피는 소이가 됩니다. 이 바탕은 다만 이 경(敬)으로써 가히 온전할 수 있고, 이 기틀은 다만 이 경으로써 가히 살필 수 있는 것, 아직 발하지 아니해도 경이요, 이미 발하여도 경입니다. 천리(天理)는 경으로써 존재할 수 있는 것이며, 인욕(人慾)은 경으로써 막을 수 있는 것입니다.[13]

이렇듯 이 작품이 제목에서부터 조식의 <신명사도>와 근사함이 있는데다가, 그 내용에 있어서도 경을 중추적 개념으로 부각하였다. 이는 흡사 <천군전>이 바로 조식의 경 사상을 핵심적 복안으로 따랐다는 사실과 서로 통하는 구석이 있다. 그러면 김우옹과 윤광계 두 사람이 한결같이 조식의 사상을 추종하여 똑같이 문학적 조예를 이룬 것에서 공통하였으니, 이 두 사람을 혹 서로 같은 문하 또는 동일 당류(黨類)로 예상할는지 모르겠으나, 사실은 전혀 그런 것이 아니었다.

남명 조식은 전언하였듯이, 처음부터 출사의 의지가 없었으니 그 무슨 당색(黨色) 같은 것이 있을 리 없었다. 당쟁사에 있어 최초의 분열이라 할 선조 8년(1575)의 동서분당도 그의 사후 3년 뒤의 일이었다. 다만, 그의 문하였던 김효온 · 김우옹은 나중에 모두 동인 대열로의 참획을 보였거니와, 윤광계는 오히려 서인의 한 사람이었던 중봉 조헌을 깊이 추종했던 일로 세상에 알려졌다.[14] 조헌은 본디 율곡(栗谷) 이이(李珥, 1536~1584)와 우계(牛溪) 성혼

13) 存養於未然 所以全其體 省察於方萌 所以審其幾 是體也 惟此敬 可以全之 是幾也 惟此敬 可以審之 未發亦敬 既發亦敬 天理以敬而存焉 人慾以敬而遏焉.

14) 윤광계보다 반세기 뒤의 인물인 우암 송시열(1607~1689)도 <귤옥고발(橘屋稿跋)>(『귤옥집』 · 上)에서 "盖公之爲人 上因趙先生而著 中際金文正而重 終得文谷公而垂." [공의 인물은 앞서는 조선생(조헌; 필자주)을 인하여 드러났고, 중간에는 문정공(김상헌; 필자주)을 제하여 무거워졌고, 나중에는 문곡공(김수항; 필자주)을 통하여 드리워졌다]고 요약해 보였다.

(成渾, 1535~1598)의 문인으로, 김우옹이나 김효온 등이 속해 있던 동인과 극렬히 맞섰던 동인 반대 세력의 기수라 할 만한 인물이었다. 그런데도 윤광계의 이 작품이 김우옹의 <천군전>과 주제상 동일한 궤적 양상을 보인 사실에 대해 어떻게 이해해야 할까.

그러나 정말은 특별히 경 사상의 중시에 한정을 두어 말한다 해도 중국 송대에 일찍이 정이(程頤)·주희(朱熹) 등에 의해 '주경(主敬)'이 강조되었다.[15] 이 땅에서도 그것은 남명 조식의 이전에 훨씬 많은 성리학자들, 이를테면 양촌(陽村) 권근(權近)을 비롯해서 한훤당(寒暄堂) 김굉필(金宏弼), 정암(靜庵) 조광조(趙光祖), 회재(晦齋) 이언적(李彦迪) 및, 남명과는 동년인 퇴계(退溪) 이황(李滉) 등에 의해 열렬히 주창되었던 부분이었다.[16] 그렇기 때문에 작중의 글 가운데 존양과 성찰, 경(敬)의 개발(開發)과 미발(未發), 천리(天理)와 인욕(人慾)의 용어 및 내용적 취지는 기왕에 정(程)·주(朱)라든가 중국과 한국의 성리학 제유(諸儒) 등에 의해 심사숙고되던 개념일 따름이었으니, 하필 남명을 기다렸다가 비로소 문장 구사에 착수되어질 나위는 없었다고 본다.

그럼에도, 윤광계가 각별히는 조식의 <신명사도>를 염두에 두고서 본 <중수신명사기>를 다루었을 것으로 간주되어진다. 그럴 수 있었던 배경은 전술하였듯이, 조식이란 인물 자체가 그 제자들의 동인과 서인 진출 행로와는 관계없이, 당색·당파를 초월하여 오로지 학문적 순수만 고집하였던 인사였다는 그 점에 있었을 것이다. 또한 윤광계는 동서 분당과, 다시 동인이 갈라진 남북 파당을 크게 개탄하는 시[17]를 남기기도 할만큼 그 당시 당쟁 현상을 부정적으로 바라본 시인이기도 했으니, 그의 남명사상 수

15) 배종호, 『한국유학사』, 연세대학교출판부, 1974, pp.52~54 참조.

16) "경(敬)", 『한국민족문화대백과사전①』, 한국정신문화연구원, 1991.12 참조.

17) <대취(大醉)>(『귤옥집』·上, 칠언절구)라는 시에 이렇게 하였다. "天地有東西 人間亦有東與西 天地有南北 人間亦有南與北 東西南北迷所之 不如樽前傾一巵."

용의 자유와 여유도 그 안에서 보장 가능할 것이었다.

이 작품이 여타의 순수 심성 의인류와, 또는 나아가 심성 의인 소재의 개입이 나타난 술 의인류 · 담배 의인류들에 비해 내용상 특이하다고 할만한 한두 부분이 있다.

우선은 이 천군의 왕국에 첫 위기를 불러일으킨 불가(佛家) 자비옹(慈悲翁)의 출현을 들 수 있다. 이는 정녕 다른 의인문학에서는 보기 드문 현상이었다. 특히 적멸(寂滅)과 돈오(頓悟)의 도를 표방한 자비옹이 측은공의 직책을 대신할 뻔했다는 모티브는 당시 유 · 불 갈등의 시대 반영적 의미 같은 것이 엿보여 흥미롭다. 돌이켜 보면, 작자 윤광계의 바로 앞 세대인 1550년부터 1565년까지 문정왕후가 보우(普雨)를 앞세운 국가적 불교부흥운동의 일대 진작(振作)이 있었다. 비록 중도에 좌절되었다고는 하나, 다음과 같은 후속적인 여파를 남겼다고도 한다.

> 보우와 문정대비에 의한 15년 동안의 불교부흥운동이 비록 중도에서 꺾이고 말았으나, 궁중에 불법 숭상의 기풍을 깊게 하고 불교계에 유능한 인물을 배출시켜 교단의 명맥이 유지되었으며, 후일에는 국란(임진왜란; 필자주)을 구하는데도 승려들이 중요한 구실을 하게 된다.[18]

그러면 <중수신명사기> 안에 표출된 유 · 불 대립의 개념 또한 이와 같은 시대적 사조거나 분위기와도 무관하지 않을 것이다. 실제 임진왜란의 도중에 휴정(休靜), 유정(惟政)을 위시하여, 윤광계의 스승 조헌과 함께 금산(錦山)에서 전사한 영규(靈圭) 등 승려들의 국가적 공헌이 불교와 불승의 입지를 보다 유리하게 해 주었음이 엄연한 사실이기도 했다. 다시 말

18) "불교(佛敎)", 『한국민족문화대백과사전⑩』, 한국정신문화연구원, 1991.12.

해, "휴정·유정을 비롯하여 승도(僧徒) 중에서 국란에 정신(挺身)하는 이가 많아지니, 종교로서의 불교가 이때에 융성하여졌다기보다 승도들의 공헌이 국가에 유용함을 증명하게 됨으로써 일시적이나마 불교의 기세를 만회하는 기회를 얻게 된 것이다."[19]

본편 내용 가운데 특이하다고 할만한 또 하나의 사실로서, 신명사에 결국은 도적이 침범하는 위기를 맞이했을 때 술의 형상적 인물인 환백장군(歡伯將軍)의 역할이 처음 부정적으로 조명되었던 점을 들 수 있다.

일찍이 윤광계 이전에 의인문학의 문조(文藻) 안에 환백장군이 등장된 곳은 간재(艮齋) 최연(崔演, 1503~1549)의 <국수재전(麴秀才傳)>과 백호(白湖) 임제(林悌, 1549~1587)의 <수성지(愁城誌)>에서였다. 그리고 귤옥 윤광계(1559~?)의 이 <중수신명사기> 이후로는 백곡(栢谷) 김득신(金得臣, 1604~1684)의 <환백장군전>과 국당(菊堂) 정태제(鄭泰齊, 1612~1669)의 <천군연의>,[20] 설악(雪嶽) 지광한(池光翰, 1695~1756)의 <취향지> 등에서 이 인물의 등장을 볼 수 있었다. 이렇듯, 대체적으로는 16세기 너머에 자주 모습을 보이기 시작한 환백장군의 존재는 대부분이 수성을 타파하는 일에 결정적 역할을 하는 최고의 영웅으로 부각되었음이 통례였던 것이지만, <중수신명사기>나 <천군연의>에서처럼 환백의 면모가 전혀 판이한 이미지적 특색을 보이는 경우도 구색이 마저 없지 않았다.

지금 이 <중수신명사기>에서 비록 환백장군이 수성을 평정한 공로에 대해 인정을 얻고는 있지만, 도적 난리의 마당에선 오히려 남몰래 바르지 않은 생각을 품고 있다가 여자들을 내보내 도적들의 기세를 돕는 전혀 엉뚱한 역할 당사자로 되어 있다. 이는 물론 잔뜩 어지러워진 마음이 주색으로 더욱 흔들리는 상태를 비유적으로 묘사한 것이다. 하지만 <천군연의>에서도 장군 환백이 요희(妖姬)인 월백(越白)과 함께 흔들리는 천군을 핍

19) 진단학회, 『한국사』(근세전기편), 을유문화사, 1978, p.725.
20) 이는 김광순의 작자 논정(『천군소설연구』, 형설출판사, 1982, pp.64~68)에 의함.

박하여 괴롭히는 적당(賊黨)의 괴수 노릇을 하였으니, 그 기본적 구상에서 서로 맞닿은 바가 있었다.

윤광계는 술에 대한 애호(愛好)가 비상했던 한 사람이다. 그가 술에 매달려 탐닉하고 오유(傲遊)해 있는 분위기를 그린 음주 관계 시는 일일이 추려보기 어렵다. 그는 이것으로써 말년 불우의 시름을 달래다시피 하였기에, 술의 근심척결 효과를 문학상에 많이 표출해냈다. 그러한 중에 환백의 수성 타파적 공효(功效)를 따로이 시로 써서 나타내기도 했으니, 아래의 <차운이수(次韻二首)>[21] 같은 것은 그 좋은 일례이다.

誰謂愁城固 누구라 수성이 견고하다 했는가
偏師昨日攻 어젯날 편장(偏將)이 여기를 쳤거니,
高歌仍奏凱 노랫소리 높은 중에 개선을 아뢰고
一醉興全濃. 한바탕 취하여 흥이 무르녹는데.

그런데도 윤광계가 오히려 술의 형상화적 존재인 환백(歡伯)을 이렇듯 부정시하였던 것은 암만 보아도 신기한 일이다. 이는 추측하건대, 음주에 대한 사유가 그의 생애의 어느 시점을 전후하여 달라졌던 데에서 그 이유를 찾을 수 있을 것이다.

그리하여 <중수신명사기>를 쓴 시기 또한 아마도 그의 말년에 해당하는 50세 이후 향리 사가(私家)인 귤옥 주변에서 시 · 주에 부쩍 가까이하여 위안 삼던 60여 세까지의 기간이 되리라 생각된다. 그때 가실 길 없는 좌절감에 따른 음주벽으로 건강을 상실한 어느 무렵에 스스로 심기일전을 기약하느라 썼던 작품이 이 <중수신명사기>일는지 모른다. 신명사(神明舍)를 중수(重修)한다는 것, 다시 말해 '마음의 집을 다시 고쳐 수리한다'란

---

21) 『귤옥집』 · 中, 續 · 오언절구.

제목의 '重修神明舍'는 정작 그 진정한 속뜻이 '마음을 고쳐 가다듬는다'는 데 있음을 환기해 볼 때 그 개연성이 더욱 상승된다.

-작 품-

중수신명사기

대저 신명사(神明舍)란 천군(天君)이 머무는 곳이다. 지극히 묘하여 헤아릴 수 없는 까닭에 신(神)이라 하고, 허령불매(虛靈不昧)[1]한 까닭에 명(明)이라 한 것이다.

일찍이 욕심 도적의 환난(患難)이 있었다. 천군은 바깥에 나가 있었기에 신명사에 주인 없은 지 오래였다. 그 뒤 도적의 난을 이겨 평정하고 성성옹(惺惺翁)[2]이 천군을 받들어서 돌아왔다. 이에 그 황폐되어 바로 되지 않은 것을 중수(重修)하고, 이어 묵경(墨卿)[3]에게 명하여 기록케 하였다.

처음 천군이 즉위할 때 단전(丹田)[4]의 위쪽 방촌(方寸)[5]의 땅에다 집 하나를 지었으니, 이로 인해 자연스런 기틀이 며칠 안에 성사(成事)를 보았다. 천군은 이에 성성옹에게 명하여 일렀다.

"오, 그대 성성옹은 와서 짐의 말을 들으시오. 부족한 이 사람이 하늘의 밝으신 명을 받고 정해진 터 안에서 다스리기를 도모하였더니, 저쪽이 함부로 창을 놀리고 소굴에서 기세를 부리매, 내 마음의 근심이 마치 큰 냇물을 건너는데 나룻가가 뵈지 않음과 같았다오. 그대는 이 한 사람을 받들어 보필해서 멸망의 지경에 이르지 않도록 해 주었구료!"

---

1) 형체없는 마음이 영험하여 어둡지 않음.
2) 밝은 마음[明敏]의 의인법. "敬是常惺惺法."(『상채어록(上蔡語錄)』.
3) '먹'을 인격화시킨 명칭.
4) 도가(道家)의 이른바 상 · 중 · 하, 삼단전(三丹田) 중 여기서는 배꼽 아래 한 치 쯤의 곳. 하단전(下丹田). 기해(氣海).
5) 흉중(胸中). 마음. 사방 한 치.

하니, 성성옹이 손을 공손히 하고 머리를 조아린 채 소리 높여 말하였다.

"아아! 하늘이 이미 저에게 머물 곳을 주시와, 그것을 바로 닦으면 길할 것이고 그르치면 흉할 것임을, 아아 명심하겠나이다."

드디어 마주해 있는 담장을 헐고 길을 메운 띠풀을 잘라서 예문(禮門)을 세우니 예문은 우뚝하였고, 의로(義路)를 개척하니 의로는 드넓었다. 왼편을 돌아보매 인산(仁山)이 높이 마주 서 있고, 오른편을 살펴보매 지수(智水)가 때를 맞춰 흘렀다. 우물을 파서 샘을 만들고, 둑을 혁신하여 전답을 반만큼 내었다. 소와 양을 산에서 기르던 이는 사라져 갔고, 닭과 개를 데리고 밖에 있던 이가 이에 돌아왔다.

이 때에 백체(百體)[6]가 뜻대로 되어 말하지 아니해도 기쁘고 즐거웠다. 거기 궁실과 대(臺)와 연못에서 서로 어울려 노래하였으되, 이러하였다.

천군께서 영대(靈臺)[7]에 계시고
물고기는 연못에서 뛴다.
저 소리개여
솟구쳐 하늘을 나는구나.
온화하신 천군의
그 덕이야 어긋남이 없으시다.
그 덕 어긋남 없으시니
군왕 임금이시라.

천군은 일찍이 광거당(廣居堂)[8]에 납시었다가 모든 문을 활짝 열어놓고

---

6) 신체의 여러 부분. 『관자(管子)』 '입정(立政)'에, "如百體之從心."

7) 마음. 여기에 신통한 지혜가 능히 머물기 때문이라 한다. "不可內於靈臺."(『장자(莊子)』, '경상초(庚桑楚)').

8) 인(仁)에 대한 형상화. 인의 집. 『맹자(孟子)』 '등문공(滕文公) · 下'에, "居天下之廣居 立天下之正位 行天下之大道."

말씀하였다.

"조금이라도 사곡(邪曲)됨이 있다면 사람마다 지켜볼 것이니라."

소를 끌고서 당 아래를 지나가는 사람이 있었다. 천군이 이에 슬퍼하며 좌우에게 말하였다.

"옛날 제선왕(齊宣王)[9]은 한 마리 소의 죽음도 가볍게 여기지 않았음에도 그 뜻을 확충하여 은택이 백성에게 미칠 수가 없었더니라. 이른바 '자신은 삼년상을 치루지도 못하면서 다른 사람 시마(緦麻)[10]와 소공(小功)[11]의 복례(服禮)를 살피는 것'과 다름없으니, 그대들은 힘써야 할 일을 마음에 새겨 나의 시명(時命)[12]을 받으오."

뒤미처 네 관원에게 따로이 명하였다. 인(仁)에게 가로되,

"오, 그대는 선(善) 가운데 으뜸이니, 측은을 주장으로 하여 어린 아이가 우물에 들어설 때 바로 가서 구해주도록 하오."

하였다. 의(義)에게 가로되,

"저 천리(天理)는 인심(人心)에 있을 따름이니, 그것을 사리에 맞게 조화시켜 사양(辭讓)으로써 주장을 삼도록 하오."

하였다. 지(智)에게 가로되,

"시(是)와 비(非)를 그대는 오로지 도맡아 하되, 원대한 순리를 무리하게 천착(穿鑿)함이 없도록 하오!"

하였다. 그리고 전체에게 가로되,

"오오, 그대 네 분들은 삼가 공경하여 짐의 말을 저버림이 없도록 하

---

9) 중국 전국시대의 임금. 이름은 전벽강(田辟疆). 『맹자』 '양혜왕(梁惠王) · 上'에서 제물로 끌려가는 소를 불쌍하게 여겼으나 결국 맹자에게서 "恩足以及禽獸 而功不至於百姓者."의 말을 들었다.

10) 가는 올로 짠 삼베로, 석 달 입는 상복.

11) 시마보다 올이 좀 굵은 것으로, 다섯 달 쓰는 상복. 『맹자』 '진심(盡心) · 上'에 "不能三年之喪而緦小功之察."

12) 조회(朝會)의 명. "共其職貢 從其時命."(『좌씨(左氏)』, '襄').

오!"

하니, 모두가

"그리하겠나이다. 누구라 감히 주군의 훌륭하신 명을 받들지 않으리이까!"

하였다.

이 때에 네 관원이 각기 직책을 분담하여 주재(主宰)[13]를 따랐는데, 주재란 성성옹을 말함이었다.

천군은 일찍이 그들을 좌우에 두고서 덕을 보좌토록 하였다. 춘관경(春官卿)[14]은 애(愛)의 도리를 맡았으니, 사덕(四德)을 아울러서 일만 가지 선을 다스렸다. 하관경(夏官卿)[15]은 의(宜)의 도리를 맡았으니, 호오(好惡)를 없애고 사리(事理)를 구분했다. 추관경(秋官卿)[16]은 경(敬)의 도리를 맡았으니, 의칙(儀則)을 지켜 품절(品節)을 밝혔다. 동관경(冬官卿)[17]은 분별의 도리를 맡았으니, 양편의 극단을 막아 중용을 가려냈다.

황색 치마를 입은 어떤 이[18]가 중앙에 서서 이 네 사람에게 말하였다.

"경들은 하루도 내가 없으면 아니되니, 내가 없으면 도를 세울 수가 없으리다."

하니, 모두가

"그렇습니다."

하였다.

밤 공기가 아주 맑았던 어느 날은 천군이 극복재(克復齋)[19]에서 큰 길

---

13) 일을 주장하여 처리하는 사람.
14) 인(仁)에 대한 작호. 춘(春)은 방위로 동쪽, 빛깔로는 청(靑), 오상(五常)으론 인(仁).
15) 예(禮)에 대한 작호. 하(夏)는 방위로 남쪽, 빛깔로는 적(赤), 오상으론 예(禮).
16) 의(義)에 대한 작호. 추(秋)는 방위로 서쪽, 빛깔로는 백(白), 오상으론 의(義).
17) 지(智)에 대한 작호. 동(冬)은 방위로 북쪽, 빛깔로는 흑(黑), 오상으론 지(智).
18) 신(信)에 대한 작호. 이는 방위로 중앙, 빛깔로는 황(黃), 오상으론 신(信).
19) 극기복례(克己復禮)의 집. 자기 욕망을 극복하여 예로 돌아가는 인 실천의 집. "克己復禮爲仁."(『논어』, '顔淵'). 한무제 때 구경(九卿)에 올랐는데, 직간(直諫)을 잘하

을 마주하고 앉은 채 네 사람을 돌아보며 말하였다.

"내가 성창(盛昌)했으면 싶으오!"

그러자 모두가,

"삼가 생각건대 군주께옵서 자신의 욕망을 없애지 못하시면 급암(汲黯)[20]의 충간을 면하실 수 있겠나이까?"

하매, 천군이 말이 없었다.

그때 측은공(惻隱公)[21]이 천군께 고하였다.

"저 천지는 만물을 생성하는 바, 저는 그로부터 이치를 얻어냈나이다. 군자는 아주 짧은 순간에도 그것을 잃지 아니하고, 학자는 넘어지고 자빠지는 사이에도 늘 삼갑니다. 다섯 가지 곡식도 풍성한 제패(稊稗)[22]보다 못하니, 그 익을 때를 꾀하여 그 아름다움을 온전하게 하는 것이지요. 작은 나무잔이 신화(薪火)[23]만 못하오니, 다름아니라 그 큰 것을 취하여 우수한 것을 기약하자는 까닭입니다. 어떤 자리에 서고 어떤 자리에 이르고 싶어하는지는 필경 자신한테서 미뤄 알 수 있음이요, 어느 것을 좋아하고 어느 것을 싫어하는지는 다른 사람을 통해 능히 살펴볼 수 있는 것이나이다. 그런즉 이러한 문제에 힘쓴다면 부족할 게 있을 리 없고, 이러한 일을 사색한다면 요원할 일이 어디에 있겠나이까. 옛날에 이같은 일을 잘 해내었던 이로 오직 안연(顔淵)[24]이 석 달을 능히 어기지 않았던 것이옵니다."

매 황제로부터 옛날 사직신(社稷臣)에 가깝다는 평을 들었다.

20) 한나라 때 기질이 강하고 직간(直諫)을 잘하여 한 자리에 오래 있지 못하였던 인물. 한무제가 사직(社稷)의 신하에 가깝다고 칭찬하였다.

21) 춘관경 인(仁)을 말함. "惻隱之心 仁之端也."(『맹자』, 公孫丑 · 上).

22) 돌피. 제미(稊米). 피보다 작은 한해살이 풀. 여름에 이삭이 패고 까끄라기가 짧으며, 가축의 사료로 쓴다. 『장자』, '추수(秋水)'에, "不似稊米之在太倉乎." 또 『장자』, '지북유(知北遊)'에, "道在稊稗."라 하였다.

23) 땔나무의 화톳불이란 말이지만, 사제간에 의발(衣鉢)을 전수하는 귀중한 도의 뜻으로 비유되기도 한다.

24) 안회(顔回). 공자의 수제자로, 자는 자연(子淵).

수오공(羞惡公)[25]이 나아가 말씀을 드렸다.

"웅장(熊掌)[26]과 물고기를 한꺼번에 얻기 어려운 바엔 선택이 요구되겠지만, 마음으로 원한다거나 싫다거나 하는 감정보다 더 중대한 것이 있나이다. 아성(亞聖)인 맹자는 목숨을 버리더라도 의를 택하라는 교훈을 내셨고, 옛 시대의 철인(哲人)도 우뚝 선 몸가짐을 귀하게 여기셨나이다. 육류가 우리의 입에 맞는 것으로 사람 모두에게 공통되는 선험적 본질을 알 수 있고, 꾸짖고 발로 차면서 주는 음식을 자신이 받아들이지 않는 것에서 인간에게 고유한 바가 있음을 증험할 수 있는 것입니다. 그런즉, 팔을 베개 삼고도 즐거워서 부귀가 뜬구름만 같고, 남의 마부 노릇해도 부끄럽지 않으며, 가지고 베풂에 있어 조금도 구차스럽지 않습니다. 옛날 이 노릇을 잘한 이로 오직 백이(伯夷)[27]가 능히 만세(萬世)에 의연하였나이다."

사양공(辭讓公)[28]이 일어나 말하였다.

"체(體)는 엄정(嚴正)을 으뜸으로 하고, 용(用)은 조화를 귀하게 여기나니, 먹을 것을 빼앗고자 형의 팔을 비튼다면 사람들이 공경이라고 말하지 않습니다. 담장을 넘어가 처자를 유혹하는 일에 대해서 세상에서는 부끄럽게 여기지요. 큰 것과 작은 것을 말미암는 바는 삼백 삼천의 구분이 있는 것이고, 손해와 이익이 보여주는 바는 인과적인 것과 변개적인 것의 의당함이 있습니다. 숙손(叔孫)[29]은 겨우 술지게미나 받았을 뿐이고, 제갈공명(諸葛孔明)은 전쟁 통에 차마 겨를 없었지만, 신은 그 맡은 바를 공경하여 위태로움에서 벗어날까 하옵니다."

---

25) 추관경 의를 말함. "羞惡之心 義之端也."(『맹자』, '公孫丑 · 上').

26) 곰의 발바닥. 맹자가 진미(珍味)의 표본으로 사용한 말. "魚我所欲也 熊掌亦我所欲也 二者不可得兼 舍魚而取熊掌者也,"(『맹자』, '告子 · 上').

27) 은나라 고죽군(孤竹君)의 아들로, 무왕의 혁명을 불의로 보고 수양산(首陽山)에서 굶어 죽은 인물.

28) 하관경 예를 말함. "辭讓之心 禮之端也."(『맹자』, '公孫丑 · 上').

29) 한 고조(高祖)를 도와 나라의 조의(朝儀) · 전례(典禮) 등 의례를 개정하였고, 만년에 태자태보가 되었던 인물.

시비공(是非公)이 절하고 일어나 자리로 돌아가서 말을 했다.

"일을 가려서 전일하려 한다면 행실이 필경 지극해질 것입니다. 이러한 일은 자기 한 몸에 근거되겠으나 나 한 사람에겐 한도가 있음이라, 수많은 선(善)에서 구하는 것이니 수많은 선이란 가이 없는 것입니다. 법칙과 규장(規章)은 미리 자기 자신한테 정하여 두고, 치밀한지 허술한지는 외부의 판단을 빌리면 어긋나지 않나이다. 그 일이 순차무사(順且無事)하다면 하후(夏后)[30]의 치수(治水)를 가히 법도로 할 것이요, 수고로웁되 얻지 못하다면 우직한 사내의 산 옮기기[31]를 감계(鑑戒)로 삼으면 될 것입니다. 조생(晁生)[32]은 다만 주머니 하나 얻었을 뿐이고, 육씨(陸氏)[33]는 부질없이 자신의 몸을 그르쳤지만, 신은 그 지켜야할 바를 삼가서 부디 허물없는 데에 이르겠나이다."

주재공(主宰公)이 다시금 그 요약된 말로써 천군께 말씀을 드렸다.

"생각해 보면 사(私)가 없어야 천리에 밝고 본래의 덕이 온전한 것이니, 그 요체는 차라리 자강불식(自彊不息)[34]할 따름입니다."

천군은 태중대부(太中大夫)[35]인 신공(信公)을 돌아보며 말하였다.

"나타내지 않고도 드러나며 움직이지 않고도 변화하여 오래도록 끝간데 없음은 이 바로 그대의 공이구료. 저 네 분과 합심으로 채 미치지 못한 부분을 살펴 다스리면서 이 한 사람을 섬기도록 하오."

---

30) 하나라 초대 군주인 우임금. 하우(夏禹). 순임금의 신하였을 때 치수(治水)의 공로를 세웠다.

31) 끈기있는 노력을 나타내는 말에 '우공이산(愚公移山)'의 표현이 있다.

32) 한 문제(文帝) · 효경제(孝景帝) 때의 정치가인 조착(晁錯). 처음에 태자를 시종할 때 주변에서 지혜주머니[智囊]로 불리었으나, 결국 정적(政敵)인 원앙(袁盎)에게 죽임을 당했다. 『사기』, '열전' <원앙조착(袁盎晁錯)> 참조.

33) 육지(陸贄)를 말하는 듯. 당 덕종(德宗) 때의 충정어린 신하로서, 주자(朱泚)의 반란 등 국난에 최선을 다하였으나, 나중은 참소로 인해 물리침을 당했다.

34) 스스로 줄곧 힘쓰며 쉬지 않음. 꾸준한 노력. "天行健 君子以自彊不息."(『역경(易經)』, '乾卦').

35) 진나라 때 처음 세운, 논의를 맡았던 벼슬 이름.

이에 모두는

"그리하겠나이다."

하였다.

그리고 얼마 지나지 않았는데, 일찍 천감(天監)[36] 연간에 양무제(梁武帝)[37]를 섬겼던 서방(西方)[38] 사람 자비옹(慈悲翁)이 다시금 자기 스승의 말을 가지고 적멸(寂滅)[39]의 도로써 하관(夏官)[40] 다스릴 일과 돈오(頓悟)[41]로써 동관(冬官)[42] 다스릴 일을 청하면서 추관(秋官)[43] 맡은 일을 그만두고자 하였다. 이에 천군이 기뻐하며 장차 측은공과 직임을 바꾸고자 하였다가 시비공이 극력 말한 덕분에 중단되었다.

그 뒤 천군은 점차 정무(政務)에 게을러졌다. 그러자 칠정(七正)[44]이 덕을 어지럽게 하였고 여러 관리들은 직책을 상실하였다.

때맞춰 가기(歌妓)를 바치는 자가 있어 사시씨(司視氏)[45]와 사청씨(司聽氏)[46]가 천군에게 아뢰었더니, 천군이 가서 보고는 여러 날 조정 일을 살피지 않자 성성옹은 말없이 떠나버렸다.

이 마당에 네 사람이 합쳐 소(疏)를 올리었다.

"아아, 우리의 천군이시여! 처음에 거소를 정하시고 치관(治官)을 바로

36) 중국 남북조시대 양무제 소연(蕭衍)의 연호. A.D. 502~519.
37) 남북조시대 양나라 개국의 임금. 제(齊)에 벼슬했다가 찬탈하여 스스로 나라를 세웠고 불교를 숭신하였더니, 대성(臺城)의 함락과 함께 굶어 죽었다.
38) 서방정토(西方淨土).
39) 무위적정(無爲寂靜)하여 영구히 번뇌의 경계를 벗어난 경지. 열반(涅槃).
40) 주(周) 시대에 육관(六官)의 하나로서, 군정(軍政)・병마(兵馬)를 맡았다. 우두머리는 대사마(大司馬).
41) 불교적 진리에 대한 순간적 깨달음.
42) 주 시대 육관의 하나로서, 토목(土木)・공작(工作) 등 일을 맡았다.
43) 주 시대 육관의 하나로서, 형벌에 관한 일을 맡았다.
44) 본래 일・월과 수・화・목・금・토를 가리키나, 여기서는 칠정(七情), 곧 희(喜)・노(怒)・애(哀)・구(懼)・애(愛)・오(惡)・욕(欲)의 일곱 감정을 뜻하는 듯.
45) 시각적 욕망[眼慾]의 활유법.
46) 청각적 욕망[耳慾]의 활유법.

잡으실새, 저희 네 사람은 덕을 봉승(奉承)치 않음이 없이 그 직분을 준봉(遵奉)하여 처리하였사오니, 이는 본디 스스로에게 있는 것이지 외부로부터 스며들어온 것이 아닙니다. 선(善)이 일의 첫머리를 채우면 불이 타는 듯 샘물이 흐르는 듯하지만, 그 바탕을 다하지 못할 것 같으면 몇 갑절식 헤아릴 길 없이 됩니다. 성(聖)과 광(狂)의 구분이 여기 있고 선과 악의 경계가 이에 말미암는 것이옵니다. 일찍이 논해졌던 바에,[47] 허령(虛靈)은 체(體)가 되고 지각(知覺)은 용(用)이 되나니, 천(天)이라 인(人)이라 하는 것이 애당초 두 갈래가 아닌 것입니다. 성명(性命)[48]에서 근원한 것은 미묘(微妙)하고, 형기(形氣)[49]에서 나오는 것은 위태한 바, 이 두 가지는 어지러이 마음 안에 섞여 있어 정성껏 식별하여 깊이 있게 다스리지 못하면 미묘함이 드러날 수 없나이다. 미묘한 것은 혹 무(無)에 이르기도 하나, 위태함이 안돈되지 못하면 그 위태한 것이 쉽사리 악에 흐르게 되는 것이옵니다. 지금 칠정씨[50]는 또다시 그 덕을 뒤엎고 직무를 등돌려 위계를 벗어났나이다. 감발하기도 전에 보전하여 지키는 이치를 잃게 되니, 적연(寂然)[51] 자체가 목석처럼 굳어져서 커다란 근본이 이에 서지 못하였나이다. 이미 감발하여는 살피어 막는 효험을 저버리게 되니, 감통(感通)[52]의 상태가 달리는 말처럼 급하여 항상(恒常)의 도는 행해지지 않게 되었나이다. 바라옵건대, 주군께서는 중화(中和)를 힘써 함양하시와 항시 축적을 더하

---

47) 여기의 논(論)이란 대개 주자가 지은 <중용장구서(中庸章句序)> 중의 다음 내용을 가리킨 것으로 보인다. "心之虛靈知覺 一而已矣 而以爲有人心道心之爲者 則以其或生於形氣之私 或原於性命之正 而所以爲知覺者不同 是心 或危殆而不安 或微妙而難見耳."

48) 인간 공동으로 품수(稟受) 받은 보편적 착한 본성. 도심(道心)의 바탕.

49) 각기 다르게 품수 받은 개인 단위의 형상과 기질. 인심(人心)의 바탕.

50) 칠정(七正). 앞의 주 44) 참조.

51) 寂然不動. 고요하여 외물에의 감응이 없는 역(易) 미발(未發)의 상태. "易无思也 无爲也 寂然不動 感而遂通天下之故."

52) 감이수통(感而遂通). 감응하여 외물과 통하는 역(易) 기발(旣發)의 상태.

소서. 마땅히 삼가고 삼가시어 그것을 못 보았노라 말씀치 마시고, 마땅히 저어하고 저어하시어 그것을 못 들었노라 말씀치 마소서. 희로애락이 일어나기 전에 존양(存養)함은 그 바탕을 온전히 하는 소이가 되고, 희로애락의 발단에서 성찰함은 그 기미를 살피는 소이가 됩니다. 그 바탕은 다만 이 경(敬)으로써 가히 온전할 수 있고, 그 기미는 다만 이 경으로써 가히 살필 수 있는 것, 아직 발하지 아니해도 경이요, 이미 발하여도 경입니다. 천리(天理)[53]는 경으로써 존재할 수 있는 것이며, 인욕(人慾)[54]은 경으로써 막을 수 있는 것입니다. 어디에 치우쳐 의지하는 바가 없으매 크나큰 근본이 수립될 바 있고, 어긋나 거스르는 바가 없으매 보편의 도가 행하여질 바 있는 것은, 마치 하늘을 마주하여 곱고 흉한 것을 속일 수 없는 것과 같고, 마치 저울을 지니고서 가볍고 무거운 것을 모르는 체 피할 수 없는 것과 같습니다. 그런즉 이(理)와 의(義)가 항상 갖추어져 있으면 모든 망녕된 것이 양보하여 따르며, 주는 말과 받는 말이 중용(中庸) 아닌 것이 없으매, 이러한 것이 학문의 지극한 공이요 성현의 능숙한 일이오니 주군께옵서는 마음에 간직하소서!"

천군이 이 소 읽기를 마치기도 전에 도적이 당도했다는 말이 들렸다. 이날 도적들은 인귀관(人鬼關)[55]에서부터 궐문을 짓쳐 들어왔다.

이 일이 있기에 앞서, 환백장군(懽伯將軍)[56]이 수성(愁城)[57]을 평정시킨 공로를 가지고 남몰래 바르지 않은 생각을 품고 있었다. 그러다가 이때에 이르러 진평(陳平)[58]의 계책을 이용, 밤에 여자들을 내보내어 적들의

---

53) 성명(性命)의 원(原)을 바탕으로 하는 지각 또는 이성. 도심(道心).

54) 형기(形氣)의 사(私)를 바탕으로 하는 감각 또는 감성. 인심(人心).

55) 넋. 사람이 죽은 뒤의 영혼을 형상화시킨 명칭.

56) '술'의 의인화 별명. '歡伯'으로도 쓴다. "酒爲歡伯 除憂來樂."(『역림(易林)』)

57) '근심'에 대한 형상화 표현. 범성대(范成大)의 시에 "想得秫田來歲好 瓦盆加釀灌愁城." 장양호(張養浩)의 시에도, "一退愁城萬里降."

58) 한 고조의 공신 가운데 한 사람으로, 개국 후에 여후(呂后)가 차례로 공신들을 경계하여 죽일 적에 일부러 술에 취하고 여자와 노는 일로 여후의 경계에서 벗어났다.

기세를 도와주었다.

애당초 신하들 가운데 출호(出好)[59]라 불리는 자가 있었는데, 역아(易牙)[60]의 재주를 배워 맛을 잘 분별하는 것으로 임금의 총애를 입었더니 이에 화문(禍門)을 열고 군사를 일으켜 나왔다.

안팎으로 적을 받게 되어 거의 해볼 길이 없어져버린 천군은 도주하고자 사람을 시켜 형기(形氣)의 배를 찾게 하였으나, 이미 배의 방향키가 없는지라 파도 속에서 들락날락하였다가 이에 정거(情車)[61]를 몰고 의마(意馬)[62]를 달려 성을 버리고 달아났다.

나중에 드디어는 겸사와 후한 폐백으로 성성옹을 부르니, 그 명을 듣고서 당도한 성성옹은 즉시 지수(志帥)[63]로 하여금 기졸(氣卒)[64]들을 거느리고 몽교관(夢覺關)[65]에 의지하여 막게 하였다.

성성옹이 천군에게 고하였다.

"지성이면 신을 감동시키나이다. 하물며 이 하찮은 도적들이겠습니까. 바라옵건대 주군께서는 덕을 다스림하소서!"

천군이 덕을 추스린 지 삼일 만에 도적들은 싸우지 않고 물러갔다. 성성옹은 드디어 천군을 받들고 돌아와, 그 가운데에 방의성(防意城)[66]을 쌓고 당우(堂宇)의 무너지고 기울어진 것을 모조리 새로 짓도록 하였다. 당요씨(唐堯氏)[67]의 옛 일을 가지런히 본받고자 하여 정원의 풀을 자르지 아니하고 대나무 창은 어디까지나 햇볕 쪽을 향하게 했다.

『사기』, '세가(世家)' <진승상(陳丞相)> 참조.

59) '뛰어난 맛'에 대한 의인화.

60) 제(齊) 환공(桓公)을 섬기던 환관으로, 음식의 요리를 맡았다.

61) 감정의 흔들림[情動]을 달리는 수레에 비유한 것이다.

62) 뜻의 흐트러짐[意馬]을 들판에 말이 달리는 데 비유한 것이다.

63) '의지'를 장수에 비유했다.

64) '기개'를 의지의 군졸에 비유했다.

65) '꿈의 깨어남'에 대한 사물적 형상화.

66) '흐트러진 마음의 방어'를 성(城)에 비유함.

67) 도당씨(陶唐氏) 요임금. 그 다음의 순임금과 더불어 태평성세의 표징임.

그 상량문(上樑文)을 여기에다 붙여 둔다.

공손히 엎드려 생각해 보니, 거룩도 하여라. 상제께옵서 내려다 보시고는 처음으로 집 한 채를 주시었네. 좀스런 도적들의 출입으로 3년도 가지 못하였네. 사악한 무리가 틈을 타서 번갈아 어지럽게 잠식하니, 객의 주제로 주인을 능멸하였네. 망녕된 무리들은 그 빈 곳을 타 서로 싸우니, 모두 천민 서얼로서 높은 근본 꾀하였네. 집은 오래 살던 터전에서 이미 텅 비어나고, 길 또한 스스로 그어놓은 자리가 없어졌네. 나무는 새겨보기도 전에 먼저 썩어버리고, 담장은 흙손질도 전에 무너지려 하였네. 물은 동편 서편으로 나뉘어지고, 고자(告子)[68]의 고리버들은 몽땅 망가졌네. 빗물은 7, 8월 사이에 몰리고, 서자(徐子)[69]의 봇도랑은 간신히 채워졌네. 언덕가의 꾀꼬리는 갈 길을 헤매이며, 기욱(淇燠)[70]의 푸른 대나무는 무성함을 잃었네. 나무는 어느새 움이 트지 않는 대신 매일 아침 도끼질이나 받고, 사물은 시작이 있다 손 하루 사이 춥고 더운 변화가 따랐네. 주옹(主翁)[71]의 밝은 보살핌에 따라 천군을 섬김으로 받들었네. 여기 욕망도적의 불공(不恭)함에 노하여 지수를 명해 다가가 쳤네. 포효하는 호랑이를 썩 나서 결박하듯 정녕 풍부(馮婦)[72]다운 힘을 증험해 보였고, 우뚝 버틴 산을 눌

---

68) 중국 전국시대의 사상가 고불해(告不害). 맹자의 성선(性善) 사상에 맞서 인간 본성에 본래 선·불선의 구별이 없음을 주장했다. 그는 성선에 대한 부정을 여울물의 동·서편 터놓음에다, 의(義)의 작위성을 고리버들로써 유기(柳器) 만드는 일에다 비유했다. 『맹자』, '고자(告子)·上' 참조.

69) 한꺼번에 내린 빗물은 근원이 깊지 못해 금새 말라버린다. 근본의 약함을 지적한 뜻. 서자(徐子)는 맹자와 물[水]에 관한 문답을 나눈 서벽(徐辟). 『맹자』, '이루(離婁)·下'에, "苟爲無本 七八月之間 雨集 溝澮皆盈 其涸也 可立而待也."

70) 기욱(淇燠)은 기수(淇水)의 물굽이. 혹은 기수와 욱수(燠水). 『시경』, '위풍(衛風)'에, "瞻彼淇燠 綠竹猗猗."

71) 주일옹(主一翁). 모두 성성옹(惺惺翁)의 다른 이름이다.

72) 범을 잘 때려잡았다고 하는 진나라의 장사. 『맹자(孟子)』 '진심(盡心)·下'에, "晉人有馮婦者 善搏虎."

러내리듯 거듭 촉정(蜀丁)[73]다운 힘을 효험해 보였네. 관문에는 사람과 귀신이 절로 가려지고, 지름길에는 바르지 않은 것과 올바른 것이 비로소 나뉘어졌네. 이에 주나라 대(臺)를 새로이 정비하듯 각별 노(魯)나라 관부(官府)의 옛 관행을 좇는 듯, 흙색깔은 붉은 빛을 선 자리는 햇볕 쪽을 향하였네. 그 경영하여 나감에 백성들의 자진 모여듦을 기다릴 일이 없었으니 그 규모는 참으로 천조(天造)에서 나왔다네. 문은 열려 있고 길거리는 반듯해서 서서 바라보든 거닐든 바르게 존재하였네. 물은 흐르고 산은 멈춰 있으니 한 번 동(動)하고 한 번 정(靜)하는 터전이었네. 길 가는 이는 반드시 지게문을 통해 나가고 방에 드는 이는 반드시 당(堂)으로부터 올라갔네. 비단옷 위에 홑옷을 덧입었나니 담담함과 간소함을 겉에 두르기 좋아함이네. 그림을 그리는데 흰빛을 나중 칠하였나니 외관과 내용이 걸맞음을 즐거워함이네. 점상(占象)은 허명(虛明)됨을 버렸나니 거북의 연(緣)으로 길흉을 엿보지 않았네. 행동은 의칙을 따랐나니 작은 개미둑 만한 일조차 잘 주선해 나갔네. 멧대추나무 · 가시나무 등 험한 나무 기르고 좋은 재목 포기하면 천한 정원사라 할 것이요, 먹줄 쓰는 법을 고쳐 서투른 장인을 따른다면 훌륭한 목공이라 할 수 없네. 장식 그릇으로 호련(瑚璉)[74]을 여기저기 늘어놓고, 나무로는 오동나무 · 가래나무를 사이사이 벌여놓음 같네. 비바람의 폐해를 없이하고 새의 쪼음과 쥐의 뚫음도 끊어 놓았네. 문 앞마당만 물 뿌리고 비로 쓸 뿐 아니니, 모든 사무에조차 정돈코자 하였네. 오관(五官)은 안에서 화합으로 돕고 백사(百司)는 바깥에서 일심으로 힘썼네. 바로 하여 우러르니 일월(日月)같은 군자의 덕을 걱정할 일이 없었으며, 정성으로 계승하니 천도(天道)의 곧은 빛과 다를 바 없었네. 태극(太極)의 앞에서 시작하며 태극의 뒤에 끝마침이 내게 다 갖추어져 있

73) 촉나라의 장정(壯丁) 또는 촉병(蜀兵)을 말함인 듯. 『삼국지(三國志)』, '촉지(蜀志)' <제갈량전(諸葛亮傳)>에, "蜀兵輕銳."

74) 은(殷) 시대 종묘에서 기장을 담던 제사 용기.

었네. 백세 이후를 말미암아 백세 이전을 견주어보면 내 무엇이 어긋나겠는가. 어젯밤 춘수(春水)가 일어 이 몸이 흐름 가운데의 커다란 배 안에 있었더니, 오늘 아침은 풍랑이 사라졌네. 옛날과 다름없는 청산을 바라보면서, 감히 일곱 가지 거룩한 소리[75]를 추키어 문득 육방(六方)[76]의 찬송을 펼치노라.

대들보 동쪽에 면(麵)을 돌리니,
반 이랑 방당(方塘)[77] 바라보매 고요하다.
오동나무와 어울리는 고운 달 눈길 보내다가
되미처 버드나무에 맑은 바람 전송한다.
대들보 서쪽에 면을 돌리니,
집 이름 신명(神明)을 누구라 오를까.
백 척 높이 궁궐 담을 지어나 보니
어찌타 천상의 나무가 어깨 아래 닿는가.
대들보 남쪽에 면을 돌리니,
인간이 천 · 지로 더불어 삼재(三才)가 되었네.
이제로는 내려보든 올려보든 부끄럴게 없으니
인 · 의에 적신 마음 즐거웁고 편안타.
대들보 북쪽에 면을 돌리니,
새가 나르듯 훨훨 날개를 치는 듯하다.
머무는 자리가 본시 사람의 기분을 바꾸니

---

75) 궁(宮) · 상(商) · 각(角) · 치(徵) · 우(羽) · 변궁(變宮) · 변치(變徵)의 칠성(七聲). 속칭으로는 상(上) · 척(尺) · 공(工) · 범(凡) · 육(六) · 사(四) · 을(乙). 『위서(魏書)』의 '악지(樂志)'에, "聲有七聲 調有七調."

76) 동 · 서 · 남 · 북 · 상 · 하의 여섯 방위.

77) 연못. 방지(方池). 『문선(文選)』의 유정(劉楨)이 쓴 <증서간(贈徐幹)>에, "細柳夾道生 方塘含清源."

거룩하다 모두 천군의 덕이라 하네.
대들보 위쪽에 면을 돌리니,
꿈직대던 사나운 도적 망동(妄動)이 없어졌다.
아아, 우리는 하늘의 명을 받들었으니
마른나무 꺾듯한 용이한 형세를 누구라 막을손가.
대들보 아래쪽에 면을 돌리니,
잡고 놓음 무상(無常)하며 들고 남도 건듯하네.
군자는 능히 경(敬)하는 마음을 아니
사념을 없애 오랜 존성(存誠)[78]으로 승화하는 것.

엎드려 바라옵기는, 상량한 후에 여기 머물고 여기 지내도록, 여기에 존재해서 여기에 보전토록, 덕에 배불러서 맛난 음식이 싫증나도록, 고귀한 사람들이 무늬비단을 더 바라지 않도록, 메기장 차기장은 가을을 만나 모두 영글되 곳간에 쌓아만 두지 않도록, 보리는 때를 만나 익되 텃밭에 그득 차도록 하여 주소서!

78) 성(誠)의 마음을 보존하여 지킴.

重修神明舍記

尹光啓

夫神明舍者 天君之所居之也 以其至妙不測 故謂之神 以其虛靈不昧 故謂之明 嘗有慾冠之難 天君出居于外 舍之無主者 久矣 其後克平冠亂 惺惺翁奉天君以歸 乃重修其荒廢不治者 仍命墨卿以記焉 初天君卽位 乃營一舍于丹田上方寸地 因自然之基 奏不日之功 乃命惺惺翁曰 咨汝翁來聽朕言 予小子受天明命 宅中圖治 惟彼客邪操戈 胥伐于厥室 予心之憂 若涉大川 不見津涯 爾尙弼予一人 罔至淪喪 翁拜手稽首颺言曰 嗚呼 天旣畀我有居 修之則吉 悖之則凶 嗚呼念哉 遂去當面之墻 剪塞蹊之茅 乃立禮門 禮門將將 乃開義路 義路有蕩 左顧而仁山高峙 右視而智水時出 井掘及泉 塘新半畝 牛羊之牧山者旣遠 鷄犬之在外者乃還 於是 百體從令 不言而喩樂 其有宮室臺池 相與歌曰 君在靈臺 魚躍于淵 想彼鳶矣 亦飛戾天 翼翼天君 厥德不回 厥德不回 君王烝哉 君嘗御廣居堂 洞開諸門曰 小有邪曲人皆見之 有牽牛而過堂下者 君惻然謂左右曰 昔齊宣王不忽一牛之死 不能擴充以及於民 所謂不能三年之喪 而緦小功之察也 汝念哉 欽予時命 乃分命四官 曰仁 咨汝善之長 惟惻隱是主 赤子入井 其往救之 曰義 汝主羞惡 其克充之 無穿窬心 曰禮 惟天理在人心爾 其節文之 以辭讓爲主 曰智 是非汝其主爾 無鑿其大之 曰咨汝四人 欽哉 無廢朕言 僉曰兪 疇敢不祗若君之休命 于時 四官分職 以聽于主宰 主宰云者惺惺翁也 君嘗置諸左右 以輔其德 春官卿掌愛之理 包四德統萬善 夏官卿掌宜之理 去適莫 分事理 秋官卿掌敬之理 守儀則 明品節 冬官卿掌別之理 執兩端 擇中庸 有一人 黃裳而立於中 乃謂四人曰 卿等不可一日無我 無我則不立矣 僉曰諾 一日 夜氣甚淸 天君於克復齋 當正路而坐 顧謂四人曰 吾欲云云 僉曰吁 惟君不能去己之慾 汲黯之譏 可免乎 天君默然 於是 惻隱公告于君曰 惟天地生物 吾得以爲理 君子不失於造次 學者每

謹於顚沛 五穀不如乎稊稗 圖其熟以全其美 一杯無如於薪火 則取其大 以期其勝 欲立欲達而必推於己 一好一惡而能審於人 則力矣而不足者無焉 思之而何遠者有哉 古之善是職者 惟顔淵 能不違三月 羞惡公進曰 態魚難兼 惡欲有甚 亞聖發舍生之訓 往哲貴特立之行 芻豢可悅於口 而得諸同然之 先呼蹴不受於身 而驗其固有之所 則枕肱爲樂 而富貴有似於浮雲 執鞭非羞 而取與不苟於一介 古之善是職者 惟伯夷能 不顧萬世 辭讓公起而言曰 體主乎嚴用貴乎和 奪食紾兄 人不謂恭也 踰墻摟妻 而世以爲恥也 小大之所由而有三百三千之分 損益之可知 而有相因相革之宜 叔孫僅傳其糟粕 孔明未遑於干戈 惟臣欽乃攸司 庶免其危 是非公拜而起復而言曰 擇焉欲精 行乎必至 據於一己 而一己有限也 求之衆善 而衆善無窮也 權度已定於在我 精粗不忽於求彼 順而無事 則夏后之行水可法 勞而不得 則愚公之移山可戒 晁生但得其囊 陸氏徒過其軀 惟臣愼厥所守 幸至無惡 主宰公復以要之說 進言曰 惟無私則天理明而本德全 其要猶不息而已矣 君顧謂太中大夫信公曰 不見而章不動而變 悠久無疆 時乃功 其與四人交 修不逮 以事予一人 僉曰兪 未幾 西方人慈悲翁嘗事梁武帝 于天監年中 復用其師之言 請以寂滅治夏官 頓悟領冬官 而欲去秋官之職 天官悅之 將以代惻隱公 賴是非公力辨而止 其後 天君漸怠於政 七正亂德 庶官失職 時適有以女樂進者 司視氏與司聽氏白 天君往觀之 累日不視朝 惺惺翁不告而去 四人乃合疏而上曰 嗚呼 惟我天君 肇奠有居 董正治官 予四人罔不承德 率修厥職 是固我有非外鑠 善充其端 則火燃泉達 不盡其才 則倍蓰無算 聖狂之分在此 善惡之幾由是 嘗論之 虛靈爲體 知覺爲用 曰天曰人 初無二岐 而原於性命者 微妙也 生於形氣者危殆也 二者擾擾 雜於方寸 苟不別識 而深治之 則微不能著 微者或幾於無 危不能安 危者易流於惡 今復七正氏顚覆厥德 畔官離次 未發而失保守之理 寂然者木石 而大本以之不立 旣發而遺檢防之功 感通者馳騖 而達道以之不行 願主君務養中和 常加提掇 當戒愼而戒愼 勿謂其不覩 當恐懼而恐懼 勿謂其不聞 存養於未然 所以全其體 省察於方萌 所以審其幾 是體也 惟此敬 可以全

之 是幾也 惟此敬 可以審之 未發亦敬 旣發亦敬 天理以敬而存焉 人慾以敬而遏焉 無所偏倚而大本有所立 無所乖戾而達道有所行 如鑑之當空 不可欺以姸媸 如衡之在手 不可逃以輕重 則理義常存 群妄退聽 酬酢萬變 無往而非中 此學問之極功 聖賢之能事 惟主君留意焉 天君覽疏 未竟 有言寇至 是日 賊自人鬼關 斬闕而入 先是懽將軍伯 以平愁城有功 陰蓄不軌之志 至是用陳平計 乃夜出女子 以助賊勢焉 初有臣名出好者 學易牙之術 以辨味見幸乃開禍門 興戎而出 內外受敵 殆不可爲 天君欲逃去 使人尋形氣船 已無舵出入於波濤裏 乃駕情車 馳意馬 棄城而走 後乃畀辭厚幣以招惺惺翁 翁聞命而至 卽令志帥領氣卒 據夢覺關以禦之 翁告于君曰 至誠感神 矧玆小寇 願主君修德焉 天君修德三日 賊不戰而退 翁乃奉天君以歸 築防意城于其中 堂宇之頹傾者 悉令新之 而欲並效唐堯氏故事 庭草不剪 竹牖向陽而已 其上樑文附于此

伏以皇矣 上帝監觀 肇畀一區之舍 蕞爾小寇出入 未致三年之征 群邪投隙而迭鑽紛 用客而凌主 衆妄乘虛而互鬪 咸以孽而圖宗 宅旣曠於久居 道又廢於自畫 不雕之木先朽 未鏝之墻欲頹 水決東西方 告生之杞柳盡殺 雨集七八月 徐子之溝澮纔盈 邱隅之黃鳥迷歸 淇澳之綠竹失茂 木旣無蘖 每朝之斧斤相尋 物或有萌 一日之寒曝有變 賴主翁之明保 奉天君以祗承 憤玆慾寇之不恭 命爾志帥而薄伐 虎哮闞而就縛 果試馮婦之功 山突兀而見摧 更效蜀丁之力 關門之人鬼自別 蹊逕之邪正始分 爰見周臺之新修 特仍魯府之舊貫 厥土惟赤 厥位面陽 經營何待於子來 規模實出乎天造 門開路直 或履或視之斯存水流山停 一動一靜之所在 行道者 出必由戶 入室者 升必自堂 錦衣尙絅焉喜淡簡之襲外 繪事後素也 樂文質之得中 體舍虛明 非假吉凶於龜契 動循儀則 允合折旋於蟻封 養樲棘而舍美材 旣曰 場師之賤 改繩墨而從拙匠 詎云工人之良 器玩則瑚璉雜陳 樹木則桐梓間列 無風雨之爲害 絶鳥鼠之攸穿 不惟洒掃乎門庭 將欲整頓乎事務 五官在內而叶輔 百司居外而同寅 改也仰之何傷君子之日月 誠而繼矣 有同天道之貞光 先太極而始 後太極而終 在我皆

備 由百世之下 等百世之上 孰余能違 昨夜春水生 自在中流之巨艦 今朝風浪滅 試看依舊之靑山 敢揚七偉之聲 輒陳六方之頌

抛樑東 半畝方塘一鑑空 已遣梧桐來好月 更將楊柳引淸風

抛樑西 舍曰神明孰可躋 試築宮墻高百尺 何如端木及肩低

抛樑南 人於天地並爲三 從今俯仰都無怍 泳義涵仁樂且湛

抛樑北 如鳥斯飛如跂翼 居養由來移氣體 大哉咸曰君之德

抛樑上 蠢玆狂賊無乃妄 嗟余奉命于皇天 勢似摧枯誰敢抗

抛樑下 操舍無常出入乍 君子知之克敬念 去邪存誠久而化

伏願上樑之後 爰居兮爰處 且有兮且完 飽德而可厭膏粱 良貴者不願文繡 黍稷得秋而皆熟 匪但蓄積乎囷倉 牟麥及時而有成 要以充實其田地.

김동인의 여성관

1.

전반적으로 볼 때 김동인(金東仁)의 문학에서 문제로 삼을 수 있는 적어도 세 가지 정도의 두드러진 특징이 발견된다.

그 첫째는 곧 내레이터(narrator)의 수법을 들 수 있다. 이것은 이른바 액자소설(額子小說)이라고 하는 방법이다. 일찍이 이재선(李在銑)은 서구적 명칭을 그대로 번역한 용어인 액자소설의 기본적인 해석과 더불어 우리 문학에의 조명과 시도를 처음 보인 바 있다.[1] 그는 여기서 김동인의 <배따라기>를 '현대 최초의 액자소설'로 인정하였으며, 따로 '김동인의 액자소설'이라는 별도의 항목을 두고 <광화사>, <광염소나타>, <목숨> 등을 함께 언급하였다.

그러나 더욱 유의해 보면, 동인의 액자소설이 이 정도로 한정되지 않았다. <발가락이 닮았다> · <딸의 업을 이으려> 등 대표작과, 그밖에 <죄와 벌> · <결혼식> · <거칠은 터> 등 일군의 작품이 모두 액자소설이란 계열에 참획하여 있다. 그리고 그 액자틀 안의 이야기[本話]를 유도(誘導) 전달하는 내레이터, 즉 화자는 주로 일인칭의 '나'이고, 그 '나'는 다름 아닌 김

---

1) 이재선, 『한국단편소설연구』, 일조각, 1981, pp.95~151.

동인 자신으로 되는 경우가 많다.

생각건대, 동인이 이다지 내레이터 기법을 자주 이끌어다 쓴 데는 나름대로의 어떤 이점을 노리고 한 면이 있을 것이다. 그러면 원래 서구에서 이러한 방법이 어느 정도 효용을 거두었으며, 동인의 경우에 어느 만큼 효과를 보았는지 살펴보는 것도 연구의 가치가 있다고 본다. 왜냐하면 소설문학에 있어서의 내레이터 기법의 수용 여부가 효율적인 방법론인지에 대한 연구 측면에서 긴요한 작업이 될 수 있기 때문이다.

한편 동인이 굳이 액자형을 운운하지는 않았지만, 그렇게 자주 구사할 수 있던 동기를 당대의 작가들이 접할 수 있었던 서구의 몇 가지 액자소설 내지는 우리의 전통적 요소에서 영향 관계를 찾는 가설이 있다. 또한 그가 초년(19세 때)에 크게 관심을 갖고 배운 바 있던 그림과 미학에 관한 어떠한 이론[2]—예컨대 단순미와 구성미, 또는 원근화법 등—이 그 직후에 시작되는 문학의 창작과 전혀 무관한 것인지 그 역시 궁금한 사안이 아닐 수 없다.

동인 작품의 두드러진 특징 가운데 다른 하나는 그가 '예수교'라고 표현하는 기독교에 대한 관점이다. 그것은 각별히 <명문(明文)> · <신앙으로>와 같은 단편 안에서 선명하게 관찰된다.

김동인은 기독교적인 문제를 작품의 소재에다 심심찮게 끌어들이면서

---

2) 그의 자서전적 중편으로 알려진 <여인> 가운데서 저간의 사정을 밝게 알 수 있다. "열 아홉살—소년기에서 겨우 청년기에 들어선 이 숫젊은이는 마음 속에 예술에 대한 동경과 문학욕을 채워가지고 … 입학원서를 가와바타화학교(川幡畵學校)에 들이뜨렸다. 그러나 학교에는 가는 일이 쉽지 않았다. 그리고, 그 대신으로 F화백에게 미학에 대한 강술을 들으러 다녔다. 일본 양화단(洋畵壇)의 중진(重鎭)인 F화백은, 후진을 인도키 위하여 몇 사람의 문제(門弟)를 두고 자기의 가지고 있는 온갖 지식을 그 문제들에게 물려주려 하였다. 나도 그 제자의 한 사람이 되었다.
그러나 나의 목적한 바는 결코 그림을 배우고자 함이 아니었다. 미학에 대한 기초지식과, 그림에 대한 개념을 얻는 것, 이것이 나의 목적이었다. 그런지라 이 갸륵한 문제는 석고상 한 번을 모사하여 본 적이 없었다." 그 뒤에도 동인은 미술전람회에 자주 다니었다. 또 <광화사> 같은 것은 그림에 대한 관심의 한 발현이기도 했다.

도 이 종교에 대한 자신의 견해를 직접 표명하는 일이 없었다. 3인칭 소설 안에서조차도 자기 의중을 느닷없이 돌출하기 곧잘하는 동인으로서는 무척 보기 드문 현상이다. 그는 기독 교리 자체에 대한 긍정 또는 부정과 같은 결정적인 선택만은 사양하고 있다. 대신, 그가 주인공으로 택한 기독교도에 관하여는 일정한 아이러니의 형태 안에 내밀한 풍자를 나타내고 있음을 엿볼 수 있다.

> 전주사(田主事)는 대단한 예수교인이었습니다. 양반이요, 부자요, 완고한 자기 아버지의 집안에서, 열 일여덟까지 공자와 맹자의 도를 배우다가, 우연히 어느날 예배당이라는 데 가서 강도(講道)하는 것을 듣고, 문득 아직껏 자기네의 삶의 이상이라는 것을 모르고, 장래라는 것을 무시한 데 놀라, 그 날부터 대단한 예수교인이 되었습니다.

작품 <명문>의 첫머리이다. 이 작품의 전체 흐름과 결말이 더욱 그러한 확신을 불러일으키는 바이지만, "이 글은 전 주사란 사람이 기독교인이 된 것을 찬양하려고 쓴 것이 아님을 간파할 수 있다. 그러나 직접적으로 욕하든가 조소하는 말은 전혀 쓰지 않았다. 자기 기만적 위선에 대한 작가의 태도를 아이러니로써 표현[3]한 것이다. 그러나 정작 김동인이 조소하려던 대상은 비단 전 주사의 한 개인이 아닐 듯싶다. 그보다는 그(전 주사)를 그토록 참람한 인간으로 변조시킨, 이를테면 '자기네의 삶의 이상'이란 말로 표현되는 예수교 및 예수교도 자체에 두고 있다고 보는 것이 타당성 있는 것 같다. 바꿔 말하면, 전 주사라고 하는 우인(愚人)을 조종한 사유적(思惟的) 배후의 당사자는 기독교(도)라는 뜻이 된다.

그 밖에 동인의 작품에서 기독교는 자주 이같은 위선자, 혹은 우인들이

---

3) 이상섭, 『문학의 이해』, 서문문고 45, 1978, p.71.

작출해 내는 소극(笑劇)의 단골 소재로 취용되고 있다. 또는 동인 특유의 신성 모독이 그다운 특징의 하나를 이루는 육욕주의(肉慾主義)—좋게 말해서 관능의 추구—와 깊이 결부되어 나타난 경우도 볼 수 있다. 예를 들어 <신앙으로>에서 여주인공 은희에 관련한 묘사 부분은 그 적나라함에 놀라울 정도이다. 찬양대에 나서서 찬송을 할 때에조차 남자 쪽을 한번도 곁눈질을 해보지 않았던 처녀인 그녀가 가장 좋아하고 가장 존귀하게 간직하는 예수의 화상(畵像)을 마주하고 들여다보는 다음과 같은 대목을 보자.

> 한참을 정신없이 바라볼 동안, 그림의 예수의 눈이 조금 벌려졌다. 그리고 그 조금 벌려진 틈으로 동자를 천천히 구을려서 은희를 바라보았다. 은희는 몸을 떨었다. 그의 눈은 미칠듯이 광채가 났다. 얼굴에는 차차 피가 떠오르기 시작하였다. 숨소리조차 차차 높아갔다. "예수시여-" 은희가 펄떡 정신을 차린 때는, 그는 어느덧 그 존영을 끌어다가 뺨에 대고, 정신 없이 그 존영에다가 자기의 '처녀의 부드러운 뺨'을 비비고 있던 것이었었다.

그러나 이제, 동인의 구성상의 내레이터 수법과 소재 및 주제로서의 기독 종교관에 못지않게 그의 소설 작품 전반을 통해서 결코 간과하지 못할 일대 특징이 또 한 가지 발견된다. 그것은 다름이 아니라 동인의 작중에서 구현되어지는 여성 주인공들의 특이한 형상이다. 동인이 구사하는—동인의 특유한 작법을 일컫는 칭호 가운데 이른바 '인형조종설(人形操縱說)'[4]에 따른—여성들의 모습이 결코 평범하거나 예사롭지 아니하고 한결같이 애욕 및 성(性)의 문제와 깊이 결부하여 나타난다는 사실이다. 다시 말해, 여성은 거의 강렬한 에로티시즘의 발상 안에서 활동하고 바로 그러한 발

4) 김윤식, 『문학사와 비평』, 일지사, 1975, p.156.

상의 토대 위에서 움직였으니, 여기서 유리되어 존재하는 일은 극히 드물었던 것이다.

2.

한 걸음 더 나아가서, 바로 그 성적 모티브에 결부되어 있는 여성은 두 가지의 극단적인 유형을 취하고 있다. 성애(性愛)의 수동적 희생자[객체]로서의 모습이 그 하나이고, 성애의 능동적 주도자[주체]로서의 형상이 다른 하나이다.

후자에 해당하는 인물로 <김연실전(金姸實傳)>의 여주인공 연실과, <사진과 편지>의 여주인공 혜경, <결혼식>의 여주인공 송선비 등을 들 수 있다. 이들은 모두 자유와 분방이 지나쳐 방탕에 이르는 성 개방의 극성파들이다. 또 <발가락이 닮았다>에서 M의 아내라든가 <배회(徘徊)>에 나오는 도순 등도 애인 또는 남편 한 사람에 구애를 받지 않는 초윤리적 성 개념의 소유자들이다. 그들은 그 어떤 타인의 힘이거나 불가항력에 의하여 움직여진 것이 아니라, 한결같이 자발적이고 능동적인 의사에 따라 움직였다는 데 핵심이 있다. 특히 동인 소설에서 혜경과 송선비, M의 아내는 남성이 도리어 농락과 피해를 당하게 되는 상황 안에 들어있는 이색적 유형의 여인 당사자들이다. 그리고 이러한 양상은 필경 한 종류의 유형으로서 성립이 가능하다.

이와 함께, 동인의 단편을 전체 단위 안에서 조감하여 보았을 때, 드러나는 여성적 초상의 대부분은 역시 전자, 곧 남성의 희생물로서의 범주를 벗어나지 못한다. 여기에서 또 하나의 중요한 유형이 성립 가능한 것이니, 약간의 예만 살펴보더라도 알 수 있다. <배따라기>의 여인은 남편의 의처증 때문에, <마음이 여튼자여>의 K의 아내는 K의 방탕한 외도 때문에,

<감자>의 복녀는 남자들의 육욕과 돈 때문에, <광화사(狂畵師)>의 눈먼 소녀는 예술이란 것 때문에, <딸의 업을 이으려>의 최화순은 방탕한 남편의 횡포와 모함 때문에, 심지어 <거치른 터>의 영애는 죽은 남편에 대한 양심의 가책이 실마리가 되어 각각 죽음으로 치닫는 희생을 당한다. 또한 희생의 단위가 꼭 죽음 자체는 아니라 할지라도, 여자 편에서 육체적 또는 정신적으로 능욕을 당하고 종국엔 죽음 이상의 크나큰 고통을 겪는 대표격으로 '강엘리자베드'를 내세운 동인의 처녀작 <약한 자의 슬픔>이 있다. 이상에 열거한 여인들이 희생당한 표면적인 이유는 그렇게 각양각색 다른 듯 하면서도 그 맨 밑바닥에 깔린 가장 궁극적인 공유점은 남녀간 성적 에너지인 이른바 리비도에 근원이 있음을 부인할 수 없다. 한편, 여성이 성 추동(趨動)의 주도가 되고 있는 <김연실전>의 연실조차 선각의식이라는 미명 아래 솔선해서 여러 남성과 관계를 가진다. 하지만 그런 식의 편력 행위는 남자들에게 일시적 향락의 기회를 고루 제공한데 불과할 뿐, 남성의 입장에서 피해로 남은 것이란 하등에 없었다. 오히려 결과적으로 빈껍데기의 외롭고 공허한 몸짓으로 남아있는 그 여자 김연실이야말로 바로 시대의 산 희생자인 바 된다. 그런데, 참 공교롭게도 동인 자신이 직접 김연실에 대하여 '희생'이라는 표현을 씀으로 해서 어렵지않게 확증을 얻을 수 있다.

> 선구자의 밟은 길은 그릇된 것이며, … 김연실이의 희생은 결코 무의미한 것이 아니다. 한 개 민족의 발전에 있어서 반드시 거쳐야 할 과도기적 현상이며5) …

암만 똑똑한 여자라고 해도 결과는 마찬가지, 여성의 정신적 기능에 대해서는 끝내 수용을 거부한다. 대신, 어느 결에 윤락화 해버리고 그것을

5) 김동인, 「김연실전에 대하여」, 『김동인전집』 권2, 홍자출판사, 1967, p.325.

고소(苦笑)의 눈길로써 바라다보는 김동인 특유의 가학성[6]이 교묘한 아이러니 속에 감춰진 문장으로 의미있어 보인다.

이상의 두 가지 양상을 통하여 동인 문학에 등장하는 여성들의 대부분이 남성에 대한 가해 혹은 피해(혹은 피학)의 상관관계에 놓여 있어, 이에 정상적이고 평범한 여주인공은 실제로 찾아보기 힘들다는 점이 거듭 확인된다. 돌이켜 보면 거의 대부분 작가의 작품 속에서는 지극히 정상적이고 평범한 여자와, 그렇지 못하고 어쩌다가 비정상적 특이한 면모를 나타내는 여성도 등장하는 법이겠지만, 따로 어떤 일관된 유형과 전형을 띠고 나타나는 일은 드물다. 그러한 반면에는, 특정한 작가에 부딪쳐서는 그들의 선험(先驗) 내지는 후천적 체험의 탓으로 인하여 어느 대상에 대한 심상의 고착화 형상마저 야기되는 예도 없지는 않을 것이다. 그 대상이란 것을 '여성'의 면으로 한정시켜놓고 보았을 때 동인이 바로 그러한 작가의 예에 해당하리라 여겨진다.

그러나 한편으로 생각하면 이러한 일례가 춘원(春園)이나 빙허(憑虛)·도향(稻香) 등에게서조차 보이지 않는 바는 아니다. 이광수의 작품 가운데 여성은 언제든 남주인공과 반분간(半分間)의 대등한 위치를 유지하고 있다. 어느 한 쪽의 우세도 다른 한 쪽의 열세도 없는 일종의 동반(Partnership) 관계 위에 놓여 있는 것이다. 예컨대 그의 소설에서 여주인공은 어디까지나 냉정한 이지의 소유자로서 남성 파트너의 의식이나 이상에 뒤지지 않는 인격체로 부각되어 있다. 춘원 문학의 주제 중의 하나로 꼽히는 자유연애라는 것도 이같은 전제의 바탕 위에서 이야기가 전개된다. 다시 말해 남녀 애정의 문제는 춘원 소설이 그 주제의 여하를 막론하고 빈틈

6) 진작에 김윤식도 이 작품은 동인 특유한 가학의 한 형태로 보고 있다. "이들 여류는 … 자유연애 사상에 처형된 아픈 교훈이며, 그 아픔을 남성들이 희화화시킨 것의 대표적인 예가 김동인의 <김연실전>이다. 그것은 김동인 류의 새디즘으로 규정될 수도 있다."(『문학사와 비평』, 1975, p.155)

없이 파고들어 가 있는 것[7]이고, 그 근원적 동기를 그의 고아의식에 따른 애정결핍에서 찾는 견해[8]도 있지만, 어느 경우든 이들 남녀에게서 우열의 논리에 입각한 수직적인 관계가 아닌 수평적인 관계의 수립이 마련되고 있다. 그것은 <유정>, <무정>, <흙>, <사랑>, <개척자> 등 춘원의 대표작을 통해서 두루 보여지는 바다.

이에 비해 현진건의 여성은 대표작 <운수좋은 날>, <빈처>, <술 권하는 사회> 등에서 명백히 볼 수 있는 것처럼, 대체로 남성 우위의 봉건적 개념 하에서 여자에게 거는 순종적 미덕의 상에 대한 기대를 저버리기 어렵다. 그의 작품의 상당수가 남성 중심의 가족주의에서 소재를 취하였다는 것도 그러한 사실과 무관하지만은 않은 것이다.

그런가 하면, 나도향의 전성기 문학에 비치는 여성상은 또 다른 특이한 국면을 보여준다. 곧 배신 및 사건 야기의 주체는 여성이고, 이 여성으로 인하여 당하는 피해와 부담을 남주인공이 지고 있다. 이러한 것은 <뽕>, <물레방아>, <벙어리 삼룡이> 등의 작품에서 공통한 양상으로 나타난다. 실제로 그들 김삼보, 방원, 삼룡의 행위를 유도하고 고무시켰던 장본인은 누구였던가? 다름 아니라, 이 사내들이 꾸준히 관심하였던 안협집, 방원처, 새색시 등의 여자였다. 결국 남자들의 모든 행동은 그녀들을 구심점으로 하여 향방이 정해지고 있고, 상대적으로 남자들 앞에 지배적인 영향력을 쥐고 있는 그 주체는 여자 쪽이었다는 사실에 착안이 된다.

이렇게 어떤 작가들에게 있어 자기 나름의 고정된 관념에 의하여 편중된 남녀 군상을 그려내고 있는 경우가 그들의 어떤 작품들을 통해 넘겨다 볼 수는 있지만, 그것이 어느만큼 전 작품에 일관해서 형상화되고 있는지 쉽게 단정짓기 곤란한 점이 있다. 다시 말해서 특별히 남녀관을 따로 의식하게 하지 않고 실로 평범하게 보아넘길 만한 인물들도 얼마든지 많다는

---

7) "이광수", 『한국문학대사전』, 광조출판사, 1980.
8) 이선영, 『상황의 문학』(민음사, 1976, pp.26~29) 참조.

것이다.

그러나 여기 비하여 동인의 손에서 움직이는 남녀는 그 이상적 변태(Abnormality)의 면에서, 그 편벽과 편중의 정도가 훨씬 심각하였다. 그럴 뿐만 아니라, 이러한 양상은 그가 스스로 고백하였던 바 "연령의 변화, 환경의 변화, 성격의 변화, 여기서 생겨나는 사상의 변화—이 때문에 여인에 대한 태도며 관점도 점점 변하였다"[9]던 그의 말을 존중하는 가운데, 그 다른 어떠한 변화에도 불구하고 이 작가의 전체 작품을 망라하여 언제든 가장 철저하게 준수되는 사실로 드러난다. 마침내 변하지 않은 하나의 고정적이며 고착적인 원리처럼 남아있게 된 것이다. 여기서 동인의 여성관이라는 명제가 확고하게 성립될만한 소지가 마련된다.

3.

소설의 작가는 자신의 작품 속에서 인물과 사건을 새롭게 창조하는 사람이지만 그 작품의 서술 과정에서 제3자로서의 냉정한 객관적 거리를 유지하지 않을 수 없는 입장에 놓이게 된다.[10] 자신의 모습을 나타내지 아니하고 소설에서 벌어지고 있는 상황과는 전혀 동떨어진 거리에서 숨어있게 마련인 것이다.

그러나 이러한 기본적인 원칙에도 불구하고, 작자 자신의 주관적 견해 및 판정이 개입하는 현저한 경우가 역시 동인에게서 쉽사리 눈에 띈다. 자신을 잘 억제하거나 숨기지 못하는 그의 기질, 혹은 그 특유한 속작(速作)의 습성에 연유하였는지는 모르나, 그의 소설가로서 신중치 못한 점 가운

9) 김동인, 「<여인> 후기」, 『김동인전집』 권2, 홍자출판사, 1967, p.12.

10) 김상태, 「동인의 단편소설고」(『국어국문학』 46호, 1969, p.35) 참조. 여기서 프로벨과 라복크의 이같은 소설론을 인용하고 있다.

데 하나가 바로 작품 진행의 중도에 심심찮게 나타나는 동인 자신의 육성과 입김이다. 이를테면, <배따라기> 첫머리 대동강 언저리의 봄 정경을 묘사하는 과정에서 느닷없이 나오는 진시황 예찬이라든가, 아래 <광화사>의 허구화 준비과정에서 여지없이 드러나는 지나친 자기 노출 등이 좋은 본보기라 할 수 있다.

> 저 샘물을 두고 … 한 개 재미있는 이야기가 여의 머리에 생겨나지 않을까. 여는 … 한 개 이야기를 꾸미어 보았다. 한 화공이 있다.—화공의 이름은? 지어내기가 귀찮으니 신라 때의 화성(畵聖)의 이름을 차용하여 솔거라 하여 두자.—시대는? 시대는 이 안하에 보이는 도시가 가장 활기있고 아름답던 시절인 세종 성주의 대 쯤으로 하여 둘까?

그리고 의식적이든 무의식적이든 간에 이러한 식의 자기 노정은 우연찮게 동인의 여성관을 고찰하는데 적지 않은 이바지를 하고 있다.

상고해 보면, 대체로 작자의 저의를 규명하는 네 가지의 방법을 생각할 수 있겠다.

첫째는 '의식적 탈락'으로, 작자의 본래 의도하는 바와 어긋나 불리하다고 판명하는 경우 이루어진다. 다시 말하면 고의적 탈락인 것이다.[11)]

둘째는 '무의식적 탈락'으로, 작자가 너무 지나치게 한 방면의 가치나 문제 해결을 위해 집중해 있을 때 다른 방면에 야기되기 쉬운 현상이다.

---

11) 이러한 것은 역사나 인물의 전기를 기술하는 과정에서 많이 찾아볼 수 있을 것이다. 예컨대, 신라사관에 충실한 김부식의 『삼국사기』와 일연의 『삼국유사』에서 신라의 영웅 김유신과 관련한 비현실적인 모든 기사까지를 총망라하는 반면, 오히려 그 이야기의 지명도에서 결코 떨어지지 않는 기녀 천관과의 로맨스 일화 부분만을 존재가 없는양 제외시켜 버리었던 이유같은 것이다. 이 문제에 대해 김창룡, 「천군설화의 소설적 변모」(『한국옛문학론』, 새문사, 2002, pp.284~286)라는 글에서 근거를 추론하였다.

셋째는 '무의식적 노정'으로, 작자가 다른 무엇을 냉정하게 객관적으로 기술하는 과정에서 수호(守護) 했더라면 좋을 자기 속의 진실이나 비밀을 자신도 모르게 문득 내보이는 경우이다.

넷째는 '의식적 노정'으로 이것은 성의 있고 이성적인 작가의 진실을 통해 그대로 받아들이면 충실한 것이지만, 어떤 편견이거나, 특이한 목적 하에서는 의곡(義曲)되기 쉬우므로 다 믿기 불충분한 때도 많다.

그러면 <배따라기>에서는 어떠한 양상의 간과가 일어났던가.

주인공인 형은 자기 아내와의 관계를 의심하여 오해했던 아우에게는 자신이 저지른 행동에 대한 끝없는 뉘우침에 빠진다. 그리고 집을 나가버린 아우에의 그리움을 느끼며 배따라기 가락 속에 바람부는 대로 떠다닌다. 자기의 아내와 아우 두 사람이 함께 연루된 일이련만 그 회한과 속죄의 념(念)은 끝내 아우에게로만 향해져 있다.

그 반면에, 오히려 자기 때문에 죽기까지 한-그녀가 살아있을 적에는 지나칠 만큼의 집착을 나타냈던-아내에 대해서는 아무런 애착의 정념도, 하다못해 일시적 뉘우침조차 전혀 보이지 않는다. 한 때 지녀온 물건이 없어진대도 미련은 남는 법이다. 하지만 그는 아무런 미련 따위 나타내지 않는다. 시체를 부여잡고 애통해 하지도 않았으며, 아내에 대한 죄의 용서를 빌며 삼가 잠시나마 가슴 속에 간직하는 일도 하지 않았다. 대신 그녀가 자살한 직후의 일이란 다만,

> 그는 아내를 업고 집으로 돌아오기까지 정신이 없었다. 이튿날 간단하게 장사를 하였다.

이 두 줄로 간단무쌍하게 처리된다. 이로써 그 아내의 초상은 이 작품 내에서 아주 사라져버리고 만다. 죽었다면 더 할 말이 없겠으나, 이러한 무참한 소멸로 말미암아 그녀의 초반에 강렬하였던 이미지는 후반에 그 영

상과 여운이 깨끗이 무시되고 망각당해 버린 것이다.

그 아우의 경우도 그럴 것이다. 언뜻 보면 오해가 빚은 그 엄청난 사건 이후 아우의 정처없는 행로야말로 어쩌면 가장 몽롱한 낭만과 신비로운 느낌을 불러일으키는 듯싶다. 그러나 이는 신비주의의 소치일망정 현실 존중의 태도와 거리가 멀었다. 보다 현실의 차원에 안목을 두고 아우가 떠나간 뒷전을 수습하여 보자. 아우의 신세는 혈혈단신 미혼의 총각이 아니요, 그에게는 이미 아내가 딸려 있었다. 그럼에도 불구하고 그는 자기 아내가 앞으로 살아갈 길에 관하여는 개의치 아니하고 미련 따위 없이 뒤두고 떠나가버린 것이다. 그 결과,

> 혼자 남은 아우의 아내는 매일 한숨으로 세월을 보내게 되었다.

이렇게 하고는 그녀 또한 이 작품에서 철회되어 버린다. 아우의 여자, 그녀는 하루아침에 난데없는 생과부의 신세가 되어 무색한 존재로 떨어지고만 것이다. 아우에게 기대어 있다가, 비켰을 때 쓰러지고만 표정없는 한낱 인형에 지나지 않았다. 형이 자기 아내의 죽음에 미련 따위를 품을 수 없었던 것이나, 아우가 책임없이 제 아내를 떠나가 버릴 수 있었던 것, 이 둘 사이에는 무언가 일치의 기류가 감지된다. 여성을 하나의 참다운 인격체로서가 아닌, 모름지기 한 사내의 부수적인 소유물 쯤으로 알았던 잠재적 의식의 탓으로 돌려진다는 의미이다.

이제 '무의식적 노정'의 부면(部面)은 어떠한 것인가를 살펴보자. 동인에게는 우선 그 내부에 자리잡고 있는 고집스런 편견에 묶인 언어들이 있었다. 예컨대 <배따라기>에 밑도끝도 없는 진시황 예찬은 가장 좋은 실례가 된다.

> 유토피아를 생각할 때는 언제든, 그 '위대한 인격의 소유자'이며 '사람

> 의 위대함을 끝까지 즐긴' 진나라 시황(秦始皇)을 생각지 않을 수 없다. 우리가 어찌하면 죽지를 아니할까 하여, 동남동녀 삼백을 배를 태워 불사약을 얻으러 떠나보내며, 예술의 사치를 다하여 아방궁을 지으며, 매일 신하 몇 천 명과 잔치로써 즐기며, 이리하여 여기 한 '유토피아'를 세우려던 시황은, 몇 만의 역사가가 어떻다고 욕을 하든, 그는 참말로 참삶의 향락자며 역사 이후의 제일 큰 위인이라고 할 수가 있다. 그만한 순전한 용기 있는 사람이 있고야, 우리 인류의 역사는 끝이 날지라도 한 '사람'을 가졌었다고 할 수 있다.

이것은 <배따라기> 작품 속 내레이터 주인공의 상념이다. 그러면서 동시에 작자 김동인의 주관적 상념이기도 한 것이다. 이같은 내용은 작품 서두의 배경 묘사에 직접 이바지하는 바가 없다. 그럴 뿐 아니라 전체의 구성과 줄거리와는 전혀 무관한, 엉뚱하고 돌발적인 사족이 아닐 수 없다. 이 부분은 차라리 작자 개인의 독백이거나 주관적 견해를 피력한 수상(隨想) 쪽에 가깝다고 하겠다. 결과적으로 소설 자체를 위하여서는 단점이라 볼 수 있겠으나, 오히려 이렇게 무심히 토로하는 자기 노출적인 고백을 통해서 작자가 갖고 있는 의식 소재의 진실에 파고들 수 있고 그 진면목에 보다 접근해 볼 수 있는 이점(利點) 또한 적지 않은 것이다. 이를테면 <배회>라는 작품 가운데서,

> 만세! A 만세! 씨르럭 푸르럭 톨스토이식의 헛소리나 하는 자넨 줄 알았더니 이런 지혜도 있었나? ……

뜻밖에도 동인의 톨스토이에 대한 관념이 긍정적이지 못한 사실을 추려낼 수 있는 것이다. 또, <광염 소나타>에서 내레이터 역할을 하는 예술가 K 씨가 미치광이 패륜적 음악가 백성수를 두둔하는 언사[12)]와, <광화사>의

내레이터(나)가 살인자인 화공 솔거를 동정하는 그 언어들[13] 모두 동인의 육성 아닌 것이 없었다.

동인의 여러 단편 중에서도 그의 이른바 '순객관적 묘사'가 뛰어난 대표작 <감자>에서조차 그러한 자기사설적 습성을 완전히 누르지 못하고 있다. 이 작품이 다루어질 때 곧잘 인용되는 아래의 구절은 다름아닌 복녀의 도덕관 내지 인생관의 변화를 묘사한 대목이다.

> 그는 아직껏 딴 사내와 관계를 한다는 것을 생각하여 본 일도 없었다. 그것은 사람의 일이 아니요 짐승의 하는 짓으로만 알고 있었다. 혹은, 그런 일을 하면 탁 죽어지는지도 모를 일로 알았다. 그러나, 이런 이상한 일이 어디 다시 있을까? 사람인 자기도 그런 일을 한 것을 보면 그것은 결코 사람으로 못할 일이 아니었었다. 게다가, 일 안하고도 돈 더 받고, 긴장된 유쾌가 있고, 빌어먹는 것보다 점잖고, … 일본말로 하자면 3박자 같은 좋은 일은 이것 뿐이었다. 이것이야말로 삶의 비결이 아닐까. 뿐만 아니라, 이 일이 있은 뒤부터, 그는 처음으로 한 개 사람이 된 것 같은 자신까지 얻었다.

소설 속의 3인칭의 대상인 복녀의 관념을 묘사한 것 치고는 어딘가 모르게 작가 주관의 흥이 가미된 듯한 인상이 짙은 문장이다. "작자의 주관이 쉽사리 나타나 있는 것을 보는 것"[14]에 큰 센스를 요하지 않는다. 그 주관이라는 것도 복녀의 이러한 전환을 불행지사로 여기거나 개탄하기보다는 '오히려 불의에 대한 복녀의 미감(美感)까지도 나타나 있다.'[15]고 은

12) "그의 예술은 그 하나하나가 모두 우리의 문화를 영구히 빛낼 보물입니다. 우리의 문화의 기념탑입니다. 천년에 한 번, 만년에 한 번 날지 못 날지 모르는 큰 천재를, 몇 개의 변변치 않은 범죄를 구실로 이 세상에서 없이하여 버린다 하는 것은 더 큰 죄악이 아닐까요."

13) "늙은 화공이여. 그대의 쓸쓸한 일생을 여는 조상하노라."

14) 김상태, 위에 든 논문, p.35.

근 강조하고 시사해 보이려는 그늘이 있다. 하기야 동인이 문학에다 따스한 휴머니티 같은 것을 염두에 두거나 아주 최소한도 인간적 도의성을 의식하고 작품을 쓴 작가는 아니라는 점과, 특히 <감자>를 쓴 1925년 무렵이야말로 그가 엽색(獵色), 엽기(獵奇)를 비롯한 심한 20대 방탕의 중간 휴지기에 빠지기도 했던 작가[16]라는 사실을 상기할 때 더욱 그러한 확증을 갖게 한다.

그리고 복녀 역시 이 단계의 이후는 더 이상 자신의 불륜적 행위에 대해 정신적 갈등을 느끼지 않는다. 타의에 따른 부득이한 행위로 받아들이지 아니하고 스스로가 기꺼웁고 득의만만한 자발적인 자세로 변모하고 있다. 그래서 복녀의 이같은 자의성을 들어 <감자>는 인간이 그 앞에 주어진 참혹한 운명 앞에 고통과 고뇌로써 몸부림치는 현상을 주로 다루는 자연주의와는 구별되야 한다고 말하기도 한다.[17] 실로 그럴 것이다. 처음의 돈보다도 이제는 섹스에 더욱 탐닉한 복녀의 마지막 처절한 죽음 역시, 전술한 동인의 의식구조에 비추어 그녀에게 가해지는 인륜 도덕적 책임 추궁의 결산으로 보기 어렵다. 불륜의 말로를 그린 데 있지 아니하다는 뜻이다. 복녀를 불행의 구렁텅이로 밀어넣은 그녀 주위의 여러 비루(鄙陋)한 남자들—그녀의 아버지를 비롯하여 남편, 송충잡이 감독관, 왕서방, 한의사 등—의 손을 통해 복녀라고 하는 단순 소박하고 성적으로 쓸모가 있는 젊은 여인에 대한 일종의 성 가학증적(加虐症的) 발현에 가깝다고 여겨지는 것이다.

---

15) 조연현, 『한국현대작가론』, 정음사, 1974, p.199.

16) 동인의 자서전 <여인> 및 채훈, 「김동인론」(『국어국문학』 25호, 1962, p.37) 참조.

17) "이 작품의 주제는 섹스에 탐닉한 원초상으로서의 여인, '복녀'의 광신(狂信)으로 드러난다. 파토스적 관념의 파탄인 것이다. 이 작품이 자연주의 계열의 것이 되기 위해서는 질투를 모르고 돈에만 눈이 어두운 여인으로서의 '복녀'의 즉물화, 가난과 매음, 도덕 사이에서 논리적 고민을 보여주어야 할 '복녀'·'왕서방'의 반파토스성이 요구된다."(김주연, 『문학비평론』, 열화당, 1974, p.36). 그외 김윤식·김우종·전규태 등도 동인의 자연주의 경향을 크게 지양하였다.

이러한 지독한 여성 가학의 또 다른 예를 <약한 자의 슬픔>에 나오는 여주인공 강엘리자벳과, <딸의 업을 이으려>의 여주인공 최화순을 통해서도 발견할 수 있다. 또한 앞서 다룬 <배따라기>의 주인공 아내가 여기서도 예외로 빠질 수는 없다. 그녀들은 하나같이 아무런 죄도 없으면서 남자들에게 온갖 고초와 수난을 입으며 거기 따른 그 어떠한 고난의 보람도 없이 궁극에 가서는 비극적인 죽음의 나락 아니면 파멸의 구렁텅이로 떨어진다. 혹은 바로 이것이 현실이다, 그것도 가혹한 현실 그 자체이다, 그래서 그 가혹한 현실을 그 모양 그대로 그려놓은 것－그리하여 김동리의 주장처럼 동인은 자연주의 작가 운운－이 아니겠느냐 할 수도 있을 것이다. 하지만 문제는 불행의 주체에 있다. 단 한 차례라도 동인의 작품에서 역으로 남성이 여성 때문에 죽음 또는 파멸에 떨어진 예가 있었던지 생각해 볼 필요가 있다. 세상의 인류 가운데 상대를 죽음 또는 파멸로 치닫게 하는 당사자는 언제나 남자 뿐이고, 죽음 또는 파멸 당하는 자는 언제나 여자일 수 밖에 없는 것인가! 남자가 여자에 의해 피해를 입는다는 특례의 두 작품, <사진과 편지>, <약혼식>에서도 그 피해란 한갓 독자의 여유띤 웃음마저 유발시키는 농락에 그칠 뿐, 도저히 죽음이나 파멸과 같은 극한적이고 심각한 문제로 대두된 일이 없다.

바로 이 남성 일변도의 여성 가학증이 동인의 색다른 기호(嗜好)와 기묘한 별취미에 따른 신경증적 현상이었고, 이렇게 된 원인은 다름아니라 <여인>에서 펼쳐지고 있듯이 한창 시절 수많은 여성들과의 연애 편력과 관련이 있는 것은 아닐까 한다. 철저히 자기 중심적인 남성의 자아가 상대하는 여성에게서 제대로 자신이 기대하는 무조건 헌신적이고 절대 희생적인 사랑을 얻어내지 못했을 때, 그 배반당한 감정이 보상을 찾고자 했던 한 국면은 아니었을까. 천부적인 장기인 문학예술이라는 미화된 수단을 통하여 그때그때 카타르시스적 쾌감의 발산으로 대치하였을 것으로 추리된다. 긍정적으로 평하면 그것은 심리학에서 말하는 문학적 승화(昇華)일

수 있겠지만, 또한 그것은 어떤 의미의 도착(倒錯)이었다.

> 성 추동이 운동·예술·문학적 표현 등 사회적으로 용납된 행동으로 나타낼 때는 승화된 행동이라 하고, 음담·이상성욕 등 용납되지 못하는 행동으로 나타날 때는 도착(Perversion)된 행동이라 한다.[18]

그렇다면 동인의 마음 속에 내재된 성 추동은 승화와 도착이 분별없이 한 자리에 머물고 있다고 할 수 있다. 즉, 그가 문학에 몰입하였던 사실은 성 추동의 변용인 승화로 볼 수 있겠으나, 그 문학의 표현 안에서 일종의 도착이라 할만한 괴이한 성적 자극과 충동을 감추지 못하고 십분 노출한 것은 사회적으로 용납될 수 없는 결과로 나타나게 된다. 특히 <광화사>·<광염 소나타>와 같은 데서는 살인·방화(放火)·시간(屍姦) 등이 당연한 듯 아무런 부정적 개념도 없이 표면화되어 있다. 제도권을 벗어난 이상행위의 당사자들인 백성수와 솔거는 종당 응징과 처벌을 받지 않는다. 그럴 뿐 아니라 오히려 동정과 연민으로 비호를 받고 있다. 결국 문화를 기준으로 하여 보았을 때 동인에게는 문화적인 승화와 퇴화가 동시에 작용하고 있었다고 보아야겠다.

동인의 '무의식적 노정'을 통한 여성관과 관련해서 한 가지 덧붙여 말하고 싶은 것은 그가 여느 작가들에 비해 '계집'이라고 하는 표현을 조심스레 다루지 아니하고 꽤 서슴없이 구사하였다는 점이다. 일반적인 작가들의 경우, 어지간히 경멸할만한 작태를 나타내는 대상이나 극도의 비상한 상황이 아니고선 잘 쓰지 않는 그러한 말에 대해 그는 아무런 조심이 없는 방임의 태도를 취한다. 동인 또한 명칭에 신경을 쓴 일이 없는 바는 아니다.[19] 그러나 그 '계집'이란 말이 무의식적 발로에 의한 것이든, 민감하게

---

18) 김명훈·정영윤 공저, 『심리학』, 박영사, 1981, p.194.

19) 동인은 호칭마다 각각 등급이 있다는 것을 틀림없이 잘 인식하고 있었다. "그는 예

의식한 나머지의 표현이든간에 어쨌거나 그 결과가 달라질 것은 하등에 없다. 어느 경우에는 그저 여자라고 해도 좋을 자리에 계집이란 말을 습관처럼 쓰는 일은 비일비재하다.

> 입을 봉해라! 그렇게 환생하고 싶으면 왜 죽었느냐 말이다. 계집이란 참…… <논개의 환생>
>
> 배는 애 밴 계집의 배같이 <목숨>
>
> 지금껏 아내 이외의 딴 계집을 접해 본 일이 없는 그였다. <배회>
>
> 베토벤 이후로는 음악이라 하는 것이 차차 힘이 빠져가서 꽃이나 계집이나 찬미할 줄 알고 연애나 칭송할 줄 알아서…… <광염소나타>

4.

위에서 동인의 '무의식적 탈락'과 '무의식적 자기 노출'에 관해 언급했지만, 실상 이것 외에도 그의 여성관과 관련하여 마침내 간과 못하고 지적 가능한 사실이 있으니 다름 아닌 여자 주인공의 죽음에 대한 안이한 처리이다.

그래도 이른바 동인의 대표작으로 알려지는 작품 가운데에선 그 죽음에 일정한 정도의 현실성 및 필연성을 갖추고 있다. <배따라기>에서 주인공 아내의 자살이라든가, <딸의 업을 이으려>에서 여주인공 최화순의 자살은 모두 아내로서의 정조가, 모면할 수 없는 오해의 현장에서 의심을 당한다는 한계 상황 위에서 행해진 비극이다. 그러하기에 현실적으로 이해받

수를 믿으면서 맨 처음 일로 제 아내를 예수교인이 되게 하였습니다. 동시에 단지 '여편네'이던 그의 아내는 '당신'이요 '마누라'요, '그대'인 아내의 등급이 올랐습니다." <명문(明文)>

을 수 있고 동정까지 얻을 수 있는 정황이다. <감자>에서처럼 피할 수 없는 극한 상황 속에서 벌어진 살인과, 더 나아가 <명문>, <광화사>, <광염소나타> 등에 나타난 살인 행위 등은 독자들의 객관적인 눈으로 볼 때는 이상성격자(psycho)들에 의해 저질러진 일이었던 만큼 수긍할만한 정도의 개연성을 띠고 있다고 보겠다.

그런 반면에 <폭군> · <거치른 터>와, <마음이 옅은 자여> · <눈을 겨우 뜰 때> 같은 곳에서 작중 여인들은 모두 자살을 택하게 되는데, 그 자살에 대한 동기 부여(motivation)가 하나같이 불충분한 상태를 면하기 어렵다. 그 동인(動因)이 몹시 빈약 혹은 막연하기 그지없고 어떤 의미에선 황당무계하기까지 하다. <폭군>에서 여주인공 순애는 폭군다운 아버지와 남편에 의해 상처를 입고 이제는 단 하나 기대해 보려던 남동생 P에게서 마저도 또한번 기대의 저버림을 당했다 싶었을 때 죽음을 생각한다. 기대하던 순진한 동생마저 자꾸 방탕의 길로 빠져 들어가고 누이인 자신을 윽박지르기까지 하자 그녀는 동생의 후회하는 얼굴을 바라보고 싶은 어리석은 기대로 가득찬 나머지,

> 순애는 부지불식간에 그 장도(長刀)를 거꾸로 쥐었다.

자살하게 된다는 것이다. 그야말로 "죽겠다는 의식보다도 피를 요구하는 듯이 푸르게 빛나는 장도 때문에 찌른, 기분이 그녀에게 어떤 묘한 자극을 주었던", "전시효과(展示效果)를 위해 죽음을 장난삼아 한다는 … 납득이 잘 가지 않는 죽음"[20]이다. 말하자면 의식 부재의 죽음, 즉흥에 가까운 죽음의 처리 방식이었던 것이다.

<눈을 겨우 뜰 때>의 여주인공 평양 기녀 금패의 자살은 어쩌면 더욱

---

20) 김애영, 「폭군과 약한 자」, 『한국어문학연구』 6집, 1965, p.86.

어처구니없는 경우이다.

> 사내란 약한 것이고 위선의 덩어리라고 기뻐한 적이 있었으나, 이것 역시 자기네를 사람으로 보지 않고 춘정을 파는 아름다운 동물이라 생각함에 끝없는 모욕의 느낌을 깨닫지 않을 수가 없었다.

남자들의 사고방식이 맘에 안들어 자살하겠다는 그 이유가 아주 특이하고도 생뚱맞다. 그나마 그 죽음도 기분적인 것이었다. "앞으로 남은 것은 보잘것없는 삶이다. 이제 이런 삶엔 지쳐버렸다고 생각하곤 그만 그넷줄을 놓아버린 것이다. 그러나 역시 절실하게 느끼지 않고 순애처럼 기분적인 죽음을 했다."[21] 그에게는 삶과 죽음도 일종 즉흥의 대상인 것이다.

<마음이 여튼 자여>에서 남주인공 K의 아내는 남편이 다른 여인(Y)과 바람을 피우며 한동안 자기를 찾지 않았다는 이유로 해서 자기의 어린 아들과 함께 죽어버리고 만 것으로 되어있다.

또한 <거칠은 터>의 여주인공 영애는 우연히 서제(庶弟)의 사진을 들여다 본 순간의 이상한 충동으로 인해 정사(情事)를 벌인다. 그 때문에 번민하다가, 죽은 남편에 대한 죄책감의 자벌책(自罰策)으로 유진이란 자식을 남겨놓고 홀연히 목매어 자살을 결심하고 만다. 그리하여 본편의 마지막은 이렇게 매듭지어지고 있다.

> 그러나 마침내 나는 결심하였다. 죽음보다 더 큰 벌은 다시 없을 테지. 나는 죽음으로써 그에게 사죄를 하려고 결심하였다. 지금 이 글을 쓰는 동안 유진이는 곁방에서 철을 모르고 잔다. 내가 목숨이 넘어가는 그 순간에도 그는 아무것도 모르고 잘 테지. 그리고 그가 아침에 깨어서 나를 찾을

---

21) 김애영, 위에 든 논문, p.87.

> 때는, 나는 잡풀이 길이 넘는 뒤뜰 커다란 도토리나무 아래 차게 되어서 늘어져 있을 테지. 나는 죽음 앞에 있어도 조금도 그것을 두려워하지 않는다. 오히려 그것으로 없는 그에게 대한 얼마의 사죄가 된다 하면 기꺼이 그 길을 취할 테다. 또한 만약 그것이 그의 넋을 위로치 못한다 할지라도, 취할 다른 길이 없는 나는 그리로 갈 수 밖에 없다. 그러면 빨리, 어서 바삐 날이 새기 전에 내 목적을 달하자.

이렇게 산 생명과 죽어가는 생명에 대해서 존엄성과 필연성을 부여하는 대신에 적잖이 즉흥적이고 감상적, 우발적인 터치를 가하고 있다. 똑같은 우연성의 남발이지만, 고소설에서 선한 주인공의 위기를 불합리한 우연성에다 맡겨 구제를 하는 방법과는 전혀 딴판이다. 고소설의 그러한 원인이 주인공에 대한 강한 애착의 탓이었다고 친다면, 동인의 경우는 오히려 그 반대의 입장이라 볼 수 있지 않을 것인가. 곧 아무런 거리낌 없이 마음 내키는 대로 되는 대로 처리해도 좋다는 식, 좀 더 나아가서는 그렇게 해야만 직성이 풀리고 나름의 쾌감과 자극을 얻을 수 있다는 잠재적 심인(心因)의 발현으로 보고 싶은 것이다. 그리고 그 자극과 쾌감의 방편은 꼭 성의 유희라고 하는 범위 안에서 강하게 용트림하고 있다는 사실을 놓칠 수 없다. 아닌게 아니라, 앞서도 말했듯이 강렬한 희생의 주역은 어김없이 여자편에 고정되어 있을 뿐 아니라 희생타로 남을 수밖에 없던 여인들의 희생의 사유란 것도 필경은 탈선적 성이라고 하는 문제 위에 놓여 있다. 탈선의 주체가 남성일 때마저도 그 희생의 대가를 모름지기 여자가 받도록 되어있다는 데 그 의식의 철저함을 넘겨볼 수 있는 것이다.

실상, 동인의 소설에서 남성이 죽음 또는 정신적 파멸과 같은 강렬한 희생자로 남은 작품은 거의 찾아보기 어렵게 되어있는 것이 엄연한 사실이다. 이미 소개한 <사진과 편지>, <약혼자>, <마음이 여튼 자여> 등에서 잠깐 음분(淫奔)한 여인에 의해 조롱을 당한 느낌이 없지는 않았지만,

그것이 곧 남자의 파멸을 뜻하는 것은 아니었다는 사실이 여자들의 경우와 달랐던 것이다. 그들 인생의 좌표와 행로를 심각한 불행 쪽으로 돌려버리는 데까지 몰고 가지는 못하였다는 점을 주시할 때 양자간의 차이를 발견하게 된다. <발가락이 닮았다> 같은 데서 작중의 남자가 아내의 어떤 탈선에 의해 어쩔 수없이 정신상의 피해를 입을 수밖에 없었으나, 그것은 작자 동인의 고백과 같이 어떤 특정한 현실적 대상에 대한 인신공격을 노리고 했다[22]는 개인적 특수한 동기가 있는 것이다. 또 비록 그것을 전혀 고려하지 않는다 해도 그 주인공 남자는 스스로 타결해 낸 방법—정신 위생에 좋은 자기합리와 체념—을 통하여 끝까지 자아 보전과 자기 보호의 자세로 남아있었던 것이다. 또 죽음이란 문제도 그렇다. 그것이 합리, 불합리를 막론하고 중도에, 또는 종국에 죽음의 골짜기로 떨어지는 주된 단골객은 필경 여자가 도맡아 하였다.

그러나 이렇게 남자가 맡는 죽음의 경우 수를 찾아보기 지난한 가운데서도 겨우 그 두드러진 양상을 발견할 수 있는 것은 다름 아닌 <붉은 산>에 등장하는 남주인공 '삵'의 죽음이다. 하지만 이때도 우리는 그 희생의 의미가 뭇 여인들이 죽어갔던 그 희생의 사유와 같지 않음을 깨닫지 않을 수 없다. 다시 말하여 그의 손바닥 안에서 죽어간 여성들은 한결같이 그 한갓 육체적인 문제로 인한 초래한 죽음일 뿐이었지만, 남성인 '삵'의 경우만큼 민족의식과 같이 고조된 정신세계와 결부된 거룩한 죽음이고 희생이었다는 새삼스러움과 부딪히게 된다.

덧붙여서 죽음의 안이한 처리는 아니지만, 또 다른 형태의 모순적 안이한 처리에 대한 한 가지 일례를 <감자>에서 검토해 볼 수 있다. <감자>의 처음 부분, 복녀의 간단한 이력을 소개하는 대목을 보자. 복녀는 열다섯 살 나는 해에 동네에 사는 20년이나 연상인 홀아비에게 80원에 팔려서

---

22) 김동인의 『문단30년사』(『김동인전집』 권8, 홍자출판사, 1967, pp.444~445) 중의 '발가락' 사건이라는 제목 아래 이 작품이 염상섭과의 묘한 관계를 회술하고 있다.

시집을 간 것으로 되어있다. 그리고 "복녀가 시집을 온 뒤 한 삼사 년은 장인의 덕으로 이렁저렁 지내갔으나, 이전 선비의 꼬리인 장인도 차차 사위를 밉게 보기 시작하였다. 그들은 처가에까지 신용을 잃게 되었다."[23] 곧, 복녀의 아버지는 딸을 시집보내고 3~4년이나 딸 내외를 도와주었다. 그것은 아버지에게 일정한 경제력이 없지 않았음을 시사한다. 그런데도 딸을 굳이 80원에 팔아서 시집을 보내지 않을 수 없던 이유는 무엇인가? 그것도 20년이나 위인 자에게 말이다. 어쩌면 여기에서도 여성을 하나의 다루기 좋은 사물 정도로 손쉽게 다루고 처리하려는 그 생각이, 그 무의식이 작자 자신도 모르게 노정되어 버린 빗나간 허구는 아닐까. 이와는 달리 만약 조심스러운 인물이나 중대하다고 생각하는 인물을 다루는 과정이었다면 이같이 무리한 처리와 안이한 실수를 저지르기란 거의 생각키 어려웠으리라. 대수롭지 않게 보아넘길 줄 아는 잠재적 의식의 바탕 위에서만 비로소 가능한 일이고, 그 일을 동인은 복녀라는 여인에게 일말의 주저없이 용사(用事)하였던 것이 아니었던가 싶다.

5.

지금까지 동인의 보기드문 여성관이 '소설'이라는 문예 작품을 통해 나타난 영상을 몇 가지 방법 면에서 추출하는 시도를 해 보았다.

일찍이 유가의 대성(大聖)인 공자가 "여자하고 소인(小人)은 다루기 어려우니 가까이 하면 버릇없고, 멀리할 것 같으면 원망한다"[24]고 하던 그 말은 그대로 공자의 여성관을 단적으로 나타낸 발론(發論)이 아닐 수 없다. 하지만, 다시금 상고해 볼 때 여기에는 여자를 소인과 같은 수준 위에

---

23) <감자> 원문에서 인용.

24) 『논어』 양화(陽貨) 25에, "唯女子與小人 爲難養也 近之則不孫 遠之則怨."

놓고서 다루기 힘든 하나의 저급한 인격체로 간주한다는 나름의 주관적인 견해가 저변에 깔려 있다. 그럼에도 불구하고 여기에는 아직도 여자를 인격적인 기준과 차원에서 판단한 뜻이 있지만, 동인에게 오면 그 인격성이 말살되는 대신 그 형이하(形而下)의 육욕적인 눈길과 관심만이 남게 된다. 그와 가장 가까운 한 사람이었고 그를 잘 아는 전영택의 다음과 같은 증언도 일조가 없지 않다.

> 그는 자긔가 올타고 밋는 일은 쳔사람이 반대하고 만사람이 욕할지라도 그거슬 내놋코 주챵하야 조곰도 거리낌이 업다. 이런거시 그 실례가 될는지 모르갯지만 그는 왼세상이 '남녀평등'의 신사상을 부르짓고 허다한 청년들이 여자를 '텬사여', '사랑의 신의 화신이어!'하고 아쳠하는 찬사를 드릴때에 그는 녯날 희랍사람의 말을 쓰러 '녀자의게는 령혼이 없다'는 말을 태연히 발포하엿다.[25]

이러한 것은 동인 자신이 직접 극언한 바 있는 "영업적 매녀(賣女)가 아닌 여인에게는 동양인적 불감증인 나"[26] 운운의 고백과 함께 그의 여성관을 확인하는데 가장 좋은 결정적인 좌증이 되는 것이다.

동시에 그는 여인의 "흘기는 눈에서 무서운 매력을 보고 몸을 떨"[27]며 여자의 "나브럭이 노는 입술을 바라보고자 하는 욕망"[28]에 사로잡혀 움직이는가 하면, "곁에 있는 것이 유쾌하다고 생각하여 본 일조차 없는 여인에게서 진주와 같이 우아하고 암야의 바다의 등대와 같이 맑고 아름답고

---

25) 전영택, 「김동인론」, 『조선문단』 제9호, 1925.6, p.236.
26) 김동인, 「문단30년사」, 『김동인전집』 권8, 홍자출판사, 1967, pp.439~440.
27) "응, 그동안 아들 하나 빌어라" 하니깐, 일단 돌아섰던 그가 다시 몸을 홱 돌렸다. 그리고, 놀랍게 커다란 눈으로 나를 흘겼다. 나는 그 흘기는 눈에서 무서운 매력을 보고, 뜻하지 않고 몸을 떨었다. <여인>(『김동인전집』 권2, 홍자출판사, 1967, p.406)
28) <여인>, 『김동인전집』 권2, 홍자출판사, 1967, p.407 중의 인용.

근심으로 찬 눈을 볼”[29] 정도로 여성의 매력에 대해 날카로운 감각과 남다른 심미안을 지닌 무서운 탐미가(探美家)이기도 하였다. 이러한 확고한 여성관에 입각한 그의 소설이 나아갈 길은 절로 자명한 것이다.

그렇다고 하여 그가 상대적으로 남성을 두둔하였던 것도 아니다. 다름 아니라 동인 소설의 남성들은 무능·잔인·몽매·야비한 성격의 주체임과 동시에 여자들에 대한 새디즘의 장본인이었다. 그들의 절대 다수가 야수적인 본능에 따라 움직이거나 폭군다운 횡포를 일삼는 추악한 폭한(暴漢), 혹은 신경증 환자들이었다.

기본적으로 동인은 맨 밑바닥에서부터 인간 본연의 품성을 부정적인 눈으로 바라본 인간성 부정의 작가라 지적해 볼 수 있다. 그런 의미에서, 그를 조연현이 <발가락이 닮았다>와 같은 단편적이고 피상적인 예를 들어 인도주의적 운운하였던 것은 애당초 정곡을 벗어난 듯싶다. 그보다 김동리가 그를 자연주의라 본 것[30]은 살인·방화 등과 같은 외형적인 소재와 형태적 흐름에 비중을 두었던 듯 싶지만, 보다 근원적으로는 이렇게 인간성 자체를 거의 동물적인 차원까지 끌어내려 부정하고 있다는 관점에서조차 가능한 얘기로 통할 수 있을 법하다.

그러나 그에게는 보다 독특한 별세계가 따로 있었다. 돌이켜 보면 동인이 열심히 감싸주고 변호해 주며, 지성껏 추대(推戴)하고 극구 존숭해 마지않던 동경의 인간형들이 있었다. 그들이 누구였던가? <배따라기>를 써가던 도중 황홀한 자기도취에 빠져서 극구 예찬한 것은 ‘위대한 인격의 소유자며 사람의 위대함을 끝까지 즐긴 참말의 향락자며 역사 이후의 제일 큰 위인’인 진시황이었다. 또 그는 대원군을 존경하였다. <젊은 그들>과 <운현궁의 봄>을 멋지게 장식한 위대한 힘의 사나이 대원군은, 동시에 위대한 예술가이기도 하였다. <광염 소나타>의 미치광이 음악가 백성수는

29) <여인>, 위에 든 책, p.340 참조.
30) 김동리, 「자연주의의 구의(究意)-김동인론-」, 『신천지』 3권 5호, 1948, pp.112～119.

동인에게 "천년에 한번, 만년에 한번 날지 못날지 모르는 큰 천재"이자, "그의 예술은 하나하나가 모두 우리의 문화를 영구히 빛낼 보물, 문화의 기념탑" 같은 비상한 인물이었다. 눈먼 처녀를 살인한 예술화가 솔거를 동인은 "조상(弔喪)하노라"며 마침내 두둔하고 비호하는 언사를 잊지 않았다. "선도 미인 동시에 악도 또한 미"[31]라고 자신있게 천명한 그는 갖은 분야에서의 예술적 미를 탐하였던 모든 주인공을 예외없이 존경하고 또 사랑하였다.

이제, 동인의 여성관이란 주제 전체를 통해 드러난 것은 그의 궁극적인 관심과 저의가 끝끝내 추악한 인간성을 밝혀내고 병든 사회를 고발하고자 한 데 있었던 것이 아니었다. 다만, "자기 혼자서 지여 노흔 세계 속에 들어 박여서 별로 세계와 교제(交際)하랴고 하지 아니하는 것이 김군(동인을 말함; 필자주)의 예술에 대한 태도"[32]라고 밝힌 그의 지인 김억의 말처럼 그의 자세는 지극히 개인적인 쾌락과 탐미의 세계 속에 머물러 있었던 것이다.

이렇게 볼 때 동인은 당시의 사회적 현실에 대하여 그다지 괴로워하지 않던 극대화된 개인주의의 작가였다.[33] 그 앞의 사회는 이성적 비판의 대

---

31) 김동인, 「한국근대소설고」, 『김동인전집』 권8, 홍자출판사, 1967, p.603 참조. 그는 이 말에 이어서 "가령 이런 광범한 의미의 미의 법칙에까지 상반되는 자가 있다면 그것은 무가치 존재다."라 하였고, "이광수 같은 이는 미의 동경자이면서도 자기의 본질인 미에 대한 동경을 감추고 거기다가 선의 도금을 하려 한다."(위에 든 책, pp.591~592 참조)고 비판을 가하였다.

32) 김억, 「김동인」, 『조선문단』 제9호, 1925.6, p.240.

33) 아래와 같은 말은 이러한 결론에 이바지한 좋은 해석이 된다.
"그의 가장 좋은 소설들인 <배따라기>, <감자>, <김연실전> 등이 다루고 있는 것은 개화기의 사회적 모순이 아니라, 개인적인 일락을 불가능하게 하는 사회에 대한 저주와 증오이다. … '이것이야말로 삶의 비결이 아닐까.' 그녀의 그런 쾌락주의적 인생관은 현실의 모순에서 싹튼 것이 아니라 김동인의 세계 인식 속에 내포된 모순에서 생겨난 것이다."(김현식 · 김현, 『한국문학사』, 민음사, 1981, p.164). 또, 전규태도 그의 문학세계를, "현실을 망각하고 도피한 자기합리화로 성립된 미학"으로 보았다.(『한국현대문학사』, 서문당, 1972, p.116).

상으로서의 고통받는 사회가 아니라, 자신만이 축조(築造)해내는 미적 세계를 즐길 수 있는데 유용한 수단으로 이끌어낸 사회였다. 그는 소설 창작의 참되고 궁극적인 목적이 현실 속 삶에 있던 리얼리즘도 아니요, 그 목적이 인간의 내면적 진실을 밝히는 데 있는 자연주의도 아니었다. 대신, 그는 외형상 민족주의의 한 갈래인 것처럼 보이는 <붉은 산> 같은 곳에서조차, 한 민족이 처한 불행한 시대와 공간조차도 심미적인 터전으로 이용하면서, 한 인간의 죽음을 통한 비장의 아름다움을 발견해 내고자 애썼던 충실한 미의 추종자였던 것이다.

결론적으로, 그의 인생은 향락주의(享樂主義)요, 그의 문학과 예술은 탐미주의(耽美主義)였다고 정의내릴 수 있다. 바로 이러한 토대 위에서 여체미학에 입각한 그의 여성관도 그 진정한 실상과 의미가 드러나게 된다.

죽부인의 문학적 심상

1. 머리말

죽부인(竹夫人)에 관한 문학 하면 으레 고려조 이곡(李穀, 1298~1351)의 <죽부인전(竹夫人傳)>을 우선 연상하고, 그 연구 또한 거의 이 한 작품에 주력하여 이행되었던 감이 없지 않다. 더욱이 이 작품의 의인화 대상에 대한 논란마저 오랫동안 지속되다시피 하여 죽부인 관련 문학을 통괄적으로 검토하는 일에 대한 관심이 제대로 부각되지 못했던 것도 사실인 듯싶다.

그런데, 적어도 가전문학의 영역 안에서 다른 가전보다는 죽부인을 의인화한 가전이 한국과 중국 합하여 그래도 현재까지 알려진 바에 네 작품이나 되니 상대적으로 나아 보이기는 한다. 하지만, 불과 네 작품 밖에 안 되는 것으로써 두 나라 사이의 문학적 특성 및 주제의 차이를 정리해 보이는 일은 자칫 성급한 일반화로 빠져들 가능성마저 없지 않다. 나아가, 죽부인이라는 사물에 대한 한중 시인들의 감성적 세계를 통찰함에 있어 또한 다소 무리가 없지 않을 듯싶다.

그렇다고 하여, 한중 통합적이거나 비교적인 분석・검토를 쉽사리 포기한다는 것 역시 아쉬움이 없지 않다. 그리하여 고심 끝에 이것을 극복하기 위한 방편을 찾기로 하였다.

우선적으로 죽부인이 동방에서 시작되어진 기원이거나, 죽부인이 갖고 있는 다양한 명칭의 문제를 짚어 보기로 한다. 그 세부적인 지식들이 죽부인 관련 작품들에 대해 보다 정확히 이해하는 데 보탬이 되리라는 생각이다. 다음으로는, 한중의 옛 문인사객들이 죽부인을 두고 음영한 시문 작품들 종종에 대한 보다 많은 자료를 통해서 훨씬 더 이 사물에 대한 문학적 심상에 접근할 수 있으리라는 심산이 들었다.

그리하여 죽부인이라는 동일 대상을 두고 운문과 산문이라는 서로 다른 양식과, 중국과 한국이라는 서로 다른 공간을 초월하는 통괄적 개념 안에서 심상 구조의 동질성이 어떻게 나타나는지, 혹은 차이를 나타내는 것은 없는지 그 모색을 통하여 비교 문화적 접근을 시도해 보기로 한다.

2. 죽부인의 성별 인식

죽부인은 일명 죽궤(竹几), 또는 죽노(竹奴), 죽비(竹妃), 청노(靑奴)로도 별칭한다. "죽부인(竹夫人)" · "죽궤(竹几)" · "죽노(竹奴)" · "청노(靑奴)"에 대한 『중문대사전(中文大事典)』의 설명은 이러하다.[1)]

竹夫人 : 暑時置牀席間 用以袪暑之竹籠也 亦曰 竹妃 靑奴.
　더울 때 평상 자리 사이에 두고 사용하여 더위를 없애는 대나무 통발이다. 죽비(竹妃) · 청노(靑奴)라고도 했다.

竹 几 : 竹製之几也. 又稱竹夫人.
　대나무로 만든 궤(几)이다. 또한 죽부인으로도 칭한다.

竹 奴 : 竹夫人之別名.
　죽부인의 별명이다.

1) 『중문대사전(中文大事典)』, 대만, 중화학술원, 민국 71년.

靑 奴 : 竹夫人之別名 暑日衾中取凉之具

죽부인의 별명이니, 더운 날 잠자리에서 시원함을 취하는 도구이다.

그런데 대나무가 주로 지조 있는 선비에 자주 비유되는 데 비해, 죽부인이라는 사물은 그것의 명칭이 지시하듯 애초부터 여인의 이미지로 정형화되어 있었다. 그 이용의 주체도 대개는 주로 사랑채에 기거하던 양반가의 남자들이었다. 그래서 사대부가 양반들의 죽부인 항용이 흡사 늘 신변 가까이에 있는 여인과도 같은 유사관념에 따라 굳이 '부인(夫人)'이란 직명도 부여된 것이 아닌가 한다.

이러한 죽부인은 중국의 역대 이름 높은 시인묵객, 문인사백들의 관심을 얻어 시문의 혜택을 받아왔던 사물이기도 하였다.

竹奴靑奴 世所稱竹夫人 所以憩臂休膝者.『黃庭堅集』

그런데, 실제의 창작 안에서는 '죽부인'이라는 직접적인 명칭보다는 별칭들을 더 빈도 있게 사용했던 것처럼 보인다. 당나라 시인 백거이(白居易)가 지은 <한거시(閑居詩)> 중에 다음과 같은 구절이 있다.

緜袍擁兩膝 솜 도포는 두 무릎 껴안고
竹几支雙臂 죽궤는 두 팔 지탱해 주네.

송나라 성리학의 집대성자인 주자(朱子), 곧 주희(朱熹)도 죽궤를 읊은 것이 있다.

蒲團竹几通宵坐 부들깔개와 죽궤로 밤새 앉았다가
掃地焚香白晝眠 마당 쓸고 향 사르며 백주에 잠잔다.

특히, 송나라 소동파의 <오창좌수(午窓坐睡)>, 일명 <기유자옥(寄柳子玉)>이란 시의 일절에서 처음 여인으로서의 인격화가 보인다.

聞道牀頭惟竹几　베개 맡 은근한 말 듣는 건 다만 죽궤
夫人原不解卿卿　죽부인이야 원래 수다 떨 줄을 모르거니.

아닌게 아니라, 『해여총고(陔餘叢考)』란 책의 '죽부인탕파자(竹夫人湯婆子)' 조를 참조하면 죽궤에다 처음 여인성을 부여시킨 일이 대개 송나라 때 기인한 것으로 적혀 있다.

> 編竹爲筒 空其中而竅其外 暑時置牀席間 可以憩手足 取其輕凉也 俗謂之竹夫人 按陸龜蒙有竹夾膝詩 天祿識餘以爲 卽此器也 然曰夾膝 則尙未有夫人之稱 其名蓋起于宋時.
>
> 대나무를 엮어서 통을 만드는데, 그 가운데를 비워두고 그 밖은 구멍을 내어 통하게 한다. 더울 때 평상 사이에 두면 팔다리를 쉬게 하면서 그 경쾌한 시원함을 얻을 만 하다. 속칭 죽부인이라고 한다. 육구몽의 <죽협슬(竹夾膝)>이란 시에 보면 하늘이 내린 복록 운운했는데, 바로 이 물건인 것이다. 하지만 협슬(夾膝)이라고 했지, 아직 부인(夫人)이란 말은 없으니, 그 명칭은 아마도 송나라 때에 시작되었을 것이다.

소동파의 <송죽궤여사수재(送竹几與謝秀才)> 시 가운데에 이런 구절이 있다.

留我同行木上座　날 붙들어 목상좌와 동행케 하였으니
贈君無語竹夫人　그대에게 말없는 죽부인을 선사하노라.

위의 예에서 볼 수 있듯이 죽궤가 여성 이미지인 바에, 그것들의 다른 표현인 '죽노' · '청노'도 다 동일 개념 안에 있음은 췌언의 필요도 없다. 그런데도 다음과 같은 글,

> 그리고 잠잘 때까지도 '죽부인'이라 하여 '바람 각시'를 안고 잔다. 대로 등신대보다 약간 작게 얽은 이 죽인형을 더러는 죽공주라고도 불렀고, 또 마님들이 안고 자는 죽부인은 '죽노(竹奴)'라고 속칭했다. 사내는 공주를 껴안고 자고 마님은 젊은 종놈을 껴안고 자는 신나는 환상의 이름으로 정착된 것이다.[2)]

는 그 출전의 근거를 어디에 둔 것이지 잘 알길 없지만, '죽노' · '청노'니 하는 것들 역시 당연 여성격임이 무론(毋論)이다.

송나라 시인 산곡(山谷) 황정견(黃庭堅)의 <영죽부인(咏竹夫人)>[3)] 시를 본다.

靑奴原不解梳妝 청노는 원래 빗질이며 화장을 할 줄 몰라
合在禪齋夢蝶牀 참선방의 나비 꿈꾸는 평상에나 제격이어라.
公自有人同枕簟 주인은 베개며 대자리에 함께할 이 있으니
肌膚氷雪助淸凉 눈처럼 희고 맑은 피부가 시원함을 돕는다네.
穠李四絃風拂席 농익은 오얏 네 줄 악기에 앉은 자리 홍청이고
昭華三弄月侵床 찬란한 삼농에 달은 침상에 젖어 든다.
我無紅袖堪娛夜 붉은 옷자락도 없이 밤을 달래야만 하는 나는
政要靑奴一味凉. 청노를 맞이하여 근사한 시원함이나 즐겨야겠네.

---

2) 이규태, 『한국학에세이 1-전통과 생활의 접목』, 신원문화사, 1995, p.178.

3) 원제는 <趙子充示竹夫人詩蓋凉寢竹器憩臂休膝似非夫人之職予爲名曰靑奴竝以小詩取之詩>.

그런데, 황정견은 자주(自註)를 통해 '청노'로 표현한 이유에 대해 이렇게 설명하고 있다.

> 憩臂休膝 似非夫人之職 予爲名曰靑奴.
> 팔이며 무릎을 쉬고 편케 하는 일은 부인이 할 직책은 아닌 듯하여, 내 이름하기를 '청노'라 하였다.

여자가 품위를 유지하는 한은 '부인'이겠지만, 남자를 휴식케 하는 일 따위로 품위를 잃게 되니 더 이상 '부인'으로 하기 어려워 '청노'라 고쳐 부르겠노라 한 뜻이다. 생각컨대 청노의 '청(靑)'은 대나무가 푸르스름한 빛깔을 띤 것을 드러낸 표현이요, '노(奴)'는 노비(奴婢)를 줄인 말 쯤 되리라 한다. 다시 말해 죽부인이거나 청노거나 품격에 따른 차이가 있을 뿐, 여자라는 사실이 어디 가는 것이 아니다. 곧, 성별의 여성격에서만큼 하등 달라질 일이 없다는 뜻이다.

또한, 중국 원대에 양유정(楊維楨)이 지은 <죽부인전> 맨 첫머리는 다음과 같이 시작된다.

> 夫人竹氏 名筬 字玲瓏.
> 부인의 성은 죽(竹) 씨요, 이름은 노(筬)이고, 자는 영롱(玲瓏)이다.

여기서도 죽노가 곧 영롱한 여인 죽부인임을 자연스럽게 서술해 보이고 있다.

이제 보다 결정적으로 송대에 소동파 계열의 문인 한 사람이었던 후산(後山) 진사도(陳師道)가 지은 <함평독서당(咸平讀書堂)>의 일절을 보면, 작가가 포옹하겠다는 대상으로서의 '청노'는 두 말할 나위 없이 여인의 이미저리로서 사용한 것임을 알기에 어렵지 아니하다.

復作無事飮　다시금 할일 없이 술만 마시다
醉臥擁靑奴　취하여 청노를 끌어안고 눕는다.

한편으로, 조선시대의 이덕무가 주인공을 대나무로, 그 가공물을 아들로 설정시켜 의인화를 시도한 <관자허전> 가전 안에도 주인공 딸로서의 죽부인이 등장한다.

> 亦有一女 疎通暢豁 貌如其心 封蘄春縣夫人 甚有寵 從上甘泉宮避暑 已而上頗厭其節目之促數 仍爲皮湯婆所妒 有班扇之怨 降夫人號 名曰靑奴 限明年五月棄置 以待其悔過 更收用云.
>
> 딸도 하나 있었으니, 막히는 것 없이 통하여 활달하였고 외모 또한 그 마음과 같았다. 기춘현(蘄春縣) 부인에 봉해졌는데, 대단한 총애를 차지한 나머지 임금의 감천궁(甘泉宮) 피서 때도 따라갔다. 하지만 얼마 지나자 임금이 그녀의 관절 마디가 번거롭게 많은 것에 자못 싫증이 났다. 뒤미처서 그녀는 피탕파(皮湯婆)의 투기마저 당하게 되매 반선(班扇)의 원망을 품게 되었다. 그러자 임금은 그녀의 부인 칭호를 내리는 동시에 청노(靑奴)라 이름하고, 이듬해 오월까지 버려두어 그 잘못을 뉘우치는지를 보아 다시 거둬 쓰리라고 하였다.

여기서도 주인공의 딸이 처음 기춘현 '부인'이었다가 그 투기로 인하여 나중에 '청노'로 전락한다고 하는 내용을 통해, 이덕무가 '청노'를 벼슬에서 밀려난 여자의 성별로 인지하고 있음을 분명히 엿볼 수 있다.

3. 죽부인의 심상 구조

죽부인의 일차적인 이미저리는 그 명칭상의 '부인'이란 말이 지시해 주는 바 그대로 '여성'에 있다. 그렇기 때문에 그 별명이 암만 많다고 해도 이 성별의 대원칙에서 벗어나지 않는다. 그러면 이제 그것의 여성성을 확인한 마당에 한 단계 더 구체적으로는 어떠한 여성으로 그려졌던 것일까?

단편적인 소재로서가 아니라, 이규보(1168~1241)가 아예 제목부터 <죽부인>이라 하고 읊은 다음의 5언고율 한 편은 죽부인 관련 자료의 본격물이 아닐 수 없다.

竹本丈夫比 대나무는 본래 장부에 비유되니
亮非兒女隣 진정 아녀자의 이웃은 아닐지라.
胡爲作寢具 헌데 어찌타 침구로 만들어다가
强名曰夫人 굳이 부인이라 이름 붙였을까.
搘我肩股穩 내 어깨며 다리 편안히 괴어 주고
入我衾裯親 내 이불 속 들어와 무람없이 한다.
雖無擧眼眉 눈썹 높이로 밥상 들어 섬기는 일 없어도
幸作專房身 요행히 사랑을 독차지하는 몸이 되었네.
無脚奔相如 사마상여(司馬相如)에게 붙좇는 다리 없고
無言諫伯倫 백륜(伯倫)을 말려 간하는 한 마디 없다 하자.
靜然最宜我 조용한 그 성품 내 맘에 딱 드니
何必西施嚬. 찡그려도 곱다는 서시(西施)가 왜 필요해.

위의 시에서 사마상여를 따라붙는 다리라 함은 사마상여가 과부가 된 탁문군의 집에서 술을 마시며 그녀의 마음을 흔들어 밤에 찾아오게 했다는 옛일을 말하고, 백륜을 간했다는 것은 죽림칠현의 한 사람인 유령(劉伶)이 술을 혹애함에 그의 아내가 울면서 간했다는 일화를 뜻함이다. 이는 죽부인이 지니고 있는 형이하와 형이상의 양면적인 미덕을 편안하고 조용한 여인에다 견주어 찬미한 죽부인 예찬의 시라 할 수 있다. 요컨대 '부덕(婦

德)'의 발견이다.

이렇게 이규보로부터는 '음전' 또는 '음전한 여인'의 이미지를 부여받았으나, 전통적으로 죽부인이 역대 문인들로부터 인식 받아왔던 보다 보편적인 이미저리는 '절의'에 있었다. 무릇, 죽부인이 항용되던 당시에 전통적인 풍습 한 가지가 있으니, 그것은 부자간의 상속이 허용되지 않았던 사물이라는 것이다. 다시 말해, 아버지가 사용했던 죽부인은 아버지가 돌아간 연후라도 자식이 물려받지 않는 것이라 했다. 다른 이유가 아니라, 위에서 말했듯이 그것이 지니는 여성적인 이미저리 때문이다. 그리하여 대개는 원래의 주인과 함께 합장하거나, 태워 버렸다는 것이다.

처음 인연을 맺은 단 한 사람과 그 운명을 같이 하게끔 되어있는 죽부인의 이 같은 속성으로 인해 장뢰(張耒)가 쓴 <죽부인전>의 최종부 대미는 이렇게 각색되어 나타났다.

> 至王莽敗 漢軍焚未央 夫人猶自力出 赴火而死.
>
> 왕망(王莽)이 무너져 후한의 군대가 미앙궁(未央宮)을 불살랐을 때, 부인은 혼자 힘으로 몸을 빼쳐서는 불길 속에 뛰어들어 죽어갔던 것이다.

위에서 죽부인이 불길 속에 죽어갔다고 하는 것은 생각컨대 죽부인이라는 물건이 주인 한 사람의 최후와 더불어 운명을 같이 했다는 사실의 은유적 형상화로 보여진다.

그것은 고려시대 이곡이 쓴 <죽부인전>에서도 예외가 있을 수 없다. 그런데 여기서 잠깐, 이 작품의 의인화 소재에 대한 약간의 언급이 필요할 것 같다. 곧, 종전에 이곡이 쓴 가전 <죽부인전>이 대관절 무엇을 의인화시켰는가 하는 문제, 다시 말해 작품의 입전 대상에 관한 논란은 상당히 오랫동안 지속을 보여 왔다. 대나무[竹]를 인격화했다는 견해와[4] 죽부인(竹夫人)이라는 전통 납량 금구(衾具)를 인격화했다는 견해[5] 두 가지로 양분을 보여 왔던 것이거니와, 요컨대 대나무의 전기인가, 죽부인의 전기인가 하는 해석상의 차이다. 이에 대해서는 이미 많은 수의 논자들이 충분히 자신이 신념하고 주장하는 측면에서 세울 수 있는 모든 근거를 최대한 논진해 왔다. 필자의 경우, 이 작품의 의인 대상의 문제에 당면하여 애당초 이런저런 췌론을 더하지 아니하였던 것은 그 이유가 다른 데 있지 않다. 그 이유는 가장 간단명료한 데 있으니, 대나무는 전통적으로 '죽군(竹君)' 혹은 '차군(此君)'이라 하여 그 인격화의 성별이 남성 쪽에 있었을 뿐이었고,[6] 죽부인은 부인이라는 명칭이 스스로 나타내듯 그 부여받은 성별이 여성 편에 있었던 까닭이었다. 굳이 더 덧붙인다면, 고려 이곡(1298~1351)의 <죽부인전> 이전에 이미 중국 송대의 문인 장뢰(1050경~?)의 <죽부인전>이 기존해 있었고, 더하여 이곡이 자신의 작품을 착수할 시기에는 충분히 고려의 문단에 광포되어 있던 상태였다.[7] 그리고 이곡의 이후엔 다시 중국 원대에 양유정(楊維貞)이란 문인에 의해서 또 하나의 <죽부인전>이 생성되었다(장뢰→이곡→양유정). 이 때, 중국의 장·양 두 사람의 <죽부인전> 두 작품은 아무런 논란의 여지없이 당연히 죽제구로서의 '죽부인'을 의인화시킨 문조(文藻)이었다. 따라서 이제 가전 창작의 세계에서 죽부인 관계의 또 한 가지 시도를 확인함과 동시에, 이곡의 해당 작품 또한 직접 접촉하지 않고도 담겨진 내용의 향방이 곧장 측정되는 바,

---

4) 신기형, 김광순, 이상익, 정병욱, 문선규, 이병혁, 안병설 등.

5) 이가원, 김동욱, 조동일, 고경식, 황재국, 김창룡, 안병렬 등.

6) "竹君如見慰 竟日嘯窗風"(陳造, <山居>).
"竹君不作五斗謀 風前折腰也如磬"(楊萬里, <壕上感春>).
"我與竹君俱晚出 雨榕猶及識涪翁"(劉克莊, <榕溪閣>).
위진시대 대나무 벽(癖)으로 유명한 왕자유(王子猷)가 하루도 차군(此君), 즉 대나무 없이 살 수 없다고 한 일로 차군이 곧 대나무의 별칭이 되었다 했으니, 여성일리 만무이다. 결정적으로는 고려조 이규보 또한 위에 든 <죽부인(竹夫人)> 시 안에서 "竹本丈夫比"(대는 본시 장부에 비하나니)로 일언이폐지한 바 있다.

7) 김창룡, 『한중가전문학의 연구』, 개문사, 1985, pp.88~89, p.113.

그야말로 불문가지의 경우가 되는 것이다. 말하자면 표제에서 하나같이 동일한 <죽부인전>인데, 장뢰는 그 대상을 '죽부인'으로 했고, 그 다음 이곡은 대나무로 했으며, 다시 그 직후의 양유정은 거듭 '죽부인'으로 삼는 등 제각기 자의적으로 입전했을 것인가에 대한 답인 것이다.

이상으로도 충분히 췌언이 아닐 수 없겠으나, 이제 또 사족을 붙인다면 한중간에 동일 소재를 다룬 가전이라면 한갓 죽부인 소재의 작품만 있는 것이 아니었다. 추운 절기를 위한 온신(溫身) 금구(衾具)인 탕파(湯婆)를 소재 삼은 중국의 <탕온전(湯媪傳)>, 조선조 조찬한(趙纘韓, 1572~1631)의 <탕파전(湯婆傳)> 및 동시대에 고용후(高用厚, 1577~?)의 동명 <탕파전(湯婆傳)>이 있고, 종이를 소재삼은 고려 이첨의 <저생전(楮生傳)>의 반면엔 <저선생전(楮先生傳)>, <저대제전(楮待制傳)>이 있거니와, 그 제목들에서 약간 의취를 달리해도 그 소재 면에서는 동일할 뿐이다. 광해조에 한문학 사대가 중의 한 사람인 장유(張維)의 <빙호선생전(氷壺先生傳)>은 국문학 연구 과정에 꽤 다루어졌기에 제법 알려져 있는 가전 작품이다. 그런데, 그 다루어졌다는 논란의 초점이란 것이 역시 <죽부인전>이나 마찬가지로 그 의인 대상의 문제에 있었다. 그리하여, 그것을 '얼음'으로 보는 견해가 있었는가 하면, '얼음병'으로 반론을 가한 경우가 이에 없지 않았다. 이것은 앞서 <죽부인전>이 그 일반성에서 벗어난 독특한 방식의 전개로 인하여 혼란이 야기되었듯이, 이 작품 역시 그 전개되어진 서술내용을 논자마다 각각 다르게 보고 해석할만한 소지가 다분하였던 까닭에 그 같은 해석이 나왔다고 본다. 그러나, 결국 이 작품의 의인적 대상의 진실은 궁극 '무' 내지 그것을 재료로 하여 만든 '동치미'를 형상화시킨 가전 일작(逸作)이었음이다. 연전에 연민 이가원 선생과 본 작품의 입전 대상에 대한 대화의 자리에서 이 생각을 올렸다. 선생께서『여한전기(麗韓傳奇)』를 꺼내 일거에 독파하시더니 곧장 "그게 옳다!"로 말씀하여 확인을 받은 일이 있다.

돌이켜 보면, 이 <빙호선생전>은 <죽부인전>이나 마찬가지로 한·중 사이에 표제의 공통을 나타내 보인 독특한 사례가 된다. 다름 아니라, 중국 명대에 사조제(謝肇淛)의 <빙호선생전>이 있는 반면에, 조선조 장유(張維)의 동명 <빙호선생전>이 나란히 존재하였다. 사조제의 것은 장유의 경우와는 달리 곧장 '무' 의인화가 인지된다. 필자가 장유의 <빙호선생전>의 입전 대상을 파악한 경위도 다름 아닌 사조제 <빙호선생전>의 독서 결과에 따른 것이었다. 이제, 두 작품은 똑같이 '무(동치미)'를 소재삼은 가전이라 함이 절로 당연한 바로, 이같은 사실을 애써 증명하고 변명하고 강조한다는 것 자체가 오히려 이상한 일일 뿐이다. 그럼에도 불구하고, 어떤 논자가 있어서 전자는 '무'이지만 후자는 무가 아닌 다른 어떤 것으로 내세운다면 이는 이미 대화의 상태를 벗어난 언어도단이고 넌센스일 따름이다.

이렇듯 한·중간 동일 소재 가전의 비교 과정에서 <죽부인전>과 <빙호선생전>의 경우에 같은 현상이 나타났다. 서로 제목이 그대로 일치한다는 사실에서 우선 그러했고, 입전 대상에 대한 서술이 중국 편에서 비교적 확연했던 반면에, 한국 쪽에선 모호했다는 사실을 추려볼 길 있다. 하기는 이 땅에서 의인문학상 그 형상화 과정에서 야기되는 모호성은 이 두 작품에서만 보여지는 것은 아니었다. 일찍이 식영암(息影庵)의 <정시자전>[8] 이라든가, 성간(成侃)이 지은 <용부전(慵夫傳)>,[9] 설총이 지은 <화왕계>[10] 같은 경우에조차 그것이 각각 어떤 대상을 염두하고 그려진 작품인가에 대해 논란이 없지는 않았던 것이다. 그렇거니와, 이제 적어도 <죽부

8) 의인 대상이 '지팡이'로 정설화 되었지만, 한 때 '올챙이' 설과 '지팡이' 설 등으로 논의가 나누어져 있었다.

9) '게으른 심성'이 정설로 되었지만, 초기에 '두꺼비' 설(김일렬, 앞에 든 논문, p.9 및 김광순, 앞에 든 논문, p.143 참조)이 있었다.

10) 초기에 '할미꽃' 설이 당연시 되었으나, 기실은 '백두옹초(白頭翁草)'의 의인화임이 명백화되었다.

인전>에 관한 한 더 이상의 의인 대상 논란은 소모적이고 낭비적인 도로(徒勞)일 뿐이다.

다시 이곡 <죽부인전>의 원점으로 돌아와서 보되, 대나무가 아닌 죽부인 주인공의 일부종사하는 이미지로 인해 필경 그녀를 '절부(節婦)'로 추증했다고 한 것이다.

> 晩節益堅 爲鄕里所推 三邦節度使 惟箘與夫人同姓 以行狀聞 贈節婦.
>
> 만년의 절개는 더욱 굳어 향리에서 추앙하는 바가 되었다. 삼방(三邦)의 절도사인 균(箘)은 부인과 성이 같았는데, 부인의 행장을 듣고는 그녀에게 절부(節婦)의 호를 추증하였다.

균(箘)은 '조릿대'라고 하여, 화살대를 만들기에 적합한 대나무이다. 죽부인과 성이 같다고 한 것은 그 재질이 같은 죽(竹)이라는 데서 연유한 소치이다. 죽부인이 한 사람 만을 좇아 태워지거나 땅에 묻혀지는 운명이다 보니, '만년의 절개는 더욱 굳다'고 표현했던 것이고, 급기야는 평결부 말미에서 다음과 같이 쓸 수밖에 없는 일이 너무도 당연한 귀결이 된다.

> 旣配君子 爲人所倚 而卒無嗣 ….
>
> 군자의 배필이 되고 다른 사람에게 의지한바 되었으나, 끝내 후사(後嗣)만은 없었으니 ….

원 시대 양유정의 <죽부인전>에도 여러 사람 따르지 않는 죽부인의 깨끗한 '지조'에 대해 표출하는 대목을 찾을 수 있다.

> 夫人召亦無不往 然所在抱節 終身未嘗小汚其潔.
>
> 부인은 부르면 가지 아니하는 법은 없었지만, 어디서든 절개를 지켜 죽

을 때까지 조금도 그 깨끗함을 더럽히는 일은 한 번도 없었다.

이렇듯 죽부인의 일차적인 표상은 '절조'에 있었다. 죽부인은 당시 봉건주의 유교 사회 안에서 기품과 정절의 한 개 표상이기도 하였다. 제목상의 '부인'이라는 말이 나타내주듯, 그것이 엄연한 죽제구의 사물임에도 대처럼 곧은 절개의 여인에 비유되어왔다. 그 시대의 사대부 남성들이 소망스런 의미를 부여시키던 도덕의 상징물이었다. 그러기에 일찍이 동양에서는 죽부인에 대한 다양한 예찬의 언어가 펼쳐져 왔던 것이다. 그런 가운데, 중국의 <죽부인전>에서보다 한국의 같은 표제 작품에서 절개의 의미가 더욱 밝고 또렷하게 강조되어 나타났다는 사실을 놓칠 수 없다. 그 때문에 이곡의 본 작품을 각별히 정절 면에 초점을 맞추어 강한 주제로 삼은 논지가 심심치 않게 있어 왔다.[11]

그 다음으로 죽부인은 '버림받음'이라는 공통의 이미저리를 내포하고 있다. 곧, 죽부인이란 사물은 더운 여름의 절기가 지나면 뒤로 밀려나는 속성을 띤 존재이기도 하였다. 그리하여 추운 절기가 되면 당연히 더 이상 사람이 찾지 않아 잊혀지는 존재가 되고 만다. 이때 죽부인을 인격화시키는 작자의 입장에서 본다면 하루아침에 관심 밖으로 밀려난 데 대한 억울함과 원망의 정서를 당연한 수순처럼 끌어 쓸 것이라는 예측이 충분히 가

---

11) "죽(竹) 기타 잡목(雜木)을 의인하여 당시 이성 관계가 문란했음을 폭로하고 열녀사상을 강조한 교훈성을 시사하고 있으니 …."(김광순, 「한국의인문학의 사적 계보와 성격(上)」, 『어문학』 16집, 한국어문학회, 1967, p.142).
"죽부인전의 작가는 분명히 이 작품을 통해 윤리도덕적 세계를 표상하고 그 세계를 전달하고자 하는 목적의식이 있었을 것이며 …."(김명순, 「죽부인전과 만복사저포기의 내면적 연관성」, 『가라문화』, 경남대가라문화연구소, 1982, p.77).
"장문잠의 <죽부인전>은 실총(失寵)을 주제로 한 것, … 시대와 작자의 사상에 따라 주제는 달라질 수 있는 것이니, 가전(假傳)의 <죽부인전>의 주제가 열(烈)로 끝나는 것은 그의 유교사상의 발로인 것이다."(이병혁, 「이곡의 죽부인전고」, 『어문교육논집』 8집, p.21).

능하다. 그래서 장뢰도 자신의 작품에,

> 上幸汾陰 祀后土 濟汾水 飮群臣作秋風辭 歸未央 坐溫室 夫人自此寵少衰 上謂夫人曰 而第歸善自安 明年夏 吾當召卿 至期 果復召夫人 夫人見上中不能無小妬 由是罷之 ….
>
> 임금은 분음에 납시어 토지의 신께 제사를 드렸다. 분수를 건너 군신들에게 잔치를 베풀다가 <추풍사(秋風辭)>를 짓고는 미앙궁으로 돌아와 따뜻한 거소에 들었다. 이때부터 부인에 대한 총애가 차츰 시들해졌는데, 임금이 부인에게는 이렇게 말하였다. “그대는 그냥 돌아가 편히 지내도록 하라. 내년 여름이 되면 내 반드시 경을 부르리라.” 그리고 그 때가 되자 과연 부인을 다시 불렀다. 하지만 그녀가 임금을 뵙는 가운데 작은 투기마저 없을 수는 없었다. 이 일로 말미암아 직위에서 물러나게 되었고 ….

로 이야기를 끌고 나갔던 것이다.

그런데 원망과 시기, 질투를 밖에 나타내는 행위는 봉건주의 시대의 바람직한 여인상에서 크게 일탈하는 행위 양상이 된다. 곧, 여자가 어느 시기에 등한시되었다고 해서 원망과 투기를 보이는 일은 봉건적 사고 안에서는 덕행의 결여로 볼 수밖에 없는데, 만약 그 미덕을 감내해야 할 존재로서 그것을 겉에 드러냈다고 한다면 당연히 부덕에 낙인을 면할 수 없게 된다. 죽부인은 일차적으로 봉건주의 시대에 품격 높은 도덕적 여인의 속성을 지니고 있지만, 동시에 그 관심이 특정 계절 안에서만 유효하여 길게 지속될 수는 없다는 한시적 속성을 띠고 있었다. 그리하여 시기와 질투를 나타냈다는 이유로 말미암아 그만 노비의 직위로 강천(降遷)되었다는 의미를 불어넣었다. 죽부인이 청노로 전락한 이유를 앞서 황산곡은 팔이며 무릎을 쉬고 편케 하는 일은 부인이 할 직책은 아닌 듯싶어서 ‘청노’로 이름 붙였다고 했지만, 어쩌면 그 이유를 윤리적 의미 안에서도 찾을 수 있지는 않을까? 역언하여, 만약 죽부인이 시기와 질시를 나타내지 않았더라면 그대로 죽부인으로 남아있었을 일을, 남성 본위의 사회적 가치관에 저촉했기에 그에 따라 노비로 전락하고 말았다는 것이다. 거기다가 죽부인 자체가 지니고 있는 형상이 푸른빛을 띠었기에 그 외관상의 특징을 살려 '청노'로 일컬었던 것이다.

한편, 앞에서 인용한 바 있지만 조선조 이덕무의 <관자허전> 가전 안에도 죽부인의 원망에 따른 신분 전락의 이야기가 나온다.

> 封蘄春縣夫人 甚有寵 從上甘泉宮避暑 已而上頗厭其節目之促數 仍爲皮湯婆所妒 有班扇之怨 降夫人號 名曰青奴 限明年五月棄置.
>
> 기춘현(蘄春縣) 부인에 봉해졌는데, 대단한 총애를 차지한 나머지 임금의 감천궁(甘泉宮) 피서 때도 따라갔다. 하지만 얼마 지나자 임금이 그녀의 관절 마디가 번거롭게 많은 것에 자못 싫증이 났다. 뒤미처서 그녀는 피탕파(皮湯婆)의 투기마저 당하게 되면서 반선(班扇)의 원망을 품게 되었다. 그러자 임금은 그녀의 부인 칭호를 내리는 동시에 청노(青奴)라 이름하고 ….

이러한 발상과 구성은 앞서 중국인 장뢰의 <죽부인전>이 보여준 바와 같이, 작은 질투를 보이다가 직위에서 물러남을 당했다는 내용과 의미에서 하등 다르지 않다. 곧, 한국에서도 죽부인은 '버림받음'의 이미지를 그대로 유지했던 것임을 확지할 수 있다.

이같은 이미지는 운문 분야에서도 크게 다를 것이 없었다. 송대 여본중(呂本中, 字: 居仁)은 시에 있어 황정견을 존숭했다던 인물인데, 그의 <중추후죽부인(中秋後竹夫人)> 시 안에서 더욱 그러한 기미가 강조된다. 죽부인 사물을 님에게 버림받은 인간 세상의 여인인 양 인격화한 상태에서 버려진 데 대한 애끊는 탄식을 극진히 묘사하고 있다.

與君宿昔尙同牀 간 밤 당신과 침대 같이 했을 적에
正坐西風一夜涼 서풍을 맞으며 앉았던 밤이 내내 서늘했지요.
便學短檠牆角棄 짧은 등잔걸이처럼 담모퉁이에 내쳐지니
不如團扇篋中藏 서랍 속에 갇힌 둥근 부채만도 못합니다.
人情異變乃如此 사람 마음 표변함이 어쩜 이럴 수 있을까요
世事多虞只自傷 세상사 근심은 하고할사 다만당 가슴만 아픕니다.
却笑班姬與陳后 반첩여와 진 왕후가 한갓 우습기만 한 것은
一生辛苦爲專房. 한 평생 모든 고통이 다 사랑의 독차지에 있는걸요.

여기서의 서풍(西風)은 가을바람이다. 여름 다 가고 가을 되면서 밀려나야만 하는 기막힌 형상을 한 여인의 입김으로 그려내었다.

그런데 장뢰의 <죽부인전>에는 죽부인이 마침내 작은 '누기'에서조차 자유롭지는 못했지만, 기실은 더 앞의 대목에 이와는 전혀 상반된 개념으로서의 적잖은 '관용'의 국면이 있었음을 표현한 것이 있다.

> 上有所感 時召幸後宮寵姬 而夫人常在側 若無見焉 而諸幸姬等 皆相謂曰 是所謂善良者 安能間吾寵 由是莫有妬之者.
>
> 임금이 그 어떤 충동이 일어날 때면 사랑하는 후궁과 총희를 불렀는데, 그럴 때에 죽부인은 곁에 있으면서도 모습이 없는 듯 처신했던 것이니, 모든 괴임을 받는 여인들마다 하나같이 주고받는 말이 이러하였다. "이는 그야말로 선량한 이니, 우리들 총행을 가로챌 리가 있겠는가?" 이로부터 그를 투기하는 사람은 없게 되었다.

그 뿐이 아니다. 장뢰의 이 가전은 처음 죽부인의 출현과 함께 '불굴(不屈)'의 의미마저 부여하고 있음으로써 훨씬 이미저리의 다양성을 보여주고 있다.

上曰 爾滅亡之餘也 夫人謝曰 妾之滅亦大矣 然夫人未嘗自屈體就帝 帝每左右擁持之.

임금이, "그대는 멸망가의 후예이구료!" 이에 부인은 응대하였다. "첩의 신세 역시 침체되기 이를 데 없었나이다." 하지만 부인은 한 번도 스스로 몸을 굽혀 황제 앞에 나간 적이 없었으되, 황제가 늘상 곁에 두어 끼고 있었다.

이 부분에 대한 작자의 저의가 "내면에는 임금에게 나아가서도 자기의 뜻을 굽히지 말고 나라와 백성을 위해 응당 직간해야 함을 깨우쳐 주고 있"[12]는 지까지는 확신하기 어려우나, 최소한 "죽부인으로 임금에게 나아갈 때에도 몸을 굽히지 않았다는 것은 물론 무생물인 죽부인의 구부릴 수 없는 형태적 특성을 나타낸 것"[13] 만큼은 쉽게 수긍된다.

이제 죽부인 이미저리의 또 다른 국면으로, 당나라의 시인 백거이(白居易)의 <한거(閑居)> 시에 죽궤 소재의 구절이 있다.

綿袍擁兩膝　솜두루마기로 두 무릎 싸안고
竹几支雙臂　죽궤에다 양 팔을 의지한다.

"한가롭게 있으면서"라고 하는 시의 제목이 표백한 그대로 '한가로운 여유'를 도출해내기 위한 수단으로서 죽부인을 대두시키고 있는 사례이다. 역시 송나라 강서파(江西派) 시인의 한 사람인 조충지(晁沖之)가 지은 <화강자아죽부인(和江子我竹夫人)> 이란 시에 보이는 '几'는 다름 아닌 죽궤, 곧 죽부인을 지칭하는 것이다.

12) 황재국, 「한중죽부인전 연구」, 『경희어문학』 6집, 경희대국문과, 1983, p.12.
13) 황재국, 위와 같음.

黃藤白簟倦呼盧 황빛 등나무 하얀 대자리에 느른히 내기를 하고
高臥南牕示楷模 남쪽 창가에 맘 편히 누워 의젓함을 과시한다.
郭芍藥情元最密 곽작약의 정리야 원래가 가장 은밀하지만
鄭櫻桃迹近相疎 정앵도의 자취는 근래에 뜸하였구나.
下帷度日甘同夢 휘장 치고 종일 함께 달콤한 꿈꾸고
隱几終年得異書 죽궤에 기대어 생애 진기한 책 구해서 본다.
晩向禪房陪杖履 늘그막 지팡이 신발인양 끌고 선방을 찾아가는데
淸秋霜霰意何如 싸한 가을날 서리 싸라기 날릴 때 그 심정 어떠할까.

위의 시 제 6행인 '죽궤에 기대어 평생 진기한 책 구해서 본다.'에서 야기되는 정서는 세파를 벗어난 여유작작한 삶이다. 그리하여, 여기서의 죽궤 또한 바로 그러한 느긋한 '삶의 여유' 같은 정서를 유발시키는 일에 동원된 시어(詩語)라 할 수 있다.

고려에선, 이규보가 <차운공공상인증박소년오십운(次韻空空上人贈朴少年五十韻>[14]이라는 시를 쓴 것이 있고, 이 안에서도 죽부인의 소재가 살짝 엿보이고 있어 주목을 끈다. 이규보는 <죽부인전>을 쓴 이곡과는 거의 같은 시대를 살았던 인물이기에 이 사물의 등장이 각별히 반갑게 다가온다. 7언고율 전체 96행의 긴 작품인데, 그 가운데 20~36행 사이를 인용해 보인다.

縱將絶艶充閨闥 암만 절세가인이 방 안에 가득 차고
亦欲諸姬列廡廊 미녀 또한 월랑에 줄지어 있다 하자.
唯有高人能豁斷 다만 도가 높은 사람은 이를 단호히 끊고
直超流俗樂深藏 세속을 초월한 채 즐거움 깊숙이 감추네.

14) 이규보, 『동국이상국집』 후집 제9 '고율시(古律詩)' 소재.

冥心自悟根塵幻 마음 현묘하여 세속 인연 허망함을 깨닫고
嗜道深諳氣味長 도를 즐기니 그윽이 무궁의 경지를 아네.
都遣橫陳歸嚼蠟 비스듬히 누운 미인들 마다함은 밀랍을 씹듯이
因嫌大慾避探湯 큰 욕망 피하는 것 끓는 물을 피하듯하네.
野狐雖媚那窺側 여우가 홀린다 해도 틈 엿볼 길 없고
天女難干謾在傍 선녀가 얼러온대도 곁을 주는 법 없네.
早己雲浮尋岱華 진즉에 뜬 구름처럼 태산과 화산을 찾고
又將萍泛歷沅湘 다시금 부평초 되어 원수며 상수를 건넌다.
孤栖室處莞鋪담 호젓이 깃들어 사는 곳엔 거적자리 깔고
獨向山時葛緝裳 홀로이 산 오를 땐 갈옷을 입는다.
如意木爲爬背物 여의목은 등을 긁는 물건이요
竹夫人是伴身裝 죽부인은 몸에 딸린 보따리라네.

맨 끝의 여의목(如意木)은 수도하는 사람이 등을 긁을 때 쓰는 도구를 말한다. 옥이나 철로 만드는데, 대나무로 만든 죽부인과 나란히 거론된 것은 산에서 도를 닦으면서 사는 공공(空空)이라고 하는 승려의 살림살이가 초라함을 나타내기 위한 표현들이다. 그리하여 여기서 죽부인은 세상 욕망을 잊은 수도승의 '청정무욕(淸淨無慾)'을 표징하고 있다. 연산군 때의 역관인 조신(曺伸)이 지은 <소문쇄록(謏聞瑣錄)>의 기사 중에는 종실인 현손(賢孫, 字; 世昌) 명양부정(鳴陽副正)이 지었다고 하는 <추일(秋日)> 시 한 편을 소개한 것이 있는데, 이러하였다.

空盤推馬齒 빈 소반에는 마치채가 남아 있고
荒苑長鷄腸 거치른 후원엔 계장초만 늘어졌네.
水閣靑奴冷 수각(水閣)의 청노는 차갑기만 한데
巖前腐婢香 바위 앞에는 부비(腐婢)가 다정하다.

菭苔侵礎遍 이끼는 주춧돌 둘레에 끼어 있고
蓬艾繞窓長 쑥대는 창가를 따라 우거졌다.

명양(鳴陽)은 지금 전남 담양의 옛 지명이다. 여기의 '청노(靑奴)', 즉 죽부인은 '고적(孤寂)'의 의미로 다가온다. 이 역시 위의 '청정무욕'과 함께 중국 편의 문학 안에서는 발견이 쉽지 않은 측면이기에, 한국적 특수성의 한 단면으로 보아도 좋을 것이다.

> 이처럼 문화인류학자들이 비교론의 관점을 가지는 것은 전 세계 인간행동의 사회 · 문화적 양상 중에서 보편성과 특수성을 확인하여 인간사회와 문화의 본질에 대한 일반화를 하기 위해서이다. … 그래서 문화인류학자들은 여러 민족과 문화를 비교 연구하여 유사성과 상이성을 발견하고, 어떤 특정한 인간 집단의 사회 · 문화적 특성을 더욱 뚜렷하게 밝히려고 노력한다. 가령 한국인과 한국 문화의 특성을 발견하려면, 우리와 가까운 중국이나 일본 또는 다른 나라 사람들 및 그들의 문화와 비교해 볼 때 우리의 특성을 더욱 명백하게 파악할 수 있는 것이다.[15)]

이러한 맥락에서 볼 때, 지금까지 시도한 바 죽부인 소재의 문학들을 중심으로 두 나라 사이의 관념적 유사성 및 정서적으로 얼마간 다르게 표출되는 면들에 대한 고찰은 다분히 문화인류학적인 기본 취지와도 일맥상통한다.

15) 한상복 · 이문웅 · 김광복, 『문화인류학개론』, 서울대학교출판부, 1988, pp.22~23.

4. 맺음말

죽부인 관계의 한·중문학적 접근을 위한 과정에 잠깐 우리쪽에서 이곡 <죽부인전>의 문제가 있었다. 그런데, 한중 사이에 같은 소재를 두고 의인화를 구사한 가전 작품은 하필 여기의 <죽부인전>:<죽부인전> 안에서만 고유했던 것은 아니다. <탕온전>:<탕파전>, <빙호선생전>:<빙호선생전>, 그리고 <저생전>:<저선생전>·<저대제전> 등에서도 같은 현상을 포착할 수 있다. 장유 작품의 의인 대상에 대해 얼음, 혹은 얼음병 등으로 잠시 혼란을 면치 못하였으나, 마침내 중국의 동명 가전이 보여준 소재 대상의 투명성을 통해서 제자리를 찾은 사례가 있었다. 이곡 <죽부인전>의 경우도 의인 대상을 문제삼은 논란은 더 이상 무의미할 따름이다.

이제, 정작 관심 두어 다룰 일이 있다면 그들 가전을 포함한 시문의 작가들이 같은 대상을 두고 여하히 각기 다른 개성으로 각각의 주제 및 구성, 문체를 표출해 내었는가 하는 문제에 유념하는 것이다. 그리하여 한국과 중국에서 죽부인을 소재로 다룬 문학 작품들 종종을 통해서 인식의 문화적 차이를 규찰해 보았거니와, 그 문화적 변별 효과가 대체로 크게 다르지는 않음을 진단해 볼 수 있었다. 곧, 잘 알려진 죽부인 소재의 작품들을 대상으로 검출해 보았을 때, 죽부인에 대해 양국에 공통적으로 보이는 밑바탕의 심상은 '여성'에 있었다. 동시에 그것은 크게 두 가지로 정리할 수 있었다. 그 가장 우선성을 차지하는 개념은 '부덕(婦德)과 정절'이란 이미지 구조 안에 있었고, 그 다음으로는 '투기에 따른 버려짐'에 있었다. 그런 중에도 후자의 경우엔 서로 비슷한 정도의 관심을 보였지만, 전자의 경우엔 한국 쪽에서 더욱 각인 효과가 컸음을 파악할 수 있다. 자료 검출 과정상에 차이를 보이는 것으로, 중국편 문학에서는 죽부인이 '관용'·'불굴'·'한거(閑居)' 등의 심상을 불러 일으켰던 데 비해, 한국에서는 같은 사물이 '청정무욕'과 '고적(孤寂)'의 이미저리를 위해 동원되었음을 보았다.

돌이켜 보면, 전통의 유교 및 한자 문화 등은 과거 한중 두 나라 사이에 일어난 대표적 문화의 전파(diffusion) 현상 가운데 하나일 것이고,[16] 죽부인 같은 경우는 대개 '간접전파'에 해당할 것으로 간주된다.

중국 한무제 시절에 발명되었다는 죽부인의 전파는 비단 한국만 아니라, 안남국(安南國) 같은 나라에도 그 효과를 발휘했던 것으로 추측된다.[17] 그런데, 서양에서도 죽부인과 유사한 형태의 'Dutch wife'라는 사물이 있어 흥미를 끈다.

> a long hard bolster used, esp. in the tropics, to support one's uppermost knee when sleeping on one's side.[18]
>
> 누군가의 옆에서 잘 때, 특히 열대지방에서, 무릎 맨 윗부분을 받치기 위해서 길고 단단한 받침대가 쓰였다

> a bolster used for resting the legs in bed.
>
> origin late 19th cent; extended use of the term, earlier describing a rattan open frame used in the Dutch Indies to support the limbs in bed.[19]
>
> 침상에서 잘 때 다리를 편하게 쉬게 하려는 용도로 받침대가 쓰였다.
>
> 인도네시아에서 일찍이 침상에서 다리를 받치기 위해 썼던 등나무 틀은 그 명칭이 19세기 말에 기원했고, 이후 용어의 사용이 확장되었다.

---

16) "이웃하고 있는 중국으로부터 유교 및 한자가 전파된 것은 직접전파의 사례이고, 교역자들이나 선교사들, 또는 제 3군의 사람들과 같은 중개인들에 의해서 한 문화의 요소들이 다른 문화에 옮겨지는 것은 간접전파에 속한다."(한상복 외, 『문화인류학개론』, 서울대학교출판부, 1988, p.404).

17) "安南藝王爲兒時 八九歲侍明王 適床上有竹奴 試命詠之." 『南翁夢錄』

18) "Dutch wife", Collins English Dictionary, 21st century edition.

19) "Dutch wife", Oxford Dictionary of English.

이 사물이 과연 중국 문화의 직접 전파에 따라 생겨난 것인지, 혹은 간접 전파의 결과물인지는 확인하기 어렵다. 이 또한 어쩌면 문화인류학에서 말하는 "다른 문화에 속한 문화 요소에서 아이디어를 얻어 새로운 발명이 일어나는 것"[20]을 뜻하는 '자극전파(刺戟傳播, stimulus diffusion)'의 한 가지 현상일는지도 알 수 없다.

그러나 적어도 동양에서는 '죽부인'에게서 도덕적 혹은 정서적인 이미지를 모색했던 자취가 역력하였던 반면, 서양의 경우 'Dutch wife'를 통해 관능적 혹은 감각적인 의미로 수용했던 것이니, 동서양 간에 사뭇 대조적인 문화적 차이를 발견할 수 있다. 동시에 이러한 면은 향후 비교 문화적인 검토의 대상이 될 수 있을 것이다. 다만, 적어도, 동양에서는 죽부인 문화가 봉건 시대 안에서만 유효했던 전통의 유물로 남았지만, 서양에서는 인간의 본성과 연결되는 그 감각성 때문에 지속적인 변화와 확대를 거듭하여 현대로 이어질 수 있었던 것으로 보인다.

---

20) 한상복 외, 앞에 든 책, p.404.

김창룡

서울 출생
연세대학교 문과대학 국어국문학과 졸업(1976)
연세대학교 대학원 국어국문학과 문학석사(1979)
연세대학교 대학원 국어국문학과 문학박사(1985)
한성대학교 한국어문학부 교수(현재)
한성대학교 인문대학장(현재)

저서

『한중가전문학의 연구』(개문사, 1985)
『한국가전문학선』(정음사, 1985)
『우리 옛 문학론』(새문사, 1991)
『한국의 가전문학 · 상』(태학사, 1997)
『한국의 가전문학 · 하』(태학사, 1999)
『중국 가전 30선』(태학사, 2000)
『가전문학의 이론』(박이정, 2001)
『고구려 문학을 찾아서』(박이정, 2002)
『한국 옛 문학론』(새문사, 2003)
『가전산책』(한성대학교출판부, 2004)

본 연구는 2005학년도 한성대학교 교내연구비 지원 과제임.

교양총서 1-9

인문학 산책

초판 찍음 · 2006년 4월 10일 / **초판 펴냄** · 2006년 4월 17일
저 자 · 김 창 룡 / **발행인** · 윤 경 로
발행처 · 한성대학교출판부 (hsupress@hansung.ac.kr)
서울특별시 성북구 삼선동3가 389번지
등록 · 제6-78호 / **등록일** · 1999년 3월 9일
대표전화 · (02) 760-4174 / **팩스** · (02) 760-4480

ISBN 89-89101-28-× 93810

값 17,000원